高职高专公共基础课规划教材

# 思想道德修养与法律基础

## 第3版

主　编　汪应明
参　编　李鸿渊

机械工业出版社

本书以马克思列宁主义、毛泽东思想、邓小平理论、三个代表重要思想和科学发展观为指导，注重对当代大学生进行社会主义道德理论和法治理论教育，以增强大学生的思想道德素质和法律素质。

本书秉承知识性、科学性、合理性的原则，采用章前“导入案例”的方式引入章节内容；对经典“材料”进行分析思考的方式，使教材内容更显简洁、通俗易懂、贴近生活。本书通过对内容的调整，以期达到激发大学生对本门课的学习兴趣，并积极参与教学过程的目的。

本书分为两部分，共十三章。第一部分为思想道德理论部分，包括第一～六章的内容；第二部分为法律基础理论部分，包括第七～十三章的内容。

为了更好地使学生学习本书，本书配有辅导教材——《思想道德修养与法律基础实践教程》。

为了方便教学，本书配备电子课件等教学资源。凡选用本书作为教材的教师均可登录机械工业出版社教育材服务网 www. cmpedu. com 下载，或发送电子邮件至 cmpgaozhi@ sina. com 索取。咨询电话：010-88379375。

**图书在版编目（CIP）数据**

思想道德修养与法律基础/汪应明主编. —3 版.
—北京：机械工业出版社，2015. 9（2018. 6 重印）
高职高专公共基础课规划教材
ISBN 978－7－111－51681－1

Ⅰ. ①思…　Ⅱ. ①汪…　Ⅲ. ①思想修养-高等职业教育-教材②法律-中国-高等职业教育-教材　Ⅳ. ①G641. 6②D920. 4

中国版本图书馆 CIP 数据核字（2015）第 225622 号

机械工业出版社（北京市百万庄大街 22 号　邮政编码 100037）
策划编辑：王玉鑫　责任编辑：王玉鑫　王晓艳
封面设计：张　静　责任校对：赵　蕊
责任印制：常天培
涿州市京南印刷厂印刷
2018 年 6 月第 3 版 · 第 4 次印刷
184mm×260mm · 15. 75 印张 · 387 千字
11 001－14 000 册
标准书号：ISBN 978－7－111－51681－1
定价：38. 00 元

凡购本书，如有缺页、倒页、脱页，由本社发行部调换

电话服务
服务咨询热线：010-88379833
读者购书热线：010-88379649

网络服务
机 工 官 网：www. cmpbook. com
机 工 官 博：weibo. com/cmp1952
教育服务网：www. cmpedu. com
金 书 网：www. golden-book. com

# 第3版前言

“思想道德修养与法律基础”是高校公共政治理论课的必修课程之一。本课程以马克思列宁主义、毛泽东思想、邓小平理论、三个代表重要思想和科学发展观为指导，着重对当代大学生进行社会主义道德理论和法治理论教育，力求提高大学生的思想道德素质和法律素质。

本书根据教育部的相关指示精神，按照本课程的教学大纲，旨在向高职高专院校的大学生介绍中国特色的社会主义道德理论和法治理论。本书在编写的过程中，收集了大量与教材内容相关的经典材料，在坚持思想政治课教材内容的政治性、思想性的同时，力争使教材内容更具有知识性、趣味性和实用性，以期达到激发大学生对本门课的学习兴趣的目的。为此，我们在书中力求体现下列特点：

（1）实用性　从高职、高专院校的教学实际出发，重点介绍一些与日常生活密切相关并具有较高应用价值的道德与法律知识。在语言上，力求言简意赅、通俗易懂。

（2）内容的丰富性　本书共13章，涵盖了思想道德与法律基础课所要求的全部内容。在修订时，我们注重吸收本门课程最新的相关知识，以丰富教材的内容，力争克服教材内容的滞后性。

（3）形式的新颖性　我们在书中置入了大量的“导入案例”“材料”，以便使学生在学习理论知识的同时积极思考一些现实问题，让师生在课堂教学上互动，增强学生对本课程的学习兴趣。同时，我们在每章后都配上了一定数量的思考练习题，以帮助学生巩固学习过的知识。

本书编写提纲由汪应明老师根据教育部的相关规定和本课程教学大纲草拟，经与参编人员反复研讨，多次调整修改后确定。全书初稿由汪应明老师统一进行了审阅、统稿、定稿。另外，本书配有辅导教材——《思想道德与法律基础实践教程》

本书各章撰稿人分别是：上海科技学院汪应明副教授（第一～十章、第十二章）；上海松江区委党校李鸿渊副教授（第十一章、第十三章）。

本书在编写过程中，参阅了大量著作和资料，吸收了许多新的研究成果与观点，并听取了有关专家的意见，在此由衷地表示感谢。由于时间仓促，书中难免会出现疏漏之处，敬请广大读者提出宝贵意见，以便本书今后进一步修改、完善和提高。

编　者

# 第3版前言

# 目　录

01 Chapter

# 第一章 珍惜大学生活　开拓新的境界

## 第一节　正确认识心目中的大学

**导入案例**　同学甲：刚上大一的时候，我常常有一种莫名的忧伤，是因为想家，还是因为环境的陌生，我自己也说不清楚。上课时，我常常不知道该听些什么，下课后也不知道该复习什么，更想象不出考试时会出什么类型的考题。从前，我以为上大学后会感到一种如释重负般的轻松，而事实上同学们每天都奔走于教室、图书馆、夜读楼之间。直到大二，我才真正习惯并适应这种与高中截然不同的学习生活。

同学乙：那时每天除了忙碌之外，处理好和宿舍伙伴的关系是最令我心力交瘁的事情。和我同住一间宿舍的另外7名同学，来自天南海北，每个人的性格、生活方式都截然不同，从未体验过集体生活的我处处都十分小心谨慎，几乎时刻都要考虑别人的感受。转眼四年过去了，我反而怀念起了那种既新鲜又陌生的滋味，因为正是在那个时候，我学会了包容别人，也学会了照顾自己。

同学丙：没上大学时总听说很多大学生到校外勤工俭学，于是刚上大一，我就四处兼职，家教做过，推销也做过，结果钱没挣到多少，学习成绩明显下降，还弄得又忙又累……

### 一、大学不是休养所

每位即将步入大学的青年学子也许都曾对大学有一系列美妙的联想：绿色满眸的校园、幽静的林荫道、古朴而庄严的教学楼、一眼望不到尽头的阶梯教室，还有头发花白的老教授、笑声朗朗的宿舍楼……也许还有一些青年学子把大学想象成为他们长达十几年艰苦学习的“休养所”，认为考上大学就进了“保险箱”，就可以轻松自在地生活了。

很多青年学子在进入大学之前都对大学缺乏必要的了解。那么究竟何为大学？我国古代经典国学名著《大学》曾这样论述：“大学之道，在明明德，在亲民，在止于至善。”这就是说，大学的宗旨在于弘扬光明正大的品德，在于使人弃旧图新，在于使人达到最完善的境界。我国著名教育家、前北京大学校长蔡元培先生认为，“大学者，‘囊括大典，网罗百家’之学府也。”“大学者，研究高深学问者也。”可见，大学应该是铸就人才的地方，是年轻人成才的摇篮。大学的基本功用应该包括两个方面：一是提升大学生的思想道德素质，使他们的人格更趋完善；二是提高大学生的理论知识水平，使他们更具建设祖国的过硬本领。那些把大学看成是“桃花源”“休养所”的观念无疑是错误的。

**材料1-1**　我国大学生自动退学率从2002年的0.1%升到了2006年的2.6%，并有逐年增加的势头。安徽省2010年度普通高校的退学学生数量为930人左右，其中被动退学的学生仅几十人，大部分学生都属于主动退学。湖北省2005年大学生退学人数达2800人之多。十余年的寒窗苦读考取大学，却又为何又中途离开呢？原因令我们深思！

## 二、大学的学习内容不同于中学

“大学何为?”是每位大学生特别是大一新生应该积极了解和认真思考的问题。中学阶段，学习目标相对单一，主要是学习理论知识，一切为了高考。然而到了大学阶段，大学生们所要学习的不仅是理论知识，还有其他方面的本领，如做人、做事、交友等，要为步入社会提前做好准备。作为一个新时代的大学生，在大学里到底应该怎么做才能无愧于时代、无愧于父母、无愧于自己的青春呢？我们认为，至少应该努力学好以下四个方面。

### （一）学会做人

所谓学会做人就是要求大学生努力提高自己的思想道德素质，建立正确的世界观、人生观、价值观。作为新时期的大学生，我们首先要立足于“修身”，修身是做人的根本，只有好好修身，才能不断完善自我，提高自身的综合素养，在做好“修身”的前提下，我们才能力求做到“齐家、治国、平天下”。任何一个伟大的历史人物对社会发展的贡献与对历史进步的影响，与其说是其智慧与才能的作用，毋宁说首先是其道德与人格的力量。

学会做人是建立在学会求知、学会做事、学会共处之上的基本进程，学习如何做人是最根本的、最重要的，也是教育和学习的根本目标。高等教育特别强调通过学校教育与社会的合作，使教育对象成为真正意义上全面发展的人。尽量做到人作为个体、家庭成员、社会成员、国家公民、生产者、发明者、创造者等具有丰富内涵的个性的完整实现。

### （二）学会求知

学会求知的本质就是“学会学习”。大学是培养大学生确立正确的学习方法，努力提高获取知识能力的学术殿堂。步入社会后，有海量的知识需要我们去吸收，去消化。中学时期的“要我学”的被动学习方式自然不能适应未来学习的需要，只有养成“我要学”的主动学习方式才可适应未来自身发展的要求。

学习的类型有两种：一种是维持性学习，它的功能在于获得已有的知识、经验，以提高解决当前已经发生问题的能力；另一种是创新性学习，它的功能在于通过学习提高个人发现、吸收新信息和提出新问题的能力，以迎接和处理未来社会日新月异的变化。要想在现代社会竞争中取胜，仅仅抓住眼下时机，仅仅适应当前的社会是远远不够的，还必须要把握未来发展的时机，养成终身学习的习惯。

### （三）学会做事

它强调了人应学会适应世界变化的综合能力，社会行为技能以及适应未来职业变化的应变能力、创新创造能力。学会做事是人们未来生活赖以生存的基础和前提。人要在社会中自觉地做事情，在谋事过程中不断提高做事的能力，培养做事的个人品质、敬业精神、持久和忍耐力，适应困难的挑战力，适应约束的能力，适应社会变化、竞争能力等。

经过大学几年的学习生活，大学生会从思考中确立目标，从学习中寻求真理，从独立中体验自主，从计划中把握时间，从交友中品味成熟，从实践中赢得价值，从兴趣中获得快乐，从追求中获得力量。只要做到了这些，你就可以对什么都拥有自信和渴望，你就能成为一个有潜力、有思想、有价值、有前途的人。

### （四）学会共处

学会共处就是要学会与社会与他人共同相处、共同生活的能力。学会共处是 21 世纪教育的重要目标，它提倡参与目标一致的社会活动，学会在各种“磨合”之中找到新的认同，确立新的共识，只有这样我们才能完成积极意义上的人类和平共处、社会和谐，最终实现“世界大同”的人类理想。当然它不只是学习一种社会关系，更重要的是它意味着人和自然的和谐相处。它要求我们诚信待人，培养真正的友情，学习团队精神和沟通能力，善于学习周围的人身上的优点，提高自身修养和人格魅力。从我国古代“天人合一”的思想传统到当代世界倡导的“环境保护”“可持续发展”，无不指明学会与自然“共处”的重要性。

**材料1－2** 赵某是曲阜师大98级学生。在校期间，她身兼数职，包括系学生会女生部部长、校学生会文艺部部长、校广播站主播、曲阜师大校报记者等，常常忙得不亦乐乎。当被问及她哪来时间学习时，她说，“时间就像海绵里的水，只要挤就会有。”她早上五点半起床到教室去温习、复习功课。上课时，她心无旁骛、全神贯注地听讲。她不仅在工作上赢得同学们的一致好评，学习成绩也出类拔萃：她大二时通过了国家英语四级考试，大三时通过了计算机二级考试，7个学期的总成绩始终在前10名，综合测评成绩全系第一。凭借优秀的学业和出色的工作业绩，她获得了何梁何利奖学金，并被山东团省委作为拔尖人才提前“挖”走。离校前，她深有感触地说：“四年前，我带着行李来到曲师，四年后，我带走的东西比当初带来的重了许多，重了什么？那就是四年来我学到的知识和能力。”

## 三、坦然面对“大一困惑”

所谓“大一困惑”是指刚进入大学的大一新生在一定时间内不太适应高校的学习生活，一时找不到自己努力的方向，以至于在学习和生活上都处于一种纷乱的无助状态。每位刚步入大学的大一新生都会不同程度地经历“大一困惑”现象，这是正常的。学校应该积极教育这些刚入校的新同学坦然面对“困惑”，切不可因一时困惑而手忙脚乱，甚至对大学的学习与生活丧失信心。“大一困惑”主要表现在以下几个方面。

### （一）努力方向不够明确

调查发现，绝大部分中学生的努力方向相对单一，他们的目标就是考上大学。为了通过高考而跨入大学之门，他们废寝忘食，刻苦攻读。可以说考上大学成为他们在这一时期奋斗的目标和生活的支点。

然而，当这些学子们经过十几年的努力，背负着理想的行囊如愿以偿地进入他们梦中的象牙塔的时候，有相当一部分学生却失去了自己努力的方向，或丧失了进一步努力奋斗的动力，陷入了理想的“间歇期”。他们进入大学后或不知道自己该干些什么，或根本就不愿意干点什么。

人生离开了奋斗目标是极其危险的，特别是年轻人。著名作家柳青曾说过：“人生的道路虽然漫长，但紧要处常常只有几步，特别是当人年轻的时候。”所以，结合自身各方面的条件，尽早准确确立新的努力方向，几乎是每一个大学新生亟待解决的问题。

### （二）生活琐事难以应付

#### 1. 自理能力差

现在入学的新生都是“90后”，这群被称为“新新人类”的孩子在家一般都受到父母的百般呵护，很多事都不用自己操心，过惯了饭来张口、衣来伸手的生活。进入大学后他们发现什么都要靠自己，衣、食、住、行等个人生活琐事都得自己打理。自主、自立、自律是大学生活的主旋律。大学生应努力适应这种生活方式的变化，自主而合理地安排好个人的学习和生活问题，注意培养自己的独立生活能力，养成良好的学习、生活习惯。

#### 2. 共处能力差

大学生基本上都来自五湖四海，他们的脾气秉性、生活习惯、家庭背景各不相同，相处时间久了，难免会产生一些摩擦，这是很自然的，关键是怎样处理好这些摩擦，是针锋相对，还是宽容忍让？我们认为，大学生们应该选择后者，用一颗宽容的心去对待别人，要充分认识到原本素不相识的一些人相聚在一起，甚至共处一室，这是缘分，大家都要好好珍惜这种缘分。宽容能让我们减少烦恼，拥有快乐，宽容更能让我们广交朋友，拓展人脉。

（三）不知道该如何学习

大一新生在进入大学之前长期接受“填鸭式”的教育，每一个教学环节都由教师设定，学生自己很少能自主安排自己的学习时间和学习的内容，离开老师的引导，学生们基本不知道该学些什么、如何学习。

大学教师授课更注重告诉学生“为什么”“怎么样”，采用的是一种引导式的教学方式。教师授课特色是少、精、快。教师在一次课上少则讲几节，多则讲几章，只讲重点、难点或一些关键环节，且多为抽象阐述。课程的大部分内容要靠学生自学，学生们在课下必须合理安排自己的学习时间，主动阅读与所学学科相关的大量课外读物，通过大量阅读来巩固所学知识，开阔视野，拓宽知识面。

（四）一定程度的内心失落

1. 对现实中的大学不满

大学新生在入学之前普遍缺少对大学的了解，他们往往把大学想象得过于理想，心中不断地编织着一幅幅大学生活的美好画面，对大学充满了好奇和向往。然而，一旦亲身感受大学生活后，部分同学发现真正的大学生活与自己原来的想象相去甚远。特别是在学习、生活上遇到现实困难的时候，他们便会产生一种被欺骗、上当的感觉，部分新生甚至抱怨：“大学，真是无聊，真没意思，太空虚了”。

能考上自己心仪的大学自然很好，然而对于大学的选择并不是每个人都能够如愿以偿。即使要迈入一所与期望值相距甚远的学校，也完全没有必要沮丧。因为再好的学校也会有差的学生，同样，条件再差的学校也能培养出优秀的学生。学校的条件并不是学生成才的决定因素，只要不放弃努力，对自己充满信心，梦想总会实现。

2. 自信心受挫

很多大学生在高中阶段的成绩都比较好，一直受到老师和同学的肯定和关注。进入大学后，这些来自全国各地的“好学生”汇聚在了一起，原有的学习优势不复存在，这种地位的变化和心理落差极容易使学生产生自我评价失调，甚至产生自卑情绪，从而影响了自身的发展。

**材料 1－3** 据《南国都市报》报道，1999 年，海南省东方市的陈某以 835 分的高分考入清华大学电子工程系，成为东方市有史以来考入清华的第一人。带着如此的荣耀踏入清华大学后，陈某发现自己在众多才子、才女中如同一只丑小鸭，别说多才多艺、出类拔萃了，就连最简单的普通话都说不好。面对这样的现实，他一时无法在心理上适应，一度悲观失望，甚至萌发退学的念头。后来在老师和同学们的开导和帮助下，他很快重新振作起来，重新定位自己，并最终走出了自己的心理阴影。

3. 学习上的矛盾心态

进入大学以后，很多同学在一段时间内都会有“放松与紧张同在，厌学与求知共融”的矛盾心理，至于如何取舍，他们往往无所适从。

一些大学新生误认为，进入大学就等于进入“保险箱”，应该轻松轻松、痛痛快快地玩一场，于是就失去了前进的动力，放松了对自己的要求，开始沉溺于电子游戏、武侠小说之中，不愿学习，上课听不进去，“没劲”“无聊”成为口头禅。然而，经过一段时间，特别是第一学期期末考试成绩不理想甚至有几门功课不及格之后，紧张、焦虑感又随之而来。

高考前巨大的学习压力已让这些年轻的学子身心疲惫，而大学与中学环境的巨大反差、学习方法上的迥然不同，使得不少大学新生学习兴趣不高，在学习上表现出乏力、无能，甚至厌倦情绪，这就是大学生的“厌学”现象。然而，知识经济时代的客观要求、年轻人天生具有的求知欲、个人强烈的成才欲望的驱使、中国目前残酷的就业现状等都使得这些年轻的大学生对知识有着一种强烈的占有欲。他们在“厌学”的同时又不愿意虚度自己的人生，因为他们深知，要在社会上立足，要改变自己的命运，要实现自己的抱负，没有知识是绝不可以的。所以，在大学这种充满学术研究气氛的特殊环境中，他们在“厌学”的同时，也会不断地萌发出强烈的求知欲。

## 第二节　积极适应高校的学习生活

### 一、心理上适应

（一）不要丢掉自信

自信是精彩人生的精神支柱，自信是战胜困难的不二法宝，自信更是取得成功的必要条件。人如果没有自信就等于没有了灵魂。毛泽东主席在湖南长沙第一师范读书期间就写下了“自信人生二百年，会当击水三千里”的诗句。

然而有一些大学生，特别是刚入校的大一新生，由于种种原因显得不够自信，甚至怀有“我是一只小小鸟，想要飞怎么也飞不高”的哀叹。这些原因主要表现在两个方面：一是进入大学后高手如云，在许多方面特别是学习上，昔日的优势已不复存在，甚至渐显平庸；二是家庭背景、个人所受教育程度的差异也使得一部分同学有自惭形秽之感。

我们认为，对于青年大学生来说，无论是何原因都不足以成为他们自卑、畏缩、丧失斗志的理由。大学生是国家的宝贵人才，肩负着实现中华民族伟大复兴的历史使命，如果一味地被自卑、哀怨的心情所压抑，怎么能实现自己的宏伟抱负，又怎能为实现伟大复兴的中国梦而奋斗？再者，一旦进入大学，过去的辉煌都将归零，一切都将从头开始，大家都会站在同一起跑线上，你的最终成绩取决你的努力程度，能否实现自己的既定目标完全在此一搏。所以，及时调整好自己的心态，回归到自己的定位中去，努力学习，不断拓展自己的知识、视野，每天不停顿地一步步向前，你就会重新找回失落的自信。

**材料1－4**　世界著名指挥家小泽征尔在欧洲一次指挥大赛的决赛中，按照评委会给他的乐谱指挥乐队演奏时，发觉有不和谐的地方。起初他以为可能是乐队演奏错了，就停下来重新演奏，但仍然有个地方不和谐、不流畅。

小泽向评委会权威人士郑重地说明乐谱存在问题。但在场的作曲家和评委会权威人士都郑重地说明乐谱没有问题，而是小泽的错觉，请他找出原因，把乐曲演奏好。当时的小泽只是一位沉寂无名的参赛者。但他稍加考虑，面对一批音乐界大师和权威人士大吼一声：“不，一定是乐谱错了！”话音刚落，评判台上立刻报以热烈的掌声。

原来这是评委会精心设计的“圈套”，以此来检验参赛的指挥家们在发现乐谱有错误并遭到权威人士“否定”的情况下，能否坚持自己的正确判断。前两位参赛者虽然也发现了问题，终因趋同权威而遭淘汰。小泽征尔却自信坚定，因而摘取了那次指挥大赛的桂冠。

（二）重构个人奋斗目标

1. 尽早确立奋斗目标

中学时代，学生们的奋斗目标一般都比较明确，那就是努力学习，考上理想的大学。可一旦考上了大学，大部分同学都或多或少有一点懈怠的想法，认为自己为了考大学辛苦了这么多年，也该歇歇了，有的同学甚至把“理想”“追求”干脆放到了一边，不想再继续努力，这便是大学生的理想“间歇期”。

但这些年轻的学子们殊不知人生的道路虽然漫长，但关键之处却往往只有几步，一旦错失良机，就悔之晚矣，而大学时期又恰好是这关键几步的关键时期。大学阶段是人生观、世界观形成的重要时期，更是人生奋斗目标形成的最佳时期，许多成功人士都是在大学阶段清晰地确立了自己的奋斗目标，并长期地、不间断地朝着自己的目标努力的。正如美国成功学家拿破仑·希尔说：“你过去或现在的情况并不重要，你将来想要获得什么成就才最重要。除非你对未来没有理想，否则做不出什么大事来……有了目标，内心的力量才会找到方向。茫无目标的飘荡终归会迷路，而你心中那一座无价的金矿，也会因不开采而与平凡的尘土无异。”因此，大学生应正确地把握自己，尽早确立明确的目标规划，并激励自己一步一个脚印地走下去。只有这样，大学生才会不断地享受成功的快乐，才会对生活始终保持旺盛的激情，并最终走向成功。

**材料1-5** 美国哈佛大学30多年前曾对在校学生做过一项调查，发现没有目标的人占27%，目标模糊的人占60%，短期目标清晰的人占10%，长期目标清晰的人只有3%。30年后追踪调查的结果表明，第一类人几乎都生活在社会的最底层，长期在失败的阴影里挣扎；第二类人基本上都生活在社会的中下层，他们没有多大的理想和抱负，整日为了生存而疲于奔命；第三类人大多进入了白领阶层，他们生活在社会的中上层；只有第四类人，他们为了实现既定的目标，几十年如一日，努力拼搏，积极进取，百折不挠，最终大多成为精英人物。

2. 确立正确的奋斗目标

一个人在年轻时期尽早确立自己的奋斗目标固然重要，而确立正确的奋斗目标更显重要。如果自己选定的目标不切合实际或不适合自己，虽然自己为之付出了艰苦的努力，其结果只能是南辕北辙，费力越大则错之越远。所以，年轻的大学生在确立奋斗目标的时候必须尽量结合自身的实际与现实社会的需求，力求在刚开始的时候就做到定位精准。这也像穿衣服扣扣子一样，如果第一粒扣子扣错了，剩余的扣子都会扣错，人生的扣子一定要从一开始就扣好。大学生在确立个人奋斗目标时一定要注意以下几个方面：一是目标的确立要适应社会需求。大学生在确立个人奋斗目标时一定要适应社会需求。只有适应社会的需求，才能不断地施展个人的才华；只有适应社会需求，才能不断地利用社会提供的平台实现自己的目标追求。当前，我国正在深化改革，扩大开放，努力建设和完善社会主义市场经济，当代大学生的奋斗目标必须适应变革时期的社会历史发展需要。二是目标的确立要适合自身实际。新时期的大学生由于受到社会大环境的影响，不仅见多识广、思想灵活，而且多数人兴趣广泛、多才多艺，几乎每个人都有不同的特质。如果能将自身的奋斗目标建立在自己的最优性格上、最大兴趣上、最佳特长上，你就能得心应手、左右逢源，你也必能省时、省力、省心，并最终心想事成。同时，目标的高低、长短也要适合自身的实际。一方面，宏远的目标能起到激励作用，但也容易因脱离实际而招致失败；较低的目标，不用努力或努力较少就能实现，但也容易使人感到失望、颓废。另一方面，长期目标始终是你努力的最终方向，而短期目标只是实现长期目标过程中的一个驿站。

**材料1-6** 在闻名世界的威斯敏斯特大教堂地下室的墓碑林中，有一块扬名世界的墓碑。在这块墓碑上，刻着这样的话：当我年轻的时候，我的想象力从没有受过限制，我梦想改变这个世界。当我成熟以后，我发现我不能够改变这个世界，我将目光缩短了些，决定只改变我的国家。当我进入暮年以后，我发现我不能够改变我的国家，我的最后愿望仅仅是改变一下我的家庭。但这也不可能。当我躺在床上，行将就木时，我突然意识到：如果一开始我仅仅去改变自己，然后作为一个榜样，我可能改变我的家庭；在家人的帮助和鼓励下，我可能为国家做一些事情。然而，谁知道呢？我甚至可能改变这个世界！真的，要想撬起世界，它的最佳支点不是整个地球，不是一个国家、一个民族，也不是别人，它的最佳支点只能是自己的心灵。

（三）不断超越自我

只有不断地超越自我，才有不断地进步。美国成功学家卡耐基说："只要你向前走，不必怕什么，你就能发现自己，成功一定是你的！"新时期的大学生一定要不断地提升并超越自我，朝着更好、更高的目标不断努力。

超越自我需要强烈的进取意识，需要坚强的意志，更需要良好的个性修养。强烈的进取意识是大学生不断超越自我的动力，只有具有强烈的进取意识，才能不懈地追求，不断地调整并提升自己的奋斗目标；坚强的意志是大学生们不断超越自我的保证，只有具有坚强的意志，才能在面对困难与挫折时永不言弃，勇往直前；良好的个性修养是大学生们不断超越自我的关键，只有具有良好的个性修养，才能保证大学生们沿着正确的人生目标不断努力。

其实人生就是一个不断选择和奋斗的过程。当然，我们的奋斗不是非得征服整个世界，不是一定要做出一番轰轰烈烈的大事业而名垂青史，只要能超越自己就是进步和幸福，在自己的能力范围之内，尽量通过做一些事情将自己的智慧和才华发挥出来，对社会和他人有所贡献，这才是人生的真谛，这样的生命才有意义！

**材料 1-7** 张某自幼聪颖，学习成绩一向优秀，在当地素有"神童"之称。1986 年他以高考 602 分（总分 640 分）的好成绩荣登某省理科榜首，顺利地考入清华大学电机系。张某的父母和家乡的父老都认为张某将来一定会有出息。然而 20 年过去了，张某依然默默无闻，只是某国有企业的一名高级工程师。张某的不幸在于，人们加在他身上的荣耀和期望过于沉重。他因此害怕失败，也无法承受失败，因为没有人会接受一个"神童"的失败。

大学毕业后，张某也曾报考研究生，但他一再放弃。第一次是在报名之后，他放弃了；第二次是在体检之后，他又放弃了；第三次他甚至领取了准考证，但在走进考场的前一刻，他还是放弃了。张某的昔日同窗为他深感惋惜："张某如果向前迈一步，走进考场，极有可能通过考试，因为他的智商很高，成绩也很优秀，可惜他没有进考场。"

## 二、生活上适应

（一）生活自理能力的培养

1. 心态上向成人转变

很多事情只要自己愿意去做，用心去做并持之以恒地坚持，都能做得很好。大学新生要在短时间内适应大学生活，关键在于他们是否愿意首先从心理上接受自己已经成年，要开始独立生活这样一个事实。一个心智成熟的大学生在独立适应生活的过程中一定会注意以下两点：一是有独立生活意识，做到自信、自立、自强，勇于面对生活的挑战；二是对生活小事细心观察、虚心求教、大胆实践并不断从实践中积累生活经验。

2. 行为上向成人转变

既然是成人了，就要学会自己的事情自己做。学会自己收拾床铺、收拾房间、自己洗衣服、缝补衣服、整理好自己的各种物品；学会讲究卫生，经常洗澡、理发；学会合理地安排作息时间，准时起床、入睡，养成良好的作息习惯，做到有规律地生活；学会进行适当的体育锻炼和参加有益的文娱活动；学会不挑食，养成良好的、科学的饮食习惯，保证合理的营养供应；戒除吸烟、酗酒、熬夜、沉迷于电子游戏等不良的生活习惯。对于这些生活小事，只要大学生愿意去做，用心去做，就一定会很快上手并做得很好。

（二）交际能力的培养

人际关系问题始终是影响大学生自身心理健康、影响大学生活质量的重要因素之一。那么，怎样才能在大学校园里与人友好相处，并拥有一段终生难忘的美好回忆，同时又为将来步入社会做好充分准备呢？了解基本的交往原则和必要的交往技巧是非常必要的。

1．平等交往

平等交往是指交往双方在态度上的平等。在交往过程中，如果一方居高临下、盛气凌人、发号施令、颐指气使，那么他绝不可能成为对方的朋友。因此大学生之间切忌因出身、家庭、经历、长相等方面的差异而对人“另眼相看”。坚持平等的交往原则，就是要正确地估价自己和别人，不要光看自己的优点，也要看到对方身上的优点，要尊重他人的自尊心和感情，平等地对待他人。

2．宽容大度

人际交往中难免会产生误解和矛盾。大学生个性较强，接触密切，彼此之间可能会因一些小事而产生一些误会。但要建立良好的人际关系，大学生就不应对一时的误会斤斤计较，而要谦让大度、克制忍让，做到不计较彼此一时的不友好态度和激烈的言辞，并勇于承担自己的行为责任。宽容克制并不是软弱、怯懦的表现，相反，它是宏阔度量的彰显，是建立良好人际关系的润滑剂。

**材料1－8** 1999年12月，北京大学光华管理学院博士生耿某杀害同宿舍博士生王某后跳楼自杀，耿某在被送往医院后不治身亡。被杀博士生王某来自江苏，耿某来自山东，两人同屋居住也只有三个多月。据称王某年纪较轻、性格开朗、精力旺盛；耿某年纪较大，性格内敛，自称有严重的神经衰弱症，再加上北大的博士生学习压力较大，耿某经常失眠。两人的矛盾据说主要集中在王某经常晚上很晚回来，回来后又不注意自己的行为，开灯、洗漱等动作声响较大，经常把耿某吵醒，使得耿某较长时间内处于半夜醒来后就再也无法入睡的失眠状态。两人经协调无果，耿某就用哑铃将王某活活砸死，然后自己跳楼自杀。

3．乐于助人

乐于助人原则要求大学生在别人遇到困难的时候，应该伸出救援之手；在别人身处低谷的时候，应该建起友谊的阶梯；在别人绝望的时候，应该点亮希望的火苗。大学生应该时刻铭记中华民族这一传统美德，与人为善。帮助别人不仅可以解人之急，也可以愉悦自身，更可以迅速缩短人与人之间的距离，使亲密、友善的人际关系较快地建立起来。

4．讲究信用

在人际交往中讲究信用是指以诚实、真挚的态度对待交往对象，获得对方的信任和理解。诚实守信是人们在交往中普遍遵守的基本准则，也是获得他人信任并最终成为朋友的前提。信用原则要求大学生在人际交往中要说真话，做真事，言必信，行必果，承诺的事情应千方百计、不遗余力地办到，如果经再三努力而没有做到，则应诚恳说明原因，取得对方的理解。守信用者能广交朋友，交真朋友、交好朋友。

大学生要培养自己的交际能力，除严格遵守上述交际原则外，还应该努力掌握一定的交往技巧，如对人热情、大方，主动与人交往；注意语言表达，说话幽默、得体；注意倾听对方的讲话，真诚地赞赏别人；对人友好，举止文明得体等。

（三）理财能力的培养

新生入学后，很多家长为了省事，把一个学期的生活费一次性给了孩子。孩子第一次拿到这么多的钱，又没有理财经验，也缺乏父母的监督，经常出现盲目、冲动消费的情况，常常在前两个月花钱大手大脚，后两个月或省吃俭用或向父母求援。正确理财不仅是大学生必备的生活技能，也是大学生提高能力的一个方面。

1. 树立正确的理财观念，花钱应有计划性

学会花钱听上去是小事，其实并不小，这种技能将陪伴我们一生。大学生应学会有计划地消费，不要浪费父母的血汗钱。在学习和生活上，哪些开支是必需的，哪些开支是完全不必要的，哪些是可有可无的，应做到心中有数，钱要花在刀刃上，避免不必要的消费。此外，家庭的经济条件也是决定大学生消费水平的一个重要因素。

2. 家长应引导、监督子女正确理财

大学生正确理财不仅需要其本人对自己严格要求，家长的正确引导和必要的监督也是必需的。家长可在以下两个方面帮助大学生养成良好的理财习惯。一是家长在给予孩子数额较多的生活费时，也应给予必要的提醒，规定其每个月的消费额度。经过提醒后，大部分孩子都会谨遵父母的要求，合理地进行消费；二是家长可给孩子办理一张银行储蓄卡，定期、定额地给孩子汇生活费，避免孩子提前消费。如果对子女的理财能力不放心，家长还可以以自己名义申请一张信用卡，同时给子女办一张附卡，主卡和附卡共用一个资金账户，这样子女在用附卡消费时，家长就可通过每月银行寄来的对账单或者通过电子银行服务，随时了解子女使用的每一笔资金的情况。

**材料1-9** 上海某高校的一位女同学说：“到大学报到时，父母把我从辽宁送到上海，他们替我交清了各种费用，临走时给我办了一张5000元的活期存折卡，作为我一个学期的生活费，又给我留下1000元现金当作零花钱。可才过两个月，我便把这6000元钱花得分文不剩，只得打电话向家中求援。我记得，当时的主要花销并不是吃饭、穿衣，而是那些‘奢侈的消费’，如购买名牌化妆品，和同学到校外吃饭，去卡拉OK等。随着对大学生活的适应，我才渐渐学会控制自己的‘财政支出’，认清哪些钱该花，哪些钱不该花。”

## 三、学习上适应

进入大学以后，学习的内容、形式、要求都发生了变化。同学们不仅要努力学习，而且要学会学习；不仅要掌握知识，而且要掌握获得知识的能力；不仅要在学业上不断进步，而且要在综合素质上不断提高。

（一）更新学习理念

1. 树立自主学习的理念

与中学阶段的学习不同，大学阶段的学习更强调学生的主动性、自觉性。大学教师的授课采取的是一种“引导式”的教学方式，与中学的“填鸭式”的教学方法有着本质的不同。因此，大学生在学习上必须树立自主学习的理念，从被动学习变为主动学习，只有这样才能实现从“不会”到“学会”，再到“会学”的转变。

要实现自主学习，必须做好两件事：一是自主确立努力方向。大学阶段，每位大学生都应结合自身实际，给自己进行准确的定位，只有目标明确，才有学习动力，才会一步步朝目标奋进。二是自觉适应大学的学习方式。大学老师除了上课以外，很少督促学生的学习，学生在课下是否学习完全靠自己自觉。老师上课只讲重点、难点或一些关键环节，大部分内容靠学生自学。在学分制下，有些选修课靠学生自主选择。这些都要求学生积极主动地进行学习。

2. 树立全面学习的理念

与中学相比，大学生对文化知识的学习应该是无范围限制的较全面的学习。大学生们不仅要认真学好所在专业的专业知识，还要学习与专业有关的知识，甚至会去学习自己感兴趣的但和专

业无关的各种知识。因为当今社会对人才的知识储备不仅要求专，而且要求博，即要成为社会的有用人才，除了要有精湛的业务外，还要有广博的知识和广泛的兴趣。所以大学生们绝不能仅满足于课堂上的听讲和对教科书的阅读，还要熟练地利用图书馆、互联网等学习渠道收集、查找大量的有用资料以补充课堂学习的不足，努力学好有利于提高自身综合素质的各方面知识。除了学习文化知识外，在大学阶段学会做人，学会做事也非常重要。一个人学业再好，如果他的素质、品行不行，能力不够，也不是一个好学生，更不可能成为对社会有用的人才。

3. 树立创新学习的理念

所谓创新学习就是不死记硬背某类知识的理论体系，要在学习理论知识的同时，将此理论知识付诸实践，在实践中检验理论知识，在实践中发展理论知识，在实践中真正掌握理论知识。树立创造性学习的理念，一是要脚踏实地打下扎实的理论功底，同时又要善于思考，勇于开拓，不断激发自己的创新意识，敢于突破陈旧的思维定式，努力从事探索活动，培养创新精神。二是要树立信心，敢于创新，有所创新。社会的发展需要大量创新人才，高职、高专以培养动手能力为主的学习模式给我们的创新性学习提供了有利的条件，新时代的大学生切不可妄自菲薄，裹足不前，一定要大胆实践、努力创新，为将来步入社会创造有利条件。

4. 树立终身学习的理念

知识经济时代，人们所接受的不可能是一次性或终结性的学历教育，而应是伴随一生的终身教育。因为知识更新速度加快，科学技术日新月异，要求每一个人都应不断学习，以接受新的科学技术知识的挑战；产业结构的不断调整，要求劳动者要不断地接受职业再培训，以适应职业的变换，也需要劳动者不断学习，以适应职业的要求；社会生活方式的逐步现代化，使得人们有不断自我完善的可能和愿望，更要求每个人不断学习，以应对新生活方式变化的需要。

大学生年轻有为，是先进文化的代表，也是人类先进文化的继承者和传播者，承担着“为往圣继绝学，为万世开太平”的历史使命。所以，大学生在大学阶段，不仅要充分利用这段宝贵的时光，努力学习，学到扎实的理论知识，掌握建设祖国真正的本领，更要确立终身求知，终身学习的理念，培养自己持续学习的能力，把学习和生活融为一体，学习和工作融为一体，不断接受新知识、迎接新挑战，做到在学习中与时俱进。

**材料 1－10** 知识经济时代的来临使知识更新的速率大大加快。据有关专家测算，1950 年时，人类科技知识翻一番大约需要 50 年；而 2000 年时，仅仅需要 5 年左右的时间，预计到 2030 年，大约需要 70～80 天。人生一世所需要的知识，80%～90%是靠在职学习的。联合国教育、科学及文化组织对现代文盲的定义：一是不识字；二是不能识别现代信息符号，包括文字、图表符号，不能应用计算机进行信息交流与管理。因此，在知识快速更新的今天，如果一个人、一个组织学习的速度跟不上时代的变化，就会被时代淘汰。一个民族，一个国家，一个社会，只有不断学习，更新知识，探求新知，形成核心竞争力，才能永葆生机和活力，走在时代的前列。

（二）充分利用课余时间

与中学相比，大学的课程安排不会太满，作业量也较少，学生可自主支配的时间较多。如何充分利用好课余时间对于个人成才至关重要。在大学，不上课并不等于可以不学习，仅靠课堂上那几节课的学习是远远不够的，课下学习是补充课堂学习不足、拓宽知识面的重要途径。所以，大学生应该抓住一切可以利用的课余时间认真学习，不断丰富自己的知识。除了学习文化知识外，大学生还应该参加一些有益的活动。

1. 有选择地参加一些社团活动

大学校园的课余生活丰富多彩，有各种社团活动、公关活动，还有各种讲座、讨论会、学术报告、文娱活动等。大学生在选择是否参与某类活动时，一定要考虑自己的爱好、时间、精力等因素，有所选择，不要一概拒绝参与，也不要参与太多。大学校园中的这些活动大多都是有益的活动，适当参与可以锻炼自己的胆量、提高自己的语言表达能力、人际交往能力、组织管理能力等。如果是参加专业性较强的社团，还能提升某方面的知识或技能。但如果参与活动过多，就可能占用学习时间，最终影响学习。

**材料1-11**　萨姆·巴绍浦是美国那昆达旅店有限公司创始人，他从问题少年到少年巨富，从白手起家到拥有亿万资产，走出了一条与众不同的成功创业之路。到底是什么秘诀使他有这么大的转变呢？

他说："我在得克萨斯大学学到的最重要的一门课就是对人脉重要性的认识。我当时在大学里是少数活跃分子之一，我参加了得克萨斯大学'校园共和党'，荣幸地被推选为党主席。正是这段经历，使我学会了编织人际网络的本领。通过校内校外的活动，我结识了许多朋友，其中有很多人，直到现在仍旧是我的好朋友，他们中的有些人后来成了显赫人物。在大学时编织的这些人际网络，后来为我的事业发展提供了巨大的帮助。我发现认识一些人，同时让某些人认识你非常重要，他们就好像是一扇扇大门，给了你通向成功的无限机会。"

2. 参加社会实践

高职高专院校的很多课程都是实践性很强的课程，特别强调对学生动手能力的培养。所以，在校大学生特别是高职高专院校的大学生在认真学习本学科理论知识的同时还要积极参加社会实践，在实践中通过对理论知识的运用，提高自己发现问题、解决问题的能力，即动手能力。参加社会实践的形式多样，可以是学生自发联系相关单位，有目的地进行实践，也可以以学校或系为单位，有组织地进行实践。总之，督促学生参加社会实践是高职高专实践教学的重要环节，也是必需环节。此外，大学生在校期间选择做兼职，也是重要的实践形式之一，但要结合专业特性，不能只是为了赚钱。

3. 参加一些有益的文体活动

大学生可以利用一些课余时间从事一些有益的文娱活动，如唱歌、跳舞、学习乐器、练书法、下棋等。这些活动能使自己的生活充实、丰富、充满乐趣，也能丰富个人内涵，提高个人的品位等。大学生可根据自己的兴趣，选择一两种作为自己的业余爱好，使之在学习之余，成为放松自己的一种方式。

大学生还要经常利用课余时间坚持体育锻炼，养成热爱体育锻炼的好习惯。身体是从事一切活动的"本钱"，也是一个人心理健康的物质基础。只有有了强健的体魄，才能学好科学文化知识，只有拥有丰富的文化知识，才能具有服务社会、建设祖国的本领。文武之道，一张一弛。学习之余参加一些有益的文体活动，不但可以缓解紧张的生活，还可以放松心情、增加生活乐趣，有助于提高学习效率。

## 第三节　努力接受高等职业教育

### 一、高等职业教育的定位

（一）高等职业教育是高等教育的重要组成部分

我国的高等教育分为普通高等教育和高等职业教育。普通高等教育属于科研类教育，重在培养科研型、学术型人才。高等职业教育属于职业类教育，重在培养技术型、技能型人才。两者之间互相依存、互为补充，并共同成为我国高等教育的重要组成部分。

（二）高等职业教育以培养职业性、行业性人才为目标

培养技术应用型人才是高职院校人才培养目标的基本内涵。高等职业教育的主体是培养将科学、工程、设计转化为现实生产力的高等技术专门人才。如第一产业重点培养农业生产技术人员和经营管理人员、小型乡镇企业管理人员和市场营销人才等；第二产业重点培养技术员、高级技师、市场营销和企业基层管理人员、高新技术产业的高级智能工人等；第三产业重点培养经营管理类人才和业务人才等。

（三）高等职业教育直接为地方或行业经济发展服务

根据高职院校的特点，高职院校在确定培养目标时，都要充分考虑学校所在地的区域经济发展，把“区域性”作为其培养目标的地方特色。因此，每所高等职业院校都应因地制宜地确定培养目标，认真研究其所在地区或相关行业经济发展所需要的各类“人才”，实行订单式的对口培养，直接为地区或行业输送有用人才。

## 二、发展高等职业教育的必要性

高职教育是一种面对职业领域培养高层次应用人才的教育。从世界范围来考察，高职教育是科技进步、经济发展和高等教育大众化的产物。在我国经济飞速发展的今天，发展高等职业教育是我国经济发展的必然选择。

（一）发展高等教育是实现高等教育大众化的必然选择

国家经济发展要求较高的国民素质与之适应，这是经济基础与上层建筑理论的客观要求。提高国民素质的主要途径是发展教育，其中最主要的是发展高职教育，因为发展高等职业教育既能提高国民的文化素质，又能直接服务于经济发展。这也是世界各国高等教育大众化的共同经验。

（二）发展高等教育是实施科教兴国战略的客观要求

科教强国要求把科技和教育摆在经济、社会发展的优先位置，增强国家的科技实力及向现实生产力转化的能力，提高全民族的科技文化素质，把经济建设转移到依靠科技进步和提高劳动者素质的轨道上来。实施人才强国战略就是要造就数以亿计的高素质劳动者，数以千万计的专门人才和一大批其他方面的拔尖人才。要实现这些目标都离不开发展高等职业教育。

（三）发展高等教育是缓解我国高技能人才的严重缺乏客观需要

我国劳动力资源的现状是：一方面是企业急需的高技能人才严重缺乏；另一方面是低技能劳动力的就业非常困难，人才的结构性矛盾非常突出。我国劳动力资源的这种结构形式严重制约着我国产业结构的调整和现代化的进程。要改变这种现状，必须大力发展高等职业教育，培养更多的该技能的人才。

## 三、高等职业教育的人才培养模式

（一）现代社会所需要的人才

1. 学历与能力相结合

一般来说，受过高等教育和没受过高等教育的人，在总体上是有差别的，但是学历、学位与能力也绝不是完全对应的，许多人学历较低但能力很强，或者在某一方面有特别的才华，有些人学历很高而能力却一般。这种现象在中国或在其他国家都不少见。目前一些大学生找不到工作，而技术工人却非常紧俏，这正说明了当代社会的人才是多元化和多层次的。在高等教育已经步入大众化阶段的时代背景下，对于学历与人才的关系评价也应做出相应调整。国家建设不仅需要高

学历人才，更需要亿万高素质、高技能的劳动者。所以，高职生完全可以是一个以“动手能力”为优势的特色人才群体，其人才的价值丝毫不逊色于更高学历的人。

**材料1－12** 谈到现行人才标准的局限性与机械性，上海公共行政与人力资源研究所所长、著名人才问题专家沈荣华一口气列举出三个例子：“上海的人才引进计划曾提出，只引进本科以上学历的人才。按此标准，比尔·盖茨来到上海也不算人才，为什么？因为他连大学都没有读完。”“著名桥梁专家林元培在上海设计的杨浦、南浦、徐浦、卢浦4座大桥，成为上海的标志性建筑，但按这一人才标准，他在上海也不算人才，因为他只是个中专毕业生。”“温州民营企业家中有学历、有职称的不到三成，却创造了大量的社会财富，为社会提供了大量的就业机会。如果按此人才标准，这些企业家肯定也算不上人才。”

2. 能力与品行相结合

知识、学问是衡量人才的重要条件，没有真才实学的人不是人才，而徒有丰富知识、先进理论，但却不能转化为生产力的人，只能称其为有学问，不能称为人才。人才是“人”与“才”的组合，只有先成“人”后才能成“才”。这里所说的“人”就是指人的品行。有用的人才不仅应具有专业素质，还有较高的思想道德素质和人文精神。思想决定行为，如果用所学知识去做阻碍社会进步、有悖社会公德、危害公众利益的事，一个人纵然学识渊博、才能出众，也不可能称之为人才，只能是为社会所不齿的“危险品”。

3. 具备良好的性格和心理

良好的性格和心理主要体现在自信心、意志力、承受力、协调能力、团队精神等方面。一个人在成长的过程中不可能一帆风顺，总会遇到这样或那样的困难与挫折，所以，必须具有坚强的意志品质，敢于正视困难，勇于克服困难，迎难而上。古语云：“天行健，君子以自强不息”，正说明了这个道理。人才是社会的人才，一个人一生中多数时间都要与他人、与社会打交道，在与他人的交往和开展工作的过程中，要善于处理好各种各样的关系，有宽厚、容忍的性格，能容忍他人的缺点，认识自己的不足，懂得与他人合作，精诚团结，各施所长，取长补短，共同做好每一项工作，共同谋求发展和进步。

（二）高等职业院校对人才培养的目标定位

1. 正确处理德与才的关系

把德放在首位。德与才是一个不可分割的有机体，德才兼备历来是鉴别和选拔人才的重要标准。社会主义市场经济的健康发展同样离不开道德的保障作用，在选拔建设社会主义的有用人才时，要突出对德的要求，在德与才之间的关系上，把德放在首位。

21世纪的国际竞争就是有道德有知识的人力资源的竞争。在知识经济和经济全球化的进程中，人类生存和发展所面临的各种困境，仅依靠科技发展难以解决，必须依赖于新的道德观的确立与普及，如环境恶化与人类的可持续发展问题、金融危机和经济安全问题、生物技术被滥用等问题。那些只专于科学技术，不关注科技发展与人类可持续发展之间关系的“机器奴隶”，只知道追求利润，不了解资本运行的规律与趋势，不关注人类命运的“经济动物”，终将毁灭自己，贻害社会。

**材料1－13** 在《资治通鉴》中，司马光谈到了评价人才的标准和取人、用人之术。他说：德才兼备的人，可称之为圣人；无德无才的人，可称之为愚人；有德无才的人，可称之为君子；有才无德的人，可称之为小人。

如果要选拔用人，如果不能得到圣人，任用君子也是可以的；与其任用小人，不如任用愚人。为什么呢？君子有了能力，他就会做善事；小人有了能力，他就会做恶事。君子广做善事，善就无处不在；小人乱作恶行，恶也就无处不在。愚人虽然想做坏事，但他智谋欠缺，能力有限，就像小狗想咬人，几乎每个人都能制服它。小人智谋够用，他就会越发奸诈，能力够用，他就会越发残暴。所以“德”是人们所敬仰的，“才”是人们所喜爱的，但要运用得当。

2. 正确处理理论与应用的关系

突出动手能力和创新能力。高等职业教育的目标是培养具有较强的动手能力和创新能力的劳动者。高职院校在教育教学中应秉承这一目标，突出对学生的动手能力和创新能力的培养，理论学习应以够用为度。

培养学生的动手能力，就是让学生将所学的书本知识运用于实践，完成相应专业岗位的基本技能训练，养成在实践中进一步理解、深化理论知识的习惯，动手学科学，而不是用耳朵听科学。培养学生的创新能力，就是让学生在实践中检验理论、发展理论，让理论更好地为现实服务。著名数学家波利亚说过：“学习任何知识的最佳途径是由学生自己去发现。因为这种发现，理解最深，也易掌握其中内在规律和联系。”我国要建设创新型国家，就是要增强自主创新能力，走出中国特色自主创新道路。高职生毕业后将走向生产、建设、服务第一线，在继承以往理论与技能的同时，也承担着对理论和技能改造和创新的重任。

**材料1-14** 美国有一位名叫律普曼的画家，曾经非常贫困，画具很少，只凭铅笔和橡皮作画。一次作画时出了错误，须用用橡皮擦掉，他费了好大的劲终于找到了橡皮，擦完后又找不到铅笔了。此类事情经常发生，有时找到了铅笔却找不到橡皮，有时找到橡皮却找不到铅笔。他经过思考，终于想出了一个办法，他用铁皮把橡皮和铅笔连到了一起。后来他用这项“发明”去申请了专利，并取得了专利权。最终一家铅笔公司以55万美元的价格购买了他的这项专利。

3. 正确处理全面发展与个性培养的关系

重个性发展。全面发展是人才培养的目标和个性发展的基础。联合国教科文组织《学会关心：21世纪的教育》提出，“21世纪最成功的劳动者将是最全面发展的人，是对新思想和新机遇开放的人”。全面发展的目的不是要消灭差别、泯灭个性，而是要使个性得到充分的丰富和完善。全面发展和个性发展统一于个体成才的过程之中。

个性是人的比较稳定的心理品质的总和。它是决定个人思维和行为方式的内部动力系统，是个人的社会共同性和自身独特性的有机统一体；决定着一个人如何看待世界和如何体验世界，如何看待自己和如何体验自己；也决定着一个人在认识的基础上对外部世界和自己采取什么样的行为方式。而个性发展就是要在人的共同性基础上，充分地把人的差别性表现出来，从而使每个人都具有高度的自主性、独立性与创造性。因此，个性发展才是社会发展的真正动力和源泉。

**学习思考**

1. 与中学相比，大学的学习有何特点？
2. 怎样在生活上尽快适应高等教育环境？
3. 怎样理解发展高等职业教育的必要性？
4. 现代社会对人才需求的标准是什么？高职教育的人才培养模式有何特点？

# 02 Chapter 第二章 追求远大理想 坚定崇高信念

袁和是一位上海姑娘，在美国马萨诸塞州蒙特·荷里亚女子学院留学。她刚到美国两个月，就被诊断为癌症。不久，再次检查的结果是癌细胞转移。死亡和恐惧向这个身在异乡的中国姑娘扑来。有人劝她回国，说那里毕竟有亲情的存在，有亲人的照顾。经过一番思想斗争之后，她没有选择回国，也没有选择消极、放弃。她对别人说："我还想读书，我想得到硕士学位。"美国的医生连连摇头说："不可能，这根本是不可能的。"按经验，她只能再活半年。要想得到硕士学位，这只是一种幻想，一个美丽的幻想。

但袁和却把死亡当成一支生命的拐杖，倚着它，勇敢地前行。她无数次晕倒又站起来，一次次把饭吐出，又再次顽强地咀嚼吞咽下去。经过一年多向死亡的挑战，她终于实现了自己的愿望。毕业典礼那天，她穿上了长长的黑色学袍，步履蹒跚地一步步走上了学院礼堂的台阶，用颤抖的双手，接过院长亲自为她颁发的硕士学位证书。这位坚强的中国女孩在拿到硕士学位后并未停止前行的脚步，又以顽强的毅力去拼搏博士学位，但不久无情的病魔就夺去了她年轻的生命。

袁和生命的消逝，在美国引起了较大的震动。马萨诸塞州的四家报纸刊登了袁和的大幅照片，称赞她的一生是人类"关于勇气的一课"。女子学院破例下半旗两天，向这位普通的中国女留学生致敬。在学校附近的草坪上，学院为袁和立了一块碑。袁和以勇气和毅力，在异国他乡塑造了中国人不朽的形象。[㊀]

## 第一节 理想信念是人生的精神支柱

理想和信念是一个人的精神支柱和动力源泉。崇高的理想、坚定的信念能点燃人生的激情，激发人的才智，激励人奋发向上。大学阶段，是青年学子播种理想、确立信念的黄金时期，是规划未来、设计人生的关键阶段。全面了解理想、信念的含义及其对人生的重要作用，对于热切追求理想，渴望多彩人生的大学生具有十分重要的意义。

### 一、理想的含义及类型

（一）理想的含义与特征

理想一词最初来源于希腊语"idea"，意即人生的奋斗目标。在中国古代，理想被表述为"志"，即志向。在现代社会，理想是人们在现实生活实践中形成的，具有实现可能的对未来的美好追求和向往，是人们的社会生活体验、社会政治立场和世界观、人生观、价值观在人生奋斗目标上的集中体现和反映。

---

㊀ 马役军.《她赢得了另一个世界》，载《家庭》1995年第7期，第28页。

作为一种社会意识，理想不同于空想、幻想和妄想，它是在社会实践的基础上形成的。在社会实践中，人们不仅改造客观世界，而且改造主观世界；不仅认识和满足自己当前的需要，而且探索和追求自己将来的需要。正是由于人的主观能动性，人对自身现状的永不满足，人对美好未来的不懈追求，才产生了理想。理想具有下列特征。

1. 理想具有目的性和超前性

理想作为一种社会意识，是对社会存在的能动反映。正是由于理想的主观能动性，才使得人们能够对自身行为的价值方向进行明确的选择，从而确定自己的奋斗目标，规划自己的生命活动。理想来源于社会现实，又高于社会现实。理想所描绘的内容不是客观现实，而是有实现可能性的想象，是对社会现实的一种历史必然趋势的预见和构想。但这种“超前”和“预见”必须符合事物发展的客观规律，否则就会成为“幻想”或“空想”，是根本不可能实现的。

**材料2-1** 古希腊哲学家苏格拉底的三个弟子向老师求教，怎样才能找到理想的伴侣。苏格拉底带他们来到麦田边，让他们走过麦田埂，只许前进，不许后退，且仅给一次机会选摘一只最大最好的麦穗。第一个弟子走几步看见一个又大又漂亮的麦穗，高兴地摘下了。但他继续前进时，发现前面有许多比他摘的那只更大，他只能遗憾地走完了全程。第二个弟子汲取了经验，每当他想摘时，总是提醒自己，后面还有更好的。可当他快到终点时才发现，机会全错过了。第三个弟子吸取了前两位的教训，当他走到三分之一时，即分出大中小三类，再走出三分之一验证是否正确，等到最后三分之一时，他选择了一只美丽的麦穗。可能他选择的麦穗不一定是最大最美的那只，但他满意地走完了全程。

2. 理想具有时代性和阶级性

理想不是人们头脑中固有的，每个人的理想都与他所处时代的生产力发展水平有着密切的联系，是一定历史条件和经济、政治关系的产物。不同的时代，人们有着不同的理想。在阶级存在的社会里，人们的理想总是打上阶级的烙印。人们对未来的向往和追求无不从每个人所处的特定的社会地位、根本利益、政治立场和政治观点出发的，并受其制约。完全超阶级的理想是不存在的。

**材料2-2** 鲁迅在其杂文《二心集·“硬译”与“文学的阶级性”》中写道：“自然喜怒哀乐，人之情也。然而穷人决无开交易所折本的懊恼；煤油大王哪会知道北京检煤渣老婆子身受的酸辛；饥区的灾民，大约总不去种兰花，像阔人老太爷一样；贾府上的焦大，也不爱林妹妹的。”鲁迅的这些话旨在说明，焦大与林黛玉之间由于所属阶级的不同，文化与受教育程度的巨大差异，不会产生爱情，以此证明文学的阶级性。其实，理想与文学一样，也是具有阶级性的。

3. 理想具有实现可能性和实践性

从形式上看，理想是主观的精神现象，但从内容上看，理想又是客观实在的反映，具有客观性，符合社会发展的客观规律。因此科学的理想是根植于现实的土壤中的，经过努力能够在将来变成现实的合乎规律的想象。理想总是同一定的社会实践相联系，并随着实践的发展而逐步形成和巩固。理想从其形成和确立到对理想的追求和实现的整个过程，都与实践紧密联系。所以说，理想是人们对客观现实的自觉反映，它经历了来源于社会现实、符合社会发展的客观规律，经过长期的奋斗，最终能够实现，即回到社会现实的这样一个过程。

（二）理的基本类型

1. 个人理想与社会理想

从承载理想的主体上划分，理想可分为个人理想和社会理想。个人理想是指个人对物质生活、精神生活及职业、道德、政治等方面的追求和向往。社会理想指一定的阶级、一定的集团对未来社会制度、政治结构及社会形态、社会模式等方面的预见和向往。

个人理想与社会理想是密切联系、相互影响的。一方面，社会理想决定、制约个人理想。个人理想只有同国家的前途、命运相结合，同时代精神和社会需要相一致，才能变成现实。另一方面，个人理想体现着社会理想。个人理想是社会理想的组成部分，社会理想是从个人理想中概括出来的，反映并包括成千上万人的共同要求和愿望。

**材料 2-3** 中国孩子和日本孩子在个人理想方面有着巨大的差异。中国孩子的个人理想都高大豪迈，不是科学家、音乐家，就是外交官、总经理。而一海之隔的日本孩子的志向则似乎小得多，他们中的大部分人的个人理想是司机、护士、售货员、加油站的加油员、医生、教师等。许多中国人到日本后发现，普通日本人虽然很少豪言壮语，但都能认认真真地做好自己的本职工作。他们对工作的执着和认真态度，在工作中的精益求精、务求完美的精神让人肃然起敬。

2. 生活理想、职业理想、道德理想、政治理想

从理想的内容上划分，理想可分为生活理想、职业理想、道德理想、政治理想等。

生活理想是人们对于一定的生活方式和生活标准的向往和追求，包括人们对物质生活、精神生活、家庭生活等诸多方面的向往。随着社会的发展和进步，文明、健康、科学的生活方式，日益成为人们追求的生活理想。在建构生活理想方面，要把富裕的物质生活与高尚的精神生活结合起来，使二者共同发展，共同成为幸福生活中不可或缺的一部分。

职业理想是人们对未来的工作部门、工作种类及工作成就的向往和追求。在职业日益分化，就业岗位日益多样化的现代社会中，重要不在于一生中只选取某一种最理想的工作，而在于不论从事什么工作，都要将其当作一种理想来追求，并努力争取达到理想的境界。

道德理想是人们向往和追求的理想的社会风尚和道德人格。道德理想是约束和衡量个人道德言行的尺度和标准。一个人认为自己应具有什么样的道德品质，形成什么样的人格形象，都与个人对道德理想的追求有关。道德理想不仅规范个人行为规则，也是一种崇高的精神追求。

政治理想是人们在社会政治生活方面对于理想的社会制度和政治结构的向往与追求。社会政治理想是时代的产物，不同历史时期，国家的政治制度不同，人们的政治理想也应不同。一个人在一定的社会中生活，其理想、追求不可能完全与社会政治无关，都或多或少怀有自己的政治主张。新时代的大学生在树立个人理想的同时，也应体现一定的政治诉求。

**材料 2-4** 晋代的祖逖是一个胸怀坦荡并有远大抱负的人，可他小时候却是个不爱读书的淘气孩子。进入青年时代，他意识到自己知识的贫乏，深感不读书无以报效国家，于是就发奋读书，“博览书记，该涉古今”，学问大有长进。

时值西晋“八王之乱”的前夜，祖逖与幼时的好友刘琨一起出任司州主簿。两人“情好绸缪，共被同寝”，都有复国治乱的远大抱负。一天半夜，祖逖被鸡鸣声吵醒，便用脚踢醒刘琨，说：“此非恶声也。”于是，两人相邀到户外，拔剑起舞。从此他们一听见鸡叫后就起床练剑，冬去春来，寒来暑往，从不间断。经过长期的刻苦学习和训练，他们终于成为文韬武略无一不精的有用之才。祖逖后被封为镇西将军；刘琨做了都督，兼管并、冀、幽三州的军事，实现了他们的报国之愿。

3. 长期理想与近期理想

从理想的时间跨度上划分，理想可分为长期理想和近期理想。长期理想是指需要经过长期艰苦努力和不懈奋斗才能实现的理想。近期理想是指经过努力在较短的时期内就能够实现的理想。

实现理想的期限是相对的，没有具体的时间限制，长期理想之所以长期，是与近期相比较而言。人们所追求的理想往往既包含近期理想也包含长期理想，一个长期理想的实现往往依赖于若

干个近期理想的实现。所以，大学生在设定理想的时候，要根据情况，把一个宏阔的理想分解为若干步骤，分步实施，最终实现自己的奋斗目标。

## 二、信念的含义与特征

### （一）信念的概念与特征

信念是人们在一定认识基础上确立的，对某种理论主张或思想见解及理想坚信无疑，并身体力行的精神状态。信念是认知、情感和意志的有机统一体，是人们在学习和参加社会实践中产生的。信念具有下列特征。

1. 信念具有稳定性

人的一般认识经过情感认同而内化为信念，不仅具有了理智上的坚定不移，而且得到了情感上的强烈支持，因此信念获得了远比一般认识更高的稳定性。信念既具有立志上的坚定不移，还具有情感上的强烈支持，以及行为上的坚持不懈的努力。因此，信念一旦形成就比较难以改变，会持久地起着作用。

**材料2-5** 1895年以前，科学界一直认为组成物质的最小单位是原子，当时许多物理学家笃信这个理论。然而，科学上的一系列发现，很快将物理学界流行的这个观点打破。到20世纪初，科学家们查明，原子不是组成物质的最小单位，原子之中还有原子核，周围还有电子。对于这些新的发现，用原子论的观点是无法解释的，原来笃信原子论的科学家陷入彷徨、苦闷之中，其中奥地利物理学家玻尔曼等因为无法改变自己的信念，竟然走上了集体自杀的道路。

2. 信念具有执着性

人往往从自己的角度去审视和评判事物。一般来说，个人一旦对某种认识产生了认同之后，就会有基于这种认识自觉地产生采取行动的心理活动，这就是意志。可以说，信念就是执着和坚定的意志。但信念也有科学与非科学或者说正确与错误之分。坚持正确的信念，人们就能对信念坚信不疑、身体力行、百折不回，并最终促进事业的成功。相反，坚持错误的信念，就会表现为固执己见、顽固不化，不容易改正错误，并最终导致失败。

**材料2-6** 凡是去过肯德基店的人，都会看见店门口有尊身穿白色西装、态度和蔼可亲的外国老人的塑像，他就是桑德斯上校，他是全世界最大的速食炸鸡连锁店的创办人，一个65岁才开始创业的人！

桑德斯上校退役后，身无分文，拿到的生平第一笔救济金只有105美元。他问自己：接下来我还能干什么？我靠什么生活？他冥思苦想，突然想起自己有一份秘方，那是一种炸鸡的秘方，人人都可能喜爱它，何不把这种秘方卖给某家餐馆，教他们如何制作呢？

在后来的两年里，桑德斯驾着自己那辆老爷车，穿着奇怪的白西装，足迹遍及美国的很多地方，逢人便叫卖它的秘方。他被拒绝了1009次！直到1010次，才听到第一声同意。多少年后，肯德基成了世界上最大的炸鸡连锁店。

3. 信念具有多样性

正像理想是多种多样的一样，信念也是多样的。具体表现为：在阶级社会里，不同的阶级由于阶级利益、政治立场等不同，会具有不同的信念。不同的人，由于社会环境、思想观念、利益需要和具体经历等不同，会形成不同的乃至截然相反的信念。即使是同一个人，也会形成关于社会生活如政治、经济、社会发展、道德、理想、科学、真理、审美、事业、爱情等不同方面的许多信念。

4. 信念具有亲和性

这是信念在感情方面的反映。信念相同或相近的人会表现出极大的热情和强烈的信任感；信念相反或相左的人们，就可能产生人际关系的疏远或情绪的对立。列宁曾经说过："不管他来自哪个国家，不管命运把他抛到哪里，不管他怎样感到自己是异邦人，言语不通，举目无亲，远离祖国——他都可以凭《国际歌》的熟悉曲调，给自己找到同志和朋友。"

（二）信念与理想、信仰的关系

1. 信念是理想的一种强化状态

人们在社会实践中，以一定的认识为基础，并在此基础上产生某种情感，从而接受某种理论主张或思想见解及理想，并为其实现而产生坚持不懈的努力的一种心态。这种努力长期不断地坚持下去，就在人的内心产生一种坚定信念，即非这样做不可的内在要求。所以信念是人们在一定的认识基础上确立的对某种理论主张和思想见解坚信不疑并身体力行的状态。

2. 信仰是信念的集中表现

信仰是人们对某种理论、学说、主义的信服和尊崇，并把它奉为自己的行为准则和活动指南。信仰是一个人做什么和不做什么的根本准则和态度，而信念则是在认识、情感和意志基础上形成的非做什么不可的坚决态度。所以说，信仰和信念都是人的精神支柱，是自觉的。信仰属于信念，是信念的一部分，但信仰不是一般的信念，而是信念最集中最高的表现形式。

## 三、人生需要理想和信念

（一）理想信念的作用

1. 理想信念是人生的奋斗目标

人生就像远航的巨轮，有了理想作为导航的灯塔，这首巨轮就能乘风破浪，永不迷失方向。一个人如果没有目标和方向，就会误入歧途，并最终一事无成。相反，理想目标一旦确立，就可以使人方向明确、精神振奋，不论前进的道路如何曲折、人身的境遇如何复杂，都可以绝处逢生，使人看到未来的希望和曙光，永不迷失前进的方向。

**材料2-7** 程思远先生在《李宗仁归来》一书中有这样一段意味深长的话：假如我们一个人，不是从1岁向80岁去生活，而是从80岁向1岁来生活，那么，我们这个世界上可能有二分之一的人都可以成为伟人。假如80岁就是人生的未来，如果人们在1岁是就按照未来的目标来生活的话，人生一定会更美好，事业会更成功。

2. 理想信念是人生的前进动力

理想是人们不甘于现状并立志改变现状的心理基础。理想形成之后，就会变成人们行为的动因，使人们在行动中产生一种强烈的意志和情感。这种意志和情感是人们进行实践活动的强大的力量源泉，它能激励人们向着既定的目标前进。一个人有了坚定正确的理想信念就会以惊人的毅力和不懈的努力成就事业，创造奇迹。一个人如没有崇高的理想和信念，就可能浑浑噩噩，虚度一身。

**材料2-8** 司马迁遵从父亲遗嘱，立志要写成一部能够"藏之名山，传之后人"的史书。就在他着手写这部史书的第七年，发生了李陵案。将军李陵同匈奴的一次战争中，因寡不敌众，战败投降。司马迁为李陵辩白，触怒汉武帝，被捕入狱，遭受残酷的"宫刑"。受刑之后，司马迁曾因屈辱痛苦打算自杀，可想到自己写史书的理想尚未完成。于是忍辱奋起，前后共历时18年，终于写成《史记》。这部伟大著作共526 500字，开创我国纪传体通史的先河，史料丰富而翔实，历来受人们推崇。鲁迅曾以极概括的语言高度评价了《史记》，称其为："史家之绝唱，无韵之《离骚》。”

3. 理想信念是人生的精神支柱

人的幸福感不仅来自物质享受，还应包括充实的精神生活，丰富的精神世界。人如果没有充实的精神生活，纵然有丰富的物质生活，也不会感到真正的幸福。精神生活充实的主要表现之一就在于拥有崇高的理想。理想能促使人去追求、去创造，使人内心充实、精神富有，并能较好地发挥自己的聪明才智。所以，理想是人生幸福的基本因素和重要保证。

**材料2-9** 在美国纽约，有一位年轻帅气的警察叫亚瑟尔。在一次抓捕行动中，亚瑟尔被歹徒击中了左眼和右腿。三个月后，当从医院出来的时候，他成了一个又瞎又跛的人。从此以后，亚瑟尔只有一个信念，那就是要亲手抓住这个歹徒。他几乎跑遍了美国各地，甚至为了一个微不足道的线索，他独自一人乘飞机去了欧洲。经过9年的努力，歹徒终于被抓并被绳之以法。然而，令人意想不到的是，亚瑟尔不久却在自己的卧室里割腕自杀了。在他的遗书中有这样的话：“这些年来，让我活下去的动力就是抓住伤害我的歹徒……现在，我的目标实现了，我的仇恨化解了，生存的信念也随之消失。面对自己的伤残和丑陋，我从来没有这样绝望过……”

（二）理想信念与大学生

理想信念是个人精神世界的核心，有无理想信念，有什么样的理想信念，决定了人生是幸福充实，还是忧伤空虚。追求远大理想、坚定崇高信念，是大学生健康成长、成就事业、创造幸福生活、开创美好未来的力量源泉。

1. 引导大学生做什么人

人生追求是多层面的，不同人的人生理想信念不尽相同，但每一个人的人生理想信念都对塑造个人秉性、人格起到关键性的作用。大学生是时代的骄子，国家的未来，一定要有崇高的理想，做有理想、有道德、有文化、有纪律的四有新人。相反，一个人如果缺乏理想、放弃追求，就会堕落为鼠目寸光、安于现状、得过且过、不求上进、稀里糊涂过日子的平庸之辈。

2. 指引大学生走什么路

大学阶段是人生最重要的阶段，许多年轻人都是在大学阶段变得成熟的。他们在大学阶段确立了理想，规划了人生发展的轨迹。大学生要在大学阶段为实现自己的理想而努力学习，从知识、技能上为实现自己的人生理想信念准备条件。所以，年轻的大学生一定要充分利用大学阶段的美好时光，确立一个适合自己的美好理想，走出一条辉煌、灿烂的人生之路。

3. 激励大学生为什么学

对当代大学生而言，为什么学习的问题，是与走什么路、做什么人的问题紧密联系在一起的。大学生们在确立理想时，一定注重个人理想与民族命运的无缝契合，注重实现个人理想与服务社会公众的完美共存。只有这样，大学生的理想之路才能越走越宽，理想信念之花才能结出丰硕的成才之果。片面强调“自我奋斗”，不顾社会现实，是很难获得成功的。

## 第二节 树立科学的理想信念

大学生是社会的精英，是未来美好社会的建设者和创造者，肩负着继往开来的历史使命和开创社会主义现代化建设的新局面的历史重任。每一个大学生都应不断提高个人道德修养，努力学习文化知识，时刻应铭记使命，敢于应对挑战，确立马克思主义的科学信仰，牢固树立在党的领导下走中国特色社会主义道路，为实现中华民族伟大复兴而奋斗的共同理想，不断在实现社会价值的过程中实现自身价值。

## 一、当代大学生的历史使命

每一个人在他所处的时代都承担不同的角色和责任，如果其所承担的是重大的历史任务和责任就是历史使命。历史使命与特定的历史阶段有关，并随着历史阶段的变化而变化。所以，不同时代的精英们所承担的历史使命也不尽相同。当代大学生是在中国改革开放的新时期成长起来的，理应承担建设和发展中国特色社会主义，实现中华民族伟大复兴的历史使命。

### （一）在新起点上继往开来

改革开放三十多年来，在建设中国特色社会主义理论指引下，经过全党和全国各族人民的共同努力，我国改革开放和社会主义现代化建设事业取得了举世瞩目的伟大成就，成功地走出了一条有中国特色社会主义建设之路，开创了我国社会主义建设的新时期。

目前，建设中国特色社会主义事业的伟大事业正站在一个新的历史起点，改革开放已进入攻坚期和深水期，全面建成小康社会，构建和谐社会，实现中华民族伟大复兴的中国梦都已提上日程。这些宏伟目标的实现需要一代又一代中华儿女的不懈奋斗、持久努力。大学生是我国社会主义事业的建设者和接班人，一定要继承前辈开创的伟大事业，在新的历史起点上继续推动中国特色社会主义向着更深入、更久远的目标奋进。

当代大学生的成长和创业期，正赶上我国全面实行改革开放和各项事业蓬勃发展的战略机遇期。时代为大学生们提供了施展才华的大好时机和广阔空间，大学生们要珍惜历史机遇，在实现中华民族伟大复兴的中国梦的征程中，创造出无愧于时代、无愧于人生的光辉业绩。

### （二）在现实基础上迎接挑战

改革开放以来，我国社会主义现代化建设虽然取得了巨大成就，综合国力不断增强。但我国仍处于并将长期处于社会主义初级阶段的基本国情没有变，我国仍是世界上最大的发展中国家的国际地位也没有变。我国的发展既面临难得的机遇，也面临着诸多风险和挑战。

#### 1. 世界科技文化发展的挑战

当今时代，科技迅猛发展，给社会生产力和人类经济社会的发展带来了极大的推动，未来的科学技术还将产生新的重大飞跃，对各国的经济、政治和社会发展的作用越来越突出。科技文化竞争成为综合国力竞争的焦点，谁在知识和科技创新方面占据优势，谁就能够掌握发展的主动权。当代大学生是我国未来科学技术发展的中坚力量，肩负着振兴我国科技，迎接新技术革命挑战的历史责任，理应发奋学习，刻苦钻研，义不容辞地肩负起发展我国科技文化的历史重任。

#### 2. 复杂多变的国际环境挑战

当今世界，虽然和平、发展、合作是时代的潮流，国家间相互合作、相互交流的态势不断增多。然而，世界仍然很不安宁，影响和平与发展的不稳定因素依然存在，霸权主义、强权政治和新干涉主义有所上升。全球发展不平衡加剧，发达国家在经济和科技上占优势的局面将长期存在，围绕资源、市场、技术、人才的竞争更加激烈。敌对势力对我国实行西化、分化的战略图谋没有改变，我国经济、社会发展和安全面临着新的挑战。当代大学生应当具备高度的历史责任感，强烈的忧患意识和宽广的世界眼光，保持清醒冷静的头脑，坚定中国特色社会主义信念。

#### 3. 我国改革发展新任务的挑战

全面建设小康社会是党的十六大确定的新世纪、新阶段我国社会主义现代化建设的宏伟目标。党的十八大进一步充实了十六大、十七大确定的奋斗目标，提出在中国共产党成立 100 周年时全面建成小康社会；在新中国成立 100 周年时建成富强、民主、文明、和谐的社会主义现代化国家，并最终实现中华民族伟大复兴的“中国梦”。

实现全面建成小康社会这一宏伟目标，大学生肩负着特殊的使命，能否按照全面建设小康社会，加快推进社会主义现代化建设对人提出了要求，全面提高自身素质，担负起历史赋予的光荣使命，是当代大学生必须认真思考和回答的问题。为此，大学生们应该牢记使命，不忘责任，确立远大志向，珍惜大好时光、刻苦学习，磨炼意志、砥砺品格，为祖国的繁荣富强贡献自己的全部力量。

## 二、确立马克思主义的科学信仰

马克思主义理论作为我党我国的根本指导思想，是由马克思主义理论严密的科学体系、鲜明的阶级立场和巨大的实践指导作用决定的，也是中国人民对中国革命道路长期探索的历史选择。中国人民坚持把马克思主义的基本原理同中国革命和建设的实际相结合，不断赋予当代中国马克思主义鲜明的实践特色、理论特色、民族特色，不断推进马克思主义中国化，形成了毛泽东思想和中国特色社会主义理论体系两大理论成果。

大学生只有确立马克思主义的科学信仰，坚持马克思主义的立场、观点和方法，坚持用马克思主义中国化的最新理论成果武装自己的头脑，才能深刻认识人类社会发展的客观规律，深刻认识中国走社会主义道路的历史必然性，才能在错综复杂的社会现象中看清本质、明确方向，为国家和社会的发展做出更大贡献。

### （一）马克思主义具有科学性

马克思主义信仰是以科学为基础的，与科学的发展相一致的。它深刻揭示了人类社会发展规律，坚定维护和发展最广大人民的根本利益，是指引人民推动社会进步、创造美好生活的科学理论。以往人们总是把信仰与科学对立起来，认为信仰总是非科学的，而马克思主义信仰是建立在科学基础上的信仰，它的产生有自然科学的基础，而且它本身就是关于人类社会发展规律的科学。

### （二）马克思主义具有崇高性

马克思主义理论有着崇高的精神境界和博大的救世胸怀，它以解放全人类为己任，为人类的进步和解放指明了正确方向，为人们认识和改造世界提供科学的立场、观点和方法。历史上，从来没有一种理论能像马克思主义理论那样，真正与工人阶级和劳动人民的命运紧密地相连，真正反映和代表人民群众的根本利益和要求，并科学地揭示了工人阶级获得自身解放乃至解放全人类的切实道路。所以说，马克思主义理论是工人阶级和人民群众争取自由解放的理论指南。

**材料 2－10** 马克思在他的中学毕业论文《青年在选择职业时的考虑》中说道：“如果我们选择了最能为人类谋福利而劳动的职业，那么重担就不能把我们压倒，因为这是为大家而献身。那时我们所感到的就不是可怜的、自私的、有限的乐趣，我们的幸福将属于千百万人，我们的事业将默默地、永恒地发挥作用存在下去，而面对我们的骨灰，高尚的人们将洒下热泪。”

### （三）马克思主义具有实践性

马克思主义信仰是一种健全的信仰，它来源于人们改造世界的伟大实践，符合人全面发展的需要和社会的发展要求，并诉诸人的健全理智和常态社会生活。

### （四）马克思主义具有现实性

宗教信仰总是讲两个世界，一个是现实世界，另一个是神灵世界。马克思主义信仰只承认一个现实的世界，认为除了自然界和人类社会之外并不存在什么神灵世界或天堂地狱，因而主张在这个唯一的现实世界中追求有意义的人生，反对人们离开社会、离开现实世界去追求想象中的天堂幻景。

## 三、树立中国特色社会主义的共同理想

共同理想，一般是指全体社会成员共同具有的社会理想。共同理想在社会生活中具有重要意义，它不仅是社会赖以维系的理性基础，也是一个社会的生命力和凝聚力的根本所在。在现代社会生活中，只有全体人民拥有共同的理想信念，一定的社会制度和社会秩序才能真正地为人民所尊重，才能有效地得到实施。相反，一旦人们丧失了共同理想，社会制度、规则等就会变成一种外在的、强制性的力量，社会也就失去了凝聚力和生命力。

建设中国特色社会主义是我们共同的理想信念，它的基本内容是：在中国共产党的领导下，走中国特色社会主义建设道路，实现中华民族伟大复兴。这个共同理想集中体现了我国工人、农民、知识分子和其他劳动者、爱国者的利益和愿望，是保证全体人民团结奋斗、克服困难、争取胜利的强大精神武器。

### （一）坚定对中国共产党的信任

中国共产党是中国工人阶级的先锋队，是中国特色社会主义事业的领导核心。中国共产党的领导地位是中国人民在长期的艰苦斗争中的选择。中国共产党已团结和带领全国各族人民完成了民族独立、人民解放的历史任务，为实现民族复兴奠定了最重要的前提。在当今中国，只有中国共产党，才能领导中国人民建设和发展中国特色社会主义，才能担当起带领中国人民创造幸福生活、实现中华民族伟大复兴的历史使命。

### （二）坚定走中国特色社会主义道路

新中国成立后，中国共产党带领全国人民在建设社会主义的道路上进行了开创性的艰辛的探索，取得了巨大的成就，积累了丰富的经验，但也遭遇了这样那样的挫折，付出了沉重的代价。党的十一届三中全会以来，中国共产党总结我国社会主义建设的经验教训，形成了建设中国特色社会主义的理论，开创了建设中国特色社会主义的道路。

#### 1. 深刻认识中国特色社会主义道路，坚定道路自信

中国特色社会主义道路的实质，就是一切从中国实际出发，把马克思主义基本原理同中国的实际情况相结合；中国特色社会主义道路的目标，就是全面建成小康社会，实现“中国式的现代化”；中国特色社会主义道路的科学内涵，就是实现经济、政治、文化、社会、生态文明的全面发展。这些目标符合中国国情，符合全国各族人民的共同利益，是发展中国、使中国走向富强的必由之路。

#### 2. 深刻领会中国特色社会主义理论体系，坚定理论自信

中国特色社会主义理论体系的特点就是推进改革开放。改革开放是推动这一理论体系不断丰富完善的强大动力。中国特色社会主义理论体系既继承了毛泽东思想，又把马克思主义中国化推向新的发展阶段，产生了符合中国实际的系列理论成果即毛泽东思想和中国特色社会主义的理论两大理论体系。改革开放以来，我国经济和社会发展所取得的无数成就雄辩地证明，坚持中国特色社会主义的理论一定能创造奇迹、铸就辉煌。

#### 3. 深刻把握中国特色社会主义制度，坚定制度自信

中国特色社会主义制度的本质与优势，就在于这一社会制度符合中国国情、体现中国社会发展规律。中国特色社会主义制度的原则：一是解放生产力，发展生产力；二是消除两极分化，实现共同富裕。中国特色社会主义制度的本质是人民当家做主。我们应当坚定社会主义制度不动摇，中国将在较长的一段时间内处于社会主义初级阶段。

**材料 2-11** 恩格尔系数（Engel's Coefficient）是食品支出总额占个人消费支出总额的比重。19世纪德国统计学家恩格尔根据统计资料，对消费结构的变化得出的一个有价值的规律。根据联合国粮农组织提出的标准，恩格尔系数在59%以上为贫困；50%～59%为温饱；40%～50%为小康；30%～40%为富裕；低于30%为最富。

改革开放三十多年来，我国城乡居民恩格尔系数不断变化，城镇居民的恩格尔系数由1978年的57.5%变为2007年的36.3%；农村居民的恩格尔系数由67.7%变为43.1%。这种变化说明我国一些地方已经提前步入小康之列。

（三）坚定实现中华民族伟大复兴的信心

中华民族曾经在古代创造了辉煌的中华文明，也曾经在近代遭受过极大的屈辱。新中国成立后，开启了在社会主义道路上实现中华民族伟大复兴的历史征程。新中国成立以来特别是改革开放三十多年来的发展，我国社会主义建设取得了举世瞩目的巨大成就，我们的综合国力有了很大提高，民族复兴展现出灿烂美好的前景。当代大学生，要树立为祖国繁荣富强贡献青春力量的远大志向，在为实现中华民族伟大复兴的奋斗中谱写壮美的青春之歌。

## 第三节　立志践行科学的理想信念

理想之花灿烂，理想之果甘美，要想使理想开花结果，必须用辛勤的汗水来浇灌。所以要想拥有理想，就要深刻地认同理想；要想实现理想，就要努力追求理想。坚定的信念、执着的追求和不懈的奋斗，才是通往理想彼岸的桥梁。

### 一、在实现社会理想中实现个人理想

个人理想是指处于一定历史条件和社会关系中的个体对于自己未来的物质生活、精神生活所产生的种种向往和追求。社会理想是指社会集体乃至社会全体成员的共同理想，是在全社会占主导地位的共同奋斗目标。

（一）个人理想与社会理想不可或缺

个人理想与社会共同理想是相辅相成、缺一不可的辩证关系。一方面，社会理想决定和制约个人理想，社会理想是个人理想实现的条件，违背社会理想的个人理想很难实现。个人理想只有同国家的前途、民族的命运相结合，只有同社会的需要、人民的利益相一致，才可能变为现实。另一方面，个人理想体现着社会理想，社会理想包含着千百万人的个人理想，社会理想的实现要靠社会成员个体的努力奋斗。

总之，如果个人理想脱离了社会理想，就会失去正确的方向，社会理想离开了个人理想，就会流于空谈。社会理想要通过个人理想的实现而实现，个人理想只有升华为社会理想，才更深刻，更富有意义。

（二）社会理想居主导地位

社会理想指引着个人理想的基本方向，只有树立了科学的、崇高的社会理想，才能使个人理想与社会理想和谐一致，才能更顺利地实现个人理想。只有把社会理想与个人理想结合起来，把对国家、集体的责任感和奉献精神与满足个人的利益愿望、实现个人的价值统一起来，个人理想才会有深厚的社会基础和持久的生命力。用社会理想规范个人理想，让个人理想融合在社会理想

之中，在实现社会理想的奋斗中实现个人理想。

当代大学生在确立自己的理想信念时，不能脱离当代中国的社会现实，建设中国特色的社会主义是全国人民共同的理想信念。在这个大的理想信念的框架内，每个人可以根据自己的特点和需要，形成自己在生活、职业、道德等方面的个人理想信念。

## 二、立志高远与始于足下

中国传统文化特别是人生哲学，非常重视志向。志向具有两方面的含义：一是确立一个目标和方向；二是以顽强的意志去追求它。法国科学家巴斯德说："立志是一件很重要的事情。工作随着志向走，成功随着工作来，这是一定的规律。立志、工作、成功是人类活动的三大要素。立志是事业的大门，工作是登堂入室的旅程，这旅程的尽头就有个成功在等待着，来庆贺你的成功。"

### （一）立志当高远

青年时期是理想形成的重要时期，也是立志的关键阶段。在自己力所能及的情况下，立高远之志，为社会、为他人做一些大事、好事，才能无愧于青春，无愧于社会。志向是青春的火焰，是生命的动力，远大的志向如太阳，唯其大，才有永不枯竭的热能；如灯塔，唯其高，才能照亮前进的航程。诸葛亮说："志当存高远，慕先贤"；高尔基说："一个人追求的目标越高，他的才力就发展得越好，对社会就越有益。我确信这也是一个真理。这个真理是由我的全部生活经验，即我观察、阅读、比较和深思熟虑过的一切确定下来的。"孔子说："取乎其上，得乎其中；取乎其中，得乎其下；取乎其下，则无所得矣。"意思是追求高的目标，最终得到中等结果；追求中等目标，最终得到一般结果；追求一般目标，恐怕就没有什么收获了。

古往今来的无数事实证明，那些在事业上取得伟大成就、对人类做出卓越贡献的人，都是在青年时期就立下了鸿鹄之志的，并为之坚持不懈、努力奋斗。所以，树雄心、立壮志，是关系大学生一生前途命运的重大课题。

**材料 2－12** 三国时蜀国丞相诸葛亮在《诫外甥书》中写道：一个人应当有高尚远大的志向，仰慕先贤，戒绝情欲，抛弃阻碍前进的因素，使先贤的志向，在自己身上显著地得到存留，在自己内心深深地引起震撼；要能屈能伸，丢弃琐碎，广泛地向人请教咨询，去除猜疑和吝啬，这样即使因受到挫折而滞留，也不会损伤自己的美好志趣，又何必担心达不到目的。倘若志向不刚强坚毅，意气不慷慨激昂，那就会碌碌无为地沉湎于流俗，默默无闻地被情欲束缚，势必沦入凡夫俗子之列，甚至免不了成为庸俗的下流之辈。

### （二）立志当契合实际

立志契合实际要求大学生在树立个人理想时不仅要认真考虑自身实际，也要认真考虑社会需求。契合自身实际，指大学生在确立个人奋斗目标时，要从个人的自身条件、自身需求出发，谨慎确定自己的努力方向，切不要好高骛远，也不要违背内心。年轻人确立远大的目标没有错，但也不是立了鸿鹄之志，就可以做一番惊天动地的大事。因为每个人的自身条件不同，追求目标不同，有些人能成就伟业，有功于社会，大部分人则只能默默无闻。一个人在一生之中所做之事只要无愧于内心、无愧于良心、无愧于社会就够了。契合社会需求，指大学生在确立个人奋斗目标时，要以国家民族的命运为己任，不要片面追求个人的荣华富贵。现阶段，大学生的理想一定要契合于建设中国特色社会主义的实际需要。如果一个人不顾自身所处的时代召唤，脱离自己所归属国家和民族繁荣发展的需要，把个人理想等同于个人奋斗，一切以自我为中心，不仅他的人生价值取向是错误的，而且这种追求因为脱离了国家、民族和时代的需要，往往也是难以实现的。

（三）立志须躬行

漫长的征途需要一步一步地行走，崇高理想的实现需要一点一滴地奋斗。通往理想的道路是遥远的，但起点就在脚下，在一切平凡的岗位上，在扎扎实实地学习和工作中。古人云："合抱之木，生于毫末，九层之台，起于累土；千里之行，始于足下。"（《老子·六十四章》）著名数学家华罗庚也语重心长地对青年学子们说："雄心壮志需要有步骤，一步步地、踏踏实实地去实现，一步一个脚印，不让它有一步落空。"实现崇高的理想，要从我做起，从现在做起，从平凡的工作做起。

新时代的大学生，是祖国的栋梁，是民族的希望，肩上担有建设祖国的重任，更不应该虚度年华，浪费自己的大好青春，应该抓住机遇，立志成才。昨天已经过去，明天还没有到来，最现实、最需把握的就是今天。与其在夕阳西下的时候做美妙的幻想，不如在旭日东升之际勤奋投入工作；与其在垂暮之年因理想未能实现而懊恼不已，不如趁风华正茂之时躬身实践、奋斗不止。

**材料2－13** 东汉时有一少年名叫陈蕃，自命不凡，一心只想干一番大事业。一天，其友薛勤来访，见他独居的院内脏乱不堪，便对他说："孺子何不洒扫以待宾客?"他答道："大丈夫处世，当扫天下，安事一屋?"薛勤当即反问道："一屋不扫，何以扫天下?"陈蕃无言以对。陈蕃欲"扫天下"的胸怀固然不错，但错的是他没有意识到"扫天下"正是从"扫一屋"开始的，"扫天下"包含了"扫一屋"，而不"扫一屋"是断然不能实现"扫天下"的理想的。任何大事都是由小事积累而成的。"莫以善小而不为"，在平凡的岗位上，大学生们要扎扎实实、默默奉献，从做好身边每一件小事开始。

## 三、认清实现理想的长期性、艰巨性和曲折性

（一）理想的实现具有长期性

理想变为现实需要一个过程，一般来说，理想越是高远，它的实现过程就越复杂，需要的时间就越长，即使是那些较容易实现的理想，也不是在一个早晨或一个晚上就能够实现的。司马迁忍宫刑之辱，集三十年心血作《史记》；李时珍为解民疾苦，不辞跋涉尝百草，积二十七年之经验，写成《本草纲目》；摩尔根为研究社会发展史，生活于原始野蛮部落达四十年，写成《古代社会》的论著；马克思为揭露资本主义社会本质，揭示人类社会发展规律，奋斗四十年，完成巨著《资本论》。

所以，理想变为现实不可能一蹴而就、一帆风顺，往往会遇到波澜和坎坷。在现实生活中，人们对于美好的理想有着充分的想象，而对于理想实现的艰难则往往估计不足。渴望早日实现理想，希望顺利实现理想。但如果把实现理想设想得过分容易，对前进道路上的困难缺乏心理准备，就会影响理想的实现，甚至会导致在遇到困难时对理想失去信心。

**材料2－14** 国学大师王国维认为人生的奋斗需经过三大境界。他分别引用了古人的诗词来表述这三种境界。第一境界是目标追求阶段："昨夜西风凋碧树，独上高楼，望尽天涯路。"（晏殊《蝶恋花》）；第二境界是艰苦奋斗阶段："衣带渐宽终不悔，为伊消得人憔悴。"（柳永《凤栖梧》）；第三境界是收获成功阶段："众里寻他千百度，蓦然回首，那人却在灯火阑珊处。"（辛弃疾《青玉案·元夕》）。王国维人生奋斗的三大境界说明了理想不是在一朝一夕就能实现的，需要经过长期艰苦的努力。

（二）理想的实现具有艰巨性

实现理想不仅需要较长时间的努力，更需要在实现理想的过程中敢于战胜各种困难和应对各种挫折。因为理想的超越性决定了它不是现实状态的简单延伸，而通常要对自我和现实做出较大

的改变。

既然实现理想不是轻而易举的，那我们就必须要有战胜各种艰难险阻的坚定不移的信心和坚忍不拔的毅力。安于现状、故步自封、不思进取者不可能实现理想；遇到一点困难或失败就灰心丧气、悲观失望，甚至动摇理想信念的人也不可能实现理想。只有敢于面对困难，敢于战胜困难并在不断战胜困难中永不懈怠的人才能真正实现属于自己的理想，才能体味到实现理想后的幸福。

**材料 2－15** 明朝散文家宋濂在《送东阳马生序》这样描述："余幼时即嗜学。家贫，无从致书以观，每假借于藏书之家，手自笔录，计日以还。天大寒，砚冰坚，手指不可屈伸，弗之怠。录毕，走送之，不敢稍逾约。以是人多以书假余，余因得遍观群书。

当余之从师也，负箧曳屣，行深山巨谷中，穷冬烈风，大雪深数尺，足肤皲裂而不知。至舍，四支僵劲不能动，媵人持汤沃灌，以衾拥覆，久而乃和。寓逆旅主人，日再食，无鲜肥滋味之享。同舍生皆被绮绣，戴朱缨宝饰之帽，腰白玉之环，左佩刀，右备容臭，烨然若神人；余则缊袍敝衣处其间，略无慕艳意。以中有足乐者，不知口体之奉不若人也。"

（三）理想的实现具有曲折性

一般来说，通向理想的道路不可能是笔直的，多半是充满了曲折的。正是由于理想之路曲折，追求理想的道路才更显漫长。马克思说："在科学上面没有平坦的大道，只有不畏劳苦沿着陡峭的山路攀登的人，才有希望达以光辉的顶点。"由于客观环境的复杂性以及人们认识能力、实践能力的局限性，人们在探索实现理想道路的过程中，总会犯一些错误，走一些弯路，甚至走了回头路，这都是正常的，这也正体现了实现理想道路的曲折性。

中国革命发展的道路充分印证了实现理想的道路是曲折的。从 1921 年中国共产党的成立，到 1949 年中华人民共和国的建立，再到目前的改革开放，经过了 90 多年。多少次艰难的跋涉，多少次惨痛的失败，但中国革命不但没有被扼杀，相反，在长期艰辛的探索中焕发出更加强大的生命力。既然理想的实现需要长期的努力，实现理想的过程必然充满艰辛与曲折。我们要有艰苦奋斗的思想准备，为了实现理想，不怕吃苦耐劳，不怕走弯路。我们相信，九曲回折之后，一定能迎来桃花盛开。

**材料 2－16** 司马迁在《史记》中有段名言："文王拘而演《周易》；仲尼厄而作《春秋》；屈原放逐，乃赋《离骚》；左丘失明，厥有《国语》；孙子膑脚，兵法修列；不韦迁蜀，世传《吕览》；韩非囚秦，《说难》《孤愤》；《诗》三百篇，大抵圣贤发愤之所为作也。"这段话生动地说明了古代圣贤都是在逆境中发愤成才的。孟子曰："天将降大任于斯人也，必先苦其心志，劳其筋骨，饿其体肤，空乏其身，行拂乱其所为，所以动心忍性，曾益其所不能。"

## 四、走出理想信念与现实矛盾的误区

（一）理想源于现实又高于现实

理想源于现实，是指理想的形成必须以现实为根据，是现实发展的条件和主观要求的统一。现实是理想的基础，它不仅制约着理想的产生，而且制约着理想的实现。所以，人们确立自己的理想时一定要从现实出发。理想高于现实，是指理想与现实之间，总是有一定的差距，理想的不现实，现实的又不够理想。理想与现实之间的差距又是动态的，在不同时期以不同的形式表现出来，人们永远也不可能一劳永逸地解决这个问题，只能使自己的理想不断地反映现实，随现实的变化而变化。

（二）理想可以转化为现实

人们追求理想，就是因为理想是美好的。追求理想的最终目的，是把这些美好的东西转化为现实。理想源于现实，但毕竟还不是现实，现实孕育理想，但又是理想所要努力变革使其日臻合理、日臻完美的东西。理想与现实之间的矛盾是客观存在的，正是这种矛盾推动着人们去改造现实，逐步把理想转化为现实。

（三）走出理想与现实矛盾的误区

人们在确立理想和追求理想的过程中，会感受到理想与现实的矛盾。特别是刚步入社会的大学生往往更能强烈地感受到这一点，从而引起思想上的困惑和情绪上的波动。

在对待理想与现实之间的关系时，我们要坚决摒弃两种错误的观点。一是以理想来否认现实的“现实丑恶论”。持这一观念的人用理想的标准来衡量和要求现实，当发现现实不符合理想的标准时，就对现实大失所望，甚至极为不满。这样发展下去极可能导致对现实的全盘否定，逃避或反对现实社会。二是以现实来否认理想的“实惠论”。持这一观念的人在理想与现实发生矛盾时，不加分析地全盘认同当下现实，对理想失去信心和热情，“告别理想”，热衷于“实惠”，信奉“理想，理想，有利就想”“前途，前途，有钱就图”，最终可能会走向拜金主义的泥坑。

之所以会出现这样的误区，从思想方法上讲，就是由于不能辩证地看待和处理理想与现实的矛盾。理想与现实本来就是一对矛盾，它们是对立统一的关系。一方面，理想与现实是对立的。理想是主观的，现实是客观的；理想是完美的，现实是有缺陷的；理想是未来的，现实是当下的等。另一方面理想与现实又是统一的。现实中孕育着理想，形成着理想，包含着理想实现的条件和因素；理想来源于现实，包含着现实的因素，并在将来可能变成新的现实。因此，不仅要看到理想与现实矛盾冲突的一面，还要看到它们相一致的方面。只有这样才能把握两者之间的关系，不因遇到理想与现实的矛盾而产生偏颇的思想认识和态度。

**学习思考**

1. 怎样理解理想与信念在人生的发展过程中不可或缺？
2. 怎样理解理想、信念、信仰三者之间的关系？
3. 怎样树立中国特色社会主义共同理想？
4. 怎样理解理想实现过程中的长期性、曲折性、艰巨性？

03 Chapter

# 第三章 继承爱国传统　弘扬民族精神

**导入案例**

钱学森是我国著名的科学家，更是一名坚定的爱国者。1939 年他获得美国加州理工大学航空和数学博士学位。由于在国际空气动力学领域的杰出贡献，他 36 岁便成为麻省理工学院最年轻的正教授，拥有了许多人一辈子都梦寐以求的地位、名誉和舒适的生活。但是钱学森清楚地知道，美国只是他人生的一个驿站，遥远的祖国才是他永远的家园。

当新中国成立的消息传来时，钱学森激动得彻夜难眠，他毅然决定返回祖国。然而，归途是那么坎坷。坐牢、软禁、恐吓、跟踪，都无法让钱学森屈服，激起的只是他的勇气和无畏的斗争。面对检察官的无理指责，钱学森掷地有声地回答："知识是我个人的财产，我有权要给谁就给谁。我是中国人，当然要忠于中国人民。"

在与美国当局进行了 5 年的艰苦抗争之后，钱学森终于踏上了归国的航程。归国后，他立即投入到社会主义建设中。从研制"两弹一星"到创立工程控制论，钱学森把自己的科研与祖国和人民的利益紧密相连，为祖国的需要而攻关，为人民的未来而思索。

1999 年，中央人民政府授予钱学森"两弹一星功勋奖章"。面对崇高的荣誉，钱学森说："我本人只是沧海之一粟，渺小得很。真正伟大的是中国人民，是中国共产党，是中华人民共和国!"这就是钱学森，一个马克思主义者的肺腑之言，一位人民科学家的真诚心声。

## 第一节　中华民族的爱国主义传统

千百年来，爱国主义就像一条奔腾不息的长河，滋润着一代又一代中华儿女的心田，它不断动员和鼓舞中国人民团结奋进，成为推动我国社会前进的精神支柱和巨大力量。今天在加快改革开放和社会主义现代化建设步伐的新形势下，我们应当坚定地继承中华民族爱国主义优良传统，弘扬民族精神和时代精神，把爱国之情、报国之志化为建国之行，做一个忠诚的爱国主义者。

### 一、爱国主义的概念与内涵

#### （一）爱国主义的概念

爱国就是人们对自己祖国无比热爱的一种高尚情感。现代意义上的"祖国"包含三层基本含义：一是它有着由特定区域内的土地、山川、海洋等自然风貌和矿产、森林、特产等自然资源所构成的国土。二是它有着由共同的经济生活、语言文化、社会心理、历史传统等社会关联紧密联成一体的国民。三是它有着为维护社会共同体的秩序、主权、安全和稳定而建立起来的实施阶级统治的政治机构——国家。

什么是爱国主义？列宁曾指出："爱国主义是由于千百年来各自的祖国彼此隔离而形成的一

种极其深厚的感情。”爱国主义体现了人民群众对自己祖国的深厚感情，反映了个人对祖国的依存关系，是人们对自己故土、家园、种族、文化等的归属感、认同感、尊严感与荣誉感的统一。爱国主义是“一种极其深厚的感情”，它高于一切个人感情。人的感情是很多的，如与父母儿女的骨肉之情，男女之间的诚挚爱情等，但是在爱国主义这种深厚的民族感情面前，这些个人感情都显得微不足道，为了祖国人民甚至可以抛弃自己的一切，包括荣誉、事业、优越的工作条件和生活待遇等。爱国主义就是这样一种深厚的民族感情。这种情感根植于我们的内心深处、灵魂深处，是一种自发的、几乎每一个生于和长于这片土地的中华儿女都具有的一种很特殊的深厚情感。

**材料3－1** 南宋民族英雄文天祥在历史上留下了“人生自古谁无死，留取丹心照汗青”的千古名句，但不知大家是否读过文天祥的这首诗：“满地芦花和我老，旧家燕子傍谁飞？从今别却江南日，化作啼鹃带血归！”这首诗是文天祥在被俘押往元朝蒙古人的都城（今北京）途中写的。意思是说，这次我告别江南父老，可能就一去不复返了。即使我死了，也要变成啼哭出血的杜鹃，飞回南方的故国！后来，文天祥在北京菜市口刑场英勇就义。死的时候他要求面向着南方跪下，以表示自己对故国的忠诚。

伟大的爱国诗人屈原，曾写过一首《橘颂》，歌颂橘树那种“受命不迁，生南国兮。深固难徙，更一志兮”的品质，以此表达自己忠于祖国的深厚感情。他联齐抗秦的主张不仅未被采纳，却反遭奸人谗言，被楚王流放，但屈原“虽九死其犹未悔”，终日忧国忧民，写下了《离骚》等爱国诗篇，他说：“鸟飞反故乡兮，狐死必首丘”，意思是说，飞禽走兽还不忘自己的故土呢，何况是人。当秦军攻破楚国都城后，屈原不甘做亡国奴，以自投汨罗江的壮举为后人描绘出了一幅与国家生死共存亡的慷慨画卷。

（二）爱国主义的内涵

爱国并不是一个抽象意义上的概念，也不仅是一个政治意义上的概念，它是有具体内容的，爱国主义的具体内容应该包括以下几点。

1. 对祖国大好河山的热爱

上小学的时候老师就告诉我们，我们的祖国幅员辽阔，有960万平方公里的土地。到上到了高中，我才知道我们祖国不仅有960万平方公里的陆地国土，还有近300万平方公里的蓝色国土，也就是说，我国的国土面积应为1260万平方公里。这1260万平方公里的国土面积包括：领陆、领海和领空。

领陆是指一国主权支配下的地球表面特定部分，包括陆地、河流、湖泊、内海。领海是指沿海国主权管辖下的与其海岸或内水相邻接的一定范围的海域。根据联合国海洋法公约，沿海国可以以海岸和外缘岛的连线为基准（领海基线），向外拥有12海里的领海、24海里的毗连区和200海里的专属经济区。领空就是国家陆地、河流、湖泊、内海、领海等的上空。

这片辽阔土地上的一草一木，一山一水都留下了我们最美好的回忆，无论我们走到哪里都会对故土、家国产生一种铭心刻骨的热爱和依恋。祖国的大好河山，是我们赖以生存和生活的基本条件，是中华民族世代生息、繁衍、发展的基础；祖国的大好河山，不只是自然风光，而且是主权、财富、民族发展和进步的基本载体。

**材料3－2** 我国于1985年12月12日加入联合国教科文组织《保护世界文化与自然遗产公约》，至2014年6月，先后有长城、北京故宫、敦煌莫高窟、秦始皇陵及兵马俑等47个项目被联合国教科文组织列入《世界遗产名录》，其中世界文化遗产30处，世界自然遗产10处，世界文化和自然遗产4处，世界文化景观遗产3处，总数仅次于意大利和西班牙，居世界第三位。另有60多处正在申报待批的“候选世界遗产”项目。这些中华文明的重要遗迹，承载的历史文化信息弥足珍贵，向全世界展示了伟大中国文明的深厚积淀，不仅是中华民族的骄傲，更是全人类的瑰宝。

2. 对自己骨肉同胞的热爱

我国不仅拥有幅员辽阔、物产丰富、山河壮丽的国土，同时还有世世代代生存在这片国土上的勤劳、善良、勇敢、智慧的亿万炎黄子孙。各族人民是伟大祖国之本，是伟大祖国的创造者，祖国和人民是密不可分的。因此，热爱祖国最根本的是热爱那些创造悠久历史和灿烂文明的各族人民。所以邓小平同志在《邓小平文集》序言中情真意切地写道："我荣幸地以中华民族一员的资格，而成为世界公民。我是中国人民的儿子，我深情地爱着我的祖国和人民。"表达了他对自己的祖国和人民最深切的爱。

**材料3-3** 有这样一位歌手，当自己还没有当父亲的时候，就用父亲般的眼神看着每一个需要他帮助的孩子，孩子的眼神让他心动更让他行动。11 年间，他共捐助 178 名贫困儿童，资助总额达 300 多万元。"非典"期间，由于不能演出，基本没有收入，他就借债 10 万元支付他所资助的贫困儿童的学费、生活费。他甚至还捐出了自己治病的 1.5 万元。有一次，他在贵州山区演出，看到一位在寒风中瑟瑟发抖的老大爷，他捐光了自己身上的最后一块硬币的时候，还嫌不够，就连衣服都脱下来捐给了这位老人。

也许有人认为对于一个歌星，捐 300 万元不算什么，可他不是大牌歌星，甚至我们都不能称他为"歌星"，他只是一个靠唱歌维持生活的普通歌手，他并不富裕，他在深圳只有一套 58 平方米的房子，住着一家五口，因为看病，直到他去世还负债 17 万元。这就是丛飞，一个只走过 37 年人生历程的一个平凡而又伟大的人。丛飞为什么能做出这些在常人看来似乎是不可思议的事情，我认为，在他的内心里充满了爱，他深深地爱着与他共同生活在这片土地上的手足兄弟。

3. 对祖国灿烂文化的热爱

文化作为一个民族群体意识的载体，常常被称为国家和民族的"胎记"，是一个民族得以延续的"精神基因"，是培养民族心理、民族个性、民族精神的"摇篮"，是民族凝聚力的重要基础。我国是世界上最光彩的文明古国之一。在创造祖国文化的历程中，各族人民都做出了卓越的贡献。56 个民族绚烂多彩的文化总和，构成了博大精深的中华民族文化的全部内容。爱祖国的灿烂文化就应认真学习和真正了解祖国的历史，深入理解祖国优良的历史文化传统。

**材料3-4** 我国是世界文明古国之一，在历史上有着灿烂的文化和发达的科学技术，对世界文明的发展曾起到了举世公认的巨大推动作用。据1975 年出版的《自然科学大事年表》记载：公元前 6 世纪前，世界上最重要的发明创造共有 54 项，中国就占了 31 项，占 57.4%；公元前 6 世纪到公元前 1 世纪为 50%；公元前 1 世纪到 400 年为 62%；401 年到 1000 年为 71%；1001 年到公元 1500 年，在世界重要科学技术成就中，中国占将近 58%，其他世界各国只占 42%。明朝以前的世界重要发明和伟大的科技成就有 300 多项，其中有 175 项是我们中国人发明的。从公元前 3 世纪到 15 世纪，中国的科技发明使欧洲望尘莫及，有许多项目比欧洲早几百年，甚至上千年。

4. 对自己国家的热爱

祖国的锦绣山河、自己的骨肉同胞、民族的灿烂文化，都是值得我们热爱的，但她们在任何时代都不是抽象的，而是同具体的国家相联系的。如果一个国家和谐稳定、民族团结、经济繁荣、文化发达，那么生活在这个国家的人民自然就会安居乐业、生活幸福；相反，一个国家动乱、分裂、衰败、危亡，其国民则不可避免地沦入贫困潦倒、流离失所。所以，我们每一个人的发展都是同国家的发展和进步紧密联系在一起的，爱国家应成为爱国主义的重要政治内容。

**材料3-5** 1931 年吉鸿昌将军在美国考察期间，因"中国人"的身份，接连受到一些美国人的各种嘲笑和侮辱。有人建议他说"你为什么不说你是日本人呢？如果你说你是日本人，他们就不会这样对你了。”听到这话，他非常气愤。他严肃地说：“侮辱我吉鸿昌本人，我并不在乎，但是我们是代表中国到美国考察的，受侮辱的是我们整个国家，整个民族啊！”他坚决表示：“下次外出时，就带上‘我是中国人’的牌子，让外国的朋友们都知道中国人是有血性的，有五千年文明史的中华民族一定会重新振兴起来的！”果然，他用纸板自制了一个长方形牌子，用毛笔写着“我是中国人”几个大字，并在下边注上英文。当他挂着牌子走在大街上的时候，引起很多人的注目，但吉鸿昌将军总是昂首挺阔步地穿过围观的人群。让他没想到的是，他的这一行为为他赢得了尊重，很多美国人都对这位带着牌子出行的中国人跷起了大拇指。

爱国主义不只是一种抽象的概念，是有具体内容的，要求我们每一个炎黄子孙在自己的行动中认真践行，做一个真正的爱国者。伟大的中华民族，五千年绵绵不断，生生不息。作为一种爱国传统，爱国主义始终以其巨大的凝聚力和向心力，维护了中华民族的独立和统一，创造了辉煌灿烂的华夏文明。

## 二、爱国主义的优良传统

中华民族是一个具有光荣爱国传统的民族。千百年来，中国人民以对祖国深厚的爱和自强不息的拼搏抗争，维护了中华民族的独立和统一，创造了灿烂的华夏文明。爱国主义是一个历史的范畴，它是具体的、历史的，我们必须把它放到一定的历史条件下进行考察。不同历史时期和不同社会制度下，爱国主义往往呈现出不同的内容和时代特征。

### （一）古代的爱国主义

古代的爱国主义是指1840年鸦片战争前各个时期所表现出来的爱国主义特征。古代爱国主义阶段的时间跨度较长，各时期所表现出来的爱国主义特征不尽相同，但它们的共同特点主要表现在以下几个方面。

#### 1．同仇敌忾，抵御外侮

中华民族爱好和平自由，决不容忍外来侵略和压迫。面对外来侵略，各族人民总能团结一致，同仇敌忾，奋起反抗。从戚继光抗倭到郑成功收复台湾，从三元里人民抗英到义和团运动，从八年抗战到抗美援朝，所有侵略者最终都难逃失败的命运。也正是在抵御侵略、维护国家主权和民族尊严的过程中，中华民族形成了“坚持国家和民族利益至上，誓死不当亡国奴的民族性格；万众一心，共赴国难的民族团结意识，不畏强暴，敢于同敌人血战到底的英雄气概；百折不挠，勇于依靠自己的力量战胜侵略者的民族自强信念；开拓创新，善于在危难中开辟发展新思路的民族创新精神；坚持正义，自觉为人类和平进步事业贡献力量的民族奉献精神”。[㊀]

**材料3-6** 西汉爱国将领霍去病，为抗击匈奴对中原的侵扰，衣不解甲，马不卸鞍地在疆场上奋战了一生。汉武帝为他修建了一座豪华的府邸，但他却说：“匈奴未灭，何以家为？”继续卫国杀敌，终因劳累过度，病死军中，年仅24岁。

民族英雄岳飞，早年投军抗金，奋战沙场，屡建奇功，后来遭到秦桧之流的陷害，含冤而死，但他那气壮山河的《满江红》，他那“收复失地，还我河山”和“以身许国，何事不可为”的豪迈誓言，不知激励了多少爱国志士。

明将戚继光，面对倭寇的侵扰，组织了“戚家军”，“一年三百六十日，多是横戈马上行”，经过10年的征战，终于扫清了东南沿海的倭患，使人民安居乐业。

---

㊀ 胡锦涛：《在纪念中国人民抗日战争暨世界反法西斯战争胜利六十周年大会上的讲话》，《人民日报》，2005年9月4日。

2. 维护统一，反对分裂

我国是一个统一的多民族的国家。国家统一、民族团结和睦，始终是我国各族人民的共同心愿和最高利益。虽然在中华民族几千年的历史上有过分分合合，但主流、主导的趋势是联合，是统一。也正是在祖国的统一和分裂不断交错，民族的融合和冲突不断发展的过程中，我国各族人民逐渐懂得分则弱、和则强的道理，并逐渐形成了维护祖国统一、促进民族团结的爱国主义传统。历史上的杰出人物，如秦皇汉武、唐宗宋祖乃至清朝的康熙皇帝等，正是符合各族人民的统一意志，并得到了人民的支持，才为国家的统一创造了不朽的业绩。由此可见，中华民族的团结统一具有深厚的民族情感和历史基础。

3. 反抗压迫，推进历史

在阶级社会里，统治阶级是整个社会的主宰，他们掌握社会的大部分物质财富，还疯狂剥削压迫广大人民群众，使人民生活在水深火热之中。为了获得生存权，人民反抗统治阶级的斗争一直没有停止过。历史上爆发的太平天国运动等诸多农民起义就是这种抗争的表现。虽然这些农民起义最终多以失败而告终，但这些斗争每一次都推动了国家经济、政治、文化的进步。所以，反抗阶级压迫具有推动社会进步的革命意义。

在西方，无论是英国的《权利法案》还是法国的《人权宣言》都规定了反抗压迫权。在西方资产阶级思想家看来，人们缔造政府的动机，就在于保障人权，争取美好生活，一旦政府不能满足人民的愿望，人民就可以揭竿而起，反抗暴政。反抗压迫权最终作为一项权利被规定在法律中，也是人民反抗压迫斗争的巨大胜利。

4. 改造山河，创建文明

中华民族是勤劳、智慧的民族。我们的祖先在中国古代创造了辉煌灿烂的文化，这些人类智慧的结晶不仅对当时人民的生产和生活水平的提高起到过巨大的推动作用，而且对推动当时社会的发展乃至全世界的人类文明、进步都做出了不可磨灭的贡献。关于我国古代先贤们基于爱国的情怀，做出的改造祖国山河方面的事例不胜枚举。如李冰父子带领修建的都江堰水利工程，使成都平原成为“天府之国”；李春设计、建造了现存世界上最古老的石拱桥，堪称世界桥梁建筑史上的奇迹；张衡研制的地动仪，是世界上第一架测定地震方位的仪器；元代郭守敬研制的浑天仪，则是更为先进的测天仪。正是由于这些先贤们的不懈努力，才铸就了我国辉煌灿烂的古代文明。

（二）近代的爱国主义

近代的爱国主义是指1840年鸦片战争后至1919年五四运动前半个多世纪中所表现出来的爱国主义特征。这段时间中国的历史是遭受西方列强侵略、瓜分、逐渐沦为半殖民地的屈辱历史。因此，中国近代爱国主义始终与救亡图存、振兴中华联系在一起。

1. 反抗侵略，维护主权

反抗侵略，维护主权是近代中国爱国主义鲜明的时代内容和最突出的时代主题。中国近代社会的主要矛盾表现为帝国主义和中华民族的矛盾。帝国主义的侵略，迫使中国人民奋起反抗。

近代社会，在反抗侵略、保家卫国的斗争中主要涌现出两方面反帝爱国力量：一方面是以广大人民群众为主体的反帝爱国斗争。如从三元里人民的抗英斗争，到太平天国农民英雄痛打“洋鬼子”“洋枪队”的斗争；从台湾人民的抗日斗争，到义和团的反帝爱国运动，无不彰显了中华儿女不畏强暴、英勇顽强的爱国主义精神。另一方面是以清军中的爱国官兵为主体的反帝爱国斗争。如第一次鸦片战争中的林则徐、关天培、陈化成等爱国名将，他们的行为表现了这些仁人志士维护祖国尊严和反抗外国侵略的坚强决心，以及与敌人血战到底的英雄气概。

**材料 3-7** 1883 年 12 月，中法战争爆发时，年近七旬的清军老将冯子材已退役在家休息。当他听说法军进攻镇南关，广西巡抚潘鼎新不战而退时，他主动请缨，率领一支由自己招募的军队开赴了前线作战。战斗中冯子材身先士卒，手执长矛，率领自己的两个儿子和大刀队近千人，冲入敌阵，和敌人展开了肉搏战，打得法军全线崩溃。紧接着，他又指挥反攻，连克谅山等地，重伤法军统帅尼格里，取得了著名的镇南关大捷。镇南关大捷不仅鼓舞了中国军民反抗帝国主义的斗争士气，也直接导致了发动这场战争的茹费理内阁的倒台。

2. 变革图强，振兴中华

甲午中日战争的惨败以及其后接二连三的内忧外患使得清政府中的一些进步人士及部分进步知识分子逐渐觉醒，他们逐渐产生了救亡图存的民族意识，认为要挽救民族危亡，必须改革自强。19 世纪末洋务运动兴起，客观地刺激了民族资本主义的初步发展，民族资产阶级不断壮大，他们也希望学习外国的先进技术，做到“师夷长技以制夷”。

甲午战争以后，变法维新成为一股社会思潮。许多进步人士力荐清政府变法，希望通过变法达到“富国强兵”的目的。康有为、梁启超、谭嗣同就是他们中的杰出代表。康、梁甘冒杀头的危险，置清政府“不许士民干政”的禁令于不顾，多次上书皇帝，直言变法。变法失败后，慈禧大肆搜捕维新人士，很多变法人士逃往国外，谭嗣同却坐以待捕，决心为变法而牺牲。他说：“各国变法，无不从流血而成，今中国未闻有因变法而流血者，此国之所以不昌也。有之，请自嗣同始。”临刑前还大声高呼：“有心杀贼，无力回天，死得其所，快哉快哉!”表现出一个爱国志士为了国家的强盛，甘愿流血牺牲的大无畏的革命气概。

戊戌变法的失败，使人们逐渐认识到“改良不能救国，救国必须革命”。于是，以孙中山为首的资产阶级革命派提出了“振兴中华”的口号，吹响了反清革命的号角。为了推翻清政府，为了救国，孙中山数度流亡、奔走海外，为革命做了大量的工作。

**材料 3-8** 据统计，孙中山一生曾四次横渡太平洋，四次横渡印度洋，六次横渡大西洋，七次到檀香山，四次到美国，四次到英国、法国，七次到越南，八次到新加坡，十多次到日本，足迹遍布全球，航程达 20 万公里，等于绕地球转了五圈，真是不辞辛苦，不远万里。为了革命，为了救国，他一次次地发动武装起义，单是辛亥革命前他就组织领导了 10 次起义。起义，失败，再起义，再失败，屡败屡起，愈挫愈坚，终于在 1911 年推翻了清王朝，建立了中国历史上第一个资产阶级民主共和国。

（三）当代的爱国主义

当代的爱国主义是指“五四运动”以后，特别是 1921 年中国共产党成立后到新中国成立这段时期的爱国主义的特征。在这一历史时期，中国共产党在争取民族独立、维护国家主权的斗争中，付出了最大的牺牲，做出了最大的贡献。

1. 中国共产党为争取民族解放艰难寻路

中国共产党成立后，始终以争取国家的独立、民族的解放为己任，进行了一系列艰难的寻路之旅。这些寻路之旅主要包括：国共第一次合作，进行了北伐战争，打垮了北洋军阀的反动统治；高举土地革命的旗帜，开创了农村包围城市、武装夺取政权的革命道路；举起抗日民族统一战线的旗帜，促成第二次国共合作，经过八年抗战，打败了日本帝国主义的侵略；领导全国人民奋起抗争，推翻了蒋家王朝，建立了新中国；新中国建立以后，积极探索社会主义建设之路，终于找到了一条建设中国特色的社会主义的发展之路；香港、澳门顺利回归，使祖国统一大业稳步向前推进。

2. 中国共产党顾全大局，联蒋抗日

内战期间，国民党反动派对革命根据地进行了惨绝人寰的反革命围剿，惨杀了无数共产党人和革命群众。但当日本帝国主义扩大侵华战争，民族矛盾上升为主要矛盾时，中国共产党顾全大局，捐弃前嫌，从民族大义出发，呼吁国民党当局停止内战，一致对外。

1936年12月西安事变爆发，张学良、杨虎城两位将军出于爱国义愤，扣留了蒋介石，当时许多爱国官兵和人民群众都主张杀掉蒋介石，以绝后患。在这种情况下，我们党洞察全局，深知杀蒋会引起新的全国内战，不利于抗战。故以毛泽东为首的党中央，审时度势，做出了和平解决西安事变的决定，并派以周恩来为首的代表团赴西安斡旋，经过周恩来等同志的努力，说服了张、杨，释放了蒋介石，和平解决了西安事变。这一做法不仅避免了一场新的更大的内战的爆发，也迫使蒋介石接受了共同抗战的条件，为取得抗日战争的最后胜利奠定了基础。

3. 无数仁人志士为人民解放事业甘洒热血

中华民族历史上许多爱国志士刻骨铭心的爱国之情，矢志不渝的报国之志，生死不移的爱国之行，写满了中华民族的光辉史册，感人肺腑，流播四海，代代传颂。正如鲁迅先生指出："我们自古以来，就有埋头苦干的人，有拼命硬干的人，有为民请命的人，有舍身求法的人……这就是中国的脊梁"。

中国共产党一成立，就舍生忘死地站在爱国斗争的第一线。广大爱国志士，特别是共产党员身体力行地实践了党的爱国主张，为祖国的独立、民族的解放不惜牺牲自己的一切。据不完全统计，全国有名可查的烈士就有370余万人，仅在北伐战争、土地革命战争和抗日战争时期，在战场上牺牲的就达76万人，其中有32万人是共产党员。在人类历史上，从来没有一个组织为了国家的独立付出过这么大的牺牲。当时在武器装备、经济实力都与敌人有着巨大差距的困境下，中国共产党就是靠了这样空前的牺牲，才换取了中国的解放。

**材料3-9** 凡是读过方志敏在狱中写的《可爱的中国》一文的，没有不被他那种对祖国母亲的赤子之情所打动的。在身陷囹圄、生死未卜的情况下，他写道："假如我还能生存，那我生存一天就要为中国呼喊一天，假如我不能生存——死了，我流血的地方，或者我埋骨的地方，或许会长出一朵可爱的花来，你们就把这朵花看作我精诚的寄托吧！在微风的吹拂中，如果那朵花是上下点头，那就可视为我对于为中华民族解放奋斗的爱国志士们在致以热诚的敬礼；如果那朵花是左右摇摆，那就可视为我在提劲儿唱着革命之歌，鼓励战士们前进啦！"

## 三、爱国主义的时代价值

### （一）爱国主义是中华民族继往开来的精神支柱

爱国主义一直是中华民族团结奋斗，不断战胜千难万险，绵延数千年而不衰并创造人类历史奇迹的精神支柱。打开中华民族五千年文明的史册，每一页无不闪耀着爱国主义的灿烂光辉。中华民族从鸦片战争开始，就一次次地饱受着世界列强的欺辱，但中国人民从来都没有屈服，更没有放弃，而是不断抗争，并最终在中国共产党的领导下，实现民族的独立和国家的富强。

在新的历史起点上，广大炎黄子孙又在中国共产党的领导下，在爱国主义精神的感召下，致力于实现中华民族伟大复兴的中国梦。我们相信，有中国共产党的正确领导，有强烈的爱国激情的鼓舞，有勤劳、智慧的各族人民的共同努力，一定能实现我们的强国梦。

### （二）爱国主义是维护祖国统一和民族团结的坚强纽带

爱国主义既是一种伟大的民族情感，也是一种伟大的凝聚力和向心力。中国历史上虽然出现过短暂的民族纷争和国家分裂，但由于爱国情感一直像一条无形的红线，始终牵绊着每一个炎黄子孙，始终支配和调整着每一个中国人与民族、国家的关系，所以每次虽遇风浪，总能化险为夷，并使我们这个多民族国家始终成为一个坚如磐石的整体。

德国大哲学家黑格尔曾经说过："只有黄河、长江流过的那个中华帝国是世界上唯一持久的国家。”这是黑格尔对世界历史上各文明古国进行了比较之后得出的结论。自古以来，在地球上诞生过许多民族和国家，但其中的大多数由于种种原因都衰败没落了，而中华民族为何能历经数千年沧桑而依然屹立于世界的东方？因为中华民族是一个有很强凝聚力的民族，中国人民把维护民族团结和祖国统一视为自己最高利益和神圣职责。

（三）爱国主义是实现中华民族伟大复兴的强大动力

辉煌灿烂的中华古代文明，曾经长期处于世界领先地位，并且远播海外。在五千年的文明史中，中华民族的优秀儿女，一贯以天下为己任，用自己的才智报效祖国，造福人类，创造了辉煌灿烂的中华文化。

新中国成立后，在中国共产党的领导下，爱国主义精神依然鼓舞、激励着广大炎黄子孙为祖国的繁荣富强而奋力拼搏。特别是改革开放三十多年来，经过全国人民的爱国实践，我国在经济、政治、社会生活等方面都取得了举世瞩目的成就，一个富强、文明、民主的中国已经在世界政治、经济的舞台上扮演着越来越重要的角色。在激烈的国际竞争中，中华民族要立于不败之地，实现中国民族伟大复兴的中国梦，必须高扬爱国主义的伟大旗帜，奋发图强、艰苦奋斗。

**材料3－10** “两弹一星”是指核弹（原子弹、氢弹）、导弹和人造卫星。1964年10月，我国第一颗原子弹爆炸成功。1966年10月，我国第一颗装有核弹头的地地导弹飞行爆炸成功。1967年6月，我国第一颗氢弹空爆成功。1970年4月，我国第一颗人造卫星发射成功。

美国从1939年开始研究原子弹，到1957年生产导弹核武器，用了近18年时间；中国从1956年开始导弹和原子弹的研究，到1966年成功进行导弹核试验，仅用了10年时间。从第一颗原子弹爆炸到氢弹爆炸，美国用了7年零3个月，苏联用了4年，英国用了4年零7个月；中国只用了两年多时间。中国第一颗人造卫星“东方红一号”重量为173公斤，比苏联（83.6公斤）、美国（8.2公斤）、法国（38公斤）、日本（9.4公斤）等国的第一颗人造卫星重量总和还要重。

（四）爱国主义是个人实现人生价值的力量源泉

爱国主义不仅体现了个人对祖国的一份热爱，更体现为个人对祖国的一份责任。这种责任是社会发展的客观要求，也是每个人自身发展的客观需要。一个人能够成为什么样的人，应该成为什么样的人，在很大程度上依赖于社会，依赖于生于此、长于此的祖国。对祖国爱得越深，历史责任感就越强，人生目标就越清晰，人生信念就越坚定。明确的人生目标和坚定的个人信念又是个人成功的必要条件，也是实现人生价值的重要前提。

## 第二节　新时期的爱国主义

新中国成立后，随着社会主义制度的建立和改革开放、现代化建设事业的蓬勃发展，爱国主义被赋予了新的历史内涵，凸显出新的时代特征。新时期爱国主义的特征主要表现为以下几个方面。

### 一、爱国主义与爱社会主义高度一致

社会主义制度在中国一经确立，就显示了其强大的生命力和高度的适应性。在中国实行社会主义制度符合中国国情，这一事实已被中国社会发展的实践所证明。爱国主义与爱社会主义高度统一是新时期爱国主义的一个重要特征，也是我国每一个公民必须坚持的正确立场和态度。

社会主义制度是一种先进的社会制度。在中国实行社会主义制度，是由中国社会发展的现状

所决定的，是老一辈无产阶级革命家经过近半个世纪的革命实践，经历了无数次浴血奋战所做出的正确选择，更是经过了我国社会主义建设实践证明了的符合我国社会实际的英明抉择。中国改革开放和社会主义建设所取得的巨大成就表明，在我国实行社会主义制度是完全正确的，我国仍处于并将长期处于社会主义初级阶段。在我国建立适合中国国情、有中国特色的社会主义制度的发展模式不能动摇。

爱国主义与爱社会主义是高度一致的。爱国主义为建设中国特色社会主义提供重要的精神动力，中国特色社会主义为爱国主义提供正确的政治方向和有力的政治保证。建设中国特色社会主义现代化事业需要爱国主义精神，爱国主义只有融入建设中国特色社会主义伟大事业中去，才有强大的生命力。

**材料 3－11** 改革开放以来，人民生活发生了巨大变化，主要表现在以下几个方面：

鼓起来的钱袋子：1989 年底，城乡居民储蓄款刚超过 5000 亿元，到 2002 年底已超过 8 万亿元；降下来的恩格尔系数：2001 年，我国城镇和农村家庭恩格尔系数分别降到 37.9% 和 47.7%；大起来的住房面积：20 世纪 90 年代初，城镇居民人均住房面积只有 6.7 平方米，农村为 17.8 平方米；2002 年底，城镇居民人均住房面积达 10 平方米以上，农村达到 25 平方米；长起来的人均寿命：1990－2000 年，我国人口平均预期寿命提高了 2.85 岁，已达 71.4 岁，比同期世界平均水平高 5 岁，比发展中国家和地区平均高 7 岁；多起来的私人轿车：我国城镇居民个人汽车保有量从 1990 年的 81.6 万辆增加到 1999 年的 534 万辆，到 2002 年底已达 1000 万辆，个人汽车保有量从 15% 上升到 40% 左右；热起来的假日旅游：1989 年，我国国内旅游人数只有 2.4 亿人次。到 2001 年，达到 7.8 亿人次。20 世纪 90 年代初，中国公民出境人数只有 300 万人次。到 2001 年，达到 1213 万人次。[㊀]

## 二、爱国主义与拥护祖国统一高度一致

爱国主义是维护祖国统一和民族团结的纽带，热爱祖国就应该包含着拥护祖国的统一。自古以来，爱国主义的一个基本内容，就是维护祖国统一和民族团结。回顾历史，我们可以清晰地看到，维护祖国的独立、统一始终贯穿于中华民族爱国主义发展史之中。中国古代先贤早就提出了“大一统”的政治思想，维护国家统一也成为中华民族爱国主义传统中最重要的理念。

## 三、爱国主义与经济全球化高度一致

（一）经济全球化与爱国主义

经济全球化是指各个国家、各个民族之间的经济交往越来越频繁，差别越来越小，各国之间的共同利益不断增加。经济全球化的特点是部分经济活动超越民族和国家的界限。在经济全球化过程中，商品的运动、资本的流动、跨国公司、大众文化等可超越民族、国家界限，成为一种跨国行为。经济全球化是当今时代经济发展的重要趋势。

当今，在经济全球化的背景下爱国主义并没有也不会过时。因为在经济全球化条件下，国家仍然是本民族整体利益的最具权威的代表者。民族和国家依然是当今世界国际关系中最基本的行为主体，追求国家利益仍然是其行为的出发点和根本任务。同时，经济全球化也是一把双刃剑，既有机遇，更有挑战，一个国家，一个民族，要想在全球经济竞争中获得最大的利益，只有坚持自己的主权和利益，不断增强自己的经济实力，才能利用经济全球化带来的机遇，推动本国经济的发展。

---

㊀ 转引自《焦点》2002 年第 10 期。

在经济全球化背景下弘扬爱国主义精神，应防止两种错误倾向：一是妄自尊大、故步自封的狭隘民族主义。二是妄自菲薄、崇洋媚外的民族虚无主义。我们一定要在爱国主义的旗帜下形成强大的民族凝聚力，在不断提高对外开放水平、最大限度地分享全球经济增长的利益的同时，保持清醒的头脑，坚决维护国家的主权和尊严，按照本国国情，发展自己的政治制度和民族文化。

**材料3－12** 中国社会科学院的张宇燕教授曾引用一个故事来解释经济全球化。他说："什么叫全球化？我在这里引用一位记者讲过的一个故事：一位英国王妃和她的埃及男友，乘坐一辆由一位喝多了苏格兰威士忌酒的比利时司机驾驶的装着荷兰发动机的德国汽车，被一群骑着日本摩托的意大利狗仔队追踪，在法国的一个隧道里发生车祸，抢救王妃的是美国医生，用的药主要产自巴西……"大家一听便知，这位记者是在借用戴安娜王妃出车祸的事来阐释他眼中的全球化。这也正是现今人类所处时代的写照：世界各国或地区间的相互依存度迅速提升并达到了一个相当高的水平，你中有我，我中有你，国内和国际事务变得很难严格界定。

（二）经济全球化与大学生爱国

在经济全球化的大背景下，大学生的爱国主义情感应体现在以下几个方面：一是人有地域和信仰的不同，但报效祖国之心不应有差别。经济全球化背景下，各国公民在世界范围内流动，但作为中华儿女，不管你身在哪里，也不管你政治立场和你的信仰如何，都应当以自己的方式来报效祖国。二是经济全球化过程中要始终维护国家的主权和尊严。在经济全球化背景下，西方某些国家打着经济全球化的旗子来推行他们的政治制度和价值观念，别有用心地伤害他国的主权和尊严。对此，我们一定要保持清醒的认识，一方面我们要利用经济全球化带给我们的机遇，加快社会主义现代化的建设步伐，另一方面我们要始终维护国家的主权和尊严。三是科学没有国界，但科学家有祖国。科学无国界，但科学事业的发展和科学家的命运都与自己的祖国有着密切的关系；科学知识是无国界的，但科学知识的运用却不能离开具体的国家。

**材料3－13** 茅以升，桥梁建筑专家，23岁在美国获得工科博士学位之时，人们纷纷向他投来尊敬、赞美的目光，一份份诱人的聘书也向他招手。有人劝他留在美国，说是科学没有国界。但是茅以升却斩钉截铁地回答："不！纵然科学没有国界，科学家却是有祖国的！我是中国人，我的祖国更需要我！"他毅然踏上了回国的旅途。正是出于一种对祖国的强烈热爱，茅以升才放弃国外优越的生活条件，积极投入到祖国的建设事业。

## 四、爱国主义与弘扬民族精神高度一致

（一）民族精神的内涵

所谓民族精神，是指一个民族在长期共同生活和社会实践中形成的，为民族大多数成员所认同的价值取向、思维方式、道德规范、精神气质的总和。民族精神是民族文化的精髓。一个民族要生存和发展，就要有一种昂扬向上的精神气质，只有这样，才能自立于世界民族之林。

在五千多年的历史发展中，中华民族形成了以爱国主义为核心的团结统一、爱好和平、勤劳勇敢、自强不息的精神。中国人民在中国共产党的领导下，在革命和建设的不同历史时期，创造和培育了不同的民族精神：在新民主主义革命时期形成了井冈山精神、长征精神、南泥湾精神、延安精神等；新中国成立后形成了抗美援朝精神、两弹一星精神、大庆精神、北大荒精神、雷锋精神等；改革开放以来形成了抗洪精神、载人航天精神、抗震救灾精神、奥运精神、世博精神等。这些精神是我们中华民族生命机体中的重要组成部分，是中华民族高尚的民族品格。

（二）大力弘扬和培育民族精神

中华民族精神既植根于我国优秀的民族文化传统之中，又同我们党领导人民在长期的革命、

建设和改革中形成的优良传统和时代精神结合在一起，是中华民族生生不息、发展壮大的强大精神动力。毛泽东主席曾指出："我们这个民族有数千年的历史，有它的特点，有它的许多珍贵品。对于这些，我们还是小学生。今天的中国是历史的中国的一个发展，我们是马克思主义的历史主义者，我们不应当割断历史。从孔夫子到孙中山，我们应当给以总结，承继这一份珍贵的遗产。"

弘扬和培育民族精神，既要弘扬中国古代的民族精神，又要大力弘扬和培育近代以来中国人民争取民族独立和人民解放、实现国家富强和人民共同富裕的历史进程中形成的伟大民族精神。弘扬和培育民族精神，还要立足于中国特色社会主义建设事业的伟大实践，反映社会主义初级阶段的基本特征，反映完善社会主义市场经济体制的现实需要，坚持古为今用、洋为中用，以我为主、为我所用的原则，批判地继承中国古代优秀的传统文化和道德，吸收和借鉴外来文化道德的积极成果，不断丰富民族精神的时代内涵，使民族精神得到大力弘扬。

**材料 3－14** 梅兰芳不仅艺术造诣很深，而且是一位伟大的爱国者。在日寇侵华期间，他身陷敌占区，闭门谢客，毅然蓄须明志，不再登台演出，誓不为敌伪统治歌舞升平。1942 年汉奸汪精卫伪政府的大头目褚民谊欲请梅兰芳率京剧团赴南京、长春、东京等地巡回演出，以庆祝所谓"大东亚圣战胜利"一周年，被梅断然拒绝。后来华北驻屯军报道部部长勒令梅兰芳去东京参加庆祝活动，说不必演出，露露面，讲几句话即可。为免纠缠，梅兰芳在自己身上连打三针伤寒预防针，致使自己高烧，卧床不起，经日方军医检查确属无法远行，只好作罢。由于拒绝演出，没有收入，梅兰芳一家人生活困难，他只得靠变卖字画和典当私人物品维持生计。梅兰芳的爱国壮举，充分体现了中华民族的崇高气节和凛然正气。诚如大画家丰子恺先生所说："此心可与日月争光！此人真乃爱国英雄！"

## 五、爱国主义与弘扬时代精神高度一致

### （一）时代精神的内涵

时代精神是在新的历史条件下形成和发展起来的，体现了民族特质、顺应时代潮流的思想观念、行为方式、价值取向、精神风貌和社会风尚的总和。不同的时代，具有不同的时代精神。今天，我们所处的时代，是一个和平与发展成为时代主题、世界多极化不可逆转和经济全球化深入发展的时代，也是一个以改革创新为显著特征的时代。改革创新是时代精神的内涵，也是进一步解放和发展生产力、建设社会主义创新型国家的迫切需要。

在这个时代，任何一个具有爱国情怀的人，都应该大力弘扬以改革创新为核心的时代精神，坚持解放思想、实事求是、与时俱进、勇于创新、知难而进、一往无前、艰苦奋斗、务求实效、淡泊名利、无私奉献。只有这样，才能完成发展中国特色社会主义，实现中华民族伟大复兴的历史重任。

### （二）民族精神与时代精神的关系

民族精神和时代精神既相互区别，又相互联系。民族精神集中表现在一个民族的生活实践和精神生活中，是一定民族的社会存在的反映。而时代精神则体现在一个时代的生活实践和精神生活中，是一定历史时代的社会存在的反映。同一时代精神可以表现在不同民族的社会意识形态中，使其带有民族的特色。同一民族精神在不同的历史时代会不断丰富、发展，使其具有时代的内涵和特点。时代精神具有民族性，民族精神具有时代性，二者相互交融。时代精神和民族精神都是代表历史发展、引领社会前进的强大的精神力量，所以，两者在本质上是有机统一的。

## 第三节 做忠诚的爱国者

爱国主义包含着爱国情感、爱国思想和爱国行为三个方面。其中，爱国情感是基础，爱国思想是灵魂，爱国行为是体现。大学生只有培养强烈的爱国情感，维护祖国安全，维护祖国统一，为祖国的富强而努力学习和工作，才能真正成为新时期忠诚坚定的爱国者。

### 一、培养爱国情感

（一）了解中国历史

正如龚自珍所言："欲知大道，必先知史。"只有懂得中国历史，才能对祖国有一个更全面、更深刻的认识和了解，才能对中华民族悠久灿烂的历史文化感到由衷的敬佩和诚服，也才能更加珍惜中华民族的优良传统，从而把对祖国朴素的爱转化为深沉而坚定的爱国主义情怀。

（二）有强烈的民族自尊心和自信心

我国是一个发展中国家，经过六十多年的社会主义建设，特别是改革开放三十多年的飞速发展，我国在各方面都取得了巨大成就，但从总体上看，与发达国家相比，我们在很多方面还比较落后，社会主义制度的优越性还没有充分体现出来。这种落后，从根本上说，是由近代以来的半殖民地半封建社会造成的，绝不是因为社会主义制度本身的问题。

面对当今世界经济全球化的潮流和资本主义的新发展，我们要树立起强烈的民族自尊心和自信心。民族自尊心和自信心是维护国家利益，促进民族进步取之不尽、用之不竭的强大精神动力。

（三）自觉维护国家利益

自觉维护国家利益，就要承担对国家应尽的义务。每一个中国公民都应摆正个人利益与祖国和人民利益之间的关系，做到以服从祖国和人民的利益为最高准则，把国家利益、人民利益放在优先考虑的位置，自觉担负起保卫祖国和建设祖国的神圣职责，做到以赤子之心关心祖国的命运，用自己的知识为祖国和人民服务。

我国目前正在进行中国特色社会主义现代化建设，实现中华民族伟大复兴的中国梦。改革发展稳定的大局正是国家利益所在，每一个大学生都应该自觉维护改革发展稳定的大局，做一个国家和人民利益的自觉守护者。

**材料3－15** 公元前100年，汉武帝欲出兵攻打匈奴，匈奴派使者求和，还把被其扣留的汉朝使者都放了回来。汉武帝为了答谢匈奴的善意，派中郎将苏武拿着旌节出使匈奴，后被匈奴扣留。匈奴贵族多次威胁利诱，欲使其投降，但都遭到苏武的拒绝，后匈奴人将他押送到北海（今贝加尔湖）边牧羊，扬言要公羊生子方可释放他回国。北海的气候极其恶劣，冰天雪地。苏武在那里受尽苦难，渴了就吞一把雪、饿了就吞食身上的衣服。但他心里始终不忘汉朝的社稷和自己的责任，心如铁石一样坚定不移。代表着使臣身份的旌节上的牦牛的尾毛都掉光了，他还是没有回来。苏武出使匈奴时才40岁，在匈奴受了19年的折磨，胡须、头发全白了。回到长安的那天，长安民众夹道迎接。看到白胡须、白头发的苏武手里拿着光杆的旌节，没有一个不感动的。苏武死后，汉宣帝将其列为麒麟阁十一功臣之一，以此表彰其对大汉的忠诚。

### 二、增强国防观念

国防观念是指一个国家和民族对国防建设的目的、内容、途径和重要性等问题的基本认识，它包括国防忧患意识、国防目标意识、国防价值意识、国防责任意识、国防法制意识和国防献身意识等。我们要时刻强化自身的国防观念，树立有备无患、居安思危的国防意识。

大学生是祖国的未来，对西方的各种意识形态的渗透要保持高度警觉，并进行自觉抵制，绝不被所谓“自由”“民主”“人权”的幌子所蒙蔽，成为敌对势力“西化”“分化”中国的俘虏。同时，关心国防事业，学习国防知识，提高国防意识和素质是对当代大学生的必然要求，也是大学生报效祖国、弘扬爱国主义精神的重要体现，更是大学生提高综合素质，促进自身全面发展的迫切需要。

**材料3-16** 第二次世界大战期间，希特勒军队攻陷法国后，在瑞士东部边境部署了50个师团，制订了“冷杉行动计划”，准备吞并瑞士。然而就在1937年7月的某天，几小时之内，瑞士的男人们都穿上了军装，在一个当时只有400万人口的国家里竟动员了50万人的大军。要拿下这个面积仅有4. 2万平方公里的国家，德国军队至少要付出100万精锐兵力的代价，实在是得不偿失。希特勒在权衡入侵的利弊得失后，最终放弃了入侵瑞士的计划。100多年来，处于两次世界大战中心的瑞士，居然没有发生过战争，其原因何在？瑞士一位外交官说：“我们瑞士公民迈出右脚时是一个公民，迈出左脚时就是一个战士。如果要问为什么我们一百多年没有打过仗，其主要原因就是我们随时都在准备打仗。”

## 三、维护民族团结，促进祖国统一

民族团结、国家统一是祖国繁荣昌盛的标志，也是国家兴旺发达和人民安居乐业的必要条件。我国是一个统一的多民族国家，尽管历史上也曾出现过短暂的分裂现象，但团结统一一直深深地镌刻在中国人的民族意识中，始终是中华民族历史的主流，是中国发展进步的保障。新中国成立后，结束了国家长期动荡的局面，各族人民梦寐以求地实现了民族平等，促进共同发展的愿望成为现实。当代大学生要成为爱国主义精神的实践者，切实遵循党的民族政策，坚持民族平等，加强民族团结，维护民族区域自治，尊重和保护宗教信仰自由，坚决反对民族分裂，坚决反对宗教极端势力。

实现祖国的完全统一，是海内外中华儿女的共同心愿。新中国成立以后，几代中国共产党人为此做出了不懈的努力。按照“一国两制”的方针，我国先后成功地解决了香港问题、澳门问题，这是祖国统一大业进程中的重要里程碑。目前，我们正在为早日解决台湾问题，最终完成祖国统一大业而继续奋斗。世界上只有一个中国，台湾是我国领土不可分割的一部分，实现台湾与祖国的统一是人心所向、大势所趋。任何人以任何名义、任何方式妄想把台湾从中国分割出去的做法都只能是徒劳，必将遭到包括台湾同胞在内的所有炎黄子孙的强烈谴责。《反分裂国家法》的颁布实施，充分体现了我们争取和平统一的最大诚意与维护祖国领土完整的坚定决心。

## 四、以振兴中华为己任

要成为一个坚定的爱国者，我们对爱国的理解就不能仅仅流于空洞的口号和抽象的理论层次，必须走向实践。对于当代大学生来说，爱国实践应体现在日常的学习和工作中，体现在具体而细微的事情中。

### （一）要报效祖国，首先要树立报效祖国的远大志向

凡成大事者必当志向宏阔，报效祖国更应志存高远。孙中山在学生时代就以“尽力爱国，振兴中华”为志向，后成为中国民主革命的先行者。毛泽东在学生时代就立下了“救世、济民、改造中国与世界”的凌云壮志，在领导中国革命与建设的实践中，成为全世界人民尊敬的伟大领袖。

当代大学生一定要认清自己肩负的历史使命，感受到忠于祖国、报效祖国的神圣职责。确立报效国家的远大志向，并将报国之志落实到自己的行动中，努力学习，不断进取，从我做起，从身边做起，从一点一滴做起，积极投身到建设中国特色的社会主义伟大实践中去。只有从报效祖国的神圣使命出发，把自己的人身价值与祖国的前途和命运联系起来，才会获得无穷的动力，并最终成就个人的崇高理想。

（二）要报效祖国，还必须培养报效祖国的本领和才干

当今世界各国之间的竞争，实质上是科学技术的竞争。要在新世纪激烈的国际竞争中抢占优先地位，迫切需要一大批掌握科学文化知识、勇攀现代科学技术高峰的各类专门人才。

21 世纪的国际竞争归根到底是人才的竞争，国家急需高素质、高水平的建设人才，当代大学生责无旁贷。青年大学生一定要认清历史赋予自己的神圣使命，刻苦学习，努力掌握最先进的科学文化知识，为建设祖国、报效祖国积极准备条件。反之，大学生如果把学习看成是自己的私事，把学习成绩的好坏看成是个人的得失，不把自己的学习同祖国的前途命运挂起钩来，是不可能成为一个真正的爱国者的。

**学习思考**

1. 怎样理解爱国主义的科学内涵？
2. 怎样理解爱国主义与爱社会主义的有机统一？
3. 经济全球化与新时期的爱国主义是否是矛盾的？
4. 怎样理解民族精神与时代精神的基本内涵？
5. 当代大学生怎样才能成为忠诚的爱国者？

04 Chapter

# 第四章 领悟人生真谛　创造人生价值

2009 年 10 月 24 日，一个舒适的秋季午后，长江大学广电专业的同学们在长江宝塔湾江段附近野炊。野炊结束后，部分同学在沙滩上散步游玩时，江边突然传来一阵急促的呼救声，有两名少年被江水冲得直打转，渐渐远离了沙滩。几名同学见状，连衣服都来不及脱，就跃入江中，沙滩上的同学们自发手拉手组成了“人梯”援助。无奈江水湍急，救援的同学在复杂的水域中渐渐体力不支，就在成功救起一名少年时，由于人在流沙上站立不稳，失去平衡，“人梯”骤然断裂，多名同学顷刻滑入了江中。此时离事发地百米开外的沙市宝塔湾冬泳队闻讯赶来，凭借良好的水性，陆续救起了 6 名同学，可是，陈及时、何东旭、方招同学却被江水无情吞噬，献出了年轻而宝贵的生命。虽然三位英雄远离我们而去，但是他们的精神将在我们之中延续，我们会用积极的人生态度去对待今后的学习和生活，正如《生命》中唱的“生命延续生命，希望继续希望”。

就在我们为英雄哭泣的时候，社会上却有些人露出了冷漠的嘴脸。他们在看到这十几位学生英雄的感人事迹后，流露出的不是感动与心痛，而是冷漠的讨论：用三位大学生的生命去换两个儿童的生命值得吗？听到这样的话语，我们真的很心痛。这样的问题还要讨论吗?！我们这 15 位英雄在危难时刻救人的瞬间，脑子里想的都是救人，他们根本不会在救人之前再思索一下“要救的人是谁?”“救他值得吗?”因为在生命的面前没有身份的差别，生命就是生命。

## 第一节　与人生观相关的基本概念

### 一、人的属性与人的本质

古今中外，许多思想家从不同的角度探索和解答着关于人的属性与本质的问题。他们提出了许多包含哲理的见解，为我们认识人的属性和人的本质提供了宝贵的思想材料。但由于历史和阶级的局限，他们对人的本质属性的解答都没有达到科学的境界。直到 19 世纪中叶，马克思运用辩证唯物主义和历史唯物主义的方法，汲取了人类思想史上的优秀成果，科学地揭示了人的属性和人的本质，实现了关于人的学说的彻底革命。

#### （一）人的属性

根据马克思主义的观点，人的属性可以分为自然属性和社会属性两种。人的自然属性是指人所具有的和许多动物相类似的属性和本能。如人身所具有的细胞、器官、组织等生物结构；饮食、运动、休息、繁衍等生物本能；趋利避害、自我保存等本能反应。人的自然属性是人存在的必要前提和基础。

人的社会属性是指人在从事生产和社会交往中所表现出来的属性。主要表现在三个方面：一是劳动。人类有计划有目的地认识和改造自然的劳动把人和动物从根本上分离开来。二是思想意识。人类的思想意识代替了动物的本能，人通过大脑不仅能思考问题，而且能预见事物发生发展的规律。三是社会联系。人类在社会生活中相互沟通、相互配合，进行着不同的联系，并在联系中不断发展。

人的自然属性和社会属性是密不可分的。自然属性是社会属性的基础和前提，社会属性是在自然属性的基础上通过社会实践形成的，并能动地影响着自然属性。人性是自然属性和社会属性的统一，人真正区别于动物的本质是社会属性。

**材料4－1** 1920年，在印度加尔各答附近的一个山村里，人们在打死了一只狼后，在狼窝里发现了两个由狼抚养大的女孩：大的有8岁，后被取名为卡玛拉，小的有2岁，取名为阿玛拉，阿玛拉因体弱，不久便去世了。这是世界上首次发现狼孩。由于她们自幼远离人类社会，在狼窝里长大，所以一切生活习性都与狼别无二致。比如，她们不会直立行走，只能用四肢爬行，白天睡觉，晚间出来活动，怕光、怕火，不吃素食和熟食，只吃生肉，而且不是用手拿着吃，而是放在地上用牙齿撕咬，她们也不会说话，只会像狼一样引颈长嚎。在孤儿院人员的耐心抚育下，卡玛拉用了两年的时间才学会站立，6年才会走路，到1929年她去世时，一共学会了45个词，和几句简单的话，智力水平仅相当于4岁儿童。

（二）人的本质

根据马克思主义的观点，人的本质可分为：类本质、社会集团本质、个体本质三种。

人的类本质，是指人类区别于动物类的根本特征。人类能通过自觉能动的生产劳动去认识、改造自然和人类本身。而动物只是消极被动地去适应自然。

人的社会集团本质，是指人类社会内部各阶级和利益集团得以形成和区别的根本特征。人在生产关系中所处的位置不同，社会人群就形成了不同的利益集团，处于统一集团的人形成相应的人的社会集团本质。

人的个体本质，是指人的个体间彼此相互区别的本质特征。由于个体人的世界观、价值观、人生观等精神存在的状态带有明显的个体独特性，即使是同属于同一社会集团的个体成员也会形成各自独特的思想意识，并在其支配下表现出不同的个体行为，从而体现出不同的个体本质特征。

人类的类本质、社会集团本质和社会个体本质相互作用，共同决定着人的行为，而人在社会关系中的位置起着核心作用。正如马克思指出：“人的本质并不是单个人所固有的抽象物。在其现实性上，它是一切社会关系的总和。”因此，我们认为，人的本质是由社会关系决定的，并随着社会历史的发展而发展。正确认识人的本质是解决与人生相关问题的前提和基础。一味地认为人的本质是自私的或“合理利己主义”的观点都是极端错误的。

**材料4－2** 中国古代关于人性善恶的本质有如下几种观点：① 人性善论：“人之初，性本善”理论的代表者是孟子，他认为人性是善的。西方哲学家苏格拉底、柏拉图、亚里士多德、费尔巴哈、马斯洛等也认为人性本善。② 人性恶论：中国古代荀子认为人性是好利多欲的，人性生来就是恶的，一切善的行为都是后天教育和环境影响的结果。西方哲学家奥古斯丁、霍布斯等认为人在胚胎中就有罪恶，人的一切行为都是为了个人私利，人的本性是自私与恶的。③ 人性无善无恶论：道家的老子、庄子认为人的本性是无知无欲，无所作为，人生的目的，就在于保全人性的天然状态，主张人应回到“无知无欲”的婴儿状态中去，人应完全顺应自然。④ 人性有善有恶论：春秋时代的董仲舒认为人性有善有恶，认为善出于性，但性中有情，情是恶的。西方哲学家毕达哥拉斯、培根等都认为人有灵魂，灵魂可善可恶。

## 二、人生、人生观与世界观

大学阶段是人心理发展的重要时期，是人的世界观、人生观、价值观形成的关键期。大学生在大学阶段系统地接受人生观、世界观、价值观教育，对于他们领悟人生真谛、创造有价值的人生具有至关重要的意义。

### （一）人生的含义

人生是人们认识和改造自然与社会的生命活动的历程。从宏观上说，人生是人类认识自然、利用自然，认识社会、改造社会的历程；从微观上说，人生就是特定个体人整个生命的旅程。

正确理解和把握人生的基本内涵需注意以下几个方面：一是人生是对自然的认识与改造的过程。人依赖于自然，自然为人类提供了生存的物质前提和基础。但人不能被动地适应自然，消极地等待大自然的恩赐，人需要积极地认识自然，探索自然规律，掌握并利用自然规律去改造自然，使之为人类服务。二是人生是对社会的认识和改造的过程。人对社会的认识和适应就是人的社会化的过程。自然人首先要认识和掌握社会生活必需的知识、技能、行为方式等，由自然人转变成为一个掌握一定社会文化，能够参与社会生活，承担一定社会责任，履行相应社会义务的社会人。三是人生是对主观世界的认识和完善的过程。人的自我意识能把自身和自然界区分开来，把自己作为认识的对象。如人能分析复杂的社会关系，并能自我审视自己在社会中的地位，能预测自然界、社会和自身发展的前景，并能据此规划设计自己的未来前程。

### （二）人生观的含义

人生观是人们在实践活动中形成的，对人生目的和意义的根本看法和态度。它涉及人生目的、人生态度、人生价值等问题。人生观不是凭空形成的，它是人们在世界观的基础上，在一定的社会物质生活条件的影响下，通过自己的社会实践活动而逐渐产生和形成的。

正确理解和把握人生观的基本内涵需要注意以下几个方面：一是人生观是一定历史条件和社会关系的产物。在阶级社会里，人生观具有阶级性。同时人生观还受到一定社会的物质生活条件、人的世界观和人的文化修养等因素的制约。二是人生观涉及的内容十分广泛。它主要涉及人的本质、人生目的、人生价值、人生态度、人生道路、人生责任等方面的内容。三是人生观制约人生道路和方向。人生观标引人身方向，导引人生道路；人生观影响人生价值，决定人生态度；人生观评价自我价值，支配个人言行；人生观影响个人行为，塑造人格形象。

在人生观的几个组成部分中，人生目的回答了人为什么要活着的问题；人生态度表明人应当怎样对待生活；人生价值判别什么样的人生才有意义。人生目的、人生态度和人生价值存在着相辅相成的关系，其中人生目的是人生观的核心。

### （三）世界观的含义

世界观是人们对其生活在其中的世界以及人与世界的关系的总体看法和根本观点。世界观的范围非常广泛，包括自然界、人类社会和人的思维。物质资料的生产是人类社会存在和发展的基础，人们在改造自然和改造社会的实践中形成了人与人之间的各种社会关系。正是在这个实践过程中，人们逐渐形成了对世界以及人与世界的关系的一等系列看法。因此，世界观也来源于人的生产和生活实践。

世界观和人生观相互影响，相辅相成的。一方面，世界观决定人生观，世界观包含人生观，有什么样的世界观，就有什么样的人生观。正确的世界观，是正确人生观的基础，另一方面，人生观又对世界观的巩固、发展和变化起着重要的影响作用。一个人的人生观如果发生变化，往往会导致世界观发生变化。

## 第二节 确立正确的人生目的

人生目的是人生观的重要组成部分，它回答“人为什么活着”的问题。人生目的一经确定，对人生道路、人生价值及人生态度都有重要的决定作用。它贯穿于人生历程的始终，持续地激励和引导着人生追求。

### 一、人生目的的内涵与作用

（一）人生目的的内涵

人类活动的一个基本特征就是它的目的性。人生目的是指人生实践活动的总目标。它是人们在社会生活实践中关于人生行为的自觉意识。它受世界观、人生观的影响，也受客观现实的制约，是人们在改造客观世界的实践活动中形成的，是主观愿望和客观条件辩证统一的产物。

人生目的的形成，是由人所处的社会生活条件决定的。不同社会阶层，不同教育程度，不同年龄阶段的人有着不同的人生目的。影响人生目的的客观条件有以下几个方面：一是人们所处的历史时代。不同的历史时代，生产力发展水平不同，人生目的也会表现出巨大的差异性。二是人所处的阶级地位。不同的阶级必然具有不同的人生目的。三是社会环境和社会风尚。政治清明，社会稳定，就为人们树立高尚的人生目的创造了良好的氛围，反之，就会使人们产生消极颓废的人生目的。四是人的世界观。世界观不同的人，对社会和自身的判断不同，人生目的自然不同。

人生追求的多样性决定了社会成员人生目的的差异性。常见的人生目的分为几种基本类型：第一种是享乐型。这种人生目的以个人利己为核心，把追求金钱、权力、享乐作为最高的人生目标。他们追的是声色犬马，求的是吃喝玩乐，坚持“不玩不乐，一生白过”的庸俗观念。这样的人生目的带有很大的危害性，很容易使人堕落。第二种是迷茫虚无型。这种人生目的以虚无主义为核心，信奉“平生无大志，但求足温饱”，目光短浅、消极无为，过着“顺其自然”的随意生活。这种人生目的使人颓废、迷茫，阻碍人的健康成长。第三种是事业型。这种人生目的与社会发展方向相契合，持这种人生目的的人往往有远大的人生抱负和强烈的人生责任感，希望通过自己的努力，为社会贡献自己的聪明才智。

**材料 4－3** 中国当代著名学者、哲学史家冯友兰先生，就曾提出了著名的“人生四境界说”。冯先生认为，人与动物的差别，是因为人有较高的觉解。“觉解”就是指人对自身行为有明确的自觉认识。冯友兰按照人觉解水平的高低，把人生的境界分成了四个不同的层次。他认为：第一个层次是自然境界。处于这个层次的人，其行为完全按照人的生物本能和社会习俗而活动，对其所作所为没有明确的觉解，这是最低一层的人生境界。第二个层次是功利境界。这个层次的人，可能会有各种不同的行为，但是其行为的目的却只有一个，那就是“为利”。第三层次是道德境界。处于道德境界的人把“义”作为自己行为的唯一目的，对人生有着明显的觉解。第四个层次是天地境界，又称圣人境界。这是所有境界中最高的境界。处于此境界的人，消除了人我、物我的分别，达到了“天人合一”的境界，他们已经超越了人生的成败、贵贱、荣辱、生死等问题，而同于大全。

（二）人生目的的核心作用

1. 人生目的决定一个人的人生道路

选择正确的人生道路对于每一个人来说都至关重要，而正确的人生道路主要取决于正确的人生目的。人生目的决定人生道路主要体现在两个方面：一方面，人生目的规定了人生活动的大方向，对人们所从事的具体活动起着定向作用；另一方面，人生目的又是人生行动的动力源。当人们意识到为什么活着的时候，就会产生一种巨大的力量，激励着他为了既定的目标奋发进取、努力拼搏。

古今中外众多创造了辉煌壮丽人生的志士仁人们，多在青年时期就确立了正确的人生目的，从而在解决人生的一系列重大课题时，做出正确的选择，始终朝着正确的人生发展方向前进。如马克思“为人类福利而劳动”、毛泽东“以天下为己任 ”、周恩来“为中华崛起而读书”的人生目的就是如此。

**材料4－4** 本田宗一郎是本田公司的创始人。他从一家汽车修理厂的修理工做起，到开办自己的汽车修理厂。虽然修理厂经营得非常成功，但这并不是他所追求的目标。后来他关闭了汽车修理厂，成立东海精密机械公司，为丰田公司供货，但这仍然不是本田宗一郎的最终目标。

本田宗一郎在很年轻的时候，就给自己定下了一个目标，那就是要跻身世界最大汽车制造商之列。开办汽车修理厂，成立东海精密机械公司，都只是为了实现这个远大目标做铺垫。1945 年，他将蒸蒸日上的东海精密机械公司卖给了丰田公司，并于 1946 年创建了本田技术研究所，开始研发、生产摩托车。后来本田涉足汽车研发并获得巨大成功。现在，在全球轿车市场中，本田的产销量和市场份额已与通用、福特、丰田等汽车公司不相上下。

2. 人生目的决定一个人的人生态度

每个人的一生中都会遇到各种各样的困难和挫折，都会在各种矛盾和纠结中做出不同的选择。在这些困难与挫折面前，不同的人生目的会使人采取不同的人生态度。

正确的人生目的可以使人无所畏惧、顽强不屈、积极进取、乐观向上、勇往直前；而错误的人生目的则会使人或是投机钻营、铤而走险，甚至走上违法犯罪的道路，或是虚度人生、游戏人生，呈现出对自己不负责任的人生态度，或是悲观消沉、看破红尘、厌世轻生、萎靡不振。在历史上和现实生活中，许多事业有成者，无不是在其正确的人生目的支配和指引下，以昂扬乐观的人生态度正确对待人生的坎坷，从而成就自己的事业。

3. 人生目的决定一个人的人生价值标准

追求生命意义，实现人生价值，是人们共同的美好愿望。但不同的人生目的会产生不同的人生选择，不同的人生选择决定着不同的人生追求，不同的人生追求决定着不同的人生价值。

正确的人生目的会使人懂得人生的价值在于奉献，从而在工作中尽职尽责，任劳任怨，脚踏实地做好本职工作，把奉献社会、奉献他人作为自己的不懈追求；错误的人生目的则会使人把人生价值理解为索取，从而导致在日常生活中以追逐个人私利为目的，忽视国家利益、集体利益，甚至做出损害国家、社会和集体利益的事情。

**材料4－5** 居里夫人在物理学领域做出了巨大的贡献，并因此获得了诺贝尔物理奖。在名利双收的情况之下，她完全可以坐享其成，不再努力，但她却没有这样做，而是更加努力地进行她的研究工作，继续向科学的高峰攀登。这是一种什么力量在驱动着她呢？显然，居里夫人这样做，并不是为了一己之欲望的满足，而是有着更加高尚的追求，这种高尚的追求就是对人生价值的追求，对为人类谋幸福这一崇高理想的追求。她说：“人类也需要富有理想的人。对于这种人说来，无私地发展一种事业是如此的迷人，以至他们不可能去关心他们个人的物质利益。”

总之，人生目的是人生的航标，它指引着人生的航向，决定着人生的根本方向。不同的人生目的，决定了人为什么而活着，以及怎样去生活，也决定了一个人的人生是光彩耀人还是卑鄙肮脏。

## 二、确立为人民服务的人生目的

确立什么样的人生目的是我们每个人都应该深入思考、正确解决的问题。在当今时代，全心全意为人民服务是科学、正确的人生目的。这既是社会对大学生的客观要求，也是当代大学生应有的社会责任。

### （一）确立为人民服务的人生目的是社会发展的客观要求

为人民服务的思想是毛泽东主席提出的。在改革开放的今天，继续贯彻为人民服务的思想仍具有重要的现实意义，也是我党立党为公、执政为民的具体要求。确立为人民服务的人生目的是当代大学生的必然选择。

首先，确立“为人民服务”的人生目的是历史唯物主义关于人民群众创造历史的理论要求。历史唯物主义认为，人民群众是物质财富的创造者，是推动社会进步的重要力量，是社会生产力最活跃的因素。任何人都应当把为人民服务作为自己的人生目的。这样，有助于推动历史进步，又有利于自身的健康成长。

其次，确立“为人民服务”的人生目的是社会化大生产的必然要求。在社会化大生产的今天，人类主要通过分工协作、交换劳动来满足自己的物质和精神需求。整个社会形成了一个彼此互利、交互作用的整体，每个人都要向社会提供劳动贡献，同时从社会获取报酬和满足。这种互惠的社会依存关系，客观上要求人人都要把为人民服务和为社会做贡献作为人生目的。

**材料4-6** 奥斯特洛夫斯基在《钢铁是怎样炼成的》一书中描绘的完美的革命战士保尔·柯察金说：“人最宝贵的东西是生命，生命对于我们只有一次。一个人的生命应当这样来度过：当他回首往事的时候，不因虚度年华而悔恨，也不因过去的碌碌无为而羞耻，这样，他在临死的时候就能够说：‘我的整个生命和全部精力，都献给了世界上最壮丽的事业——为人类的解放而斗争。”

雷锋说：“人的生命是有限的，可是为人民服务是无限的，我要把有限的生命，投入到无限的为人民服务之中去。”雷锋就是在平凡的工作岗位上做出了不平凡的事迹，创造出了有价值的人生。

### （二）确立为人民服务的人生目的是大学生成才的关键

任何人都不可能脱离社会而独立存在。只有为人民服务的人生目的才能实现个人与社会的有机统一，做到“我为人人，人人为我”。也就是说，在社会生活中，我们每一个人既是服务的给予者，又是服务的接受者，社会正是在这种给予与接受的不断转换中运转的。只有努力地为他人和社会多做贡献，社会的物质财富和精神财富才会不断增加，反过来又为个人的成长和完善创造必要的条件。

大学生在确立人生目的时，应立志为人民服务，在为社会做贡献的同时，不仅可获得物质利益，更能获得才智的锻炼、精神的提升。只有树立了为人民服务的人生目的，才能时时处处为人民着想，助人为乐，造福人民，成为受人民欢迎的人。只有自觉地树立起为人民服务的人生目的，才能在服务人民、奉献社会的实践中创造有价值的人生，才能肩负起建设中国特色社会主义、实现中华民族伟大复兴的历史使命。

### （三）确立为人民服务的人生目的是抵制各种错误观念的有力武器

由于国内外各种错误思想的影响，社会上还存在拜金主义、享乐主义、极端个人主义等错误的人生观念。大学生一定要认清这些错误人生观的实质，自觉抵制它们的侵蚀。

拜金主义是一种认为金钱可以主宰一切，把追求金钱作为人生至尚目的的人生观。它将金钱神秘化、神圣化，以追逐和获取金钱作为人生目的和意义的全部，金钱成为衡量人生价值的唯一标准，人与人之间完全是一种赤裸裸的金钱关系。

享乐主义是一种把享乐作为人生目的的人生观。它主张人生的唯一目的和全部内容就在于满足感官的需求与快乐，主张无限制的消费，追求纸醉金迷、奢侈浪费、挥霍无度的生活。

极端个人主义就是一切从个人出发，把个人的利益凌驾于他人利益之上，只顾自己、不顾别人的思想。极端个人主义突出强调以个人为中心，否认社会和他人的价值，过分强调个人的自由、平等、价值、利益和权利等，甚至不惜采用损人利己的方式来追求自己的人生目标。

## 第三节　确立积极进取的人生态度

当代大学生正处在建设中国特色社会主义和实现中华民族的伟大复兴的关键时期，具备新的历史阶段要求的科学进取的人生态度不仅是社会的要求，也是大学生成就有价值人生的关键。

### 一、人生态度与人生观

（一）人生态度的含义

所谓人生态度，是指人们通过生活实践所形成的对人生问题的一种稳定的心理倾向和基本意图。它回答“人应该怎样活着”的问题。

人生态度千差万别，但归纳起来不外乎两类：积极进取的人生态度和消极无为的人生态度。积极进取的人生态度肯定人的主观能动性，能够用乐观的心态看待世界，对生活充满信心，勇于开拓，善于创新，不怕人生道路上的各种困难和挫折，经得起磨难和考验。消极无为的人生态度否定人的积极能动作用，对生活失去信心，对社会缺乏责任感，无志气、无激情，悲观怯世、痛苦绝望。

人生态度的内容非常丰富，但主要有以下几个方面：一是对人生的总体评价，回答的是人应该怎样活着才有意义这个问题；二是对痛苦欢乐的判断，回答的是如何正确界定痛苦与欢乐这个问题；三是对荣辱的态度，回答的是如何端正看待荣辱的意识这个问题；四是有关命运的观念，回答的是如何把我命运，做命运的主宰这个问题。

（二）人生态度与人生观

人生态度是人生观的重要组成部分，既受制于人生观，又对人生观具有影响。一方面，人生观决定人生态度。一个人有什么样的人生观就会有什么样的人生态度。一个人对人生观做出了某种选择，实际上就在主观上决定了他将如何对待生活，决定了他在实践中将以怎样的方式处理各种人生问题。另一方面，人生态度是人生观的表现和反映，人生态度对人生观也具有重要的影响。一个人的人生态度如何，往往制约着他对整个世界和人生的看法，从而对个人的世界观、人生观产生重要影响。

### 二、端正人生态度，积极进取

（一）树立积极进取的人生态度

1. 积极进取的人生态度能促使人生目的的达到

人生态度虽然由人生目的决定，但人生态度对实现人生目的具有较大的推动作用。如何正确地面对现实，战胜各种暂时的困难和挫折，为实现人生目的开辟道路，则是由人生态度决定的。有了积极进取的人生态度，人们就能为实现人生目的而拼搏，就能闯出一条光明的人生之路；相反，消极无为的人生态度，就会导致上进心失落，或在困难和挫折面前消极悲观、畏难退缩，遁入歧途，甚至一事无成。

**材料4-7** 美国作家欧·亨利的短篇小说《最后一片叶子》讲述的是这样一个故事：身患肺炎的年轻女画家乔安西每天躺在床上，看着窗外常春藤树的叶子在寒风中一片一片飘落。她既悲观又绝望，她觉得自己的生命就像常春藤的树叶一样不再久远。她暗中告诫自己，当常春藤树的最后一片叶子落下来的时候，她就要离开人世了。老画家贝尔曼是乔安西的朋友，当他得知乔安西的情况后，决定帮助这个病中的女孩。在一个风雨交加的晚上，贝尔曼在紧贴常春藤树后的墙上画上了一片常春藤叶子。当乔安西看到有一片叶子一直没有落下时，就产生了求生的欲望，树立了战胜病魔的信心，并勇敢地与病魔做斗争。她靠自己积极的"求生"信念最终战胜了病魔，也挽救了自己。

2. 积极进取的人生态度有助于人生价值的实现

人生价值取向是指一个人对自己一生价值目标的选择和追求，与人生态度密切相关。一个人的价值目标越崇高，焕发的精神驱动力就越大，进取心就越强烈。有积极进取人生态度的人，一般都热爱生活、珍视生命，不贪图享受、不满足现状，为自己选择和确立较高的人生价值目标。人生价值目标一旦确立，就需要发扬自强不息、敢为人先、百折不挠、坚忍不拔的精神，始终保持蓬勃朝气、为他人谋福利、为社会做贡献，以实现自己的人生价值。

3. 积极进取的人生态度能调整人生道路的方向

一般地说，摆在个人面前的人生道路是多种多样的，究竟走何种道路，由主体能动地选择。抱有积极进取人生态度的人，会将远大的理想寓于具体的行动中，脚踏实地地为实现人生目标而努力，并且在这个过程中不断调整理想和现实之间的矛盾，以豁达的心态朝着既定目标开拓前进。

（二）正确对待人生过程中的境遇

人都生活在特定环境中，人离不开环境。境遇就是人们在社会生活中所处的具体环境，其中顺利的环境称为顺境，不顺利的环境称为逆境。人生都会遇到顺境和逆境，但顺境和逆境对于不同的人来说并不是均等的。

1. 顺境不能得意忘形

人在顺境中一般没什么大的坎坷和挫折，能够保持正常的生活秩序，认知、情感、意志等处于良好开放的状态。在顺境中实现人生目标的奋斗，如顺水行舟，可借天时、地利、人和等因素，施展才华，建功立业。但优越的条件和舒适的环境又容易使人贪图安逸、不思进取，或得意忘形。

对于顺境，不能麻痹大意、得意忘形，而应居安思危、自制自励。同时，暂时的顺境并不等于永远的顺境，顺境也可能瞬间消失，逆境也可能随时出现。所以，一定要对可能出现的困难和挫折做好充分准备，始终保持清醒的头脑、乐观的态度和严谨的作风。石油大王洛克菲勒说："当我的石油事业蒸蒸日上时，我每晚睡觉前总是拍拍自己的额头说：'别让自满的意念，搅乱了你的脑袋。'我觉得我的一生进行这种自我教育，益处很多，因为经过这样的自省后，我那沾沾自喜、自鸣得意的情绪，便可平静下来了。"

**材料4-8** 特洛伊人与入侵的希腊联军作战，双方互有胜负。在某一次战斗中，特洛伊人固守城池，希腊联军难以攻入。后来希腊联军中有人献计，假装全部撤退，留下一匹大木马，并将多名勇士藏在马腹内，其他的主力部队假装撤退。特洛伊人望见撤退的士兵、远去的舰队，以为敌人真的撤退了，于是在毫无防备的情况下，将木马拖入城内，歌舞狂欢，饮酒作乐，完全放松了戒备。就在特洛伊人狂欢过后、逐渐进入梦乡时，木马中的希腊勇士纷纷跳出来，打开城门，里应外合，攻克了城池。

2. 逆境不能自暴自弃

每个人的人生道路都不可能一帆风顺，必然会遇到各种挫折。人在逆境中，正常的生活秩序难以维持，肉体和精神上遭受双重打击，面临严峻的考验。在逆境中，实现人生目标的奋斗如同逆水行舟，阻力大、困难重重，实现同样的目标，要付出更大的努力。但逆境对人生又是一种磨砺，他可以使人更多地思考人生、砥砺意志、陶冶品格。

在逆境中应努力做到：一是要相信自己，树立战胜逆境的信心。身临逆境时，不要怨天尤人、悲观失望、自暴自弃，要自信自强、鼓足勇气去战胜挫折。二是要说服自己，以宽阔的胸襟和豁达的气度面对逆境。面对逆境，你必须以超然、旷达、乐观的人生态度去淡化，去释解，不要陷入痛苦悲观的泥潭中不能自拔。三是要战胜自己，鼓起克服困难冲破逆境的勇气。在人生遭受挫折、落难逆境之时，鼓起生活的勇气，树立从头再来的信心。只有这样，才能摆脱逆境，走向新生。

**材料 4－9** 英国理论物理学家史蒂芬·威廉·霍金在21岁时被查出患有肌肉萎缩性硬化病，全身只有三根手指可以活动。1985年，霍金又染上肺炎，手术后的他完全丧失了说话能力。只能靠专家为他特制的电脑语言合成器与别人艰难地交流。

但霍金没有被疾病摧垮，他不仅坚强地活着，而且伟大地活着。靠着与命运抗争的坚强毅力，霍金在研究相对论和量子力学的基础上，提出了爆炸黑洞的理论，并研究过时空的奇异性问题，取得了丰硕的成果，为人类做出了杰出的贡献。当别人问他怎样看待自己的病情时，霍金回答："我根本不去想它，也不抱怨这种疾病让我无法去做一些事。"甚至还开玩笑说："残疾给了我充分的时间来思考问题。"

## 第四节 创造有价值的人生

### 一、人生价值与人生价值观

（一）人生价值的含义

人生价值，是指一个人在一生中对人类社会的延续与发展所做出的贡献和所起的作用，也是人的一生对社会、他人和自身需求的满足。它是人生观的重要方面，也是价值观的重要内容。

在社会实践中，人在价值关系中的主体、客体位置不是固定不变的，人既是主体，又是客体，是主体和客体的有机统一。一方面，个人是价值主体，个人把他人和社会作为自己的价值客体，个人要依靠他人和社会的活动及其成果来满足自身的需要，这就是我们通常所说的向社会的索取，或社会对个人的尊重和满足。这种满足使个人得以存在和发展，从个人角度来说，这就是他的自我价值。另一方面，个人又成为他人和社会的价值客体，以其活动及成果来满足他人和社会的需要，这就是他的人生的社会价值，也就是通常所说的个人对社会的责任和贡献。汉代的司马迁曾经说过："人固有一死，或重于泰山，或轻于鸿毛。"这里的"轻"与"重"二字，道出了人生存在的不同价值，也道出了人生追求的两种境界。

**材料 4－10** 有一个出家弟子跑去请教一位很有智慧的师父，他跟在师父的身边，天天问同样的问题："师父啊，什么是人生真正的价值？"师父被问得烦透了。

有一天，师父从房间里拿出一块石头，对他说："你把这块石头拿到市场上去卖，但不要真的卖掉，看是否有人买，问清楚愿买的人出多少钱？买它做什么？"弟子就带着石头到市场上去，有个人说这块石头很好看，可以做秤砣，愿出价10元钱。弟子很开心地回去，告诉师父："这块没用的石头，还可以卖到10元钱。"师父说："再把它拿去黄金市场卖卖看，也不要真的卖掉。"弟子就把这块石头拿去黄金市场去卖，一开始就有人出价1000元钱，第二个人出1万元钱，最后有人出价10万元。弟子兴冲冲跑回去，向师父报告这不可思议的结果。师父对他说："再把石头拿到最高级的珠宝商场去卖，同样不能卖掉。"弟子就去了。第一个人开价就是10万元，后来加到了20万元，30万元，最后对方生气了，要他自己出价。他对买家说，师父不许他卖，就把石头带了回去，对师父说："这块石头居然被出价到数几十万元。"师父说："是呀！我一直没告诉你什么是人生的价值，因为你一直在用市场的眼光看待自己的人生。人生价值应该是在一个人心中，先有了最好的珠宝商的眼光，才可以看到真正的人生价值。"

（二）人生价值观的含义

人生价值观，是人们对人生价值的总的看法。人生价值观也可说成是对人生目的和人生意义进行认识和评价时所持的基本观点。人生价值观反映着一定社会的政治和经济关系，并随着社会政治和经济关系的变化而变化。不同的社会、不同的阶级、不同的人有着不同的人生价值观。人生价值观在整个人生观体系中具有重要地位，它在深层次上影响、制约和指导着人的实践活动，为人们的人生目的和人生态度的选择提供依据。

人生价值观具有如下特点：一是人生价值观既有相对稳定性，又有变化性。人生价值观形成以后，会在较长的一段时间内保持相对稳定，但当社会发生变化以后，人生价值观也会发生变化。二是人生价值观是自我价值观和社会价值观的统一。人生价值包括满足自身需求的自我价值和满足社会与他人需求的社会价值。人生价值观也是二者的统一。三是人的价值取向可以多样化，但社会核心价值观是一元的。无论是资本主义还是社会主义社会，社会主导价值观都是一元的。社会一旦失去核心价值观，人们的思想就会混乱，心态就会浮躁，进而产生各种各样的社会问题。当代大学生只有正确地理解人生价值的内涵，明是非、辨善恶、知荣辱，才能在实践中最大限度地创造人生的价值，成就人生的辉煌。

（三）人生价值在人生观体系中的地位

1. 思考人生目的要以人生价值的评价为根据

树立正确的人生目的固然重要，但对人生的价值判断和取舍对人生目的也有重要影响。现实生活中每个人都有各自的人生目的，一个人之所以能自觉、执着地追求着他自己认定的人生目的，是因为他对自己选择的生活作了肯定的价值判断，认为这样的生活具有或者能够实现自身的价值和社会价值。正是有了肯定的价值追求，才愈发坚定人生目的。

2. 思考人生态度要以对人生的价值判断为根据

在这些困难与挫折面前，有的人无所畏惧、顽强不屈、积极进取、乐观向上、勇往直前；有的人则悲观消沉、看破红尘、萎靡不振、虚度人生、放纵人生。这些面对困难与挫折时的不同的生活方式和态度与个人对人生的价值判断有着直接的关系，是因为在他看来，经过自己选择的、适合自己的生活方式才是有意义的，才是值得坚守的。

3. 人生价值观影响、制约人们的实践活动

对人生价值的看法，在整个人生观体系中具有重要地位，为人们的人生目的和人生态度的选择提供依据。不同的人生价值观影响和制约着人们进行不同的人生目的和人生态度的选择，也同样制约着人们为实现自身的人生目的而奋力拼搏的实践活动。当代大学生只有正确地理解人生价

值的内涵，坚持走与人民群众相结合的道路，才能在实践中最大限度地创造人生的价值，成就人生的辉煌，为社会和国家做出应有贡献。

## 二、人生的自我价值和社会价值

### （一）人生的自我价值

自我价值是指个体人生对自己生存和发展所具有的价值，是社会与个人对自己需要的满足。它包括两个方面，即对自身物质需要的满足和对自身精神需要（人格尊严）的满足。一般来说，一个人通过自己的活动达到了自我完善，获得了全面发展的程度越高，他的自我价值就越大，反之则越小。

### （二）人生的社会价值

社会价值是个体人生对社会、他人所具有的责任和贡献，及社会对个人的尊重和满足。它主要表现为个人通过劳动、创造对社会和他人所做的贡献。这种贡献既可以是物质上的，也可以是精神上的；既可以是经济的、政治的，也可以是道德的、文化的和科学的。人生的社会价值不仅应该从客体（社会价值的创造者）意义上体现出来，也应从主体（社会价值的获得者）的意义上体现出来。

### （三）人生自我价值与社会价值的关系

人生的自我价值和社会价值，既相互区别，又密切联系、相互依存，共同构成人生价值的矛盾统一体。一方面，人生的自我价值是个体生存和发展的必要条件，但人生自我价值的实现构成了个体为社会创造更大价值的前提；另一方面，人生的社会价值是实现人生自我价值的基础，没有社会价值，人生的自我价值就无法实现。因此，人不能仅仅把自己看成是需求者和享受者，还应该把自己看成是生产者和供给者，多为社会做出贡献。

**材料 4－11** 儒家思想中早就有关于人生价值的论述。《左传·襄公二十四年》中的这句话，充分代表儒家的人生价值观："太上有立德，其次有立功，其次立言。"从立言、立功到立德，是儒家对不同层次人生价值的具体体现，其中无论是立言、立功，还是立德，都充分体现出儒家把造福后代、流芳万世作为人生价值标准的理论特征。

孔子对人生价值问题也有精辟的论述。有一次孔子的学生子路问孔子，什么样的人才能算是道德高尚的君子，孔子说"修己以敬人""修己以安人""修己以安百姓"。孔子把能否"敬人""安人""安百姓"作为衡量是否为道德君子的标准，这明显把对百姓、国家的贡献看作判断人生价值的准则。

## 三、人生价值的选择与评价

### （一）人生价值的正确选择

马克思说："在选择职业时，我们应该遵循的主要指针是人类的幸福和我们自身的完美。不应认为这两种利益是敌对的，互相冲突的。"所以，只有当个人凭着自己的知识、能力、体魄、品格等素质，为社会做出了有益的贡献，创造了社会价值，满足了社会需要，才能从社会那里得到满足和尊重。

1. 选择与社会核心价值观相一致的人生价值目标

作为自然界与社会的产物，人一直生活在一个不以人的意志为转移的社会系统中。任何社会都有其主导的价值导向。我国社会主义核心价值体系的内容是：富强、民主、文明、和谐、自由、平等、公正、法治、爱国、敬业、诚信、友善。社会的基本价值导向在客观上制约并规定着个人的价值取向。从这个意义上讲，个人对社会是不可选择的。

青年大学生选择与社会主导价值目标相一致的人生价值方向，是实现自己人生价值最基本的社会条件。只有选择符合社会发展规律、具有客观真理性、与社会主导价值观相一致的人生价值目标，才能在复杂的社会环境中坚定信念、明辨是非，并焕发出强大的精神驱动力。反之，就会陷入被动，走弯路，甚至会迷失人生方向。因此，人生的自我价值必须与社会价值相结合，并通过社会价值表现出来，在创造社会价值中实现自我价值。

2. 选择人生价值目标必须从自身的实际出发

人生价值的追求不是空洞的、纯粹的思想活动，而是具体的、实际的人生实践活动，这种追求的成效最终通过现实的人生活动和实践成效体现出来。人的自身条件包括性格、兴趣、能力、文化修养、潜力等都对人生价值的实现有重要的影响。所以追求人生价值，必须根据自身条件去选择适合自己的人生价值目标和途径。

青年大学生要想使个人内在目标尽快转化为外在的价值行为，并作用于社会，必须不断地加强自身各方面素质和能力的培养。一方面要不断提高个人的思想道德素质、文化素质、身心素质、学习能力、实践能力、交往能力等。提高自己应对各种生活场景、解决各种现实难题的能力，为人生价值的实现提供更广阔的空间。另一方面要继承和弘扬自强不息的奋斗精神，不怕吃苦，不贪图安逸，善于在逆境中奋斗不止，勇往直前。

**材料 4－12** 马克·吐温是美国著名的作家、演说家、幽默大师。他的名作《百万英镑》《竞选州长》等享誉世界。但他最初选择的职业并不是写作。他曾致力于发明创造，他发明的自动排版机让他倾家荡产，最后宣布失败。后来他又选择经商，由于缺乏经商经验，也只能宣告破产。经过认真思考，他逐步发现了自己的潜力所在，从事写作，并一举成名。他之前的“发明”“经商”的目标并非高不可攀，但由于不切合其自身实际，不是其潜力所在，因而导致失败。

3. 进行有意识、有目的的创造性实践活动

人生之所以有价值，是因为人能够自觉地、有意识地认识和改造客观世界和主观世界，并通过创造性的社会实践把人生提升到一个更高的境界。美好的人生价值要靠社会实践才能转化为现实。人生价值目标的实现是一个实践的过程，人生价值的评价就是对实践及其成果的评价。因此，社会实践是实现人生价值的必由之路，只有积极投入社会实践，付出巨大而艰苦的劳动，自己的人生价值追求才能变为现实。

（二）对人生价值的正确评价

评价人生价值的根本标准，是看一个人的人生活动是否符合社会发展的客观规律，是否促进社会进步。社会对于一个人的价值评判，主要是以他对社会所做出的贡献为标准的。正确的人生价值评价是社会进步的杠杆，可以帮助人们找到判别人生是非成败的标准和依据，对实现人生价值具有重要的指导意义。

1. 坚持能力有大小，与贡献须尽力相统一

每个人的职业不同、能力不同，对社会的贡献也不尽相同。但考察一个人的社会价值不能仅简单地根据个人的能力来判断，认为能力强，对社会的贡献大，社会价值就高；相反，能力差，对社会的贡献小，就没有社会价值。考察一个人的人生价值，要把个人对社会的贡献同他的能力

及与能力相适应的职责联系起来。任何人只要在自己的工作岗位上尽职尽责，兢兢业业，尽自己的力量和责任为社会和他人做事，就应对其人生价值给予积极的肯定。正如毛泽东主席所说，一个人的能力有大小，但只要有这点精神，就是一个高尚的人，一个纯粹人，一个有道德的人，一个脱离了低级趣味的人，一个有益于人民的人。

2. 坚持物质贡献与精神贡献相统一

社会的发展与进步不仅表现为物质文明的发展，而且表现为精神文明的进步，是物质文明与精神文明的统一。社会劳动的内容也表现为物质生产劳动和精神生产劳动的统一。因此，评价一个人的人生价值，不仅要看他对社会做出的物质贡献，也要看他对社会做出的精神贡献。社会价值是人对社会物质贡献和精神贡献的统一。物质贡献对社会的发展固然重要，精神贡献对社会发展也同样具有较大的推动作用。

**材料 4－13** 1982 年，在古城西安，第四军医大学学员、共产党员张华为救出落入粪池的 69 岁农民而献出了自己年轻的生命。当张华舍己救人的高尚行为感动并激励着许多人、受到高度赞扬的同时，也有人认为，张华的人生价值远远比老农民的人生价值大，这是牺牲了黄金换来了等量的石子，他的牺牲是不值得的。在现实生活中，人们容易把个人对社会的贡献局限于物质贡献，而忽视其精神贡献。其实，张华舍己救人无私奉献的精神就是精神贡献的一个很好的例子，我们应对其精神应给予高度的赞誉和评价。

3. 坚持完善自身与贡献社会相统一

正确认识人生的自我价值与社会价值的关系，坚持在实现社会价值中实现自我价值。评价一个人的人生价值主要看他对社会和他人所做的贡献，但也并不能因此否认个人的自我价值。人生的社会价值是实现人生自我价值的基础，人的自我完善和全面发展，个体自身物质和精神需要得到了满足，才能为社会、他人做出自己的贡献，创造更多的社会价值。

## 第五节　科学对待人生环境

创造有价值的人生，总在一定的环境中进行。人生价值能否实现以及实现的程度怎样，与人生环境有重要关联。所以，科学地对待人生环境，协调好人生环境中各种因素之间的关系对于实现有价值的人生非常重要。

### 一、促进自我身心和谐

身心和谐是一个人健康的标志，也是从事各种活动的基础。“身”是指人体的生理组织以及身体的机能；“心”是指人的心理或精神活动。一般说来，生理是心理的物质基础，心理是生理的精神机能，两者相互作用并构成有机的统一体。一个健康的人，不仅要有健康的生理素质，还要有良好的心理素质，即所谓“身心健康”。健康的生理与心理状态是每个人正常学习、工作和生活的必备条件。

一个人如果没有强健的体魄，就不可能长时间地保持充沛的精力和蓬勃的朝气，也无法从事正常的学习、工作和生活；一个人如果经常过渡地处于焦虑、郁闷、自卑、怨恨、猜忌等不良心理状态中，同样不可能在学习、工作和生活中发挥潜能，取得成就。

所以，协调好自我生理与心理的关系，保持身心健康，是科学把握人生道路，创造有价值人生的基本前提。

（一）养成积极乐观的人生态度

树立正确的世界观、人生观，就能使人正确认识人生发展规律，认识自己肩负的社会责任，从而为提高身心素质、保持身心健康奠定基础。同时，正确的人生观本身就内在地包含着积极乐观的人生态度，使人在困难的时候能看到成绩、看到光明，不悲观失望、丧失斗志，转逆境为顺境，化阻力为动力，一直保持着乐观、豁达的心态。

（二）积极参加体育锻炼，提高身体素质和心理品质

生命在于运动，体育锻炼是增进身体健康的重要途径。尤其是对于从事紧张的脑力劳动的人来说，体育锻炼尤为重要。体育锻炼除了能强身健体之外，还可以对人的心理产生积极影响。长期坚持运动，有助于消除疲劳，缓解精神压力，形成乐观开朗的个性，培养坚忍不拔、吃苦耐劳的顽强意志和勇敢拼搏、不懈追求的奋斗精神。

青年毛泽东在《体育之研究》一文中写道："体者，为知识之载而为道德之寓也。"文中他精辟地论述了身体是物质基础，没有健康的身体，人的知识、道德就没有了载体。后来又进一步指出"体育于吾人实占第一之位置"。毛泽东一生都挤时间进行体育锻炼，几十年坚持洗冷水浴、散步、爬山等，他在73岁高龄时还能畅游长江。

（三）学习心理健康知识，掌握基本的心理调适方法

在现实社会中，人不可避免地会遇到各种心理困惑问题，一旦出现这一情况，不可逃避，而应学会客观地认识和分析问题，正确地解决问题。一方面要掌握科学的思维方法。有了科学的思维方法，就能在众多困难和挫折面前，分清轻重缓急、主次先后，通过矛盾分析的方法抓住主要矛盾及矛盾的主要方面，各个击破，解决问题；另一方面要学习心理健康知识，掌握基本的心理调适方法。通过对这些心理调适方法的运用，将不良的情绪和生活中的烦恼及时合理地宣泄或转移出去，始终保持心理健康状态，也可通过心理咨询找出问题的症结所在，恢复心理平衡，促进人格完善。

**材料 4-14** 有一则故事，说的是一个老太太，整天坐在路口哭，被称为"哭婆婆"。一天，一位禅师路过此地，便问其缘由。老太太告诉禅师：她有两个女儿，一个嫁给了卖伞的人家，一个嫁给了卖鞋的人家。每当天晴的时候，她就想起了卖伞的女儿，她家的伞可能会因天晴而卖不出去，因此伤心而哭；每当下雨的时候，她又想起了卖鞋的女儿，她家的鞋可能会因下雨卖不出去，因此也伤心落泪。所以，无论天晴还是下雨，她总是在哭。禅师听罢说："下雨的时候，你要想卖伞的女儿的生意肯定很好；天晴的时候，你要想你卖鞋的女儿的生意一定不坏。"听了禅师的话，老太太顿悟，从此，变成了"笑婆婆"。

（四）积极参加集体活动，增进人际交往

生活在社会中的人，不可避免地要与他人接触、交往。与别人交往，建立良好的人际关系是人类生存所必需的，也是形成和谐社会的基础。一方面，人际交往能满足人的安全和归属的需求，给人营造一种宽松、和谐的生活氛围，使人在积极乐观的生活中，培养良好的心境，维持身心健康；另一方面，人际交往能搭建一个社会支持系统，当个人遇到心理困惑或障碍时，就可以及时向他人求助、宣泄，最大限度地减少心理危机的发生。

## 二、促进个人与他人的和谐

每个人在社会生活中都要与他人打交道，与他人结成各种各样的关系。处理好个人与他人的关系，才能为人生价值的实现创造良好的人际环境。

（一）个人与他人的和谐应坚持的原则

1. 平等原则

平等待人是协调个人与他人关系的前提。平等待人就要学会将心比心、换位思考，不能因为家庭、经历、特长、能力等方面的原因而将人差别对待。同时平等待人要求把自尊和尊重他人有机地结合起来。“爱人者，人恒爱之；敬人者，人恒敬之。”只有平等待人，才能换取别人的平等相待。一个自持清高、看不起别人、不尊重别人的人，是很难获得别人的尊重的。

**材料4-15** 英国著名戏剧家、诺贝尔文学奖获得者萧伯纳在一次访问苏联的时候，迈步在莫斯科街头，遇见一位聪明伶俐的苏联小女孩，便与她玩了好长时间。分手时，萧伯纳对小女孩说：“回去告诉你妈妈，今天同你玩的是世界有名的萧伯纳。”小姑娘望了萧伯纳一眼，学着萧伯纳的口气说：“回去告诉你妈妈，今天同你玩的是苏联小姑娘安妮娜。”这让萧伯纳大吃一惊，他立刻意识到自己太傲慢了。后来他经常想起这件事，并感慨万分地说：“一个人无论有多大成就，对任何人都应平等相待，永远谦虚，这就是苏联小姑娘给我上的一课，我会永远牢记！”

2. 诚信原则

诚信是做人的美德，也是个人与他人的友好关系得以延续的保证。诚信包括诚实和守信两个方面：诚实就是实事求是，做老实人，说老实话；守信就是恪守信用，言必信，行必果。诚信要求彼此抱着心诚意善的动机和态度与人交往。

**材料4-16** 秦末有个叫季布的人，一向说话算数，信誉非常高，许多人都同他建立起了浓厚的友情。当时甚至流传着这样的说法：“得黄金百斤，不如得季布一诺。”（这就是成语“一诺千金”的由来）后来，他得罪了汉高祖刘邦，被悬赏捉拿。结果他的旧友不仅不被重金所惑，反而冒着灭九族的危险来保护他，才使他免遭祸殃。一个人诚实有信，自然得道多助，能获得大家的尊重和友谊。

3. 宽容原则

“海纳百川，有容乃大。”宽容是协调个人与他人关系必不可少的条件。在人际交往中，由于性格、经历、文化和修养等差异的存在，因误会、不解和意见分歧而产生人际矛盾是不可避免的，这时就要求遵循宽容的原则，严于律己，宽以待人，求同存异，相互包容。宽容有助于消除人际间的紧张和矛盾。当然，宽容不等于怯懦，更不等于无原则地一味容忍退让，拿原则做交易。

**材料4-17** “六尺巷”的故事流传至今，让人回味。相传当年在安徽桐城，清朝宰相张英的邻家造房占张家三尺地基，张家人不服，修书一封到京城求张英替张家主持公道，张相爷看完书信后回了一封信，内容为：“千里家书只为墙，让他三尺又何妨；万里长城今犹在，不见当年秦始皇。”家人收到书信后，深感羞愧并按相爷之意退让三尺，邻家见相爷家人有如此胸怀，亦退让三尺，遂成六尺巷。

4. 互助原则

互助是协调个人与他人关系的必然要求。人们在学习、生活和工作中，总会遇到这样或那样的困难或问题。因此，每一个人都离不开他人的帮助，同时也应在别人遇到困难的时候主动地帮助别人。只有学会帮助别人，才能在自己需要的时候得到别人的帮助。同时，帮助别人，也能得到自己内心的愉悦，“赠人玫瑰，手有余香”说的就是这个道理。

（二）正确处理竞争与合作的关系

1. 正确认识竞争与合作

市场经济离不开竞争，法律允许的公平竞争是促进市场经济发展的主要手段。一方面，竞争具有积极意义。它有助于激发竞争主体的进取心，有助于竞争主体客观地评价自我、扬长避短、精益求精等。另一方面，竞争也可能产生消极意义。在竞争中经常遭遇失败就可能使人们有挫折感与自卑感，而在竞争中经常获胜又容易滋长骄傲自大的情绪等。

社会发展需要竞争，也需要合作。真正伟大的力量在于团结协作，团结才有力量，团结才能致胜。社会越发展，人们合作的范围越广大，合作的形式也越多样。当代大学生应当高度重视合作精神的自觉养成。要认识到，在学习的过程中要讲究合作，在日常生活中要讲究合作，在今后的工作中也要讲究合作。

2. 要敢于竞争又要善于合作

从形式上看，竞争与合作是对立的，而从本质上看，二者又是相互伴随、相互统一的。竞争离不开合作，竞争能获得胜利，通常总是某一群体内部或多个群体之间通力合作的结果；合作也离不开竞争，没有竞争的合作就缺乏活力。竞争促进合作的广度和深度，合作又增强竞争的实力，正是这种竞争中的合作和合作中的竞争，推动着人类社会的不断发展和进步。

## 三、促进个人和社会的和谐

个人与社会不可分离，个人与社会既是对立的又是统一的。社会是个人生存和发展的基础，个人是构成社会的前提。只有正确地把握个人与社会的辩证关系，协调好个人与社会的关系，才能为每个人人生价值的实现创造良好的社会环境。

### （一）科学把握个人与社会关系的实质

个人与社会之间是相互依存、相互制约的对立统一关系。一方面，特定的社会条件决定着个人的生存和发展。人是社会的人，处于一定的社会关系之中，需要从这种不以人的意志为转移的社会中得到生命生存和延续的条件；也只有在社会关系中才能找到实现自身价值的途径与方法。另一方面，个人并不是被动的由社会所决定，而是对社会具有能动性。人是社会实践的主体，正是人的创造性实践活动，推动着社会的不断发展和进步。

### （二）在社会发展中认识自我，调整和充实自我

个人作为独立的个体存在，有维持个体生存和发展的基本需要，但人从本质上说是社会的人，存在于一定的社会关系中。自觉地意识到这一点，可以掌握自我调节的主动性，使个人与社会的联系总是处在积极的状态，从而获得自我发展的基本优势。而要找准自我的位置，正确地认识自我，一定要从社会发展的进程中去把握。同时，在认识自我的基础上，个人还必须把握社会发展的主旋律，进而不断调整和充实自我，使自我意识处于良性循环之中。

### （三）在个人发展中承担社会责任，履行社会义务

个人的权利、自由是在社会中获得的，没有社会，个人的权利、自由都无从谈起。离开了个人对社会所承担的责任和应尽的义务，个人的权利、自由也就无从实现。因此，承担社会责任，履行社会义务，以自己的劳动和创造为社会做贡献，是社会存在和发展必不可少的前提。只有人人承担起自己应尽的责任和义务，为社会多做贡献，社会的财富才能不断地增加，才能为人们享有权利和自由提供雄厚的基础。

## 四、促进个人与自然的和谐

人来源于自然界又依存于自然界，人永远是自然界的有机组成部分。在人生道路上，任何人都要面对并处理人与自然的关系问题。

（一）深入理解人与自然关系的实质

一方面人是自然界的一部分，人和其他动物一样，都要从自然界获取维持生存所需的物质资料；另一方面人又和其他动物不同，人是有意识、有目的、能动的自然存在物，人并不是消极地依赖自然生活，而是根据自身的需要利用和改造自然，这就是生产劳动。而生产劳动一开始就是社会性的，人类正是在与自然发生关系的过程中结成了社会关系，人与自然的关系实际上就是人与人的关系，是社会关系。

（二）树立人与自然和谐相处的可持续发展观

利用和改造自然，是人类生存和发展的先决条件。随着人类对自然作用的加强，干涉自然的范围的扩大，人类一方面创造了丰富的物质财富，另一方面也存在掠夺自然资源、只考虑当前需要而忽视后代利益、先污染后治理和先开发后保护等问题。人与自然之间关系的不和谐也与日俱增：水源、空气、土壤受到严重污染，大量的动物和植物变成了珍稀种类乃至灭绝，土地沙漠化、森林和湿地迅速减少，可利用资源日益短缺直到面临枯竭等。人类正饱尝着无节制地向自然开战和索取而造成的恶果。协调人类与自然的关系，必须牢固树立可持续发展观。只有这样，把改造自然与保护自然、索取自然与回报自然统一起来，才能真正建立起人与自然和谐相处的资源节约型、环境友好型社会。

**材料4-18** 强调人与自然的和谐，古已有之。老子主张：人法地，地法天，天法道，道法自然。意思是，人们依据于大地而生活劳作，繁衍生息；大地依据于上天而寒暑交替，化育万物；上天依据于大道而运行变化，排列时序；大道则依据自然之性，顺其自然而成其所以然。强调人要以尊重自然规律为最高准则，以崇尚自然、效法天地作为人生行为的基本归依。孔子也提出："钓而不纲，弋不射宿。"他主张只用鱼竿钓鱼，不用大网拦河捕鱼，并反对射猎夜宿之鸟。宋代张载首先使用了"天人合一"四字，并提出了"民吾同胞，物吾与也"的命题，意指人类是我的同胞，天地万物是我的朋友，天与人、万物与人类本质上是一致的。

**学习思考**

1. 什么是人生目的？为什么说人生目的在人生观中具有核心地位？
2. 什么是人生态度？怎样正确对待人生过程中的各种境遇？
3. 什么是人生价值？如何正确评价一个人的人生价值？
4. 如何理解在创造社会价值中实现自我价值？

05
Chapter

# 第五章 学习道德理论　注重道德实践

在暴风雨后的一个早晨，一个男人来到海边散步。他看到在沙滩的浅水洼里，有许多被昨夜的暴风雨卷上岸来的小鱼。它们被困在浅水洼里，虽然与大海近在咫尺，却回不了大海。用不了多久，浅水洼里的水就会被沙粒吸干，被太阳蒸干，这些小鱼都会被干死。男人继续朝前走着，他忽然看见前面有一个小男孩，走得很慢，而且不停地在每一个水洼旁弯下腰去，他在捡起水洼里的小鱼，并且用力把它们扔回大海。终于这个男人忍不住走过去对孩子说："孩子，这水洼里有几千条小鱼，你救不过来的。""我知道。"小男孩头也不抬地回答。"哦？那你为什么还在扔？谁在乎呢?!""这条小鱼在乎！"男孩儿一边回答，一边拾起一条小鱼扔进大海。"这条在乎，这条也在乎！还有这一条、这一条、这一条……"

三国时期的刘备在去世前给幼主刘禅的遗诏中说："勿以恶小而为之，勿以善小而不为。唯贤唯德，能服于人。"目的是劝勉刘禅要进德修业，有所作为。所以人生在世，好事要从小事做起，积小成大，也可成大事；坏事也要从小事开始防范，否则积少成多，也会坏了大事。

## 第一节　道德及其历史发展

道德是人类特有的一种社会现象，道德力量是影响社会发展的重要因素，道德水准是体现社会文明程度的重要标志。时代进步需要健康向上的道德风尚引领，社会发展也需要道德楷模力量的推动。

### 一、道德的概念与特征

道德是由一定的社会经济关系决定的，以善恶为评价标准，依靠社会舆论、传统习俗和人们的内心信念来维系，对人们的行为进行善恶评价的心理意识、原则规范和行为活动的总和。道德属于上层建筑的范畴，是一种特殊的社会意识形态。道德规范具有如下特征。

（1）道德是通过对人们行为的善恶评价来规范人们的行为的。在现实生活中，人们习惯于依据一定的道德原理和道德规范对他人和自己的行为做出善恶的价值判断，把符合道德原理和规范要求的行为称为善行，把违背道德原理和规范的行为称为恶行，并通过"抑恶扬善"对人们的行为进行规范和约束。

（2）道德行为规范的遵守，主要是通过社会舆论、传统习惯和人们的内心信念来维系的。道德不像国家法律那样，有专门的强制机关强制人们遵守；道德也不像各种社会规章制度和纪律，有明确的奖惩措施迫使人们履行。道德规范的履行，主要依赖社会舆论的力量和行为人本人的内心信念的支持。对于违背道德规范和要求的行为，只能诉诸社会舆论的谴责及本人"道德良心"的自责，以此来规范和纠正不道德的行为。

（3）道德的规范作用表现为对人们行为的劝阻和示范的辩证统一。法律规范对人的行为的抑制手段是明令禁止。道德规范是依据一定的善恶标准对人的行为进行道德评价。一方面，道德对恶行进行谴责即抑恶；另一方面，道德对善行进行褒扬即扬善。道德的这种抑恶扬善的作用，能够引导人们“择其善者而从之，其不善者而改之”，可使人们在潜移默化中远恶近善，追求高尚的道德人格。

**材料5-1** 在中国古代典籍中，“道”与“德”是分开使用的。“道”字从“首”从“行”，表示人人涉脚、四通八达的街道或道路，后引申为事物运动变化的规律或人们必须遵循的社会行为的准则、规矩、规范。“德”本义为“得”，与“得”相通，指对道的心得，即对行为规则的理解和把握。春秋战国时期荀子把“道德”两字连起来使用。他在《劝学》中谈道：“故学至乎礼而止矣，夫是之谓道德之极。”意思是说，一个人思想行为的修养完全合乎“礼”的要求，就算达到了道德的最高境界。可见在我国古代，“道德”一词主要指处理人与人之间关系时应遵循的原则和规范，也兼指个人行为和品质的修养境界。

## 二、道德的起源与本质

### （一）道德的起源

#### 1. 非马克思主义的道德起源观

（1）客观唯心主义者的道德起源观　他们认为，道德起源于天的意志、神的启示或上帝的意志。如孔子认为：“天生德于予”，把道德来源归于“天命”；基督教的《圣经》中，把道德规范说成是上帝耶和华对摩西的启示，然后通过摩西向教民们宣讲。客观唯心主义者用虚无缥缈的上帝意志或神秘的天的意志来论证道德的起源，明显是荒谬的。

（2）主观唯心主义者的道德起源观　他们认为，道德起源于人先天具有的某种良知和善良意志。如孟子认为：人不同于禽兽的地方，就在于人有“是非之心”“羞恶之心”“恻隐之心”“辞让之心”，此四心即“四端”，是仁义礼智四种最基本道德的来源，并强调“仁义礼智根于心”。但主观唯心主义者根本无法解释人的良知或善良意志的成因或缘由，显然也没有科学地解答道德的起源问题。

（3）旧唯物主义者的道德起源观　他们认为，道德起源于人性中的情感、欲望。先秦的商鞅就认为：“民之性，饥而求食，劳而求逸，苦则索乐，辱则求荣”；韩非子则认为：“夫民之性，恶劳而乐佚。”这就是说道德规范的产生是为了制约人的这种趋乐避苦的本性。旧唯物主义者虽然否定了唯心主义者关于道德起源的观点，看到了人的情感欲望的后天性和社会性，但没有超越心理和生理需要的层面而上升到人类社会生活的角度寻求道德的起源。

（4）庸俗进化论者的道德起源观　人类的道德是动物的合群感和社会本能的简单延续和复杂化的“自然起源论”。如俄国伦理学家克鲁鲍特金认为：“互助是包括人在内的一切动物的本能，人的这种本能是使人得以进化和提升的原因之一。”庸俗进化论者只看到和突出了人的动物性的一面，没有看到人的生理、心理的社会性，否认了道德作为社会意识形态的本质。

#### 2. 马克思主义的道德起源观

马克思主义者认为，道德作为一种社会现象，并不是从来就有的，它的产生受到主客观两个方面的制约。从客观上说，劳动是道德起源的历史前提。劳动创造了人本身，创造了人类的社会关系，创造了人类的自我意识。同时社会关系的形成是道德赖以产生的客观条件。人类的道德生活本质上是对人们社会关系的认识和反映，道德的产生必须以人类社会关系的形成为前提。从主观上说，人类自我意识的形成与发展是道德产生的主观条件。自我意识的产生，是标志着人把自身同动物区别开来的重要的一步。

人类最初的道德以风俗习惯的形式表现出来，随着社会生产力的发展和社会生活的复杂化、多样化，道德逐渐从风俗习惯中分化出来，成为一种相对独立的社会意识形态。

（二）道德的本质

马克思主义者认为，经济基础是由一定发展阶段的生产力所决定的占统治地位的生产关系的总和，是该社会的经济结构、经济制度。上层建筑是建立在经济基础之上的政治、法律等制度以及与之相适应的社会意识形态。道德是属于上层建筑的范畴，是一种特殊的社会意识形态，是由社会经济基础决定的，是社会经济关系的反映，并为社会经济基础服务。

1. 道德规范的内容受经济基础的制约

经济基础对道德的决定作用主要体现在以下几个方面：首先社会经济关系的性质决定着各种道德体系的性质，有什么样的经济关系，就有什么样的社会道德；其次社会经济关系所表现出来的利益决定着道德的基本原则和主要规范；再次在阶级社会中，社会经济关系主要表现为阶级关系，因此，道德必然反映着特定阶级的利益而带有阶级性。最后社会经济关系的发展变化必然引起道德内容的变化。

2. 道德规范对社会经济关系具有能动作用

道德作为调整人们利益关系的规范，在一定社会经济基础上形成之后，就以自己特有的方式和力量，对经济活动产生重要影响。人们通过对道德的把握，来感受社会关系的脉动，识别社会发展方向，确定自身存在和发展与社会发展之间的关系。在现代社会，道德对经济发展的促进作用主要表现在：首先道德规范是市场经济健康发展的必要条件；其次良好的社会道德环境有助于经济效益的提高；再次道德对经济发展的方向具有引导作用。

**材料5－2** 世界经济论坛每年都要对全球近半数国家的经济竞争力进行评估。北欧小国芬兰从2000年到2008年两次名列第二，两次名列第六，三次名列第一，将美国等经济科技实力超群的大国甩在了后面。那么一个气候寒冷、人口稀少、资源相对匮乏的北欧小国，竞争力何以能把美国这样的大国甩在后面？除了其经济高度市场化、国际化外，芬兰良好的社会环境是一个重要原因。

在芬兰生活过一段时间的人都会强烈感受到芬兰人普遍遵法守纪。走遍芬兰，基本上看不到站在街头指挥的交通警察。即使在深更半夜的空旷街头，芬兰人也不会闯红灯。这种自觉遵法守纪的理念，正是法治的必备基础，是市场经济健康成长的必需土壤。在芬兰，不诚实的人在社会犹如眼中之沙，会被周围的人看不起。靠欺诈行骗取得的成功会被人们唾弃。

## 三、道德的功能与作用

（一）道德的主要功能

道德的功能是指道德作为社会意识的特殊形式对于社会发展所具有的功效与能力。道德有多方面的功能，最主要的是认识功能和调解功能。

1. 道德的认识功能

道德的认识功能，是指道德可以通过善恶观念来能动地反映社会现实，特别是反映社会经济关系的功效。道德通过个人与他人、个人与整体的利益关系，来认识和反映社会现实状况。这种反映主要表现在道德观念、道德准则、道德理想等形式中。道德的认识功能帮助人们正确认识社会道德生活的规律和原则，认识人生的价值和意义，使人们的道德实践建立在明辨善恶的认识基础上，从而指导人们正确地选择自己的道德行为，指导自己的道德实践，以积极塑造自身完美的道德人格。

2. 道德的调节功能

道德的调节功能是指道德通过评价、命令、指导、激励、惩罚等方式，指导和纠正人们的行为和实际活动，以此来规范人们的行为，调节社会关系的功效。道德调节的目标是使人们的行为逐步从“实然”向“应然”转化。道德调节的形式主要是道德评价，通过社会舆论、传统习惯和人们的内心信念来发挥调节作用。道德调节并不是孤立地进行，而是和其他社会调节手段密切配合，共同发挥调节效用。

道德的认识和道德的调节相互联系，互相依赖，共同对社会生活发挥作用。而道德的其他功能则归附于这两大功能或交织于这两大功能之中。道德功能是任何社会、任何阶级的道德所共同具有的属性。但是由于各社会和各阶级的道德所反映和维护的利益不同，其发挥的社会效果也不同。

（二）道德的社会作用

一般说来，道德如果反映的经济基础适应社会生产力的发展，那么它对社会发展就起促进作用，反之则起阻碍作用。道德的社会作用是通过认识、教育、调节和稳定社会秩序等社会职能来实现的。主要表现为以下四个方面的作用：

1. 促进社会发展

道德对于社会发展的促进作用，主要是通过对经济关系的重大能动作用来实现的。每一种新的道德规范都会以自己特有的方式表明，维护旧的经济关系是恶的、非正义的，支持新的经济关系取代旧的经济关系才是善的、正义的。它通过内心信念和社会舆论来唤起人们为建立和发展新的经济关系服务，并推动社会向前发展。

2. 稳定社会秩序

道德是从道义上论证产生它的经济基础的合理性和正义性，使社会形成一个共同的思想观念、基本的行为准则和道德评价标准。这些行为准则又会成为大多数社会成员行为自律的准绳，从而在社会成员同心同德的基础上，实现社会局面和谐和社会秩序的稳定。

3. 协调人际关系

道德作为调节人们行为的一种社会规范，它通过教育、示范、激励、指导、沟通和社会舆论评价，为人们提供“应当”和“不应当”的模式与标准，以此来规范、约束、协调个人与社会、个人与他人的关系和交往中的行为，调节人们的行为目标，使人们化解矛盾，相互理解，增进团结。

4. 完善自我人格

道德为人们人格的发展提供了真、善、美的标准，使人们的人格发展有了努力的方向和内心的信念，对消除人格的内在冲突有重要意义。它可以使人们在选择道德行为之后，在人格上感到更多的满足和愉快，避免因不当选择而产生的不安和愧疚。

**材料5-3** 法国伟大的思想家、哲学家卢梭关于道德的作用曾有一段精彩的描述。他说：“良心啊良心，你是圣洁的本能，永不消逝的天国的声音。是你在妥妥当当地引导一个虽然蒙昧无知，然而却聪明和自由的人，是你在不差不错地判断善恶，使人形同上帝！是你使人的天性善良和行为合乎道德。没有你，我就感觉不到我身上有任何优于禽兽的地方；没有你，我就只能按我没有条理的见解和没有准则的理智可悲地做了一桩又一桩错事。”道德对人格的塑造作用从卢梭的这段话中可见一斑。

## 四、道德的历史发展

在人类历史上，适应社会发展的不同历史阶段和历史条件，都相继出现过不同的道德类型。不同类型的道德源于不同的社会物质生活条件，具有不同的内容与特征，并直接服务于当时的社会发展。

（一）道德的历史演变

1. 原始社会的道德特征

原始社会是人类历史上第一个独立的社会形态。当时的生产力发展水平极端低下，自然条件极为恶劣，人们同自然界的威胁做斗争的能力也非常低下。人们要生存，必须以血缘为纽带（氏族）群居在一起，组成一个整体，共同占有生产资料，共同劳动，以获取必要的物质生活资料。在氏族内部人与人之间形成了团结互助、平等相待、没有阶级、没有对立的关系。因此，维护血缘集体的共同利益，维护全体成员的自由平等，共同劳动、相互帮助就构成了原始社会道德最主要的内容，即原始集体主义是原始社会道德的基本准则和最根本的特征。

**材料5－4** 美国著名人类学家理查德·沃特曼在对澳大利亚东北部阿拉姆地区土著居民的考察中发现，这一地区的原始土著居民没有剩余、储蓄的私有观念。沃特曼曾分别在不同场合，把印有俗艳商标的布送给为其提供资料的原始人。他观察发现，一周之内，这样一件物品也许会转手15次，起初它可以是一段缠腰布，然后是一条妇女围裙，接着又可以在一群成人身上见到它，最后，当它支离破碎、色彩尽褪，又可以成为孩子们的服装。

2. 奴隶社会的道德特征

奴隶社会是人类历史上第一个以私有制为特征的阶级社会，也是一个人与人之间剥削、压迫最为残酷的社会阶段。在奴隶社会，奴隶主阶级不仅占有一切生产资料和生活资料，而且占有奴隶本身。由此，维护或反对奴隶对奴隶主的人身依附和绝对服从，就成了奴隶社会两大对立阶级的道德基本原则。围绕这一基本原则，奴隶主阶级把绝对忠诚于奴隶主作为其基本道德要求。与之相对立，奴隶在反抗压迫、争取做人的权利斗争中形成了团结互助、争取人身自由、反抗剥削压迫的道德品质。奴隶主阶级的道德标准和奴隶阶级的道德标准是两种对立的道德，占统治地位的道德是奴隶主阶级的道德。

**材料5－5** 古希腊思想家柏拉图在《理想国》一书中提出了国王、武士、农夫和手工艺人三个等级所应当遵循的道德准则。他认为，国王是神用金子造的，具有理性的本性，职能是管理国家，品德是智慧；武士是神用银子造的，具有意志的本性，职能是保卫国家，品德是勇敢；而农夫和手工艺人则是神用铜铁造的，只有情欲的本性，职责是服从管理和为统治者服务，品德是节制。三个等级互不干涉、各司其职，各尽其性，社会就会产生正义。从柏拉图的论述中，我们不难看出，当时的奴隶制文人利用所谓“神”的旨意来宣扬宿命论思想，竭力维护奴隶主阶级统治的本质。

3. 封建社会的道德特征

封建社会形成了封建主和广大劳动农民两个对立的阶级，因而也就形成了封建主道德和农民道德两种对立的道德。占统治地位的道德是封建主道德。封建社会是一个封建宗法等级森严的社会，维护封建宗法等级制度，是封建地主统治道德的基本原则。围绕这一原则，封建地主阶级提倡忠君孝亲，强调男尊女卑，鄙视劳动，鼓吹读书做官、光宗耀祖的思想。而广大农民阶级则反对宗法制度，把社会平等作为自己基本的道德原则。

**材料5－6** 封建社会时期等级森严。在西欧，国王之下有公、侯、伯、子、男五爵；在中国，主张人分五等（即天子、诸侯、大夫、士、庶人），官分九级（上上、上中、上下、中上、中中、中下、下上、下中、下下），提倡“三纲五常”“三从四德”。各等级之间界限分明，不仅官职、财产、特权有严格规定，就是吃喝穿戴、仪礼、举止、风度、习惯，也都有明显的区别。为了维护封建的宗法等级关系，封建道德要求人们安于自己的等级，恪守本分，不能稍有越轨，否则就是大逆不道。

4. 资本主义社会的道德特征

资本主义社会的道德，是私有制阶级道德的最后一种类型。建立在资本主义生产资料私有制基础上的资本主义社会，产生了资产阶级和无产阶级两大对立的阶级道德。在资本主义社会中，生产资料归资本家私人占有，利己主义是资产阶级实际奉行的基本道德原则。在这一道德原则的指导下，资产阶级提倡“以个人为中心”，同时以所谓的“自由、平等、博爱”作为其道德的外在表现形式，以达到维护资本主义制度的目的，具有很大的局限性和虚伪性。

**材料 5－7** 马克思对资产阶级拜金主义的道德观进行了淋漓尽致的批判，他说：“资本害怕没有利润或利润太少，就像自然界害怕真空一样。一旦有适当的利润，资本就胆大起来。如果有10%的利润，它就保证到处被使用；有20%的利润，它就活跃起来；有50%的利润，它就铤而走险；为了100%的利润，它就敢践踏一切人间法律；有300%的利润，它就敢犯任何罪行，甚至冒绞首的危险。”

（二）道德的发展规律

道德在社会生活中所扮演的角色越来越重要，对于促进社会和谐与个人完善发挥着越来越突出的作用。虽然不同社会的道德特征不同，但道德的发展也遵循一定的规律。一方面，道德作为一种社会意识形态和上层建筑，最终由社会生产方式决定的，生产方式不断进步，人类社会的道德也在不断进步；另一方面，道德的发展有自身的相对独立性，道德进步并不是单纯直线上升的发展进程，在一定时期可能出现停滞或倒退，但总的趋势是向上的、前进的，是沿着曲折的道路向前发展的。

## 第二节　继承和弘扬优良道德传统

人类道德的发展是合乎历史规律的产物，是在继承和弘扬优良道德传统的基础上形成和发展的。继承和弘扬优良道德传统，既要继承和弘扬中华民族的优良道德传统，又要吸收人类道德文明的积极成果。

### 一、继承和弘扬中华民族优良道德传统

（一）继承和弘扬中华民族优良道德传统的必要性

1. 继承和弘扬中华民族优良道德传统是社会主义现代化建设的客观需要

社会主义现代化建设要体现自己的特色，必然离不开自身的民族性。如果离开了对中华民族优良道德传统的继承和弘扬，就会失去历史的基础而难以更好地推进。所以，冯骥才先生指出：“文化似乎不直接关系国计民生，但却直接关联民族的性格、精神、意识、思想、言语和气质。抽出文化这根神经，一个民族将成为植物人。”

中国正在进行中国特色社会主义建设，不仅要着眼以经济建设，文化建设、道德建设同样重要。只有文化建设、道德建设落到实处，经济建设才具有时代性，才能促进并推动经济建设的不断发展。中国是文明古国，道德、文化底蕴深厚，吸收优良的道德文化传统并将其发扬光大，是社会主义现代化建设的迫切需要。

**材料 5－8** 毛泽东主席曾告诫我们：“我们这个民族有数千年的历史，有它自己的特点。有它的许多珍贵品。…… 今天的中国是历史的中国的一个发展。我们是马克思主义的历史主义者，我

们不应当割裂历史。从孔夫子到孙中山，我们应当给予总结，继承这一份珍贵的遗产。”

2．继承和弘扬中华民族优良道德传统是加强社会主义道德建设的内在要求

道德作为上层建筑，影响并制约着经济基础的发展。建设中国特色社会主义，必须继承和弘扬中华民族优良道德传统，与经济建设同步，进行道德文化建设。只有这样，才能不断加强中华民族的道德意识，提高全民族人民的道德文化素质；才能提高民族自尊心和民族自信心，增强民族自豪感和责任感；才能最大限度地激发整个民族的潜能，为社会主义现代化建设提供精神动力。

3．继承和弘扬中华民族优良道德传统是个人人格完善的重要条件

人的道德素质的建构离不开一定的社会环境。中华民族优良的道德传统内涵丰富、博大精深，是我们从中汲取营养的重要资源。继承和弘扬中华民族优良道德传统不仅可以不断地丰富我们的精神世界，而且可以完善我们的人格和道德品质，进而成为我们个人成长、成才的重要推动力。

（二）中华民族优良道德传统的主要内容

中华民族数千年来积累下来的优良道德传统，是中华民族道德文明的精华，是中华民族精神的集中体现，是人类文明发展的重要精神财富。这些传统美德主要包括以下内容。

1．仁爱孝悌

“仁爱”是中华民族道德精神的象征。“仁爱”主张尊重人、理解人、关心人、帮助人、爱护人、同情人，讲求谦敬礼让，倡导团结友爱，强调社会和谐。“仁爱”发端于人类共同生活中所形成的“恻隐之心”，即“同情心”，基于家族生活中的亲情。“仁”德的核心是爱人，“仁者爱人”。几千年来，中华民族始终秉承“亲仁善邻、协和万邦”的原则，不仅注重本民族内部的团结和谐，与世界其他民族也在平等相待、互相尊重的基础上发展友好合作关系。

孝悌之德的基本内容是“父慈子孝，兄友弟恭”，由此形成一种浓烈的家族亲情，对家庭关系，也对中国社会的稳定起了极为重要的凝聚作用，是民族团结的基石。中华民族道德文化形成的伦理实体之所以经久不衰，与这种孝悌之德的弘扬及其所形成的稳固的家庭关系有着不可分割的关联。

**材料5-9** 孔子在《论语》中表述了“忠、孝、恕、悌”的道德思想。“忠”：“己欲立而立人，己欲达而达人。”孔子认为忠表现在与人交往中的忠诚老实。（《论语·八佾》）；“孝”：“父在观其志，父没观其行，三年无改于父之道，可谓孝矣。”（《论语·学而》）；“恕”：“其恕乎！己所不欲，勿施于人。”包含有宽恕、容人之意。（《论语·卫灵公》）；“悌”：悌者，弟也。“弟子入则孝，出则弟，谨而信，泛爱众而亲仁。”指对兄长的敬爱之情。（《论语·颜渊》）

2．谦和好礼

中国是世界闻名的礼仪之邦，“礼”是中华文化的突出精神。好礼，有礼，注重礼义是中国人立身处世的重要美德。中国伦理文化从某种意义上可以说是“礼仪文化”。

中华文化认为，“礼”主要包括以下几层含义：一是礼是人与动物相区别的标志。“凡人之所以为人者，礼义也。”（《礼记·冠义》）二是礼也是治国安邦的根本。“礼，经国家，定社稷，序民人，利后嗣者也。”（《左传·隐公十五年》）三是礼同时又是立身之本和区分人格高低的标准。孔子更是说：“不学礼，无以立。”“礼仪文化”也在不同的场合被使用。作为伦理制度和伦理秩序，谓“礼教”；作为待人接物的形式，谓“礼节”；作为个体修养涵养，谓“礼貌”；用于处理与他人的关系，谓“礼让”。礼貌、礼让、礼节已作为道德修养和文明的象征，成为中华民族传统美德的重要组成部分。

3．诚信知报

中国传统道德文化特别重视“诚”与“信”的品德。“诚”即真实无妄，其最基本的含义是

诚于自己的本性。以“诚”为基础，中国人形成了许多关于诚信的道德，如为人“诚实”，待人“诚恳”，对事业“忠诚”。

孔子把诚信作为做人的根本。“人而无信，不知其可也。”（《论语·为政》）“信”之基本要求是言行相符，“言必信，行必果。”中国传统道德更是把“信”和仁、义、礼、智并列为“五常”之一。守信用、讲信义是中国人公认的价值标准和基本的美德。

中华民族不仅强调“诚信”，还注重“知恩思报”。中国古人早就有“投之木瓜，报之桃李”的道德名训；孔子则强调“滴水之恩，当涌泉相报”。中国人特别注重报父母养育之恩、长辈提携之恩、朋友知遇之恩、国家培养之恩等，就是这种道德形式的具体表现。

**材料5－10** 曾子的妻子准备去赶集，可孩子哭闹不已，曾子的妻子便随意许诺孩子，等赶集回来后杀猪给他吃。曾子的妻子从集市上回来后，曾子便立即捉猪来杀，妻子阻止说：“我不过是跟孩子说着玩的。”曾子说：“和孩子是不可以说着玩的。小孩子不懂事，凡事跟着父母学，现在你哄骗他，就是教孩子骗人啊！”曾子于是就把猪杀了。曾子深深懂得，诚实守信，说话算数是做人的基本准则，若食言不杀猪，家中的猪是保住了，但却在一个纯洁的孩子的心灵上留下了不可磨灭的阴影。

4. 精忠爱国

中华民族在长期的生存与发展中，逐步凝结成对祖国深厚的爱国情感，形成精忠爱国的民族气节。爱国主义作为一种千万年来巩固起来的对自己的祖国的一种深厚的感情，它是爱亲、爱家情感的升华。

在中国传统道德中，爱祖国、爱民族历来被看成是“大节”。虽然在封建社会它与忠君联系在一起，具有时代的局限性，但它在本质上把君作为国家的代表，“忠君”的背后，是一种深层的国家意识。特别是当国家民族处于生死存亡之际，各族人民都义无反顾地行动起来反对外来侵略、保家卫国、不屈不挠，不惜以身殉国。这种精忠爱国的精神是中华民族的巨大凝聚力之所在，也是推动民族进步的巨大精神力量。

5. 克己奉公

中华民族由于家族本位的社会结构和礼教文化的传统，培育了一种集体主义的精神，并在此基础上形成克己奉公的美德。

中国伦理道德把“公义胜私欲”作为道德的根本要求，乃至把“公”作为道德的最后标准。因而奉公就必须克己，克尽己私便是公，亦即是天理。“克己”即克制己私超越自我，服从整体。中国文化中的大同境界，其基本精神就是一个“公”字。“大道之行也，天下为公，选贤与能，讲信修睦。故人不独亲其亲，不独子其子……是谓大同。”这种“公”的精神培育是强化对社会、民族的义务感和历史责任感。在这种精神培育下，我国历史上曾出现过无数为民族为社会舍小家顾大家的杰出人物，成为中华民族的脊梁。

6. 修己慎独

中国传统伦理，注重道德修养，强调自主自律，把道德修养作为立身、立国之道。“自天子以至于庶人，一是皆以修身为本。”（《大学》）曾子说：“吾日三省吾身：为人谋而不忠乎？与朋友交而不信乎？传不习乎？”（《论语·学而》）中国古代所奉行一整套德行修养方法，如立志、格物、致知、诚意、正心、修身、齐家、治国、平天下等，对于我们提高道德修养有着重要的作用。

慎独就是在自我独处时要严于律己，戒慎恐惧，“如临深渊，如履薄冰”。它要求个人的道德信念不因他人监督而行善，也不因无人监督而作恶，即不管处在明与暗，还是显与幽，都不做坏事。仅仅为了沽名钓誉而循规蹈矩，或因为个人得失去遵循道德，都算不上是道德的真君子。唯有“慎独”才是真正的道德境界。

**材料5－11** 在山东昌邑县有一座“四知庙”，相传是纪念东汉名将杨震的。据《后汉书·杨震传》记载：杨震被委任为东莱太守，赴任路过昌邑。昌邑县令王密是经他举荐才得以任职的，为了感谢他的知遇之恩，王“夜怀金十斤遗震”。杨震一口回绝，王密说：“暮夜无知者。”杨震慨然答曰：“天知、地知、子知、我知，何谓无知？”王密无话可说，碰壁而去。于是后人以“四知”为名，专门修了一座庙宇，以纪念杨震这种“慎独”的精神。

7. 见利思义

传统义利观的内容十分复杂，重义轻利的倾向也曾影响中国社会经济的发展，但应当说先义后利、以义制利才是传统义利观的基本内容和合理内核，也是中华民族十分重要的传统美德。

宋明理学在把义利与公私联系的同时，又把义利与天理人欲等同，一方面强调“正其义不谋其利”；另一方面又认为“正其义而利自在，明其道而功自在”。从而得出了“利在义中，义中有利”的结论。孟子的表述，集中体现了这一精神境界：“鱼，我所欲也，熊掌，亦我所欲也，二者不可得兼，舍鱼而取熊掌者也。生我所欲也，义亦我所欲也，二者不可得兼，舍生而取义者也。”（《孟子·告子上》）这种道德观念是鼓舞志士仁人为民族大业义无反顾地献身的重要精神力量，也是中华民族崇高道德人格的光辉写照。

8. 勤俭廉正

中国人历来以勤劳节俭、廉明正直而著称于世。他们以劳动自立自强，形成了热爱劳动、吃苦耐劳、诚实勤奋的优秀品质。对劳动者来说，“俭”是对自己劳动成果的珍惜。“锄禾日当午，汗滴禾下土。谁知盘中餐，粒粒皆辛苦。”的诗句就反映了“俭”与“勤”的天然联系。孔子把“温、良、恭、俭、让”作为重要的德目，强调勤俭戒奢。老子提出为人处世的“三宝”是：“一曰慈，二曰俭，三曰不敢为天下先”。（《老子》第六十七章）

廉正也是中华民族的传统美德。中华民族之所以能在极其艰苦的条件下和各种困难的环境中不断发展，与这种美德是分不开的。鲁迅先生曾把那些埋头苦干、为民请命、舍生求法的人称为我们民族的脊梁。历史上出现过许多清官谏臣，他们正是因为自己的清正廉洁而受到人民的称颂和爱戴。

**材料5－12** 子罕是春秋时期宋国的贤臣。有一次，宋国有个人得到了一块美玉，把它献给了子罕，子罕不肯接受。献玉的人说：“我已经拿给玉工看过了，玉工认为它是宝物，所以我才敢进献给您呀！”子罕说：“我把不贪婪当作宝物，你把美玉当作宝物。如果你把玉给了我，那么我们两个人都丧失了宝物，不如各人保有自己的宝物吧。”那人跪下恳求道：“我们小百姓，拿着这样珍贵的东西，是不敢出门的，我把它献给你，是为了免于祸患。”子罕听了，就让那人把宝玉暂时留下，他请玉匠把宝玉雕琢加工好，然后把玉卖掉，把所得的钱全部交给那个人，并派人送他回家。

9. 笃实宽厚

中华民族长期的农耕生活，形成了自己特有的质朴和务实的品格。中国传统道德中也崇尚质朴。道家主张“见素抱朴”，以“返璞归真”为最高境界。孔子认为“巧言令色，鲜矣仁”，要求君子“讷于言而敏于行”。在长期的道德实践中，中华民族形成了许多以“实”为价值标准的规范和美德。

在待人上，中华民族一向以宽厚为美德，严于律己，宽以待人，主张“躬自厚而薄责于人”；在人与人关系上，以“将心比心”“以心换心”为原则，设身处地为他人着想；日常生活上，强调“宽宏大量”“厚德载物”等道德标准。笃实宽厚的美德形成中国民族精神的崇实性和包容性，使得中华民族这个大家庭能够和睦相处，形成连绵不断的民族历史和民族活力。

10. 勇毅力行

中国自古就有“勇”的德目。孟子认为，人格修养要达到“不动心”，即道德信念不被利益得失动摇的境界，就必须具有“勇”的品格。他把勇分为三种：一是凭力气的血气之勇；二是凭意志的意气之勇；三是理直气壮、恪守坚定道德信念的“大勇”。“毅”即在艰难困苦中坚持下去的毅力。儒家主张，“三军可以夺帅，匹夫不可以夺志”“富贵不能淫，贫贱不能移，威武不能屈”的大丈夫人格，都是以坚毅为基础的。

中国文化认为，人格的完善，社会的进步，重心不在知与言，而在于行。孔子认为“君子讷于言而敏于行”。“知之者不如好之者，好之者不如乐之者。”只有身体力行，才能成圣成仁。王阳明更是提出“知行合一”的命题，把力行的美德提高到哲学的高度。正是这种勇毅力行的性格，中华民族才能在各种险恶的环境中化险为夷，不断前进。

## 二、正确对待中华民族道德传统

### （一）认识中华民族道德传统的两重性

中华民族的道德传统是一个矛盾体，具有鲜明的两重性。有精华，也有糟粕。精华部分表现出了积极、进步、革新的一面；糟粕部分则表现出了消极、保守、落后的一面。所以，我们在对待中华民族道德传统时，一定要坚持辩证唯物主义的立场、观点和方法；既不能全盘肯定、全面继承，也不能全盘否定，全面抛弃；要善于分析、鉴别、取舍和改造，剔除那些带有明显的阶级和时代局限性的成分，继承那些反映普遍性、共同性的道德原则，以推动中国特色社会主义道德体系建设。

### （二）反对两种错误思潮

正是因为我国传统道德的两重性，在对待中国传统道德问题上，出现了两种错误的思潮。

一种是文化复古主义思潮，认为道德建设的最终目标就是要恢复中国“固有文化”，形成以中国传统文化为主体的道德体系，并通过这种传统道德的复兴来衍生出现代的科学和民主，即所谓的“返本开新”；另一种是历史虚无主义思潮，认为中国传统道德已失去了价值意义，不能满足今天的社会主义现代化建设，必须从整体上全部否定，这一思潮主张道德建设的目标就是要把西方道德文化整体移植过来，特别是要用西方个人主义价值观来取代集体主义价值观。

这两种错误思潮在对待道德问题上的观点都是错误的，它完全割裂了事物发展的共性与个性、普遍性与特殊性的关系。一个国家或民族的文化发展和道德的进步，除了要注意继承和弘扬本民族文化和道德的优良传统外，还必须积极吸收其他民族文明的优秀成果。无论是对待传统道德文化还是对待外国道德文化，我们都要坚持马克思主义辩证否定的观点，吸取其精华，剔除其糟粕。

# 第三节　弘扬社会主义道德

社会主义道德是马克思主义伦理思想同中国特色社会主义伟大实践相结合的产物，是对中国古代优良道德传统的传承和升华。我国的社会主义道德建设也应适应社会主义经济建设的需要，为社会主义经济制度服务。

## 一、社会主义道德建设与市场经济的关系

### （一）社会主义道德建设应与市场经济相适应

社会主义初级阶段，我国实行的是以生产资料公有制为主体，多种所有制经济共同发展的社

会主义市场经济体制。这是这一阶段生产力发展的基本要求，应生产力发展的需要，作为上层建筑的道德建设自然应符合生产力发展的要求，为生产力发展服务。因此，我国社会主义道德建设也应反映社会主义市场经济这一基本经济制度，为坚持和完善这一基本经济制度服务，为建立和完善社会主义市场经济体制服务。

（二）社会主义道德建设为市场经济发展提供价值导向

以公有制为主体、多种所有制经济共同发展的市场经济，是以实现共同富裕为价值目标的。社会主义道德建设要倡导坚持个人承担社会责任与社会尊重个人合法权益相统一，坚持注重效率与维护社会公平相协调，着力培养与社会主义市场经济相适应的道德观念，不断增强人们的自立意识、竞争意识、效率意识、民主法制意识和开拓创新意识，把握社会主义市场经济提出的新要求，为社会主义市场经济的发展提供良好的道德环境和有力的道义支持。

（三）社会主义道德建设保证市场经济沿着社会主义方向健康发展

社会主义道德建设要克服市场经济存在的自发性、盲目性和滞后性等弱点，充分发挥社会主义市场经济机制的积极作用，引导人们正确处理竞争与合作、自主与监督、先富与共富、经济效益与社会效益等关系。引导人们树立正确的义利观和在实践中确立与社会主义市场经济相适应的道德规范，正确发挥社会主义道德对社会主义市场经济的价值导向作用，保证和促进市场经济沿着社会主义轨道健康有序地发展。

## 二、社会主义道德建设的核心和原则

社会主义道德建设要以为人民服务为核心、以集体主义为原则。这不仅符合我国社会主义初级阶段道德建设的现实状况，也是社会主义精神文明建设的客观要求。

（一）社会主义道德建设以为人民服务为核心

1. 社会主义道德建设是经济基础和政治制度的客观要求

社会主义道德是建立在社会主义经济基础之上的，并为社会主义经济基础服务。在社会主义初级阶段，我国经济建设的最终目的是实现广大人民群众的共同富裕，以满足人民群众的共同利益。我国的政治制度是人民当家做主的社会主义制度，国家一切权利属于人民，执政党的一切工作都是为了造福人民。可见，“为人民服务”是我国社会经济基础和政治制度的要求，社会主义道德建设应该适应这种客观要求，反映人民的根本利益，以为人民服务为核心。

2. 社会主义道德建设是市场经济健康发展的基本保证

发展和完善社会主义市场经济的目的是为了全体人民的共同富裕和幸福，其本质要求是为人民服务。市场经济不仅不排斥市场主体为社会、为他人服务，而且市场主体必然地要把自己商品本身所具有的能够满足他人或社会需要的属性凸显出来，这就更需要通过服务甚至是优质服务来实现。为社会公众服务，符合商品经济运行的客观规律，但市场经济中各种内涵的利他性不等同于为人民服务。为人民服务不仅要求市场主体在一切经济活动中应正确处理个人与社会、竞争与协作、效率与公平、经济效益与社会效益等关系，还要求每个市场主体在国家宏观调控和社会主义精神文明的指导下更自觉、更积极、更规范地为人民、为社会服务，把自身利益和国家、人民的利益结合起来。

3. 社会主义道德建设体现着道德建设的先进性和广泛性的统一

为人民服务作为社会主义道德建设的核心，体现了社会主义道德建设的先进性要求和广泛性要求的统一。社会主义道德的先进性，是指社会主义道德要坚持社会主义方向，在全社会加强社会主义道德宣传教育，并努力实现共产主义道德的最高境界。社会主义道德的广泛性，是指社会主义道德要与现阶段经济、社会发展相适应，为广大人民群众、社会各阶层所普遍接受，达到团结和引导亿万人民群众积极向上，不断提高全民族思想道德水平的目的。

为人民服务，伟大而平凡，高尚而普通，每个成员虽能力大小不同，社会分工有别，却都可以立足职业岗位，在不同的层次上，通过不同的形式做到为人民服务。那种所谓为人民服务只适合于党员干部而不能推广到全体人民的看法是完全错误的。“以服务人民为荣，以背离人民为耻”是社会主义社会对全体劳动者的基本道德要求。

**材料 5-13** 2004 年 8 月 14 日，51 岁的呼和浩特市市委书记牛玉儒与世长辞。消息传回呼市，举城同悲。牛玉儒的骨灰被护送回呼市时，沿街站满了迎接的百姓，200 多位出租汽车司机身着素装，排着整齐的长队，自发来到市政大楼吊唁厅默哀，他们要一字长龙一路鸣笛，送别敬爱的牛书记。安放骨灰时，数千百姓站在殡仪馆外，默立雨中。

1996 年包头大地震后牛玉儒临危受命，担任包头市市长，在他与市委等部门的配合下，包头迅速崛起，从一个震后“废墟”发展成花园般的城市；GDP 每年以 11.1% 的速度增长。非典疫情严重时期他又担任呼和浩特市委书记。他在任期间，呼市经济发展迅速，城市面貌发生翻天覆地的变化。2004 年上半年，呼和浩特市 GDP 增速 29%，在全国 27 个省会城市中居首位。他的一切工作都是为了群众利益，他为群众的事发火，为群众的事流泪。当采访牛玉儒的记者说：“这个城市是一个家，您作为家长……”，牛玉儒立刻说：“这个城市是一个家，但我不是家长，我是公仆，是为人民服务的。”

### （二）社会主义道德建设要以集体主义为原则

#### 1. 集体主义的基本内涵

集体是指由于共同利益而联合在一起的生命共同体或利益共同体。在社会主义道德体系中，集体主义原则是指导人们行为选择的主导性原则。

集体主义原则的基本内涵有：首先强调集体利益和个人利益的辩证统一。在社会主义社会，集体利益与个人得失息息相关，集体利益的发展本身就包含个人利益的增加，而集体中每个人利益的增加同样有利于集体利益的扩大。其次强调集体利益高于个人利益。在社会主义社会，集体利益与个人利益有时会发生冲突，甚至是激烈的冲突，这时必须坚持集体利益高于个人利益的原则，必要时，为集体利益做出牺牲。再次强调重视和保障个人的正当利益。集体主义主张促进和保障个人正当利益的实现，使个人的才能、价值得到充分的发挥。只有个人的价值、尊严得到实现，个人的正当利益得到保证，集体才能有更强大的生命力和凝聚力。

#### 2. 社会主义道德建设必须以集体主义为原则

社会主义道德建设要以集体主义为原则，是社会发展的必然要求，这种要求体现在两个方面：一方面是社会主义经济、政治和文化建设的要求。生产资料公有制占主体地位的社会主义基本经济制度，为集体主义的实施创造了经济前提；以工人阶级为领导阶级、以共产党为执政党的人民当家做主的国体、政体，为集体主义的实施创造了政治前提；以马克思列宁主义、毛泽东思想、邓小平理论、“三个代表”重要思想、科学发展观为指导的社会主义先进文化，为集体主义的实施创造了文化前提。另一方面是社会主义市场经济的要求。社会主义市场经济是公有制经济，以实现人民共同富裕为目标；同时，社会主义市场经济也必须在国家的宏观调控下进行。社会主义市场经济的这些特点从道德观、价值观上必然要求以人民为本位，以国家、集体利益为本位的社会主义集体主义思想占主导地位。

#### 3. 集体主义道德的三个层次

在发展社会主义市场经济、全面建设小康社会的进程中，依据我国经济发展状况和人们思想道德修养的实际，将集体主义道德要求分为三个层次。第一层次：无私奉献、一心为公。这是集体主义的最高层次，是共产党员、先进分子应努力达到的道德目标。第二层次：先公后私、先人后己。这是已经具有较高的社会主义道德觉悟的人们能够达到的道德目标。第三层次：公私兼顾，不损公肥私。这是对我国公民最基本的道德要求。

社会主义道德建设中集体主义原则的多层次要求，有利于把集体主义精神贯彻到社会生产和生活的各个方面，使每个人都可以根据自己的实际情况践行集体主义原则，引导人们正确处理各种利益关系，自觉地把个人的理想与奋斗融入广大人民的共同理想与奋斗之中。

## 三、树立社会主义荣辱观

### （一）荣辱观的基本内涵

荣辱观是人们对于荣誉和耻辱的根本看法和基本观点，是一定社会思想道德原则和规范的重要体现，是一定社会经济关系的反映。荣辱观是道德观的一个重要部分，也是世界观、人生观、价值观的重要内容。

社会主义荣辱观是社会主义社会中，对什么是光荣、什么是耻辱问题的根本看法和基本观点。社会主义荣辱观可引导人们明辨是非、善恶、美丑并形成正确的价值评价，产生正确的价值激励，推进人的全面发展。

### （二）社会主义荣辱观的科学内涵

#### 1. 以热爱祖国为荣，以危害祖国为耻

民族精神的核心是爱国主义，爱国主义是推动我国社会历史前进的巨大力量，是各族人民共同的精神支柱，是激励全国人民团结奋斗的光辉旗帜。“以热爱祖国为荣、以危害祖国为耻”要求我们以最诚挚的感情对待自己的祖国，把自己的命运与祖国联系在一起，热爱祖国，忠于祖国，建设祖国，捍卫祖国。以自己的辛勤劳动和聪明才智，推动祖国向着更加美好的未来发展前进。无论工作生活在哪里，无论在什么样的情况下，都坚决维护国家的主权、利益、尊严和荣誉，坚决反对一切危害国家的行为，坚决不做任何有损国格的事情。

**材料5-14** 在风景如画的西子湖畔，栖霞岭下的岳王庙是南宋英雄岳飞的墓冢。在墓阙下有4个铁铸人像，面墓而跪，这四人便是陷害岳飞的秦桧、王氏（秦桧妻）、张俊、万俟卨。跪像墓阙上有楹联：“青山有幸埋忠骨，白铁无辜铸奸佞。”别具匠心的构建，爱憎分明的楹联，正体现了我们民族的荣辱观。几百年来，无数的游客无不向高高的墓冢深深地鞠躬，表达对英雄的崇敬；无不怒视着这4个铁铸人，像是连连唾骂，以表达对卖国求荣者的鄙夷。

#### 2. 以服务人民为荣，以背离人民为耻

“民为邦本，本固邦宁。”我国是社会主义国家，每一位公民既是国家和社会的主人，又是劳动者和服务者；既享受他人的服务和劳动成果，又为他人提供服务和劳动成果。主人翁的地位要求公民在享受权利的同时，承担服务他人与社会的义务和责任。“以服务人民为荣、以背离人民为耻”要求我们从中国最广大人民的根本利益出发，坚持全心全意为人民服务的宗旨。以民为本，热爱人民，忠于人民，服务人民。自觉履行公民应尽的义务，共同维护人民的利益；同时又作为人民的一员，行使公民的权利，共同享受人民应得的利益、服务和尊严。

#### 3. 以崇尚科学为荣，以愚昧无知为耻

科学的进步是社会进步的巨大源泉，一个国家的现代化，首先必然是科学技术的现代化。世界经济中心的五次转移，无一例外的都是由科学技术中心的转移所带动的。一个崇尚科学的民族，必然是一个不断进步的、充满生机和活力的民族。“以崇尚科学为荣、以愚昧无知为耻”要求我们牢固树立科学的精神和态度，认真学习和掌握人类文明发展的成果，学习和掌握现代科学技术

知识。尊重知识、尊重科学、尊重人才，自觉遵循科学揭示的自然、社会和人类思维的客观规律，严格按科学规律办事，不断提高科学素养，反对各种封建迷信、愚昧落后的思想和行为。

**材料 5-15** 因破解了困扰全球数学界20多年的数学难题“西塔潘猜想”，中南大学大四学生刘路，被中国科学院李邦河等三位院士向教育部联名推荐，期望给予破格提前毕业、免试录取攻读硕士学位的机会，以加强对刘路的学术培养。

在美国芝加哥大学数理逻辑学术会议上，云集了来自欧美的许多数理逻辑专家、学者，大会还邀请了12位专家、学者做学术报告。中南大学数学科学与计算技术学院2008级本科生刘路作为亚洲高校唯一一位代表在会上做了40分钟报告，他在数理逻辑方面的研究成果，使与会专家纷纷向这位来自中国的22岁年轻人投来赞许的目光。

4. 以辛勤劳动为荣，以好逸恶劳为耻

劳动既是公民生存的手段，也是公民对社会、对国家应尽的义务。中华民族是勤劳的民族。以辛勤劳动为荣、以好逸恶劳为耻，要求每一个公民要坚持勤奋学习，辛勤劳动，扎实工作，兢兢业业地在本职工作岗位上创造一流的工作业绩，为全面建成小康社会，实现中华民族的伟大复兴添砖加瓦、多做贡献。

“以辛勤劳动为荣、以好逸恶劳为耻”要求我们充分认识劳动在创造世界、推动社会发展中的作用。热爱劳动、尊重劳动包括既热爱和尊重体力劳动，也热爱和尊重脑力劳动。自觉地通过劳动创造财富，通过劳动获取个人正当的利益。鼓励人们投入各种形式的劳动，在劳动中发挥积极性、主动性和创造性。坚决反对好逸恶劳、不劳而获的行为。

5. 以团结互助为荣，以损人利己为耻

团结互助是社会主义社会人与人之间关系的基本特征。团结互助就是要把各种力量凝聚起来、组织起来，同心同德地为中国特色社会主义的伟大事业而奋斗。“以团结互助为荣、以损人利己为耻”要求我们充分认识党、国家和全体人民利益的共同性和一致性，正确处理个人与他人的关系，正确处理竞争与合作的关系，大力倡导团结友爱、互助合作的风尚和价值观，努力建设和谐社会、和谐单位。关心他人，尊重他人，帮助他人，爱护他人。乐于扶贫济困，热心公共事业。发扬团队精神，加强相互协作，绝不能为了个人的私利做损害他人的事情。

6. 以诚实守信为荣，以见利忘义为耻

一个社会要和谐发展，必须依靠法律和制度来规范，也必须借助道德的力量来引导。而在人类的道德规范体系中，诚信的理念是最重要的基本理念之一。它可以最大限度地减少社会生活中的摩擦，降低社会生活的风险和代价，降低社会运行成本。“以诚实守信为荣、以见利忘义为耻”要求我们以实事求是的精神指导自己的一切行为，坚持说老实话、办老实事、做老实人。以诚待人，光明磊落，言必信，行必果。正确处理义利关系，坚持守法经营，讲究诚信。坚决反对任何吹牛浮夸、弄虚作假的行为。

7. 以遵纪守法为荣，以违法乱纪为耻

遵纪守法是公民应尽的社会责任和道德义务。遵纪守法就是要树立宪法意识和法制观念，严格遵守宪法和法律。“以遵纪守法为荣、以违法乱纪为耻”要求我们增强法纪观念和规范意识，把依法治国的方略和建设社会主义法治国家的要求落实到每一个人的具体行动中。严格地遵守国家的法律和其他各种有关的纪律，把自律和他律结合起来，使社会上每一个人的行为都在法律的轨道上运行。坚决贯彻执行“科学立法，严格执法，公正司法，全民守法”的法治原则，维护法制的权威，反对任何违法乱纪的行为。

8. 以艰苦奋斗为荣，以骄奢淫逸为耻

一个没有艰苦奋斗精神做支撑的民族，是难以自立自强的；一个没有艰苦奋斗精神做支撑的国家，是难以发展进步的；一个没有艰苦奋斗精神做支撑的政党，是难以兴旺发达的。“艰难困苦，玉汝于成。”“以艰苦奋斗为荣、以骄奢淫逸为耻。”要求我们始终保持昂扬向上、奋发有为的精神，不怕任何艰难困苦，不贪图安逸的生活，勇于通过自身的努力创造美好的未来。埋头苦干，扎实工作，脚踏实地，不务空名。保持健康向上的生活方式，努力建设节约型社会和国家，坚决反对大手大脚、铺张浪费，坚决反对骄奢淫逸的生活作风。

**学习思考**

1. 道德的本质是什么？如何理解道德的社会作用？
2. 中华民族有哪些优良的道德传统？
3. 怎样理解社会主义道德建设要与市场经济相适应？
4. 为什么说社会主义道德建设要与为人民服务为核心？

06

Chapter

# 第六章 遵守道德规范 锤炼高尚品德

2005 年 12 月，中央电视台联合央视国际和新浪网进行了“最缺乏公德的行为”的调查活动，共 25 000 人参与投票，得票名列前 10 的行为是：

（1）向窗外扔污物。得票 19 112 张。

网民观点：高空抛物比乱扔垃圾更恶劣，是小区环境和楼下行人生命的“双重杀手”。

（2）上公共汽车不排队，一拥而上。得票 18 644 张。

网民观点：不排队上车的危害不仅在于破坏了乘车秩序，更可怕的是它摧毁了人们心中排队上车的理念。

（3）旅游景点、名胜古迹上乱写乱刻。得票 17 905 张。

网民观点：刻字留念逞一时之乐，却给中华文明造成永久的伤害，这是真正的败家。

（4）宠物随地大小便，主人不清理。得票 17 624 张。

网民观点：宠物粪便除了影响市容外，还增加了传染疾病的可能，不可小视。

（5）行人翻栏杆、随意穿行马路。得票 17 596 张。

网民观点：马路对面对路人的确是一种诱惑，然而这种诱惑的背后却是一场生命的赌博，切莫把生命当儿戏。

（6）下雨天开车溅湿行人。得票 17 560 张。

网民观点：不管是有意还是无意，开车者在行人面前不能恃强凌弱，雨天行车慢为先。

（7）公交车上，年轻人不主动给老弱病残孕让座。得票 17 036 张。

网民观点：老弱病残孕没有座位，表面上是文明乘车环境欠佳，实际上却证明了某些人同情心的严重缺失。

（8）传播垃圾电子邮件、手机短信。得票 16 828 张。

网民观点：垃圾信息严重骚扰人们的日常生活，稍不留神还会陷入骗子布下的陷阱。

（9）看电影、演出时，大声说话、喧哗、到处走动。得票 16 788 张。

网民观点：这些行为不仅让真正来看演出的人觉得很扫兴，而且是对别人劳动和创作的莫大不敬。

（10）在街上乱吐口香糖。得票 16 571 张。

网民观点：口香糖经过在口腔中反复咀嚼，已经粘上口腔中的多种细菌，乱吐口香糖和随地吐痰一样恶心。

## 第一节 公共生活中的道德

### 一、人类社会的公共生活

#### （一）公共生活及其特点

一般说来，人们的生活可被简单地分为私人生活与公共生活。私人生活通常以家庭内部活动或个人自我活动为主要领域，具有相对的封闭性和隐秘性。公共生活是人们在公共领域、公有环境、公用场所中，彼此开放透明且相互关联的共同活动。公共生活超越了私人的界限，具有社会性、公开性和透明性的特点。公共生活和私人生活是人们在社会生活中的两种形态。当代社会，公共生活具有如下特征：

1. 活动范围的广泛性

当代社会公共生活的领域极为广阔，传统的公共生活领域进一步扩大。人们不仅可以去饭店、公园、博物馆、商场、电影院、健身房、游泳馆等传统公共场所，还可以去如证券交易所、卡拉OK厅、网络虚拟世界等新型公共场所，甚至可以足不出户，通过手机、电话、网络等现代通信工具介入社会公共生活。

2. 交往对象的复杂性

当代社会随着人们交往方式的不断扩展，人们在公共生活中的交往对象已不再局限于传统的“熟人圈”，交往对象已突破传统的以血缘、地域、社会关系为主的狭小范围，更多地与生人交往。交往者之间彼此不再是相识或熟悉的个体，而是进入公共场所的任何人。因此，当代社会的公共生活领域更像一个“陌生人社会”。

**材料 6-1** 有学者认为，人际交往是由三个同心圆组成的，最里面的是家人亲属圈，主要包括你的亲属，这是你无法选择的，这个圈子是非常稳定的。第二个圈子是好友圈，比如要好的同学、同事、朋友等，这些人因为和你交往的密切会对你的生活和工作发展产生直接的影响。这个圈子是会变动的，随着你经历的不同而有所选择。第三个圈子是相识人圈，虽然不熟悉，但是通过各种关系或原因与他们相识。一个人交往能力的高低取决于他把第三个圈子的人有选择地纳入其第二个圈子的水平。这种选择往往是以兴趣、能力、共同利益为基础的，其交往的质量越高，对个人的生活及其发展也越有益处。

3. 活动方式的多样性

当代社会的发展使人们的生活方式发生了新的变化，也极大地丰富了人们公共生活的内容和方式。如看电视、上网、旅游、娱乐、参观、健身等是人们经常参与的公共生活方式。人们可以根据自身的需要及年龄、兴趣、职业、经济条件等选择和变换参加与公共生活相关的活动方式。

4. 活动结果的相关性

当代社会人们在公共生活中的活动结果会互相影响、互相制约、密切相关。在公共生活中，一个人的行为，必然直接或间接地影响他人的公共生活，这种影响可能是有益的，也可能是无益的。如在“网络世界”中，如果有人恶意制造并传播计算机病毒，将会破坏许多单位或个人网络的正常运行，甚至导致计算机系统瘫痪，就是无益的影响；在别人困难的时候主动帮助别人，就是有益的影响。

### （二）公共生活需要公共秩序

1. 有序的公共生活是构建和谐社会的重要条件

建立平等、互助、协调的和谐社会，一直是人类的美好追求。和谐社会是指民主法治、公平正义、诚信友爱、充满活力、安定有序、人与自然和谐相处的社会形态。其中，安定有序是社会主义和谐社会的重要特征。如果人们在社会公共生活中随心所欲，各行其是，整个社会就会处于无序的混乱状态，人民群众也不可能安居乐业，社会和谐当然也就无从谈起。所以，有序的公共生活是构建和谐社会的重要条件。

2. 有序的公共生活是经济健康发展的前提

当今社会，随着公共生活领域的不断扩大，个人活动对他人和社会造成的影响也越来越大。所以，进入公共生活领域的人们，都应自觉遵守公共生活准则，只有这样，经济社会才能健康发展。如网上购物，缺少诚信只是少数人的行为，但是其造成的信任缺乏却影响到行业的发展。因此，有序的公共生活不仅有利于日常生活的和谐，也会促进经济社会的顺利发展。

3. 有序的公共生活是提高社会成员生活质量的基本保证

追求更高的生活质量是全体社会成员的共同追求。较高的生活质量不仅是指社会成员有较高的物质生活条件，也包括良好的社会风气和舒适的生活环境。一个人生活质量的高低不仅仅取决于家庭成员的和谐、收入的高低，还取决于公共生活的质量，取决于公共场所秩序的好坏。为此，联合国提出的社会权利发展计划就提出了首先要使社会成员摆脱贫穷和疾病，其次要摆脱恐惧感，追求安定感、幸福感。

**材料6－2** 孟子三岁时父亲去世，由母亲一手抚养长大。孟子小时候很贪玩，很爱模仿别人，模仿能力也很强。为了替父亲守孝，他家原来住在坟地附近，他常常玩筑坟墓或学别人哭拜的游戏。母亲认为这样不好，就把家搬到集市附近，孟子又模仿别人做生意和杀猪的游戏。孟母认为这个环境也不好，就把家搬到学堂旁边。孟子就跟着学生们学习礼节和知识。孟母认为这才是孩子应该学习的，心里很高兴，就不再搬家了。这就是历史上著名的“孟母三迁”的故事。孟子后来成为伟大的思想家与其母亲的正确引导是分不开的。

4. 有序的公共生活是国家现代化和文明程度的标志

公民文明程度、秩序意识是精神文明的重要标志。近年来，随着改革开放的进一步深入，我国经济飞速发展，综合国力显著增强。与此同时，文化建设、社会建设也取得了显著成绩。人们在公共生活领域的文明程度和秩序意识有了很大提高。但当今社会中公德缺失的不文明现象在很多地方依然存在，这些现象如果得不到及时纠正，必然会损害社会公共秩序和文明风尚，进而影响经济发展。时至今日，有序的公共生活已经成为国家现代化和文明程度的标志。

**材料6－3** 某位中国教授在日本曾亲历一次堵车，那情景足以让人震撼。从伊豆半岛到东京的公路上，几万辆车一辆挨一辆排了100多公里。几乎所有的车都是去东京的，道路右侧堵成一条长龙，左侧空出一条“无车道”，谁要是开到左侧，就可以一溜烟直奔东京。可就是没有一辆车插到空荡荡的“无车道”上超行。100多公里的塞车路上，不见一名交通警察维持秩序。在近10个小时的时间里，车流一步步地挪，一尺一尺地挪，不闻一声鸣笛。经过大家的一起努力，他们自己竟把这绵延100多公里的车龙给化解了！

## 二、公共生活中的道德规范

道德有领域和层次之分。社会公德是社会道德体系的基础层次，是维护社会公共秩序、保持社会稳定的重要手段。社会公德水平的高低又昭示着一个社会道德风气好坏的程度。

### （一）社会公德的含义及特点

社会公德有广义和狭义之分。广义的社会公德，是指反映阶级、民族或社会共同利益的道德要求的总和。狭义的社会公德是特指人类在长期社会生活实践中逐渐积累起来的、为社会公共生活所必需的、最简单、最起码的公共生活准则。它一般指影响着公共生活的公共秩序、文明礼貌、清洁卫生以及其他影响社会生活的行为规范。

社会公德是人类社会生活最基本、最广泛、最一般关系的反映。在阶级社会中，尽管存在各种不同阶级的划分，存在着各种不同的分工，但处于同一时代的同一社会环境里的全体社会成员，为了彼此的交往，为了维持社会的起码生活秩序，均必须遵守为这个时代和这个社会所必需的起码的简单生活规则。社会公德具有下列基本特点：

1. 基础性

社会公德是社会道德体系的基础层次，是每个社会成员都应遵守的最起码的道德准则，是为维护社会公共生活的正常进行而对社会成员提出的最基本的道德要求，是对社会生活中每个人的最低层次的道德要求，在此基础之上还有许多更高的道德标准和道德要求。

2. 广泛性

社会公德是社会全体成员都必须遵守的道德规范，具有最广泛的群众性和适用范围。在同一社会中，任何社会成员不管属于哪个阶级或从事何种职业，对于社会公共生活的简单规则，都必须遵守，否则就要受到社会舆论的谴责。国家、社会团体、机关单位有时甚至可以以国家权力或行政权力、经济权力予以干预。

3. 稳定性

社会公德作为多少世纪以来人们就知道的、千百年来在一切行为守则上反复谈到的、起码的公共生活规则，是人类世代调整公共生活中最一般关系的经验结晶。这种最一般的关系，在不同时代、不同社会形态里都存在着。因而调整这种关系的社会公德在历史上比起其他各种道德分支来，具有更多的稳定性。而且社会公德总是随着社会物质文明和精神文明的发展，保存和发扬其进步的、合理的方面，剔除其落后的、不合理的部分。

（二）社会公德的主要内容

《公民道德建设实施纲要》明确指出：社会公德“涵盖了人与人、人与社会、人与自然之间的关系”。在人与人之间关系的层面上，社会公德主要体现为举止文明、尊重他人；在人与社会之间关系的层面上，社会公德主要体现为爱护公物、遵守公共秩序；在人与自然之间关系的层面上，社会公德主要体现为热爱自然、保护环境。因此，在我国社会主义现代化建设的进程中，社会公德可以概括为“文明礼貌、助人为乐、爱护公物、保护环境、遵纪守法”。

1. 文明礼貌

文明礼貌是中华民族的优秀传统，是人们在日常人际交往中应当共同遵守的道德准则。文明礼貌要求人们在公共生活中举止文明、礼貌待人、和谐相处。它是社会交往中必然的道德要求，是调整和规范人际关系的行为准则，与我们每个人的日常生活密切相关。文明礼貌也反映着一个人的道德修养，体现着一个民族的整体素质。倡导和普及文明礼貌，是继承和弘扬中华民族传统美德、提高人们道德素质的迫切需要，是尊重人、理解人、关心人、帮助人，形成团结互助、平等友爱、共同前进的新型人际关系的迫切需要，也是树立中国人良好国际形象的迫切需要。

**材料6-4** 某大学的党委书记在写给《文汇报》的一封信中写道：在我工作过的某大学，我看到刚粉刷不久的洁白的墙上很快出现了一串串脚印，有个教室里的脚印竟在离地两米多高的高处。我百思不解，是在互比高低？是故意恶作剧？有的同学上课迟到或早退，根本不向老师打招呼，出入教室泰然如无人之境；在校园里或教室里纸屑、果皮、饮料罐、食品袋等满地乱丢；打架斗殴、损坏公物，在图书馆里撕书、毁书、偷书现象屡禁不止；上课说话、玩游戏、考试作弊、与老师争吵等现象司空见惯……经过调查表明：100%的学生不但知道，而且反对不文明现象，但100%的不文明学生又不愿意改正自己的不文明行为。老书记最后在信中发出由衷的感叹，“如今的大学生咋了！”

2. 助人为乐

助人为乐要求人们在公共生活中团结友爱、互相关心、相互帮助、见义勇为。现实生活中，每个人都可能遇到困难和问题，总有需要他人帮助和关心的时候。把帮助别人视为自己应尽的本分，就能在帮助别人的过程中感受快乐，这也是每个社会成员应有的公德。只有“我为人人”，才能“人人为我”。我国自古就有“赠人玫瑰，手有余香”“爱人者人恒爱之，敬人者人恒敬之”“君子成人之美”等广为流传的格言。助人为乐对于大学生来说尤为重要，养成助人为乐的美德和习惯，将是一生取之不尽、用之不竭的精神财富。

**材料 6－5** 一次旅行家辛格和一位朋友穿越喜马拉雅山某个山口。跟暴风雪搏斗三个小时后精疲力竭，又冷又饿。忽然，他们看见雪地上躺着一个昏迷不醒的人，半个身子已经被雪掩埋。辛格和朋友商量把此人带走，朋友惊叫起来：别干傻事，我们已自身难保，带上这样一个累赘的家伙，我们会丧命的。辛格犹豫片刻，决定帮助这个半死不活的人，朋友冷冷地说：既然你救他，和我无关，说完独自走了。辛格把此人背在背上，这个人很重，走不多久，辛格已经浑身发热。他的体温使背上那个冻僵的躯体温暖起来，那人活了。没多久，两人便并肩前进了。当他们走到另一个山口时，发现那个独自离开的朋友，正躺在雪地上，已经被冻死了。

3. 爱护公物

公共财物包括一切公共场所的设施，它们是提高人民生活水平，使大家享有各种服务和便利的物质保证。对社会共同劳动成果的珍惜和爱护，是每个公民应该承担的社会责任和义务，这既显示出个人的道德修养水平，也是整个社会文明程度的重要标志。如果每个社会成员都能珍惜、爱护公物，就意味着全社会的公共财物能够物尽其用，用有所值。如果社会公共财物遭到破坏，社会利益就会受到损害。所以，每个有责任心的公民，都应当自觉爱护公共财物，同破坏公共财物的行为做斗争。

4. 保护环境

环境问题是当前国际社会普遍关注的热点问题。环境和资源是人类生存和发展的基本条件。能不能有效地保护环境，关系到每个公民的生活质量和切身利益，关系到人们的安居乐业，关系到我们的子孙后代能否持续发展。

保护环境不仅是我国的一项基本国策，也是社会公德的一项基本要求。保护环境包括保护自然环境和保护人文环境。自然环境包括水环境、大气环境、土壤环境、生态环境、矿产资源、动物资源等；人文环境包括文物资源、文化资源、社会管理资源等。热爱自然、保护环境是当今时代社会公德的重要内容，也是社会风尚的一个重要方面，体现出一个民族的文明程度和精神面貌。

5. 遵纪守法

遵纪守法要求人们在公共生活中自觉遵守法律、法规、纪律。人们要能顺利地进行社会活动，就必须有规可循，这些规矩主要是指国家颁布的相关法律、法规及特定场所或单位的相关纪律规定。每一个社会成员都应自觉增强法律意识、增强法纪观念，自觉运用法纪来指导和约束自己的行为，保护自己的合法权益，并敢于和善于运用法律武器同各种违法乱纪行为做斗争，真正做到遵纪守法。

## 三、自觉遵守社会公德

改革开放以来，我国的经济飞速发展，人民的生活水平逐年提高，社会公德的遵守状况也逐步好转，所谓“仓廪实而知礼节”，这是社会进步的必然现象。尽管如此，全社会的公德意识仍然存在一些不尽如人意甚至令人忧虑的现象。比如，少数人缺乏基本的社会公德意识，一些人对社会丑恶现象听之任之，“事不关己，高高挂起”；一些人说一套做一套，常常为图一时方便或一己私利而违背社会公德。因此，加强全社会的公德建设仍是现阶段社会主义道德建设的重要内容。

（一）增强公德意识

公德意识的形成是一个复杂的过程。笔者认为，应注重以下几个方面：一是要加强学习，形成对社会公德的认知。通过对社会道德活动中的社会公德相关知识和规范进行认知和体验，可以逐步形成其公德判断意识与是非评价标准。二是要培育社会公德情感。孔子曰："知之者不如好之者，好之者不如乐之者。"意思是，光有认知是不够的，在认知基础上还需要有情感的支持，才可能有正确的行动。在今天的社会公德实践中要培养以遵守社会公德为荣、以违背社会公德为耻的情感，正确地进行道德行为与活动的选择和判断。三是要磨炼自己的意志。注意用自省和慎独等修身养性的方法，培育道德意志，不受外界不良因素的影响，不断抵御不良因素的诱惑，自觉主动地选择符合社会公德要求的行为。

（二）从小事做起，践行公德规范

社会公德所规范的行为往往是社会公共生活中微小的行为细节，这些细节极容易被人们忽略，而它一旦被社会群体中的大多数人所忽视，往往就可能形成不良的社会风气。因此，社会公德意识要在点点滴滴的日常小事中培养，古人云"勿以善小而不为，勿以恶小而为之""积善成德，而神明自得，圣心备焉"，讲的就是这个道理。其实，践行社会公德并不难，提升敬人礼让的境界同样不难，比如，见到老师长辈主动问候是讲社会公德；乘坐公交车主动为老幼病残乘客让座是讲社会公德；在银行、邮局等公共场所排队时自觉站在"一米线"外是讲社会公德；最后离开教室时随手关灯是讲社会公德；外出旅游时不在景点设施上随意刻画是讲社会公德等。社会公德的境界，就是在这些不起眼的一举手一投足间慢慢升华的。

## 第二节 职业生活中的道德

### 一、职业与事业

职业是人们依靠劳动维持生活的一种社会性位置。简单地说，职业就是人们所从事的工作。劳动是职业的基础，职业是劳动分工后的表现形式。各种职业的形成都是社会分工和生产内部劳动分工的结果。在现实社会中，任何人都要在一定的职业中生活，都要通过一定的职业来谋取自己所需要的生活资料和生产资料，并承担相应的社会责任和义务。每个人都应根据自身的兴趣、爱好和条件，选择一份适合自己的职业。职业只有分工不同，没有高低贵贱之分。"任何一份正当和合法的工作都是高贵的。每个诚实的劳动者和创造者，都值得世人赞誉。"

事业是一种蕴含着一定的人身理想和信念，发展到一定的规模和系统并对社会发展有着一定影响的工作。成就事业的人通常需要具备几个条件：一是对所从事的某方面工作有超过一般人的造诣；二是在一定的范围内获得某种程度的声誉；三是有功于社会，有功于人民。一个职业成功的人一定也是个有事业的人。

**材料 6－6** 寓言《西邻五子》，说的是"西邻有五子，一子朴，一子敏，一子蒙，一子偻，一子跛；乃使朴者农，敏者贾，蒙者卜，偻者绩，跛者纺；五子皆不愁于衣食焉"。这位西邻公对自己的5个孩子，根据其不同的情况，为他们选择了不同的职业，即让朴实无华的务农，机智敏捷的去经商，瞎眼的卜卦算命，驼背的搓麻，跛脚的纺纱。如此安排，人尽其才，发挥了各人的长处，又避开了各人的短处，可以说是非常聪明的做法，也体现了职业没有贵贱之分，只有是否适合自身之别。

### 二、职业道德规范的含义与特征

职业道德是从业人员在一定的职业活动中应当遵循的具有自身职业特征的道德要求和行为准则。职业道德是社会道德体系的重要组成部分，又具有相对独立性的特殊领域。

职业道德不仅在不同的职业岗位上表现出不同的要求，在人类社会不同的历史阶段也呈现出不同的特色。在原始社会末期，由于生产和交换的发展，出现了农业、手工业、畜牧业等职业分工，职业道德开始萌芽；在封建社会，自给自足的自然经济和封建等级制限制了职业者之间的交往，也阻碍了职业道德的发展；资本主义商品经济的发展，促进了社会分工的扩大，职业和行业也日益增多、复杂。各种职业为了增强竞争力，增值利润，纷纷提倡职业道德，以提高职业信誉。社会主义的职业道德是在适应社会主义物质文明和精神文明建设的需要，批判地继承历史上优秀的职业道德传统的基础上发展起来的。职业道德具有如下特点。

（一）适用范围的职业性

职业道德的内容与职业实践活动紧密相连，反映着特定职业活动对从业人员行为的道德要求。每一种职业道德都只能规范本行业从业人员的职业行为，在特定的职业范围内发挥作用。由于各种职业的职业责任和义务不同，从而形成各自特定的职业道德规范。职业道德不是一般地反映社会道德和阶级道德的要求，而是要反映职业、行业以至产业特殊利益的要求；它不是在一般意义上的社会实践基础上形成的，而是在特定的职业实践的基础上形成的，因而它往往表现为某一职业特有的道德传统和道德习惯，表现为从事某一职业的人们所特有的道德心理和道德品质。如在长期的医疗实践中形成的“疾小不可云大，事易不可云难，贫富用心皆一，贵贱使药无别”，是医界长期遵守的医疗职业道德。

（二）发展的历史继承性

在长期实践中形成的职业道德，会被作为经验和传统继承下来。即使在不同的社会经济发展阶段，同样一种职业因服务对象、服务手段、职业利益、职业责任和义务相对稳定，职业行为的道德要求的核心内容也将被继承和发扬，从而形成了被不同社会发展阶段普遍认同的职业道德规范。由于职业具有不断发展和世代延续的特征，不仅其技术具有延续性，其管理方法、与服务对象打交道的方法都有一定的历史继承性。如“有教无类”“教书育人，为人师表”，从古至今始终是教师的职业道德。

（三）表达形式的多样性

由于各种职业道德的要求都较为具体细致、灵活多样，因此其表达形式多种多样。不同职业的职业道德的要求不同，表达形式也不同。职业道德总是从本职业的交流活动的实际出发，采用制度、守则、公约、承诺、誓言、条例，以致标语口号之类的形式，这些灵活的形式既易于为从业人员所接受和实行，而且易于形成一种职业道德习惯。

（四）强烈的纪律性

纪律也是一种行为规范，它是介于法律和道德之间的一种特殊的规范。它既要求人们自觉遵守，又带有一定的强制性。就前者而言，它具有道德色彩；就后者而言，又带有一定的法律的色彩。就是说，一方面遵守纪律是一种美德，另一方面，遵守纪律又带有强制性，具有法令的要求。例如，工人必须执行操作规程和安全规定；军人要有严明的纪律等。因此，职业道德有时又以制度、章程、条例的形式表达，让从业人员认识到职业道德又具有纪律的规范性。

## 三、职业道德规范的基本内容

职业道德具有时代性和历史继承性，在不同的历史时期有不同的职业道德要求。社会主义制度的建立为职业道德的发展提供了更为广阔的空间，职业道德也进入了新的发展阶段。社会主义的职业道德继承了传统职业道德的优秀成分，体现了社会主义职业的基本特征，具有崭新的内涵。

（一）爱岗敬业

爱岗敬业就是要求从业人员热爱自己的工作岗位，尊重自己所从事的职业，勤奋努力，尽职尽责，干一行爱一行，爱一行钻一行，精益求精。爱岗敬业不仅是社会对每个从业者的要求，更应当是每个从业者对自己的自觉约束。

爱岗敬业主要通过乐业、勤业、精业表现出来。乐业，要求从业人员喜欢自己的工作，心情愉快，乐观向上地从事自己的职业；勤业，要求从业人员用一种恭敬的态度对待工作，勤奋认真，不偷懒，上班不迟到，下班不早退，工作时不怠工；精业，要求从业人员对本职工作精益求精，熟练地掌握职业技能，不断努力，不断提高，不断地超越现有的成就。

对本职工作的热爱之情，要通过不断加深对工作性质的认识，不断在工作中理论联系实际地去感知职业的意义与乐趣所在。作为新时代的大学生，爱岗敬业不仅意味着要脚踏实地、尽职尽责地做好自己的工作，而且要适应时代的要求，具备新视野，掌握新知识、新技能，努力培养自己的创造精神和创新能力，不断提高自己的岗位竞争实力。

**材料6-7** 孔祥瑞是“2007年感动中国”获奖人物。仅有初中学历的普通工人孔祥瑞有着“蓝领专家”的美誉。孔祥瑞说自己有“三必改”，即存在安全隐患的必改，不适合生产的必改，不便于维修保养的必改。2001年，他主持创新“门机主令器星形操作法”，使门机每一次作业可节省时间15.8秒，当年创效1600万元；2003年，他主持的“门座式起重机中心集电器”技术改造项目，被授予国家级实用型发明专利。

中央电视台给他的颁奖词是：不管什么时代，劳动者都是社会的中流砥柱。但在今天，更值得尊敬的，还应该是那些不仅贡献汗水还贡献智慧的人。150项革新，给国家带来8000万元效益，这就是一个工人的成就。

（二）诚实守信

诚实守信要求从业人员在职业活动中应该诚实劳动、表里如一、信守诺言、讲求信誉、遵守职业纪律。作为新时代的大学生，一定要做到做人诚实守信、做事脚踏实地。在职业岗位上时刻铭记诚信的基本原则：一是诚实守信为人之本。诚实守信是从业者步入职业殿堂的“通行证”，也体现着从业者的道德操守和人格力量，是在具体行业立足的基础。一个人要想在社会立足，干出一番事业，就必须具有诚实守信的品格。二是诚实守信是成事之基。诚实是我们对自身的一种约束，守信用是外人对我们的一种希望和要求。如果一个从业人员不能诚实守信，说话不算数，那么他所代表的社会团体或经济实体就得不到人们的信任，无法与社会进行经济交往。

**材料6-8** 武汉市江岸区潘阳街有一座建于1917年的6层楼房，叫“景明大楼”。该楼当年由英国一家建筑事务所设计建造。岁月已流逝了80年，经历这段历史的人大多已经作古。2007的一天，景明大楼现在的业主突然收到了一份来自英国那家设计事务所的公函。信件说：“景明大楼为本事务所于1917年设计建造，设计年限为80年，现已超过服务期，敬请业主注意安全”。这份在时间跨度上近一个世纪的公函传递的是一种责任，它让人们不禁想到，有时职业领域内的诚信比个人交往中的诚信显得更加重要，因为它更有可能关乎多数人的生命与财产安全。

（三）办事公道

办事公道要求从业人员在职业活动中，自觉遵守规章制度、秉公办事、平等待人、清正廉洁、不谋私利、不滥用职权、不损人利己、不假公济私。在阶级社会中，等级森严，职业有明显的高低贵贱之分，职业活动也必然呈现高低贵贱之分。在社会主义制度下，职业活动不再有高低贵贱的象征，只有所从事的工作内容不同。所以，以公道之心来办事就必然成为职业活动所必须遵守的道德要求。办事公道，就是做事要讲原则，无论对人对己都要坚持实事求是，出于公心，不挟私欲，按照必须遵循的道德规范、法律要求和行为准则来处事待人。办事公道是在爱岗敬业、诚实守信的基础上提出的更高一个层次的职业道德的基本要求。

**材料 6－9**　古人云："治世之道为在平、畅、正、节。天下为公，众生平等，机会均等，一视同仁；物尽其力，货畅其流，人畅其思，不滞不塞；上有正型，下有正风，是非分明，世有正则；张弛疾徐，轻重宽平，皆有节度。"不平行便不平衡，不平衡则人心不平，人心不平便失去社会安定；不通畅便存在蒙蔽、隔膜、压抑；不公正便失去原则，失去是非，失去信任；没有节度，便失去控制，泛滥成灾。

（四）服务群众

服务群众要求从业人员在职业活动中，尽力设法满足群众的要求，处处为群众的实际需要着想，尊重群众利益取得群众的信任和支持。也就是说，服务群众就是在职业活动中一切从群众的利益出发，为群众着想，为群众办事，为群众提供高质量的服务。在社会主义社会，每个从业人员都是群众中的一员，既是为别人服务的主体，又是别人服务的对象。每个人都有权享受他人职业的服务，同时又承担着为他人做出职业服务的义务。社会主义道德的核心是为人民服务，职业场所是体现这一核心的重要领域。职业活动使为人民服务获得了具体的内容和表现形式，为人民服务的道德要求也在职业活动中表现出强大的生命力。

**材料 6－10**　王顺友是一名普通的乡邮递员，也是一名优秀的共产党员，他 20 年如一日跋涉在凉山彝族自治州木里藏族自治县群山深处为百姓送信。他是"2005 年感动中国"的获奖人物，中央电视台给他的颁奖词是：他朴实得像一块石头，一个人一匹马，一段世界邮政史上的传奇，他过滩涉水，越岭翻山，用一个人的长征传邮万里，用 20 年的跋涉飞雪传心，路的尽头还有路，山的那边还是山，近邻尚得百里远，世上最亲邮递员。

"当我把信、包裹送到老百姓手里，把文件、报纸送到乡政府时，看到他们高兴的笑容，我就觉得自己很值得。"王顺友这样评价自己的工作。

（五）奉献社会

奉献社会，就是要求从业人员在自己的工作岗位上树立起奉献社会的职业理想，并通过兢兢业业地工作，自觉地为社会和他人做贡献，尽到力所能及的责任。每一个从业人员都应该顾全大局，主动承担社会义务，在职业生活中，按照其职业的特殊社会职能恪尽职守，体现出奉献社会的精神。奉献社会并不意味着否定个人的正当利益。个人通过职业活动奉献社会，社会得到财富，然后社会又将这些财富分配给社会成员，由此实现了个人与社会的相依性。

## 四、职业道德规范的作用

（一）有助于调节职业的内外关系

职业道德的基本职能是调节职能。它一方面可以调节从业人员内部的关系，即运用职业道德规范约束职业内部人员的行为，促进职业内部人员的团结与合作。如职业道德规范要求各行各业的从业人员，都要团结、互助、爱岗、敬业，齐心协力地为发展本行业、本职业服务。另一方面，职业道德又可以调节从业人员和服务对象之间的关系。如职业道德规定了制造产品的工人要怎样对用户负责；营销人员怎样对顾客负责；医生怎样对病人负责；教师怎样对学生负责等。

（二）有助于维护和提升行业信誉

一个行业、一个企业的信誉，也就是它们的形象、信用和声誉，是指企业及其产品与服务在社会公众中的信任程度，提高企业的信誉主要靠产品的质量和服务质量，而从业人员职业道德水平高是产品质量和服务质量的有效保证。若从业人员职业道德水平不高，很难生产出优质的产品和提供优质的服务。

（三）有助于促进行业健康快速发展

行业、企业的发展有赖于较高的经济效益，而高的经济效益源于较高的员工素质。员工素质主要包含知识、能力、责任心三个方面，其中责任心是最重要的。职业道德水平高的从业者一般责任心较强，敬业意识较高，工作效率较高。这些职业素质对于提高企业的经济效益具有关键作用。因此，职业道德能促进本行业的健康快速发展。

（四）有助于提高全社会的道德水平

职业道德是整个社会道德的重要组成部分。职业道德一方面涉及每个从业者如何对待职业、如何对待工作，同时也是一个从业人员的生活态度、价值观念的表现；职业道德是一个人的道德意识、道德行为发展的成熟阶段，具有较强的稳定性和连续性。另一方面，职业道德也是一个职业集体，甚至一个行业全体人员的行为表现，如果每个行业、每个职业集体都具备优良的道德，就能提高整个社会的道德水平。

## 五、积极培养职业道德素质

任何有职业能力的人，都需要具备相应的职业道德素质。缺乏良好的职业素养，就很难取得突出的工作业绩，更谈不上建功立业。个人的职业道德水平的提高要通过自身教育、职业实践和自我修养的提升等途径来实现。

（一）努力学习，增强职业道德意识

具有较高职业道德素质的人，应该是充分掌握现代职业道德的基本要求并具有自觉职业道德意识的人。充分了解职业道德要求，掌握最新的职业道德规范是不断提高职业道德素质的前提和基础。因此，从业人员应该认真学习，不断积累和掌握职业道德要求的基本内容，明确职业活动的基本规范和目的，努力增强职业意识，不断提高职业道德水平。

（二）积极实践，塑造优良的职业人品

所谓职业人品，是指从事各类职业活动的人员，按照职业人品基本原则和规范，在职业活动中所进行的自我教育、自我改造、自我完满，使自己形成优良的职业个性和抵达一定的职业境界的一种道德修养。优良的职业品质对个体在职业活动中自觉遵守职业道德具有重要作用。努力塑造优良的职业品质，是培养职业道德素质，形成自觉遵守职业道德意识和行为的基础。

**材料6－11** 大连市公汽联营公司702路422号双层巴士司机黄志全，在行车途中突然心脏病发作。在生命的最后一分钟里，他做了三件事：一是把车缓缓地停在路边，并用生命的最后力气拉上了手动刹车闸；二是把车门打开，让乘客安全地下了车；三是将发动机熄火，确保了车和乘客的安全。他做完这三件事后，就趴在方向盘上停止了呼吸。对于一般司机来说，这三件事是最易做，也是经常做的事情，但对于一个生命垂危，并忍受强烈痛苦的人来说，用尽最后的力量做完这三件事，实在令人敬佩！

（三）严格自律，提高履行职业规范的能力

认真地履行职业道德规范，既是遵守职业道德的要求，又是切实锻炼自己履行职业道德能力的需要。只有不断地实践职业道德行为，才能真正提高自己的职业道德素质，使自己的知识、意志、能力在服务社会的职业劳动中得到提高和升华。切实地履行职业道德规范，关键在于“自我锤炼”和“自我改造”。任何一个从业人员职业人品的提高，一方面靠他律，即社会的培养和组织的教育；另一方面取决于自己的主观意志，即自律，两个方面是缺一不可的，而后者愈加重要。

## 六、大学生择业与创业

### （一）大学生就业现状

近年来，我国大学生就业压力较大，原因有多方面的，但需要就业的人数过多是主要原因。每年需要就业的群体主要为两部分：一部分为大学生群体。我国近年大学毕业生增长过快，高校毕业生人数2006年为413万人；2007年495万人；2008年559万人；2009年611万人；2010年630万人；2011年660万人；2012年680万人；2013年699万人；2014年727万人；2015年达749万人。另一部分为社会上待就业群体。我国劳动力市场目前面临来自约1 400万国企下岗失业人员、1.5亿农村富余劳力和近1000万城镇年度新增劳力的巨大压力。

政府一直在努力通过发展服务业等多种途径缓解压力。但据权威人士预测，中国未来3～5年，每年城镇需安排2200万～2300万人就业，即使经济保持7%～8%的增长率，仍会出现每年上千万的“工作缺口”。

### （二）大学生就业难的原因

大学生就业难在我国已经成了一个不争的事实，导致就业难的原因自然是多方面的，但以下几个方面不容忽视。

1. 高校招生规模扩张过快

1999年我国高校开始扩招，2009年大学毕业生人数突破600万，达610万人，到2014年，大学毕业生突破700万，达到727万。近年来高校毕业人数平均每年以25%左右的速度增长，而同期GDP平均增速约为8%左右。新增的就业岗位难以满足快速增长的毕业生的需求。

2. 高校的教学与社会需求脱节

在各地的人才招聘市场上，我们经常会看到一种奇怪的现象。一方面有许多大学生找不到工作；另一方面又有许多招聘企业在抱怨，很难招到符合企业需要的人才。我国高校一直沿用学科式的教学模式，重理论，轻实际，学校闭门造车，与社会需求严重脱节。

3. 学生的期望值与现实矛盾

我国高等教育已由“精英教育”向“大众化教育”转变。而大部分毕业生以及家长显然在观念上还没有改变，总认为作为时代骄子的大学生，毕业后应该找一份既体面又有地位的好工作，缺乏到边远地区、到基层工作的心理准备。教育部对部分高校6 000多名毕业生择业行为的调查显示，期望在沿海开放城市就业的学生高达66.67%，仅有6.37%和2.59%的人选择内地省会城市和中小城市，至于乡镇、农村及边远地区几乎没有人愿意去。

### （三）大学生就业难现象的应对

1. 社会及政府的对策

政府一方面应努力发展经济，提高产业水平，增加就业岗位；另一方面党和政府应高度重视大学生的就业工作，并将就业工作作为一项重要工作来抓。近年来政府已在这些方面做了大量的工作，从一定程度上缓解了大学生的就业压力。

2. 高校的应对措施

一是调整高校学科专业结构，形成多元化的人才培养结构，促进学科专业设置与大学生就业的衔接；二是加强同用人单位之间的密切联系，注重与用人单位建立长期、稳定的合作关系，为毕业生准备长期稳定的就业渠道；三是完善大学生就业指导服务体系，为大学生就业提供卓有成效的就业指导。

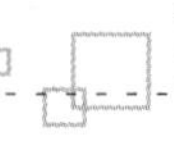



3. 用人单位观念的改变

用人单位要树立理性、务实的用人心态。不图慕虚荣盲目追求所谓的“高学历”，而是给刚毕业的大学生提供一个广阔的活动空间和施展才能的平台，使毕业生在工作上充分发挥其聪明才智，做到人尽其才、人尽其用。

4. 大学生自身应对策略

一是努力提升自身的综合素质，增强自身的职业竞争能力。二是树立正确的就业观。选择适合自己的工作岗位，结合自身实际，不盲目追求“大城市，高工资”。三是有积极创业的思想准备。“授人以鱼，不如授人以渔。”联合国教科文组织提出，学习的“第三本护照”是创业能力。重视对大学生开展创业教育并将其在高校教程中加以正规化、制度化成为我国高等教育的一个趋势。创业教育应注重对学生就业观念的转变，使学生由被动的就业观念转变为主动的创业观念，鼓励学生将创业作为自己职业的选择，并将自己的专业技能和兴趣特长相结合，创造出自己所期望的价值。

总之，大学生就业难的缓解和解决依赖经济发展，也离不开体制改革和观念更新。解决毕业生就业是一项系统工程，涉及政府、社会、学校和学生自身等各个方面，需要政府管理部门、高校、社会，包括毕业生本人的共同努力。

## 第三节　爱情、婚姻与家庭生活中的道德

### 一、爱情与大学生恋爱

印度文豪泰戈尔说，爱情是个无穷无尽的奥秘，就连它自己也说不明白。因此我们常说一千个人就有一千种爱情观。在现实生活中，正确地认识爱情的本质，处理好恋爱中两人的关系，爱情就会给人生带来幸福。

（一）爱情的内涵与本质

什么是爱情？爱情就是男女之间基于一定的社会基础和共同的生活理想，在各自内心形成的相互倾慕，并渴望对方成为自己终身伴侣的一种强烈、纯真、专一的感情。

爱情在本质上是性爱、理想和责任的统一。性爱把爱情与人世间的其他感情，如亲情、友情等区别开来。爱情是以性的吸引为基础的，但爱情并不能仅仅归纳为性，爱情给性的需要增添了更多的情感色彩，有了情感，恋人们会体会到与对方完全融合的巨大幸福感，体验到人生的欢乐与价值。理想赋予爱情深刻和社会内涵，是爱情生长的内在依据。爱情是两个人感情的交融，是爱她（他）和自爱的统一。理想的契合，使得爱情表现着恋人们对生活的希望和对未来的憧憬，使热恋的人们焕发出极大的热情来克服生活中的消极和颓废。责任是对性爱和理想的升华，责任也因此成为爱情得以长久的重要保障。责任的担当，使得爱情不是自私地占有对方的感情，而是自觉自愿地为所爱的人付出感情、担当责任。

**材料 6-12** 许多哲人对于爱情都有独到的见解。英国哲学家休谟认为，爱情是由“美貌”“性欲”和“好感”这三种印象或情感结合而发生的。德国哲学家黑格尔认为，爱情里确有一种高尚的品质，因为她不只停留在性欲上，而是显示出一种本身丰富的高尚优美的心灵，要求以生动活泼、勇敢和牺牲的精神和另一个人达到统一。奥地利心理学家弗洛伊德认为，性本能是一切本能中最基本的内容，爱情不过是性本能的一种表达或升华。

（二）恋爱中的道德要求

恋爱是一种特殊的人际交往，因而恋爱中的道德不同于一般的人际交往道德。恋人之间的关系更着重于人格的尊重和情感上的协调。恋爱中的道德主要体现在以下几个方面：

1. 真诚负责

恋爱双方应彼此真诚，自愿为对方承担责任。无论对方处于顺境还是逆境，是富裕还是贫穷，是健康还是伤病，爱一个人或接受一个人的爱，就意味着始终地不离不弃，自觉地为对方承担责任。责任常体现在生活的点点滴滴之中，它可以是风雨中共同撑起的一把伞，是暮色里急切盼归的一种情，是寒夜里灯影下温暖的一杯茶，也可以是深夜回家时亮着的一盏灯……

**材料 6－13** 钱三强和何泽慧是1932年清华大学物理系的同学。清华毕业后何泽慧去了德国，研究弹道技术，钱三强则考入巴黎大学居里实验室，跟着伊莱娜·居里学习镭学。由于战争，德法之间直到1943年才可以通信，而且信不能封口，内容只能限制在25个单词以内。于是何泽慧给7年未见的钱三强写了一封信。信的大意是问钱三强是否还在巴黎，如可能，代她向家中的父母写信报平安。两位科学家的美好姻缘就是从这封短信开始的。1945年，钱三强终于鼓足勇气向远在德国的何泽慧发出了也只有25个字的求婚信：“经过长期通信，决定向你求婚，如同意，请回信，我等你一同回国。”不久，他终于等到了何泽慧的回信：“感谢你的爱情。我将对你永远忠诚，等我们见面后一起回国。”1946年何泽慧来到了巴黎，与钱三强举行了婚礼。

2. 平等互尊

恋爱双方应尊重对方的情感和人格，平等履行道德义务。恋爱双方在人格上是独立的，如果把对方当作自己的附庸，或依附对方而失去自我，都是对爱情实质的曲解。恋爱双方在相互关系上是平等的，都有给予爱、接受爱和拒绝爱的自由，放纵自己的情感或对对方予以束缚或强迫，都是不符合恋爱道德要求的。

3. 文明相爱

恋爱过程中要有高尚的情趣和健康的交往方式，文明相亲相爱。即恋爱双方既要相互爱慕，又要举止得体，相互尊重，而不是在态度、举止、语言等方面粗俗和放纵。恋人在公共场所出入，也要遵守起码的社会公德，不要对他人生活和公共生活造成不良影响。马克思指出：“真正的爱情是表现在恋人对他的偶像采取含蓄、谦恭甚至羞涩的态度，而绝不是表现在随意流露热情和过早的亲昵。”我国著名作家丁玲也曾说，轻率地玩弄恋爱正如玩火一样，随时有自焚的危险。因此，恋爱中的男女一定要做有道德的恋人。

（三）大学生恋爱应理性

莘莘学子，才情荟萃，又正值青春妙龄，心理上不可避免地萌生情感意识。因此，大学生追求自由与恋爱成为校园永恒的话题。大学时代是人生的花季，爱情则是艳丽的花朵，花儿需要精心照料才不至于过早凋谢，爱情也需要倍加呵护才不会中途夭折。大学生恋爱一定要注意以下几点。

1. 明白爱是权利，更是责任和义务

爱不仅是一种权利，更是一种责任和义务，爱的权利和义务是不可分割的，恋爱双方必须以高度负责的态度来对待恋爱。苏联教育家苏霍姆林斯基在《给儿子的信》中曾教导儿子：“要记住，爱情首先意味着对你的爱侣的命运、前途承担责任。想借爱情寻欢作乐的人，是贪淫好色之徒，是堕落者。爱，首先意味着献给，把自己的精神力量献给爱侣，为他（她）缔造幸福。”在大学生中流行着“不求天长地久，但求一朝拥有”的顺口溜，容易使一些同学只为追求一时的感情寄托而游戏人生、滥施情感。这种态度所表达的也并不是一种积极的恋爱心态。把爱情当成游戏既会伤害对方，也会伤及自身。

2. 摆正爱情在人生中的位置

（1）爱情不是大学生活的全部　大学生活的主旋律应该是学习，而不是谈情说爱。随着近年来大学不断的扩招，大学生毕业后面临着巨大的就业压力，再加上现实就业中对女性的歧视，这些都对大学生提出了更高的要求。大学生要不断拓宽知识面、开发智力、提高能力、掌握更全面的知识，以不断增强自己的竞争力。而有些同学谈了恋爱后，不思茶饭，更不思学习，这就是本末倒置了。理智的爱情应该能够摆正爱情和学业的关系，健康的爱情应该能够促进双方学业的进步。

（2）摆正爱情和学习的关系　奉行爱情至上主义，沉湎于感情缠绵之中，整天卿卿我我而耽误学习，虚掷光阴的实例在大学校园中并不鲜见。学习是大学生的首要任务，学到真正的本领是成就事业的基础。没有事业的爱情是苍白的、空洞的；而有事业做奠基的爱情是坚实的、牢固的。相爱的双方，不能只管眼前的欢乐，要放眼未来，早做计划，互相支持，给爱情打造一个可能的“归宿”，这样才不至于因无所作为而面临“劳燕分飞”的尴尬结局。

3. 培养良好的恋爱道德

（1）恋爱双方要彼此真诚　恋爱中的任何一方都不能因为自己的某些不足而故意隐瞒，或者欺骗对方，这样换来的爱情是先天不足的，是自私的，也是不道德的。作为恋爱中的大学生，一方面要彼此真诚，不能在彼此相处的过程中，就某事故意隐瞒，甚至是欺骗对方，要以心换心，彼此忠诚。另一方面要相互包容。每个人都有缺点，都会犯错误，恋爱中的男女也是如此。关键是一方犯了错误，另一方能容忍、包容，这才是真诚的爱情。

（2）不将爱情功利化　男女之间真挚的爱情不仅是自然生理需要的冲动和相互需要，更是志趣的相投和心灵的相通。只片面追求外在形象，或者只看重经济条件，或者仅仅把恋爱看成是摆脱孤独寂寞的方式，都无法产生真挚的感情。

（3）严肃对待爱情，不能朝秦暮楚　当自己确实接受不了对方的感情时，一定要及早向对方讲明，不能含糊其词，使别人心存幻想。有些同学为了扩大选择，“脚踩几条船”，在感情上飘忽不定，这样做是不合适的，应当尽快做出选择，一旦和对方确定了恋爱关系，就应该认真对待，不能见异思迁。有些同学为了追求所谓的爱情，丝毫不顾及自己的行为后果，结果成为插足别人家庭的“第三者”，害人又害己。

（4）注重恋爱的健康与文明　热恋中的情人，行为亲昵无可非议，但关键是要注意场合。有些大学生在谈恋爱时，不注意自己的行为，在公共场合公然做出“搂搂抱抱”“接吻”“勾肩搭背”等不文明行为，让其他同学心生厌恶。苏霍姆林斯基在《给儿子的信》中谈道：“一个人把应当藏在内心深处的、隐秘的、不可侵犯的感情拿出来示众，是一种愚蠢的和下流的行为。”所以，处于恋爱中的大学生应自尊自爱、自我克制，不要因为自己不文明的行为影响了别人，给别人留下不好的印象。

（5）正确面对恋爱中的挫折　每位在大学里谈恋爱的大学生都应有失恋的心理准备，因为任何甜美的爱情，都有失败的可能。随着大学校园里谈恋爱同学的比例不断上升，经历失恋痛苦的学生也必然越来越多。凡失恋后精神低迷、一蹶不振，甚至采取极端手段伤害自己或伤害别人的做法，都是极端愚蠢的。正确的做法是：迅速从失恋的阴影中走出来，把失恋看成是大学生活中的一段插曲，勇敢地振作起来，朝着自己既定的目标奋进。

**材料6－14**　“爸爸、妈妈，我累了，选择这样的方式结束自己的生命与任何人无关，所以不要追究，这样我才能安静地离去，我真的很累了。”这段话是在广东省梅州一所高校就读的二年级学生小尹跳楼自杀前留下的。她在学生宿舍给父母、同学、朋友留下8封遗书后，趁同宿舍3位同学熟睡之际，从7楼跳下结束了自己年仅21岁的生命。警方初步鉴定，该女生是因失恋，心理承受不了，而跳楼自杀的。

近年来，大学生自杀现象屡屡发生。据不完全统计，2001—2005年，各地共报道281名大学生自杀事件，其中209人死亡，72人存活，自杀死亡率为74.4%。南京危机干预中心的调查也显示，因失恋而导致精神受挫自杀的占大学生自杀原因的44.2%。

## 二、婚姻与家庭

### （一）婚姻与家庭的概念

婚姻和家庭是两个既密切相关，又具有明显区别的概念。婚姻是指由法律所确认的男女两性的结合以及由此而产生的夫妻关系。家庭是指在婚姻关系、血缘关系或收养关系基础上产生的，由亲属之间所构成的社会生活单位。婚姻是家庭产生的重要前提，家庭又是缔结婚姻的必然结果，婚姻的成功体现为家庭的幸福，家庭的美满又彰显出婚姻的意义。

婚姻家庭的和谐稳定是社会和谐稳定的基础。因此，注重把握婚姻家庭演变的规律和现实状况，妥善协调婚姻家庭关系，既关系千家万户的幸福，又关系到人际关系的和谐，乃至社会的长治久安。

### （二）婚姻家庭美德

婚姻家庭美德是调节人们婚姻家庭生活关系和行为的道德准则。它是每个公民在婚姻家庭生活中应该遵循的行为准则，涵盖了夫妻、长幼、邻里之间的关系。婚姻家庭美德主要包括以下几个方面：

1. 尊老爱幼

尊老爱幼要求在家庭生活中尊敬、照顾和赡养老人，抚养、热爱和教育子女。中国自古就是一个讲求父慈子孝的国家。“老吾老以及人之老，幼吾幼以及人之幼”“谁言寸草心，报得三春晖”的观念早已深入人心。尊敬老人、赡养老人是每一个子女必须承担的法定义务，也是社会主义家庭美德的起码要求。善待老人，就是善待明天的自己。每个老人都为社会发展做出过贡献，更为抚养和教育自己的子女无私地付出过大量心血，当他们年老体弱时，理应得到社会、子女及家庭成员的尊重与回报。儿童是未来社会的栋梁，是社会和家庭的希望，在他们还不能自食其力的时候，需要得到父母在物质和精神上的照顾与培育。但爱护、照顾子女不等于一味地娇惯子女，无原则地迎合、满足孩子的要求，会使孩子形成任性、放纵、骄横、自私的性格，影响孩子的健康成长。因此，对子女教育应当做到宽严结合，刚柔并济。

2. 男女平等

男女平等要求在家庭生活中男女享有平等的地位、权利和尊严。家庭生活中的男女平等既表现在夫妻权利和义务上的平等、人格地位上的平等，也表现在平等地对待自己的子女。男女平等是社会进步的标志，是家庭美德中最基本的要求。每一个社会成员都应树立男女平等的观念，尊重客观的性别生理差异，消除重男轻女、性别歧视等现象。在家庭生活中，那种男尊女卑、夫权至上或“妻管严”“大男子主义”等现象都是不道德的行为。

3. 夫妻和睦

夫妻关系是家庭关系的核心，夫妻和睦是家庭幸福的保证。夫妻和睦要求在家庭生活中夫妻之间互敬、互爱、互助、互信、互谅。男女因相爱而缔结婚约，建立家庭成为夫妻，夫妻在共同生活中应拥有共同的理想、志趣和在事业上的互相支持。夫妻之间应互相关心体贴，交流真诚坦率，行为光明磊落，处事宽容大度，和睦相处。夫妻之间应努力发展爱的情感，彼此恩爱，忠贞专一。结为夫妻的男女双方，还应该在家庭建设、日常生活、子女教育、赡养老人等方面承担起共同的责任和义务，保证爱的不断延续。

4. 勤俭持家

勤俭持家要求人们在家庭生活中勤奋劳作、节约俭朴、合理持家。常言道“一粥一饭当思来之不易，半丝半缕恒念物力维艰”“勤是摇钱树，俭是聚宝盆”。勤俭持家的生活方式，是兴家之本，富家之路，是中华民族的传统美德。“勤”要求家庭成员要勤劳奋发，积极从事职业活动，从社会获取相应报酬，不断改善家庭的物质生活和精神生活。“俭”则要求家庭成员在社会生活中要节约、俭朴，反对奢侈浪费，不能不顾家庭的收入，不顾整个社会的消费水平，盲目追求高消费。

5. 邻里团结

邻里团结要求在家庭生活中与邻里之间友好往来、互相帮助、和睦相处。邻里关系是一种纯地缘关系，由于地理位置的接近，邻里之间的交往往往较为频繁。邻里关系处理得好，可互为助手，互为依靠，得“远亲不如近邻”之利；邻里关系处理得不好，矛盾丛生、纠纷不断，则会受“恶邻相向”之害。

加强邻里团结，建立良好的邻里关系，要做到“四互”：一是互尊。要尊重邻居的人格，尊重邻居的生活方式和生活习惯，切忌搬弄是非。二是互助。要破除“各人自扫门前雪，不管他人瓦上霜”的旧观念，视邻里的困难为自己的困难，相互之间积极主动地为彼此提供帮助。三是互让。邻里之间长时间相处，难免会有磕磕碰碰。一旦因生活琐事发生矛盾，双方都不必斤斤计较，要相互忍让。四是互谅。要尊重邻居的生活习惯，谅解邻居的苦衷。相互之间要少一点抱怨，多一点宽容；少一点指责，多一点赞扬。

## 第四节　个人品德的养成

### 一、我国公民基本道德规范

（一）公民基本道德规范的内容

2001年中共中央印发《公民道德建设实施纲要》中，第一次明确地提出了“爱国守法、明礼诚信、团结友善、勤俭自强、敬业奉献”的公民基本道德规范。这二十字公民基本道德规范，体现了我国现代社会生活中的道德精华。公民基本道德规范，是对我国现代社会生活中道德规范的高度概括，是社会主义道德的精华。深入认识和理解公民基本道德规范，既要考察它们的历史源流，也要结合现实生活特别是改革开放和社会主义市场经济的实际，赋予其新的时代内涵。

1. 爱国守法

爱国守法要求公民具有高尚的爱国情怀，自觉学法、用法、守法。爱国是人们千百年来巩固起来的对自己祖国的一种深厚的感情。“天下兴亡，匹夫有责”“国盛我荣，国衰我辱”。在当今社会，弘扬爱国主义精神具有新的内涵：一是要增强民族自尊心、自信心和自豪感；二是要以宽广的胸怀融入世界，让理性、开放、包容成为我们对外活动的主要特色，不断提高我国的国际形象；三是要把个人的行动融入推动国家发展、民族复兴的自觉行动中去，使爱国奉献成为每一个人自觉行为的准则。守法是爱国的必然要求，其基本内涵就是学法、知法、用法，自觉维护宪法和法律的权威。我国要建成社会主义法治国家，每个公民都必须具备较强的法律意识，拥有必备的法律知识和自觉地守法行为。做守法公民是现代社会的基本要求。

2. 明礼诚信

明礼诚信要求公民的行为举止、待人接物应文明礼貌，与人交往应诚实守信、诚恳待人、信守承诺。明礼诚信是公民应当遵守的行为准则，它有助于规范人们在社会关系中的行为，提高人的道德素质和社会文明程度，是社会主义精神文明建设的重要内容。“明礼”是做人之本，是文明社会的标志；“诚信”是对“明礼”的进一步深化和升华。一般说来，“明礼”是人的行为的外在表现，“诚信”是人的内心状态。诚于内而礼于外，是对明礼诚信的最佳诠释。明礼只有表现出人的内心诚信本质，才不会流于虚伪的形式；诚信，只有通过明礼的外在形式，才能最恰当地表现出来。

3. 团结友善

团结友善要求公民之间应该和睦友好、互助互爱、与人为善。团结意味着人与人之间应团结友好，平等相处，每个人都应用一种豁达的心态去分享别人的成功，用一种欣赏的眼光去肯定别人。人们之间良好的相处、合作，有助于建立一种健康和谐的人际关系，也有助于社会的和谐。友善是指友好、友情、善良、善意、与人为善等内涵。美国著名作家马克·吐温说：“善良为一种世界通用的语言，它可以使盲人‘看到’、聋子‘听到’。”善意产生善行，同善良的人接触，往往能使智慧得到开启，灵魂变得纯洁，胸怀更加宽广。在当今社会，人与人之间的交往更加趋于平凡，学会适应和理解，人与人之间定会多一份融洽，少一点隔阂。一个始终想着自己的得失，总对别人心存戒备、狂妄自大的人，是永远不会体验到友善与合作的愉快的。

**材料 6－15** 清朝著名学者辜鸿铭在《中国人的精神》中曾有这样一段描述：“中国人过着一种心灵的生活。那种心灵就是我们民族的底蕴，正是这种发自内心的友善，使我们的民族和国家赢得了‘礼仪之邦’‘文明之邦’的美誉；也正是那种内心的平和，使我们能正确地看待自己，乐观地面对生活和世界。”团结友善是炎黄子孙固有的本性，是中华民族得以昌盛繁衍的根本。所以，没有团结就没有和平与发展，没有友善就没有生活的烂漫。

4. 勤俭自强

勤俭自强要求公民应勤奋工作、简朴节约、积极进取、发愤图强。勤俭是中华民族的传统美德，勤俭可以积沙成塔，集腋成裘。勤俭也要求人在生活消费上量力而行、量入为出，不盲目攀比，不追赶时髦，不片面追求高消费，珍惜劳动果实，做到节俭而不吝惜，大方而不浪费。人生道路不可能一帆风顺，每个人都会遇到困难和挫折，在困难面前，在逆境之中，勇敢者总能自强不息，奋勇向前。自强不息表现了人们顽强的毅力和不屈不挠的精神风貌。年轻的大学生正处于成就事业的人生黄金期，更应该弘扬自强不息、积极向上、坚忍不拔、勇于拼搏的奋斗精神，把自己的人生书写得更加完美。

5. 敬业奉献

敬业奉献要求公民应该忠于职守、兢兢业业、克己为公、服务社会。要做到敬业奉献，必须做到：一是要有对职业充满无限热情的态度。罗宾斯说：“我们欣赏那些对工作充满满腔热情的人，欣赏那些在工作中把奋斗、拼搏看作人生的快乐和荣耀的人。没有热情，军队就不能打胜仗，公务员不能处理随时发生的公共事务，商人不能到全世界做生意。”所以，唯有热情，方可激发你的潜能，驱使你兢兢业业地去完成工作任务。二是要有对职业不断精益求精的精神。对自己的职业工作要做到一丝不苟，不断追求完美，高质量地完成自己的工作任务。三是要有对社会追求无私奉献的品质。孔繁森同志说：“把自己当作泥土吧，让众人把你踩成一条路。”这就是无私奉献精神的最好写照。所以，我们只有树立起爱岗敬业、奉献社会的精神，培养自己对工作岗位的深厚感情，不断追求完美、乐于奉献，才能干出一番事业。

公民基本道德规范涵盖了社会生活中的各个领域，在内容上相互联系，在实践中相互作用、交叉渗透。大学生是祖国的未来，更应自觉践行公民基本道德规范，使自己的思想不断得到陶冶，精神生活不断得到充实，道德境界不断得到提高。

（二）公民基本道德建设的意义

1. 公民基本道德建设有助于推动市场经济的发展和完善

马克思曾经说过："道德是以实践精神来把握世界的一种特殊方式。"道德对市场经济的调节作用主要是通过对人的经济行为的调节。我国公民基本道德规范具有巨大的教化、激励和导向功能，它在振奋民族精神，增强民族凝聚力、意志力和协同力方面都发挥着极其重要的作用。

公民基本道德规范涵盖了社会公德、家庭美德、职业道德和个人品德四方面的内容。社会公德可以为经济活动创造优越的人文环境，为推动社会经济发展提供精神动力；职业道德保证经济活动有序运行，是生产活动中影响社会文明与进步的重要力量；家庭美德，是维护家庭幸福、社会和谐的重要前提；个人品德是社会和谐的重要基础，是社会主义市场经济发展的重要保障。因此，公民基本道德建设是保证社会主义市场经济健康发展的基础，也是推动市场经济发展和完善的精神动力。

2. 公民基本道德建设有助于社会道德建设和社会稳定

公民基本道德规范的提出，体现了历史传统与时代精神的有机结合，既继承和弘扬了我国优良的道德传统，又体现了新时期对道德建设的要求，丰富和拓展了社会主义道德体系的内容，对新时期社会主义道德建设起到了引领作用。同时，公民基本道德规范的内容涵盖面广，涉及社会生活的方方面面，有利于推动家庭和谐、社会稳定。

3. 公民基本道德建设有助于提高全民族的道德素质

公民基本道德规范，表达得言简意赅、科学准确、通俗好记，使每个公民对这些规范能耳熟能详，身体力行。公民基本道德规范可以引导每个公民遵守基本的行为准则，使公民在参与中提高道德素质，锤炼道德品质。公民基本道德规范还可以综合运用道德教育、法规制度、行政管理和社会舆论等方式，实现个人自律与社会监督相结合，营造扶正祛邪、扬善惩恶的社会风气，有利于培养有理想、有道德、有文化、有纪律的高素质的社会公民。

## 二、诚信是公民道德建设的重点

（一）诚信的社会价值

诚信就是指待人处事真诚、老实、讲信誉，言必信、行必果，一言九鼎，一诺千金。诚信是道德建设的根本，是做人的基本准则。宋代哲学家陆九渊曾说："人而不忠信，果何以为人乎哉?人而不忠信，何以异于禽兽者乎?"孔子说："人而无信，不知其可也，大车无輗，小车无軏，其何以行之哉?"也就是说失信于人，什么工作也开展不起来。所谓人无诚信不立，家无诚信不和，业无诚信不兴，国无诚信不稳，世无诚信不宁。可见，诚信在人类社会中是非常重要的。

1. 诚信是立人之本

诚信是中国人的传统美德之一，是公民的第二张"身份证"，是个人高尚人格力量的集中表现。人若不讲信用，在社会上就无立足之地，什么事情也都做不成。我国古代也有商鞅立木许诺，获得百姓信任；季扎挂剑履约，传为千古佳话。

当今市场经济社会，社会关系愈发复杂，人际交往更加平凡，要成功实现自身价值，"人脉"尤显重要。与人交往只有以心换心、以诚相待，才能取得别人的信任，得到别人的帮助；相反为了一己私欲而不择手段，损人利己，将一定会被社会、被他人所"遗弃"。

2. 诚信是齐家之道

"家和万事兴"是所有中国家庭所秉承的齐家原则。中国人最重视家庭的和睦，认为家庭的和睦是一个人取得事业成功、社会认可的根本。诚信是一个家庭和睦的前提。魏征说："夫妇有恩矣，不诚则离。"意思是说：只要夫妻、父子和兄弟之间以诚相待，诚实守信，就能和睦相处，达到家和万事兴的目的。相反，若家人彼此缺乏忠诚、互不信任，家庭便会逐渐崩溃。

3. 诚信是经商之魂

在现代社会，商人在签订合约时，都会期望对方信守合约。诚信更是各种商业活动的最佳竞争手段，是市场经济的灵魂，是企业家的一张真正的“金质名片”。很难设想，一个不讲诚信、不守信用的单位或企业，在现代法治社会会有长期立足之地。一项社会事业也只有依靠诚信立业，才能顺利发展。

4. 诚信是为政之基

《左传》云：“信，国之宝也。”指出诚信是治国的根本法宝。孔子在“足食”“足兵”“民信”三者中，宁肯“去兵”“去食”，也要坚持保留“民信”。因为孔子认为“民无信不立”，即如果人民不信任统治者，国家朝政根本立不住脚。因此，统治者必须取信于民。中国自古就有“民为邦本，本固邦宁”“得民心者得天下，失民心者失天下”的明训，这些话至今仍然是至理名言。

**材料 6－16** 商鞅“立木为信”的故事至今广为流传。春秋战国时，秦国的商鞅在秦孝公的支持下主持变法。当时处于战争频繁、人心惶惶之际，为了树立威信、推进改革，商鞅下令在都城南门外立一根三丈长的木头，并当众许下诺言：谁能把这根木头搬到北门，赏金十两。围观的人不相信如此轻而易举的事能得到如此高的赏赐，结果没人肯出手一试。于是，商鞅将赏金提高到50两。重赏之下必有勇夫，终于有人站起将木头扛到了北门。商鞅立即赏了他50两金子。商鞅这一举动，在百姓心中树立起了威信，而商鞅接下来的变法很快就在秦国推广开了。新法使秦国渐渐强盛，最终秦国统一了中国。

（二）大学生与诚实守信

总体来说，当代大学生的诚信状况是好的，是积极向上的，然而近些年来，受社会上一些不良风气的影响，被视为一方净土的大学校园也出现了诚信缺失的问题，大学生诚信缺失的现象越来越突出，对此必须引起社会的高度重视。

1. 大学生诚信缺失的表现

（1）行为不端普遍存在　大学生做事不讲信用的现象在大学校园里普遍存在。不守时间、不遵循规章制度、投机取巧、言行不一、出尔反尔等不诚信行为经常发生。很多高校图书馆购入的书籍，几年后常常由当初的几十本变成了几本甚至孤本，高校图书的流失量平均在借书总数的10%左右。这些做事不计后果、缺乏诚信的现象，严重损害了大学生的自身形象。

（2）弄虚作假时有发生　一是考试作弊屡禁不止。大学生考试作弊时有发生，有些地方还出现了以赚钱、营利为目的，有组织、有中介的“职业枪手”队伍。二是求职简历注水花样百出。为了在就业竞争中找到好的工作，一些大学生在个人履历上大做手脚。

（3）恶意欠款屡屡出现　一是恶意拖欠助学贷款。国家为解决贫困大学生在求学上的经济困难，设立了国家助学贷款制度，提供了“绿色通道”服务，以助学生完成学业。但有不少学生通过贷款渠道获得贷款，却挪作他用，毕业之后欠贷不还。据调查，国有商业银行国家助学贷款坏账比例高达10%，远远高于普通人贷款1%的比例。由于坏账率过高，有些银行已将多所高校列入暂停发放助学贷款的“黑名单”。二是恶意拖欠学费。近年来，恶意拖欠学费现象在许多高校普遍存在，而且拖欠金额逐年递增，拖欠学费的大学生的人数也逐年增多。拖欠学费的同学中，大多数是把父母给他的学费用于个人日常开销，甚至用于吃喝玩乐上，而无力支付学费。

**材料 6－17** 中国人民银行总行行长曾痛心疾首地说：“从1999年起至今我们一直为困难大学生提供助学贷款，然而，到目前为止，拖欠贷款的比例还一直徘徊在20%～40%之间。我们是怀着一颗炽热的心送出我们的帮助，但收获的结果却令人心寒。”

甘肃某高校201名申请助学贷款的大学生，毕业后竟无一人主动向银行告知其联系方式。江苏某大学曾在校园网上对47名到期仍不偿还国家助学贷款的毕业生名单进行公示，该“公示”称，若20天内这些学生既没有还款，又不与学校或银行联系，学校将在其他媒体上予以公示，直至追究相关法律责任。

2. 大学生诚信缺失的原因

（1）社会的负面影响　市场经济一方面极大地调动了人们的积极性和创造性，另一方面也诱发了人们的求利心理。在趋利心理的驱使下，诱发了社会许多领域的“诚信危机”。权钱交易、银行坏账、农民工工资拖欠、市场假冒伪劣猖獗、坑蒙拐骗等失信现象无处不在。这些不诚信现象不仅损害了我们的切身利益，更重要的是破坏了社会信用体系建设，阻碍了社会的健康发展。大学生的人生观、价值观还没有完全形成，社会上的不诚信现象给大学生的理想信念教育带来了许多负面影响，成为大学生不诚信的直接诱因。

（2）学校教育滞后　在大学阶段，对学生进行德育教育虽有所重视，但与智育相比依然屈居第二。德育工作说起来重要，做起来次要，忙起来不要。这种教育模式必然导致学生在以诚信为主要内容的德育素质低下，必然造成学生诚信品格的缺失。

（3）大学生的诚信意识淡薄　当今大学生以独生子女居多，他们长期享受着家长的庇护，养成了不同程度的依赖、虚荣、自私、逆反等心理，对自己的行为很少承担责任。许多学生到了大学后才开始独立生活，独立处世，社会生活经历比较简单，道德心理更不成熟。由于大学生们涉世不深，再加上自身心智不够成熟，所以他们在一定程度上缺乏理性思辨和分析选择的能力，致使他们对不诚信的危害缺乏认识，诚信意识较为淡薄。

3. 对大学生诚信缺失的应对

（1）加强对大学生的诚信教育，培养大学生的诚信意识　加大诚信宣传力度，把诚信教育融入学校教育的各个环节，以引起全体大学生的高度重视。要让大学生认识到只有诚信才是真正的核心竞争力，才能帮助大学生尽早实现自身的目标。教育大学生要经常进行自我反省与自我沟通，不断提升自己的道德修养，给自己创造更多的机会，用行动改变自己的命运。

（2）学校应加强监管，建立健全规章制度　高校在管理上还有很多有待于改进的地方。例如，对学生的诚信表现监督不力，缺少惩治“诚信缺失”的有效手段和机制，对大学生的不诚信行为不能给予应有的处罚，对坚守诚信的学生不能给予精神或物质上的鼓励等。制度上的缺失客观上为学生不守诚信创造了条件和机会。因此，要采取一些惩罚措施，让学生感受到不诚信的后果，从反面来教育大学生明白诚信做人的重要性。

## 三、培养良好的个人品德

个人品德是个人道德品质的总称，是指个人通过自觉的道德修养和社会道德教育并依据一定的道德原则规范行动时所表现出来的稳固的个人倾向和习惯。个人品德不仅表现了一个人的道德修养，它对个人生命过程中的许多方面都起到至关重要的影响作用。意大利诗人但丁曾经说过：“一个知识不全的人可以用道德去弥补，而一个道德不全的人却难以用知识去弥补。”由此可见，在知识、能力和道德三者中，道德是做人的根本。

### （一）锤炼个人品德，升华人生价值

1. 个人品德是安身立命的保证

（1）人品是职业竞争的关键　俗话说：修养是人的第二身份。随着我国市场经济的发展，就业竞争越来越激烈。那么在这样一个竞争激烈的时代，怎样才能让自己脱颖而出，找到自己心仪

的工作呢？我们认为，找工作不仅仅要有良好的专业背景，即需要扎实的专业知识和技能，更重要的是要有良好的道德素质，即优秀的个人品格。许多单位在招收员工时，在注重专业水平的基础上，更注重考察应聘者的个人品德。他们认为，专业知识有欠缺的人可以通过实践在工作中得到弥补，但是如果一个人的“品德”有问题，就很难成为一个优秀的员工。

（2）人品是维系友情、爱情的关键　每个人都喜欢结交为人正直、诚实守信的人。一个在你身处逆境仍然对你不离不弃的人，一个在自己身处顺境始终与你平等相处的人，一定能成为你最好的朋友。爱情也是如此。两个彼此爱慕的男女必定是志同道合、相互倾慕的一对，这样的爱情，必定能演绎出快乐的人生；而那些刻意追求财富、地位、容貌等，把爱情当筹码的情感绝不会长久，即使捆绑在一起，也绝不会幸福。所以，无论是友情还是爱情，最后实际上是人品的相互吸引。

**材料 6-18**　2008 年 3 月 13 日《大学生周刊》刊登了一份名为“当代女大学生最应具备什么?”的调查，列出了“美貌、善良、孝顺”等 25 个词，让男生投票选出他们最看重的女生品质。结果超过半数的男生选择“善良”和“孝顺”两个词语，紧随其后的是“自尊”“自信”和“独立”，而“美貌”则受到男生们的冷落，没能进入前十位。通过这份调查我们就可以很清楚地了解到，男生在选择自己的终身伴侣时最看重的还是人品。

2. 个人品德是塑造完美人格的保证

作为当代大学生，作为让人尊敬、羡慕的天之骄子，应该高度重视自己的人格修养。司马迁说：“才者，德之资也；德者，才之帅也。”当今社会，多数人认为：“德才兼备是上品，有德无才是次品，无才无德是废品，有才无德是危险品。”也就是说，不论是古代哲人还是今天的普通民众都认为，德才兼备是一个人全面发展的基本条件，而其中德更为重要。

周恩来总理的高贵品德赢得了普天下人的赞誉，他一生克勤克俭、廉洁自律、光明磊落、大公无私、鞠躬尽瘁、死而后已。这些优秀的品质已成为中华民族宝贵的精神财富，曾经感召着一代又一代中华儿女奋发向上，也将会激励当代大学生超越平庸的生活，铸就高尚的人格。

（二）加强个人品德修养的途径

道德修养是指个人在道德意识、道德行为等方面，自觉地按照一定社会或阶级的道德要求，所进行的自我审度、自我教育、自我锻炼、自我改造和自我完善的活动。锤炼个人品德首先应加强个人道德修养的自觉性。我国古代就有很多加强修养的好方法，如《中庸》所说：“好学近乎知，力行近乎仁，知耻近乎勇。知此三者，则知所以修身。”这些方法对我们今天仍具有很好的借鉴作用。

1. 认真学习，提高道德认识

认真学习社会道德规范，提高对社会主义道德体系及其要求的认识，是进行道德修养、锤炼个人品德的基本途径。一个人只有知道了做什么，了解了为什么这样做，才能产生相应的行为。

（1）学思明理　学习思考，明白道理。认真学习和掌握社会主义道德理论和做人的道理，并对所学的道德理论和人生哲理予以深入思考，掌握社会主义道德规范的要求及其评价准则，明辨是非、分清善恶，懂得美丑。

（2）择善而从　虚心学习，择善从之。正如《论语·述而》中所言：“三人行，必有我师焉，择其善者而从之，其不善者而改之。”人们在现实生活中应勤于学习，善于学习，取长补短，以增进知识，提高修养。优秀人物的优良品质和榜样的示范作用具有极大的感召力和感染力。认真学习优秀人物的优良品德、高尚的道德情操，努力仿效，从小事做起，循序渐进，不断塑造自己优良的个人品德。

2. 勤于实践，加强道德训练

勤于实践，不断重复和强化自己的道德行为，是进行道德修养、锤炼个人品德的根本途径。

知易行难，行重于言。个人道德修养不能“坐而论道”，必须落实到行动上。

(1) 知行统一 通过道德实践，实现道德认知与道德行为的有机统一，把外部的道德教育转化为个人内在的道德品质。一个人虽有高尚的道德认知，但如果没有躬行道德认知的实践，照样不能成为道德高尚的人。所以，对于道德知识而言，“无行则无知”。

(2) 积善成德 精心地维持自己的善意，精心地保持自己的善行，使其不断地积累成为个人品德。古人云：“勿以善小而不为，勿以恶小而为之。”《荀子·劝学》中也说：“积土成山，风雨兴焉；积水成渊，蛟龙生焉；积善成德，而神明自得，圣心备焉。故不积跬步，无以至千里；不积小流，无以成江海。”道德行为也是一个积累的过程，一个个小的行为，一次次重复的动作，最终形成了自己的道德个性。

3. 严格要求，完善道德品质

开展自我批评，严格要求自己，净化自我心灵，保持良好的品行，是进行道德修养、锤炼个人品德的重要途径。

(1) 慎独自律 “慎独”是指在个人独处、无人监督时，也坚守自己的道德信念，对自己的言行，小心谨慎，自觉按道德要求行事，不做任何不道德的事。古代先贤把“慎独”作为完善道德品质的一种方式，强调一个人自觉践行道德行为的意义；强调修养在“隐”和“微”上下功夫；强调即使在不为人知的情况下，也能做到言行一致，才是对人的道德水平的真正考验。

(2) 省察克治 金无足赤，人无完人。每个人都难免有这样或那样的缺点和错误，都难免有不足的一面，这是很正常的。关键在于个人能否经常反复检查和发现自己思想上的不良念头、行为上的不良习惯，并坚决克服和整治所发现的不良念头和习惯。曾子曰：“吾日三省吾身，为人谋而不忠乎？与朋友交而不信乎？传不习乎？”意思是说：我每天拿三件事情来反省自己：替人家谋事，有没有尽心尽力呢？和朋友交往有没有谨守信诺呢？老师所传授的课业，有没有再三温习呢？只有坚决改正自己思想、道德和行为上存在的问题，才有可能在实践中不断改造和完善自我，成为一个有道德的人。

**材料6-19** 夏朝时候，一个背叛的诸侯有扈氏率兵入侵，夏禹派他的儿子伯启抵抗，结果伯启被打败。伯启的部下很不服气，要求继续进攻，但是伯启说：“不必了，我的兵比他多，地也比他大，却被他打败了，这一定是我的德行不如他，带兵方法不如他的缘故。从今天起，我一定要努力改正过来才是。”从此以后，伯启每天很早便起床工作，粗茶淡饭，照顾百姓，任用有才干的人，尊敬有品德的人。过了一年，有扈氏知道了，不但不敢再来侵犯，反而自动投降了。

(3) 陶冶情操 提高对自然、社会和艺术美的感受，在丰富的社会生活实践中，以各种丰富、高尚的感情和志趣，启迪自我的心灵，不断培养和加深自己的道德情感，激发道德需要和欲望。道德情感的内容非常丰富，包括爱心、同情心、感恩心、义务感、名誉感、自尊感等。要完善自我道德、锤炼个人品德、追求理想的道德人生，必须培养高尚的道德情感和道德情操。

总之，如果每个社会成员能长期坚持运用这些方法践行道德修养，他就能够使自己不断进步、不断完善，形成良好的个人品德，成为一个品德高尚的人。

**学习思考**

1. 怎样理解社会公德需要公共秩序？
2. 职业道德有哪些基本要求？
3. 大学生恋爱应注意哪些问题？
4. 怎样理解诚实守信是公民道德建设的重点？

# 07 Chapter 第七章 法的一般理论

第二次世界大战结束后，希特勒的许多部下都被送上了审判台。在审判中，一个被告的辩护律师在辩护中问了三个问题：①在第二次世界大战中，希特勒的部下执行的是不是希特勒的法令？②希特勒的法令是不是法律？③法律的本质是不是公平、正义？这三个问题却让法官尴尬不已。

显然，这个辩护律师运用了严密的逻辑推理，推理的前提是建立在早已为西方社会普遍接受并作为公理的观念：法律是公平、正义的象征。而此刻，恰恰是这个本来无可非议的具体案例，使得这个早已为西方社会普遍接受的“公理”，陷入了自相矛盾和难以自圆其说的境地。那么，法的本质究竟是什么？公平、正义与法律到底是什么关系？这些正是法理学所要研究的问题。

## 第一节 法的概念、本质与特征

### 一、法的概念

法作为一种社会规范，以社会关系为其调整对象。社会关系是人们相互交往的过程中所发生的各种关系，法通过调控人们的行为来调控社会关系。法主要通过规定人们的行为模式，即应当如何行为、可以如何行为、禁止如何行为，来调整人们的行为。不仅如此，法还规定当行为人违背法律规定的行为模式时，应该承担的特定不利后果。

法是由国家制定或认可并以国家强制力保证其实施的具有普遍约束力的行为规范体系。广义的法是指国家制定或认可，并由国家强制力保证实施的各种行为规范的总和；狭义的法是指拥有立法权的国家机关依照立法程序制定和颁布的规范性文件，即法律。

**材料7－1** 古代曾有神兽决狱的传说：相传在很久很久以前，有一个部落联盟生活在黄河流域。该部落联盟首领舜委任皋陶为司法官。皋陶正直无私，执法公正，非常受人爱戴。他在处理案件时，若有疑难，就令人牵出一头神兽，该神兽名廌，又名獬豸。

在现代汉语中使用的“法”字，其古体字写作“灋”。《说文解字》解释此字为“刑也，平之如水，从水；廌，所以触之不直者去之，从去。”传说，古代有一种神奇的独角兽，叫“廌”，“能治狱，能别曲直”，其“性知有罪，有罪触，无罪则不触”。这种传说，说明了古人崇尚正义、期待公平的思想。

问：上述传说和解释表明了法的何种属性？

### 二、法的本质

（一）法是统治阶级意志的反映

法是以国家政权意志形式出现的，而国家政权又由执政阶级掌握，因此法首先主要体现执政阶级的意志。法的阶级性是指在阶级社会，法所体现的国家意志是统治阶级的意志。

在理解法的阶级性时，应注意以下两点：一是法体现的统治阶级意志，不是统治阶级内部的各党派、集团及每个成员的个别意志，也不是这些个别意志的简单相加，而是统治阶级的整体意志、共同意志或根本意志。二是法体现统治阶级的意志，但并不是说统治阶级意志均体现为法。法仅是体现统治阶级意志的一种方式，统治阶级的意志还可以通过其他方式体现，比如本阶级政党的纲领等。

（二）法的内容由统治阶级的物质生活条件决定

法体现执政阶级的意志，但执政阶级的意志并非凭空产生，而是由其所处的社会物质生活条件决定的。也就是说，一方面，法最终决定于社会的物质生活条件，受社会生产力发展的制约。立法者不能随心所欲地立法，法应当是对现存社会物质生活条件的记载、认可、宣布。另一方面，法当然也要对社会物质生活条件发生反作用，而不是消极地反映社会物质生活。法的物质制约性是指法的内容和法所体现的统治阶级意志最终是由一定社会物质生活条件决定的。离开这一客观条件，法律便不会产生，产生了也没有存在的价值。

**材料7-2** 中国古代的“五刑”是五种刑罚的统称，可分为奴隶制五刑和封建制五刑。奴隶制五刑是指墨、劓、刖、宫、大辟。封建制五刑指笞、杖、徒、流、死。奴隶制五刑在汉文帝之前通行，封建制五刑在隋唐之后通行。两种五刑制只是对古代刑罚的一种概括，不能完全包括古代的刑罚制度。现代，我国刑法规定了管制、拘役、有期徒刑、无期徒刑和死刑五种主刑，还规定了罚金、剥夺政治权利、没收财产等附加刑。不同的社会阶段，刑罚的方式完全不同，说明了法律的内容是与社会的物质生活条件是紧密相连的。

问：古代刑罚与现代刑罚的不同说明了什么？

## 三、法的特征

（一）法是调整行为关系的社会规范

人们在社会生活中的方方面面都有许多规范需要遵守。这些规范都为人们的行为提供了标准和指明了方向，都在一定的范围内发生效力。每个社会成员都不仅要遵守宪法、法律、法规、规章，还要遵守各种道德规范、纪律规范等。正是由于这些社会规范的存在，社会才能处于有序的状态之中。法的规范性是指法所具有的规定人们行为模式、指导人们行为的属性。

（二）法以国家政权意志的形式出现

法与其他社会规范的不同在于：法是国家制定或认可的具有特定形式的特殊社会规范，法是国家意志的体现。它包括两重意思：一是法是由立法权的国家专门机关制定、认可、修改、补充和废止的，都是依赖于一定的国家政权进行的；二是法是由国家强制力保障实施的。任何一种社会规范的实施都要靠一定的强制力，但法律规范实施的强制力是靠国家权力作为后盾的，是与法庭、监狱、警察连接在一起的。

（三）法具有普遍性、明确性和肯定性

法的普遍性，是指法作为一般的行为规范在国家权力管辖范围内具有普遍适用的效力和特性。任何个人和团体都必须遵守，没有可以凌驾于法律之上的特殊个人或团体。法的明确性和具体性，是指法律规范都以具体的形式，明确地、肯定地为人们的行为提供标准，而不是模糊的、伸缩性很大的社会规范。

（四）法以权利和义务为内容

法律规则是由行为模式和后果模式构成。无论是行为模式还是后果模式都包含了权利和义务两方面的内容。例如，宪法规定："公民的人身自由不受侵犯，公民的住宅不受侵犯。"这是一种行为模式，包含了公民享有人身自由和住宅不受侵犯的权利，也意味着公民应承担不侵犯他人的人身自由和住宅安全的义务。再如，合同法规定"欺诈合同无效"是一种后果模式，既包含了合同权不受欺诈的权利，也包括不得通过订立合同欺诈他人的义务。所以，法是以权利义务为内容的社会规范，法是通过设定和运行权利义务的方式来调整人的行为和社会关系的规范。

## 第二节 法律关系

### 一、法律关系的概念与特征

法律关系是法律在调整人们行为的过程中形成的特殊的权利和义务关系。或者说，法律关系是指被法律规范所调整的权利与义务关系。法律关系是以法律为前提而产生的社会关系，没有法律的规定，就不可能形成相应的法律关系。法律关系是以国家强制力作为保障的社会关系，当法律关系受到破坏时，国家会动用强制力进行矫正或恢复。法律关系的特征主要表现如下。

（一）法律关系是以法律为前提而产生的社会关系

没有法律规范的存在，就不可能形成与之相应的法律关系。只有纳入法律调整范围内的社会关系方可称之为法律关系。

（二）法律关系是以法律上的权利、义务为内容而形成的社会关系。

当事人之间按照法律或约定分别享有一定的权利或承担一定的义务，以法律上的权利和义务为内容联结人们之间的关系。

（三）法律关系是以国家强制力作为保障手段的社会关系

法律规范的行为模式反映的是国家意志，当法律关系受到破坏时，即意味着国家意志所授予的权利受到侵犯，所设定的义务被拒绝履行，因而国家必然运用强制力给法律关系以保障。

**材料7-3** ①小王和小李是一对恋人。周末，小王约小李一起去看电影，小李应允。但到了约定的时间，小王一直没有等到小李的到来。②甲公司与乙公司签订了一份买卖合同。合同约定，甲方最迟在5月10日付款，乙方在收到付款后的次日交货。如果甲方按照约定付款，乙方未能按照约定的时间交货，怎么办？

问：①小王可否请求法律援助？为什么？②甲方可否请求法律援助？为什么？

### 二、法律关系的构成要素

（一）法律关系的主体

1. 法律关系主体的概念

法律关系的主体是指法律关系的参加者，也就是在具体法律关系中享有权利并承担义务的个人或组织。根据我国相关法律规定，法律关系的主体包括：公民（自然人）、法人、非法人组织、国家。

2. 法律关系主体的资格

作为法律关系的主体必须具有相应的权利能力和行为能力。权利能力是指法律关系的参加者依法享有权利和承担义务的能力或资格。行为能力是指法律关系的主体以自己的行为去享受权利并承担义务的能力或资格。

公民（自然人）行为能力与权利能力原则上应该是统一的，但在具体结合上，又不完全统一。具有行为能力的公民，必须首先具有权利能力，但不是所有具有权利能力的人，都有行为能力。行为能力必须达到一定的年龄，并能通过自己的意志对自己行为的目的、性质和后果等进行辨认和控制时，才具有行为能力。

在我国，民法通则根据自然人的年龄和精神健康状况的不同，把公民的民事行为能力分为三类：完全民事行为能力人、限制民事行为能力人和无民事行为能力人。法人或非法人组织的权利能力和行为能力是同时存在的，他的行为能力是通过其代表来实现的，也可以根据需要委托其他公民或法人代理进行活动。

### （二）法律关系的客体

法律关系的客体是指法律关系主体的权利和义务共同指向的对象。法律关系的客体主要有以下三类。

#### 1. 物

物是指在法律关系中可以作为财产权利对象的物品或其他物质财富。

#### 2. 行为

行为包括作为和不作为。作为即积极的行为，是指以积极的身体举动实施法律所禁止的行为。不作为即消极的行为，是指不实施其依法有义务应实施的行为。

#### 3. 精神财富

精神财富是指人们从事智力活动所取得的成果，如著作权、发明权、专利权、商标权等。

在我国《中华人民共和国民法通则》（以下简称《民法通则》）中，还规定了民事主体的人身权，包括公民的生命健康权、姓名权、肖像权、人格尊严、婚姻自主权等；法人、个体工商户的姓名权；公民、法人的名誉权、荣誉权等都可成为法律关系的客体。

### （三）法律关系的内容

法律关系内容是指法律关系主体相互之间在法律上的一种权利和义务关系。

#### 1. 法律权利

是指法律关系主体依法享有的某种权能或利益，它表现为享有权利的人可以自己做出一定行为，也可以要求他人做出或不做出一定的行为。例如财产所有者在法律规定的范围内，有权处分自己的财产，也有权要求他人不做出有碍于他行使其所有权的行为。法律权利是受法律保护的，当权利受到侵犯时，权利享有者有权向人民法院或有关机构提起诉讼和其他救济。

#### 2. 法律义务

是指法律关系主体依法承担的某种必须履行的责任，它表现为必须做出或不做出一定的行为。如在买卖合同关系中，买方有义务向卖方支付价款，卖方有义务向买方交付商品（作为）；任何一方均不得欺诈另一方（不作为）。法律义务不同于其他义务，它是国家确认的，具有国家强制性，当人们不履行法律义务时，就会受到国家的干预，国家保障这种义务的实现。

法律权利与法律义务是一种对立统一的关系。它们反映一定的社会关系，体现人们在社会生活中的地位及其相互关系。

**材料 7－4** 我国宪法规定：“任何公民享有宪法和法律规定的权利，同时必须履行宪法和法律规定的义务。”这表明，权利和义务是一致的，不允许有只享有权利而不履行义务的人，也不允许有只尽义务而不享受权利的人。这种权利和义务在本质上的一致关系，体现了社会主义制度的优越性和人们在法律上的真正平等地位。

问：如何理解法律规定的权利与义务的一致性？

## 三、法律关系的运行

法律关系的运行过程如图 7－1 所示。

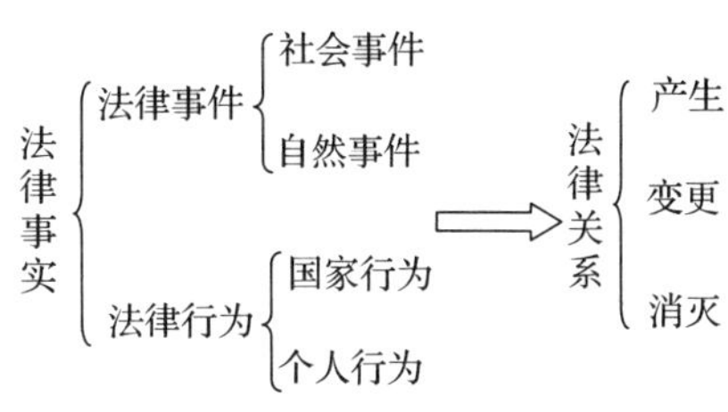


**图 7－1　法律关系的运行过程图**

（一）法律事实

在法学上，凡是能直接引起法律关系发生、变更和消灭的条件或根据，就称为“法律事实”。由于社会生活的复杂性和多样性，法律事实也多种多样，一般可分为两类：

1. 法律事件

凡是能直接引起法律关系的发生、变更和消灭而又与人的意志无关的客观现象，在法学上被称为“法律事件”。法律事件包括社会事件和自然事件。

社会事件是指不以法律关系主体的意志为转移的社会变迁或社会变革，即社会关系的根本变革和重大变化。自然事件是指不以法律关系主体的意志为转移的自然灾害、偶发事件，以及人的生老病死等，如地震、火灾等引起的房屋毁坏，直接导致了房屋所有权关系的变更或消灭，并引起新的法律关系的产生（保险理赔法律关系）。

2. 法律行为

法律行为是指人们把自己的内在思想外化为行为，是人们有意识的作为。法律行为包括国家行为和个人行为。

国家行为包括国家的立法、执法、司法等行为，它们都会产生相应的法律后果。个人行为包括积极行为和消极行为、合法行为和违法行为（有效行为或无效行为）。它们是使法律关系产生、变更、消灭的常态法律事实。

（二）法律关系的产生、变更和消灭

1. 法律关系的产生

法律关系的产生是指在法律关系主体之间所形成的权利义务关系。如因婚姻而产生的夫妻之间的权利和义务关系，因收养而产生的养父母和养子女之间的权利义务关系等。

2. 法律关系的变更

法律关系的变更是指在法律关系存续期间，法律关系的要素发生了变化，从而引起法律关系的变化。它包括法律主体的变更、法律客体的变更和法律关系内容的变更。

3. 法律关系的消灭

法律关系的消灭是指法律关系主体之间的权利义务关系的终止。如因合同义务的履行而导致合同关系的终止等。

# 第三节　法的渊源

## 一、法的渊源的概念

法的渊源是指法的创制方式和表现形式，即法是由何种国家机关，依照什么方式创造出来的，并表现为何种形式的法律文件。

## 二、我国的法律渊源

我国法律渊源的效力等级如图7－2所示

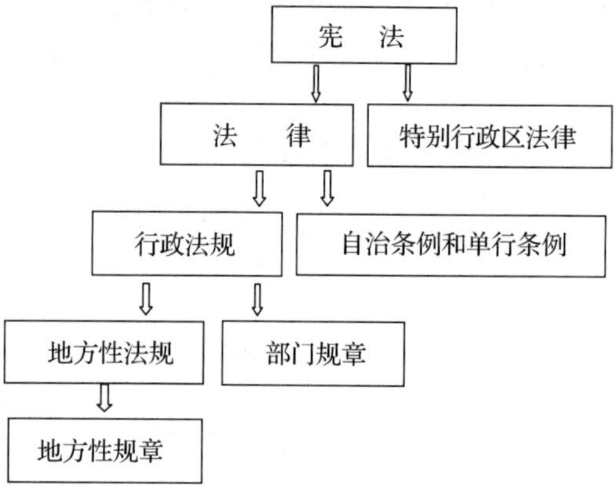

宪法
法律　特别行政区法律
行政法规　自治条例和单行条例
地方性法规　部门规章
地方性规章

图7－2　我国法律渊源的效力等级图

### （一）宪法

宪法是我国的根本大法，具有最高的法律效力和法律地位，是制定一切法律、法规的依据。宪法是由全国人民代表大会按照特别程序制定和修改的。我国现在通行的宪法是1982年由全国人民代表大会制定的《中华人民共和国宪法》。

### （二）法律

法律是由全国人大和全国人大常务委员会制定并颁布实施的规范性法律文件的总称，包括基本法律和基本法律以外的法律。

### （三）行政法规和部委规章

行政法规是最高国家行政机关即国务院为了正确实施宪法和法律而制定的关于国家行政管理活动方面的规范性文件。行政法规的效力次于宪法和法律。

国务院所属各部、各委员会和具有行政管理职能的直属机构根据宪法、法律和行政法规制定的规范性文件称作行政规章或部门（委）规章。

### （四）地方性法规和地方性规章

地方性法规是指有权的地方国家权力机关及其常设机关为了确保宪法、法律和行政法规的实施，结合本行政区内的具体情况和实际需要，依照法律规定的权限，通过和发布的规范性文件的总称。地方性规章是指有权地方国家行政机关为保证法律、行政法规和本行政区的地方法规的遵守和执行，根据法律、行政法规和地方法规制定的规范性法律文件的总称。

### （五）自治条例和单行条例

自治条例和单行条例（自治法规），是指民族自治地方的自治机关根据宪法和法律的规定，根据当地民族的政治、经济和文化特点，制定的规范性文件的总称。

**材料7－5** 我国宪法第116条规定：民族自治地方的人民代表大会有权依照当地的政治、经济和文化特点，制定自治条例和单行条例。自治区的自治条例和单行条例，报全国人民代表大会常务委员会批准后生效。自治州、自治县的自治条例和单行条例，报省或者自治区的人民代表大会常务委员会批准后生效，并报全国人民代表大会常务委员会备案。

问：自治条例和单行条例的备案制度怎样体现了我国立法制度的严肃性？

### （六）特别行政区基本法

特别行政区基本法是根据“一国两制”的基本方针和宪法的规定，按照我国的具体情况，规定特别行政区的基本制度的规范性法律文件。我国宪法第31条规定：国家在必要时得设立特别行政区，在特别行政区内实行的制度按照具体情况由全国人民代表大会以法律规定。我国现在已经颁布实施了《中华人民共和国香港特别行政区基本法》和《中华人民共和国澳门特别行政区基本法》。

### （七）国际条约

国际条约是指两个或两个以上的国家关于政治、经济、文化、贸易、法律、军事等方面规定其相互间权利和义务的各种协议的总称。国际条约属于国际法而不属于国内法的范畴，但在经过法定程序批准生效后，国际条约具有同国内法同等的约束力，从这个意义上说，国际条约也是我国法律的渊源。

## 第四节　法治概述

### 一、法治的内涵

（一）法治的概念

所谓法治就是依靠法律制度来治理和管理社会和国家。实行法治，就意味着把宪法和法律作为国家和社会生活运转的基本准则，任何国家机关、政党、团体和个人都必须在宪法和法律的范围内进行活动，社会成员的活动普遍符合一种良好而又完备的法律规范。

（二）法治不同于法制

法治所体现的是一种依法办事的良好社会状态。法治包括这样一些内容：一是国家要具备完善而良好的法；二是国家法律得以普遍而自觉地遵守；三是已建立健全完备的使法律得以正确适用与遵守的国家权力机构体系，而且这种权力体系是以权力的互相制约、监督为前提条件的。法制则强调一个国家的法律及其制度，着重讲的是法的一系列规则、原则及与此相关的制度，内涵比法治要小得多。

### 二、法治的要求

（一）良好法律制度的建立

法律也有“良法”与“恶法”之称。所谓良法不仅指在形式上表现清楚和明确、统一和稳定、可行和适用、普遍和公开，更重要的是在内容上表现正义和公正、平等和民主、公平和效率，促进和维护公民的自由和幸福、社会的稳定和进步。

（二）社会成员的自觉守法

法治归根到底还是要体现对已有法律的普遍遵守上。社会成员的守法包括普通社会成员的守法，也包括国家公职人员的守法。普通社会成员的守法是法治得以实现的基础。良好的法律从文字变为现实，需要全体社会成员对法律的自觉遵守，否则法治难以实现。只有当所有社会成员自觉敬畏法律、遵守法律，才会有法律之上的权威，一个国家才能达到法治状态。

国家公职人员具有双重身份。他们既是社会普通一员，享受社会普通成员的权利和义务，又是国家机关的人格代表，行使国家机关的权力。国家公职人员在行使权力时，必须依法办事，不得滥用职权或超越职权；在非执行公务时，像普通公民一样行使法律所赋予的权利，承担法律所赋予的义务，不得超越法律享有特权。

（三）有效权力监督机制的确立

为了有效地防止国家公职人员因滥用职权对公民的合法权益造成的侵害，必须对国家机关的权力进行必要的划分和监督，不同的权力由不同的国家机关行使，并在这些机关之间形成必要的监督和制约。

权力分立不等于权力制衡，但权力分立是实现权力制衡的前提条件；权力制衡不等于权力的监督，但权力制衡是实现权力监督的前提条件。没有相互制衡与监督的权力，必然导致权力的腐败。所以，孟德斯鸠说：“一切权力不受约束，必将腐败。”

## 三、法治的目标

十八大报告中明确提出了“科学立法、严格执法、公正司法、全民守法”的十六字方针，这十六个字是对我国法治目标的完整概括，是新时期依法治国的基本方略。

### （一）科学立法

立法是指有权的国家机关依照法定职权和程序，制定、补充、修改或者废止法律和规范性法律文件以及认可法律的活动。立法有广义和狭义之分。广义的立法，泛指一切有立法权的国家机关依法制定各种规范性法律文件的活动。狭义的立法则专指国家最高权力机关即全国人民代表大会及其常务委员会依照法定职权和程序，制定、修改、废除法律的活动。

科学的立法必须体现立法民主原则，即立法应反映和代表最广大群众的根本利益。改革开放以来，我国也制定了许多法律，然而有法难依、有法不依的情况依旧严重。因此，必须从完善立法的角度来体现立法的民主原则。立法民主原则应包括以下含义：

1．立法参与的广泛性

立法不仅是立法机关的专门活动，立法应广泛听取有关职能部门、利害关系主体、一般群众、专家学者的意见和建议，建立起专家学者和有关职能部门多种法律草案的立法渠道，最终由立法部门在对不同草案的比较研究和分析后进行选择和采纳。

2．立法内容的人民性

法律应该而且必须是最广大人民群众根本利益的体现，因此，任何一项法律都不应该仅仅反映和代表一部分人或某些职能部门的利益，也不应该只反映广大人民群众的局部利益和暂时利益，而应体现绝大多数人的根本利益。

3．立法过程的民主性

为了使立法活动过程具有民主性，除了让群众广泛参与立法外，对有关涉及广大民众切身利益的立法还应建立起听证制度。我国《立法法》中明确提出了立法过程可以采取座谈会和听证会的形式，但对听证制度的具体要求未做规定。立法机关应同样对听证的范围、听证的程序、听证的主持、听证的结果公布、听证的主体等做出严格规定。不仅要对有关立法应实行听证制度，对有些重要法律的修改、废除同样应实行听证制度。这样做虽然会增大法律制定、修改、废除的成本，但换来的却是法律的尊严，使执法、守法成本大大降低。法律一旦失去尊严，有法不依、违法乱纪的现象就会蔓延。

### （二）严格执法

执法，又称法律执行，有广义和狭义之分。狭义的执法，仅指国家行政机关在法律规定的权限范围内，按照法定程序对社会事务进行的组织和管理的行为。广义的执法不仅指国家行政机关，也包括司法机关具体适用法律解决具体案件的行为。本书中所论及的是狭义的执法。

我国宪法规定，国家行政机关是国家权力机关的执行机关，国家权力机关制定的法律和其他规范性文件，主要通过国家行政机关的行政行为来执行。执法是最常见的实施法律的活动，是法律实现的主要途径。随着我国社会主义市场经济体制的逐步完善，行政机关依法行政已经成为我国打造法治政府的一个重要目标。

依法行政的基本要求是：依法行政、合理行政、程序正当、高效便民、诚实守信、权责统一。然而，“执法难”现象使得良好的法律徒具形式。“执法难”除了由于没有被广大民众普遍遵守外，执法机关和执法人员有法不依、执法不严更是其中的重要原因。具体表现在：一是执法人员以言代法、以权压法、越权执法、以权谋私；二是执法人员以刑代罚、以罚代刑；三是执法人员执法犯法、徇私枉法、为财枉法。因此，必须严肃执行法律，大力提高执法队伍的整体素质，完善和强化对执法的监督。

（三）公正司法

司法是享有司法权的国家司法机关依照法定职权和程序，运用法律处理案件的专门活动。在我国，享有司法权的国家机关是人民法院和人民检察院。人民法院享有案件审判权，人民检察院行使国家检察权。司法是国家司法机关的一项专门性活动，为了确保司法活动的公平、公正和公开，司法活动应严格遵循如下原则。

1. 司法公正原则

司法公正的基本要求是以事实为根据，以法律为准绳。以事实为根据是指司法机关在审理案件时，必须以案件的事实作为定性处罚的基础，而不能主观臆断。以法律为准绳，是指司法机关及其工作人员在审理案件时，必须严格按照法律规定办事，把法律作为处理案件的唯一标准。必要时，对已经处理过的案件，也要严格按照此原则进行审查，做到实事求是，有错必纠。

2. 司法平等原则

司法平等原则的基本含义包括：①我国法律对于任何公民，不论其民族、种族、性别、职业、社会出身、宗教信仰、教育程度、财产状况等的不同，都平等适用；②任何公民的合法权益都平等地受到法律的保护，不能以任何理由歧视任何公民，公民平等地享有法定的权利和承担法定的义务；③任何公民的违法犯罪行为，都要依法平等地受到处罚，不允许任何人有不受法律制约或超越法律之上的特权。

3. 司法独立原则

司法独立原则是指司法机关依法独立行使审判权和检查权。具体内容包括：①司法权只能由国家司法机关统一行使，其他任何组织或个人均无权行使此项权力；②司法机关在司法过程中，只服从法律，不受任何国家机关、社会组织或个人的干预；③司法机关审理案件时，必须严格按照法律规定办事，正确适用法律，不得滥用司法权，禁止枉法裁判。

4. 司法责任原则

司法责任原则，是指司法机关及其工作人员在司法活动中，如果因过错给公民、法人或其他组织的合法权益造成侵害，应承担相应的法律责任的制度。该原则要求司法机关和司法人员在对案件进行误判、错判时，应当承担相应的责任。

（四）全民守法

1. 守法的基本内涵

守法即法的遵守，是指公民、社会组织和国家机关依照法律的相关规定行使权利、履行义务的活动。守法主体应包括以下几类：①一切国家机关、社会组织；②中华人民共和国公民；③在中国领域内的外国组织、外国人和无国籍人。

守法主体应遵守的法律是广义的法律　包括国家机关制定或认可的，一切具有法的效力的规范性文件。主要包括：宪法、法律、行政法规、地方性法规、地方性规章、自治条例和单行条例、特别行政区法律，以及中国所参加的有关国际组织的章程，中国参与缔结或加入的国际条约、国家政策等。除此以外，还包括有些国家机关在适用、执行法的过程中所出具的、具有法的效力的非规范性文件，如人民法院的判决书、裁定书等。

2. 积极建立守法意识

（1）弱化传统权威，建立法律权威　在我国，作为计划经济的产物，“领导权威”与“法治权威”相对立并存于社会政治生活的各个领域。“领导权威”是建立在业缘和地缘之上，通过建立个人对单位和社区的人身依附关系实现的。它可以简单地概括为“服从我，因为我是你的领导”。

在计划经济时代，从一而终的职业、严格的户籍、人事档案制度将社会成员与单位和社区牢牢地捆绑在一起，形成了社会成员对单位和社区严重的依赖关系。所以，社会成员在遇到困难、纠纷时，首先想到的单位或社区领导，而非法院、律师或警察。单位或社区领导无论是在调解市民家庭内部纠纷还是在调解家庭外部纠纷，都有着不可替代的重要作用。

在市场经济条件下，社会成员对单位和社区的依附关系相对减弱，市民在遇到困难、纠纷时首先应该想到的是法院、律师或警察。因为，在强调依法治国的时代，“法律权威、法律至上”的观念应该逐步深入人心，任何人不论其官位高低、声望大小、财富多少都应该平等地服从于法律。法庭判决和法律一样至高无上，法律手段才是社会成员解决纠纷和冲突的有效手段，这就是“法律权威”。

**材料7-6** 德国著名的社会学家、法理学家马克思·韦伯（Marx Weber）将治理社会的权威分为三种类型：传统型权威、魅力型权威和法理型权威。传统型权威建立在对习惯和传统神圣不可侵犯的基础上，可简单地概括为“服从我，因为我们一直这样做”。魅力型权威建立在某英雄人物或非凡人物的个人魅力之上，可简单地概括为“服从我，因为你们崇拜我”。法理型权威则建立在法律规则的基础之上，可简单地概括为“服从我，因为我是你们法定的官员”。韦伯认为：工业化来临，意味着法治权威的开始。

问：你心目中崇拜的权威是什么？为什么？

（2）营造法治环境，培养法律意识　落实“依法治国，建立社会主义法治国家”的法治理念，最根本的前提是营造法治环境，提高公民的法律意识。如何营造法治环境？首先，应大力开展普法教育，培养公民的法律意识。我国经历了较长的封建专制统治时期，“人治”的观念在广大民众的脑海里已根深蒂固，遇到纠纷诉诸“行政权力”已成为一种习惯。要彻底改变这种现状，全社会必须通过各种途径开展普法教育，普及法律知识，培养公民的法律意识，逐步建立良好的法制环境，增强公民学法、守法、用法的自觉性和主动性。其次，国家机关及工作人员要依法办事，垂范民众。要实现依法治国，国家立法、执法、司法机关依法办事是关键。国家机关及工作人员如果能在公务活动中做到敬畏法律，严格依法办事，就能对社会公众产生正面的积极影响，使广大民众相信法律，相信政府，公众也会自觉地将公平、正义的法治理念落实在自己的行动中。相反，就会造成民众抵制法律、政府在民众中的形象受损的负面影响。

**材料7-7** 每位耶鲁大学的学生在入学后都能领到一把该大学图书馆的钥匙，可在一天24小时的任意时间打开图书馆大门。这把钥匙与其他钥匙在外观和结构上并无两样，只是在钥匙上方用钢印打上了“Yale property，copy is prohibited”（耶鲁大学财产，严禁复制）的字样。一位外国留学生好奇地拿着这把钥匙跑到校园附近的锁匠店，要求锁匠帮自己的好朋友配制一把。当锁匠看到钥匙上的字时，立即拒绝了这位留学生的要求。他说：“这是非法的。”这位留学生说：“假如我多付给你一些钱，你愿意吗？”这位锁匠回答说：“即使你给我100万，我也不能那样做。”

问：你认为美国锁匠这样做说明了什么？

## 第五节　法律责任

### 一、法律责任的概念与特点

法律责任是指行为人由于实施了违法行为，由法律规定而应承受的某种不利的法律后果。法律责任有广义和狭义两种解释。广义的法律责任与法律义务同义。如每个公民都有遵守法律的责任、人民法院有责任保护当事人的合法权利等。狭义的法律责任是指违法行为和法律制裁相联系的法律责任，即违法者对自己违法行为必须承担的责任。本书所说的法律责任，是狭义的法律责任。法律责任的特点如下。

#### （一）法律责任主要产生于违法行为

除违反法律的限制性规定外，违约行为或特殊情况下法律规定的无过错行为也应承担法律责任。可见法律责任与违法有密不可分的联系，违法是承担法律责任的主要根据，但不是唯一根据。

#### （二）法律责任是由法律规定的

法律责任的大小、范围、期限、性质，都是由法律明确规定的，这里的“法律”应为广义的法律，包括宪法、法律、行政法规、地方性法规、地方政府规章、自治条例和单行条例及其他规范性的法律文件。

#### （三）法律责任的认定和追究必须由专门机关通过法定程序来进行

追究任何个人或组织的法律责任是由国家特定的机关依据法定程序实现的。在我国能追究法律责任的机关包括：国家立法机关、国家行政机关、国家司法机关、仲裁机构等。其他任何组织和个人都不可擅自追究别人的法律责任。

### 二、法律责任的种类

依据不同的标准，可以对法律责任做不同的分类。其中最主要、最基本的分类是根据违法行为的不同性质而区分的。具体分为以下几种责任：

#### （一）违宪责任

违宪责任是指由于违反宪法规定的行为而必须承担的法律责任。违宪责任是法律责任中最为特殊的一种，其特殊性主要表现为政治上的、领导上的责任。它的责任主体、追究和责任实现形式也具有特殊性。

#### （二）刑事责任

刑事责任是指由于刑事犯罪行为而承担的法律责任。刑事责任是所有法律责任中性质最为严重、制裁最为严厉的一种。刑事责任的主体主要是自然人，有时也可以是法人。

#### （三）民事责任

民事责任是指由于民事违法行为而承担的法律责任，民事责任主要表现为财产责任，有时也可表现为非财产责任，如恢复名誉、赔礼道歉等。民事责任的主体主要是自然人或法人。

#### （四）行政责任

行政责任，指由于行政违法行为而承担的法律责任。行政责任的主体比较广泛，除了以国家机关和国家公务人员为主之外，还可以是普通公民或其他组织、团体。

**材料 7-8** 2006年2月，公明街道办东坑社区一私宅业主在拆除私宅过程中，发生墙体坍塌，造成一死一伤。查处中，该社区支部书记黄某被党内警告，社区基建办管理人员被撤职，街道城建办、查违办、驻社区工作部门组织人事办、东坑社区被通报批评；警方以涉嫌重大责任事故罪将俞某、杨某、钟某依法刑事拘留。

问：本案中涉及几种法律责任？

除了以上几种主要的分类以外，还可以有多种不同的分类。例如，按照责任主体不同，可以分为公民责任、法人责任和国家责任；按照承担责任的限度不同，可以分为有限责任和无限责任等。

**学习思考**

1. 法律的本质与法律的特征有何异同？
2. 法律关系的概念和特征是什么？法律关系的构成要素有哪些？
3. 我国法律的渊源主要有哪些？
4. 法治与法制的含义有何不同？我国法治的目标是什么？

08
Chapter

# 第八章 宪法法律制度

在1801年的美国总统大选中，共和党候选人杰弗逊当选总统。1801年1月20日，即将离任的亚当斯总统任命马歇尔出任联邦最高法院首席大法官，同时任命马伯里等为华盛顿郡治安法官。马伯里在新总统杰弗逊上任后却没有收到任命书。于是，他联合了其他几个和他有同样遭遇的法官根据国会颁布的《1789年司法法》第13条的规定（联邦最高法院有权对合众国公职人员发布职务执行令状）向联邦最高法院提起诉讼，要求新任总统杰弗逊和新任国务卿麦迪逊向他们颁布任命书。

联邦最高法院受理此案后，立即要求麦迪逊向联邦最高法院说明理由，谁知总统和国务卿断然拒绝了联邦最高法院的要求。联邦最高法院陷入了进退两难的局面。后来，联邦最高法院首席大法官马歇尔运用司法审查这个手段摆脱了困境。他根据美国宪法第3条的规定，认为最高法院向政府官员发出强制执行令的权力应该得到宪法授权，因此马歇尔利用宪法的这条规定排斥了《1789年司法法》中的违宪规定，并且明确地宣布“违宪的法律不是法律”。这就是有名的宪法第一案——马伯里诉麦迪逊案。

## 第一节　宪法的概念与原则

### 一、宪法的概念

中国古代典籍中，曾出现过“宪法”“宪章”“宪令”等词，但这些词所表达的基本含义为：一是指一般的法律、法度；二是指已颁布和实施的法律。古代西方“宪法”一词也是在多重意义上使用：一是指有关规定城邦组织与权限方面的法律；二是指皇帝的诏书、谕旨，以区别于市民会议制定的普通法规；三是指有关确认教会、封建主以及城市行会势力的特权，以及他们与国王等的相互关系的法律。由此可见，无论是中国还是西方国家，“宪法”一词虽然在古代已有广泛地运用，但所指地都只是一般的法律、法令，都不具有现代宪法的含义。

现代意义上的宪法是国家的根本法。它规定了国家的根本制度、根本任务，集中全面地反映了特定国家的政治力量对比关系，具有最高的法律效力。具体地说：宪法是规定国家根本制度、公民基本权利和义务，调整国家与公民及其他社会主体之间基本社会关系的国家根本大法。

### 二、现代宪法的特征

（一）宪法是法的一种

任何国家的法律体系都是由宪法、刑法、民法、诉讼法等诸多法的表现形式组成。也就是说，宪法是一个国家法的表现形式之一，法所具有的性质和特征，宪法也同样具有。宪法与法的其他组成部分之间都是一个国家法律体系不可或缺的一部分。

（二）宪法是国家的根本大法

尽管宪法与其他一般法律在本质上有许多相同之处，但与其他一般法律相比，宪法又有自身的特征，具有根本性。

1. 内容上的根本性

宪法的内容一般涉及一个国家的政治、经济、文化、社会、对外交往等各方面的重大原则性问题，涉及国家的根本制度和基本制度问题。这些重大问题其他法律一般不涉及。

2. 效力上的最高性

由于宪法所规定的内容的重要性，因此，统治阶级赋予宪法最高的法律效力。主要表现在以下两个方面。一是宪法是制定其他法律规范的基础和依据。国家立法机关和行政机关在进行日常立法时，必须以宪法为基础。因此，宪法与普通法律的关系是“母法”与“子法”的关系。二是其他法律规范与宪法的规定相抵触时则无效。国家立法机关和行政机关制定的任何其他法律规范都必须与宪法所规定的内容相一致。如果与宪法的规定、原则及精神相抵触，或相抵触部分无效，或全部无效。

**材料8-1** 你是否注意到宪法以外的其他法律往往都在第1条宣布：“……，根据宪法制定本法。”如《中华人民共和国国家赔偿法》第1条规定：为了保障公民、法人和其他组织依法享有取得国家赔偿的权利，促进国家机关依法行使职权，根据宪法制定本法。

这说明，宪法是其他法律制定的依据。

3. 制定和修改程序的严格性

宪法制定和修改程序的严格性主要表现在两个方面：一是宪法的制定与普通法律的制定不同。宪法的制定一般要求有一个专门的机构，如制宪会议、宪法起草委员会等。该专门机构的职责就是起草或制定宪法。同时宪法草案的通过程序比普通法律严格。一般要求最高立法机关的议员或代表的特定多数同意，有的国家还要举行全民公决。二是宪法的修改与普通法律的修改不同。只有宪法规定的特定主体才可提出修改宪法的有效议案。如我国宪法第64条规定：宪法的修改由全国人大常务委员会或1/5以上的全国人大代表提议。对修正案的通过比例与普通法也不同。我国宪法规定：修改宪法由全国人大以全体代表的2/3以上的多数通过，而普通法律的修改由全国人大及常委会以全体代表或委员的过半数通过即可。

（三）宪法是民主制度法律化的基本形式

宪法与民主是密不可分的，民主事实的普遍化是宪法得以产生的前提。近代意义上的宪法是资产阶级革命取得胜利，有了民主事实后才出现的。我国宪法对民主制度也做了许多规定。如以根本法的形式确认人民当家做主的地位；规定人民代表大会制度的基本原则；通过规定选举制度、基层政权组织形式等，以扩大民主的基础等。

（四）宪法是公民权利的保障书

宪法是治国安邦的总章程，这主要是就国家管理的角度而言。事实上，宪法最主要、最核心的价值在于，它是公民权利的保障书。从内容上看，宪法所涉及的内容主要分为两大块，即国家权力的正确行使和公民权利的有效保障，而后者显然处于支配地位。

**材料8-2** 1789年的法国《人权宣言》就明确宣布，凡权利无保障和分权未确立的社会就没有宪法。1791年法国第一部宪法则把《人权宣言》作为宪法的序言。世界上第一部社会主义宪法1918年的《苏俄宪法》也将《被剥削劳动人民权利宣言》列为第一篇。这说明了公民权利是各国宪法保护的重点。

## 三、宪法的基本原则

### （一）人民主权原则

人民主权是指国家绝大多数人拥有国家的最高权力。许多资本主义国家用政治宣言或宪法规范的形式确认这一原则。如1776年的美国《独立宣言》宣布人的天赋权利不可转让。法国1791年宪法规定：一切权力来自国民，国民只能通过代表行使其权力。意大利现行宪法规定：主权属于人民，由人民在宪法所规定的形式和范围内实现之。

社会主义国家宪法也确立了人民主权原则。如我国现行宪法规定：中华人民共和国的一切权力属于人民，人民行使国家权力的机关是全国人民代表大会和地方各级人民代表大会。

**材料8-3** 法国启蒙思想家卢梭认为，主权是公意的具体表现，人民的公意表现为最高权力，人民是国家最高权力的来源，国家是自由的人民根据契约协议的产物，而政府的一切权力都是人民授予的。因此，国家的主人不是君主，而是人民。

问：你同意卢梭的观点吗？

### （二）基本人权原则

所谓人权，是指国家宪法所规定的公民的基本权利，也就是公民权。它包括政治、经济、文化、社会生活等各方面的权利。

人权的思想和理论源于西方资产阶级启蒙思想家提出了“天赋人权”说。“天赋人权”说认为，每个人都有与生俱来的平等权利和自由权利，此种基本人权既不能剥夺，也不能被转让。资产阶级革命胜利后，基本人权被上升为宪法原则。

社会主义国家宪法中同样确认了基本人权原则。如我国宪法中规定的公民参与国家政治生活的权利和自由，公民的人身自由和信仰自由，公民社会经济文化方面的权利等就是基本人权的主要内容。

### （三）法治原则

法治原则也是17、18世纪资产阶级启蒙思想家所倡导的重要民主原则。资产阶级革命胜利后，各资本主义国家一般都在其政治实践中贯彻了法治精神，并将其规定在各自的宪法中。如法国首先在《人权宣言》中确认了法治原则，规定“没有比法律权力更高的权力”。后来许多资本主义国家的宪法也以不同的形式对法治原则做了肯定。

社会主义国家的宪法使法治原则发展到一个新的历史阶段。它不仅宣布宪法是国家的根本大法，具有最高的法律效力，还规定了国家的立法权属于最高的人民代表机关。如我国宪法规定“中华人民共和国实行依法治国，建设社会主义法治国家”。

**材料8-4** 古希腊学者亚里士多德在《政治学》一书中指出：法治应包括两重意义：已成立的法律获得普遍的服从，而大家所服从的法律又应该本身是制定得良好的法律。资产阶级启蒙思想家洛克认为：政府应该以正式公布的既定法律来进行统治，这些法律不论贫富、不论权贵和庄稼人都一视同仁，并不因特殊情况而有出入。这些法治思想对近代资本主义国家影响较大。

### （四）权力制约原则

权力制约原则，是指国家权力的各部分之间相互监督、彼此牵连，以保障公民权利的原则。它既包括公民权利对国家权力的制约，也包括国家权力相互之间的制约。

资本主义宪法首先确定了分权制衡原则。美国宪法规定，国会、总统、法院三机关的职权互不侵越，且相互制约。法国《人权宣言》则称“凡权利无保障和分权未确立的社会，就无宪法”。

我国的民主集中制原则是现代分权制衡观念在社会主义国家宪法上的反映。这一原则同样确定了国家机关之间的职能分工和相互制约。我国现行宪法规定：全国人民代表大会和地方各级人民代表大会都由民主选举产生，对人民负责，受人民监督。国家行政机关、审判机关、检察机关都由人民代表大会产生，对它负责，受它监督。中华人民共和国公民对于任何国家机关和国家工作人员，有提出批评和建议的权利。人民法院、人民检察院和公安机关办理刑事案件，应当分工负责，互相配合，互相制约，以保证准确有效地执行法律等。

尽管权力制约原则在社会主义国家的宪法中已有所体现，但由于监督观念，特别是监督原则的法律化、制度化还有待加强，因此，在社会主义国家的宪政实践中，权力制约原则的贯彻落实还有许多工作要做。

**材料8-5** 孟德斯鸠在《论法的精神》一书中完整地阐述了分权制衡的思想。他认为国家权力应分为立法权、行政权和司法权，这三种权力分属于三个不同的机关，并使其相互牵制，最终达到防止权力滥用、保障公民权利和自由的目的。这就是“三权分立原则”的最早表述，后来许多资本主义国家都采用了这一原则。

## 第二节 国家的基本制度

国家制度是一个国家的统治阶级通过宪法、法律规定的有关国家性质和国家形式方面的制度的总称。国家制度为国家政权的运转、国家职能的实现提供保障。

### 一、人民民主专政制度

（一）国体

国体即国家的阶级性质，是指社会各阶级在国家中的地位。具体地说，就是在一个国家政权中，国家权力属于谁，掌握在谁手中，由谁来进行统治或实行专政。

我国宪法规定：中华人民共和国是工人阶级领导的、以工农联盟为基础的人民民主专政的社会主义国家。工人阶级领导的、以工农联盟为基础的人民民主专政，实质上即无产阶级专政。

（二）我国人民民主专政的主要特色

1. 中国共产党领导下的多党合作

我国工人阶级对国家的领导是通过自己的政党——中国共产党来实现的。中国共产党是我国的执政党，在国家政权中处于领导地位。各民主党派是接受中国共产党领导的，同中国共产党通力合作、共同致力于社会主义事业的亲密友党，是参政党。

我国的多党合作制具有自己鲜明的特色：坚持共产党的领导，坚持四项基本原则，是中国共产党与各民主党派合作的政治基础。“长期共存、互相监督、肝胆相照、荣辱与共”，是中国共产党与各民主党派合作的基本方针。在多党合作制度中，中国共产党与各民主党派共同致力于建设中国特色社会主义，形成了“共产党领导、多党派合作，共产党执政、多党派参政”的基本特征。

**材料8-6** 中国现有8个民主党派，它们分别是：中国国民党革命委员会（民革）、中国民主同盟（民盟）、中国民主建国会（民建）、中国民主促进会（民进）、中国农工民主党（农工党）、中国致公党（致公党）、九三学社（九三）、台湾民主自治同盟（台盟）。中国人民政治协商会议是中国共产党领导的多党合作和政治协商的重要机构。

2. 爱国统一战线

爱国统一战线是由中国共产党领导的，有各民主党派和各人民团体参加的，包括全体社会主义劳动者、拥护社会主义的爱国者和拥护祖国统一的爱国者的广泛的政治联盟。

中国人民政治协商会议是爱国统一战线的组织形式，是实现中国共产党领导的多党合作和政治协商制度的重要机构。它由中国共产党、各民主党派、无党派民主人士、各人民团体、各少数民族和各界代表、台湾同胞、港澳同胞和归国侨胞的代表和特邀人士参加。

## 二、人民代表大会制度

### （一）政体

政体即政权组织形式，是指统治阶级采用何种形式对国家和社会进行领导和管理的国家政权机关。政体大体上可分为两大类：一是君主制政体。君主制政体是指国家的最高权力实质上或名义上由君主一人掌握的政体。二是共和制政体。共和制政体是指国家的最高权力实际上或名义上都不属于一人所有，而属于由选举产生并有一定任期的国家机关的政体。

### （二）我国的政权组织形式

我国的政权组织形式是人民代表大会制度。该制度是指依照民主集中制的原则，由人民选举代表组成各级人民代表大会，并由此产生其他国家机关，行使国家权力的一种制度。

人民代表大会制度的基本内容包括：①国家的一切权力属于人民。②人民在普选的基础上选举代表组成各级人民代表大会，作为行使国家权力的机关。③由各级人民代表大会产生各级其他国家机关，组成国家政权机关的统一体系，依法行使各自的职权，实现国家权力。

## 三、选举制度

选举制度，是指依照法律选举国家代表机关代表的原则、程序和方式方法的总称。选举制度是国家制度的重要组成部分，反映国家权力与公民权利之间的平衡关系。

### （一）我国选举制度的基本原则

#### 1. 选举权的普遍性原则

我国宪法规定：中华人民共和国年满18周岁的公民，不分民族、种族、性别、职业、家庭出身、宗教信仰、教育程度、财产状况、居住期限，都有选举权和被选举权；但是依照法律被剥夺政治权利的人除外。

#### 2. 选举权的平等性原则

选举权的平等性，是指每个公民在每次选举中只能在一个地方并只能享有一个投票权。这是“公民在法律面前人人平等”的宪法原则在选举制度中的具体表现。

#### 3. 直接选举与间接选举并用原则

直接选举，是由选民直接投票选举国家代表机关的代表和国家公职人员的选举。间接选举是由下一级国家机关或选民投票选出代表（选举人），然后由这些代表（选举人）投票选举上级国家代表机关的代表和国家工职人员。

在我国，全国人民代表大会的代表，省、自治区、直辖市、设区的市、自治州的人民代表大会的代表，由下一级人民代表大会选举。不设区的市、市辖区、县、自治县、乡、民族乡、镇的人民代表大会的代表，由选民直接选举。

#### 4. 无记名投票原则

无记名投票，是指选举人在投票时不在选票上填写自己的姓名，只需在正式候选人姓名下注明同意或不同意，也可以弃权或另选他人的选举方式。

5. 差额选举原则

差额选举，是指候选人名额多于应选代表名额的选举。我国选举法明确规定，全国和地方各级人民代表大会代表候选人的名额，应多于应选代表的名额。由选民直接选举的代表候选人名额应多于应选代表名额的1/3至1倍；由地方各级人大选举上一级人大代表的候选人名额应多于应选代表名额的1/5至1/2。

（二）我国的民主选举程序

1. 选举的组织

根据选举法规定，我国主持选举工作的组织有两种：一是在实行间接选举的地方，由人大常委会主持本级人大代表的选举工作；二是在实行直接选举的地方，设立选举委员会主持本级人大代表的选举。

2. 划分选区和选民登记

选区是指以一定数量的人口为基础进行直接选举，产生人大代表的区域。我国《选举法》规定，选区可以按居住状况划分，也可以按生产单位、事业单位、工作单位划分。选区范围的大小按照每一选区选1～3名代表确定。

3. 代表候选人的提出

根据我国选举法规定，全国和地方各级人大代表候选人，按选区或选举单位提名产生。各政党和各人民团体，可以联合或单独推荐代表候选人；选民或代表10人以上也可以推荐代表候选人。

4. 投票选举

选举法规定，在直接选举的地方，由选举委员会主持投票选举工作，并可通过召开选举大会，设立投票和流动票箱的方式进行投票。在间接选举的地方，由各级人民代表大会主席团主持投票。

选举投票结束后，要对选票进行统计和核对。在实行直接选举的地方，选区全体选民的过半数参加投票选举有效，代表候选人获得参加投票的选民过半数的选票即为当选。在实行间接选举的地方，代表候选人必须获得全体代表过半的选票才能当选。

5. 对代表的罢免和补选

选举法规定，罢免直接选举所产生的代表，须经原选区过半数的选民通过；罢免间接选举所产生的代表，须经原选举单位过半数的代表通过；在代表大会闭会期间，须经各该级人大常委会组成人员的过半数通过。罢免决议须报上一级人大常委会备案。选举法还规定，人民代表因故在任期内出缺，由选区或选举单位补选。全国人大代表，省、自治区、直辖市、设区的市、自治州的人大代表，均可以向选举他的人大常委会提出辞职。

## 四、现代国家结构形式

（一）现代国家结构形式的基本类别

1. 单一制国家

单一制国家是由若干不具有独立性的行政区域单位或自治单位组成的单一主权的国家。单一制国家的特征是：①从法律体系上看，全国只有一部宪法。②从国家机构组成看，国家只有一个最高立法机关、一个中央政府、一套完整的司法系统。③从中央与地方的权力划分看，地方接受中央的统一领导，地方政府的权力由中央政府授予。④从对外关系上，国家是一个独立的主体，公民具有统一国籍。

2. 复合制国家

复合制国家是由两个或多个成员单位联合组成的联盟国家或国家联盟。近代复合制国家主要有两种形式：①邦联。邦联是几个独立的国家为一定的目的而结成的比较松散的国家联合。②联邦。联邦是由两个或多个成员单位（邦、州、共和国等）组成的复合制国家。

（二）我国是单一制社会主义国家

我国是单一制的社会主义国家，具体表现在：①在法律制度方面，我国只有一部宪法，只有一套以宪法为基础的法律体系。②在国家机构方面，只有一套包括最高国家权力机关、最高国家行政和最高国家司法机关的中央国家机关体系。③在中央与地方的关系方面，无论是普通的省、县、乡行政区域，还是民族自治区域，或者特别行政区域，都是中央人民政府领导下的地方行政区域，不得脱离中央而独立。④在对外关系方面，中华人民共和国是一个统一的国际法主体，公民只有统一的中华人民共和国国籍。

我国单一制国家结构如图 8－1 所示。

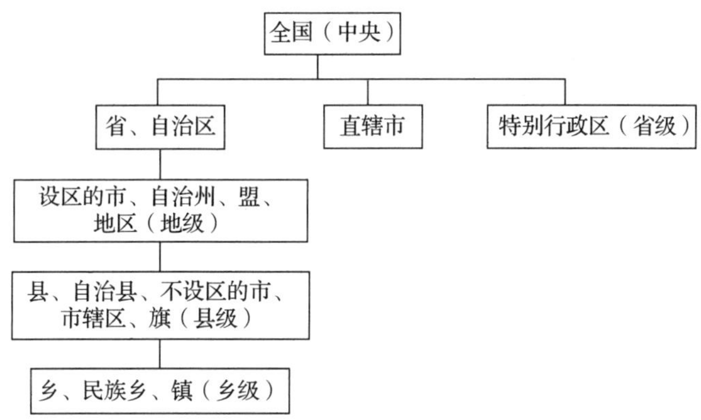


**图 8－1　我国单一制国家结构**

## 五、民族区域自治制度

民族区域自治制度，是指在国家统一领导下，以少数民族聚居区为基础，建立相应的自治地方，设立自治机关，行使自治权，使实行区域自治的民族的人民自主地管理本民族地方性事务的制度。

（一）民族自治地方

民族自治地方主要有四种类型：一是以一个少数民族聚居区为主建立的自治地方；二是以一个大的少数民族聚居区为主，并包括一个或几个人口较少的少数民族建立的自治地方；三是以两个或两个以上少数民族聚居区为基础建立的自治地方；四是在某些汉族人口占大多数的地方也可以以汉族以外的少数民族聚居区为主建立自治地方。

依行政地位划分，民族自治地方分为自治区、自治州、自治县三级。根据宪法的规定，自治区的建置由全国人大批准，自治州、自治县的建置由国务院批准。

**材料 8－7**　相当于省的民族自治地方称为自治区，介于省与县之间的称为自治州，相当于县的称为自治县。只有自治区、自治州、自治县才是民族自治地方，民族乡都不是民族自治地方。目前，中国已先后建立了 140 多个民族自治地方，包括西藏、内蒙古、新疆、宁夏、广西 5 个自治区、30 个自治州、100 多个自治县，涵盖了 44 个少数民族、近 6000 万人口（占少数民族人口的

85%以上)。

（二）民族自治机关

民族自治机关，是指在民族自治地方设立的行使同级地方国家机关职权和同时行使自治权的国家机关，包括自治区、自治州、自治县的人民代表大会和人民政府。

民族自治地方的人大常委会中应当有实行区域自治的民族的公民担任主任或副主任。自治区主席、自治州州长、自治县县长由实行区域自治的民族的公民担任。自治区、自治州、自治县的人大和人民政府每届任期5年。

## 六、特别行政区制度

（一）特别行政区概述

特别行政区，是指在我国版图内根据我国宪法和法律规定设立的，具有特殊法律地位的行政区域。特别行政区也是中华人民共和国不可分割的一部分。

特别行政区具有其自身的特殊性，主要表现在：一是特别行政区享有高度的自治权。依照法律规定，特别行政区享有立法权、行政管理权、独立的司法权和终审权。二是在特区内部实行“一国两制”。香港基本法和澳门基本法都规定，在特别行政区不实行社会主义制度和政策，保持原有的资本主义制度和生活方式50年不变。三是特别行政区原有的法律基本不变。除带有殖民色彩，以及同基本法相抵触或经特别行政区立法机关做出修改者以外，特别行政区的原有法律基本予以保留。

（二）特别行政区政治体制

1. 立法机关

特别行政区的立法会是特别行政区的立法机关，行使立法权。其基本职权包括：①根据基本法的规定依法制定、修改和废除法律；②审核、通过政府的财政预算；③根据政府提案决定税收和公共开支；④听取行政长官的施政报告；⑤对政府的工作提出质询等。

立法会由选举产生，立法会主席由年满40周岁，在香港或澳门通常居住连续满20年并在外国无居留权（澳门基本法无在外国无居留权的规定）的特别行政区永久性居民中的中国公民担任。立法会议员每届60名，由选举产生。立法会通过的法案，须经行政长官签署、公布方能生效，并报全国人大常委会备案。

2. 行政机关

特别行政区的行政机关即特别行政区政府。香港特别行政区政府设政务司、财政司、律政司和各局、处、署；澳门特别行政区政府设司、局、厅、处。特别行政区政府依基本法规定行使职权，并对立法会负责。

行政机关的主要官员由行政长官提名，报请中央政府任命。主要官员由在香港或澳门通常居住连续满15年并在外国无居留权（澳门基本法无在外国无居留权的规定）的特别行政区永久性居民中的中国公民担任。行政长官是特别行政区的首长，由年满40周岁，在香港或澳门通常居住连续满20年并在外国无居留权（澳门基本法无在外国无居留权的规定）的特别行政区永久性居民中的中国公民担任。行政长官在当地通过选举或协商产生，由中央政府任命。行政长官任期5年，可连任一次。

3. 司法机关

香港特别行政区设立：终审法院、高等法院、区域法院、裁判署法庭和其他专门法庭。香港特别行政区没有单独的检察机关，其检察职能归律政司。澳门特别行政区设立：终审法院、中级法院、初级法院（包括行政法院）。检察院独立行使法律赋予的检察职能。

（三）中央与特别行政区的关系

根据基本法的规定，特别行政区是中华人民共和国享有高度自治权的地方行政区域，直辖于中央人民政府。因此，中央与特别行政区的关系，是一个主权国家内中央与地方的关系，或者说是中央对特别行政区进行管辖，特别行政区在中央监督下实行高度自治而产生的相互关系。

## 第三节　公民的基本权利和义务

### 一、我国公民的基本权利

（一）平等权

平等权是指公民平等地享有宪法和法律规定的权利，不受任何差异对待，并要求国家给予同等保护的权利。这一概念包括两层含义：

一是法律面前人人平等。所有公民平等地享有法律规定的权利，平等地履行法律规定的义务，合法权利都一律平等地受到法律保护。

二是禁止差别对待。在法律关系上，人们的法律地位是平等的，社会身份、职业、出身等不能成为任何受到不平等待遇的理由。

**材料8-8**　2001年12月23日，中国人民银行成都分行在《成都商报》刊登《招录行员启事》，其中第一条规定了“招生对象”：“2002年普通高等院校全日制应届毕业生具有大学本科及以上学历的经济、金融、计算机、法律、人力资源管理、外语等专业的学生。男性身高在168厘米、女性身高在155厘米以上，生源地不限。”原告蒋某是四川大学法学院应届毕业生，身高不符合上述报名条件。他认为银行（被告）侵犯了其享有的担任国家公职的宪法平等权，在成都市武侯区人民法院起诉了被告。[㊀]

问：你对中国人民银行成都分行的招录启事有何看法？

（二）政治权利和自由

政治权利和自由是指公民依据宪法和法律的规定，参与国家政治生活的行为可能性。它表现为两种形式：一种是政治权利，另一种是政治自由。

1. 选举权与被选举权

我国宪法规定，中华人民共和国年满18周岁的公民，不分民族、种族、性别、职业、家庭出身、宗教信仰、教育程度、财产状况、居住期限，都有选举权和被选举权，但是依照法律被剥夺政治权利的人除外。

2. 言论、出版、结社、集会、游行、示威自由

言论自由是指公民有权通过各种语言形式，针对政治和社会中的各种问题表达其思想和见解的自由；出版自由是公民以出版物形式表达其思想和见解的自由；结社自由是公民按一定宗旨，依照法定程序组织或参加具有持续性的社会团体的自由；集会自由是公民为某种共同目的，临时集合在一定场所讨论问题或表达意愿的自由；游行自由是公民采取列队行进方式来表达意愿的自由；示威自由是公民为表达其强烈意愿而聚集在一起，以显示其决心和力量的自

㊀　张千帆：《宪法学导论》，法律出版社，2004年版第503页。

由。我国 1989 年制定的《中华人民共和国集会游行示威法》具体规定了行使这一自由的程序、救济等内容，从法律上确定了保障与限制集会、游行、示威自由的界限。

（三）宗教信仰自由

我国宪法第 36 条规定：中华人民共和国公民有宗教信仰自由。任何国家机关、社会团体和个人不得强制公民信仰宗教或不信仰宗教，不得歧视信仰宗教的公民和不信仰宗教的公民。国家保护正常的宗教活动。

其含义包括：①公民有信仰宗教的自由，也有不信仰宗教的自由。②有信仰这种宗教的自由，也有信仰那种宗教的自由。③在同一宗教中，有信仰这个教派的自由，也有信仰那个教派的自由。④有过去信教而现在不信教的自由，也有过去不信教现在信教的自由。⑤有按宗教信仰参加宗教仪式的自由，也有不参加宗教仪式的自由。

**材料 8-9** 目前，我国有中国佛教协会、中国道教协会、中国伊斯兰教协会、中国天主教爱国会、中国天主教主教团、中国基督教“三自”爱国运动委员会和中国基督教协会等全国性宗教团体。为了有计划地培养和教育一批爱国的宗教职业人员，国家设立了包括中国佛教学院、中国伊斯兰教学院、中国基督教南京金陵协和神学院、中国天主教神哲学院和中国道教学院等多所宗教院校。目前，全国职业宗教人员约 20 万人。

（四）人身自由

1. 人身自由不受侵犯

人身自由是指公民的肉体和精神不受非法侵犯，即不受非法限制、搜查、拘留和逮捕。我国宪法第 37 条规定：中华人民共和国公民的人身自由不受侵犯。任何公民，非经人民检察院批准或者决定或者人民法院决定，并由公安机关执行，不受逮捕。禁止非法拘禁和以其他方法非法剥夺或者限制公民的人身自由，禁止非法搜查公民的身体。

2. 人格尊严不受侵犯

人格尊严是指公民作为平等的人的资格和权利应该受到承认和尊重。它包括与公民人身存在密切联系的名誉、姓名、肖像等不容侵犯的权利。我国宪法第 38 条规定：中华人民共和国公民的人格尊严不受侵犯。禁止用任何方法对公民进行侮辱、诽谤和诬告陷害。

**材料 8-10** 2000 年 1 月初，湖南孕妇卢某在广东东莞大朗镇的“爱家”超市里，因保安张某怀疑卢某偷窃商店物品，而将卢某非法拘禁、搜身几小时后，最终残忍地剁去卢某 4 根手指，事后凶手逃逸。本案中，我国宪法赋予的人身自由权和人格权受到不法侵害，宪法和法律的权威受到了挑战。

问：保安有权力限制别人的人身自由吗？

3. 住宅安全不受侵犯

我国宪法第 39 条规定：中华人民共和国公民的住宅不受侵犯。禁止非法搜查或者非法侵入公民的住宅。其含义包括：任何公民的住宅不得非法侵入；任何公民的住宅不得随意被搜查；任何公民的住宅不得随意被查封。

（五）通信自由和通信秘密不受侵犯

通信自由是指公民与其他主体之间传递信息不受非法限制。通信秘密是指公民的通信（包括电报、电传、电话和邮件等消息传递形式），他人不得隐匿、毁弃、拆阅或者窃听。我国宪法第 40 条规定：中华人民共和国公民的通信自由和通信秘密受法律保护。除因国家安全或者追查刑事犯罪的需要，由公安机关或者检察机关依照法律规定的程序对通信进行检查外，任何组织或者个人不得以任何理由侵犯公民的通信自由和通信秘密。

**材料 8－11** 昨天妻子趁我在洗澡的时候，查看了我的手机信息，在不明真相的情况下，以为我有什么特殊情况发生，对我大吵大闹，幸亏后来我解释清楚了，她才消除疑虑。我很委屈……不知道她这样是不是真的为我好，还是在伤害我？

问：夫妻之间是否存在通信自由和通信秘密？

（六）社会经济权利

1. 财产权

我国宪法规定：公民的合法的私有财产不受侵犯。国家为了公共利益的需要，可以依照法律规定对公民的私有财产实行征收或者征用并给予补偿。国家依照法律规定保护公民的私有财产权和继承权。

2. 劳动权

劳动权是指一切有劳动能力的公民，有获得劳动和取得劳动报酬的权利。我国宪法第 42 条规定：中华人民共和国公民有劳动的权利和义务。国家通过各种途径，创造劳动就业条件，加强劳动保护，改善劳动条件，并在发展生产的基础上，提高劳动报酬和福利待遇。

**材料 8－12** 关于公民的劳动权，传统的观点认为：公民的劳动权是指国家保障具有劳动能力的公民能够获得有保障的工作，并按劳动者所提供的劳动数量和质量取得相应报酬的权利。在市场经济条件下，由于竞争的压力，就业岗位已经不能完全满足劳动者的就业需求，国家很难保障每一位劳动者都能找到就业岗位。所以劳动权应理解为：公民在遵守法律规定的条件下，在劳动力市场上能够享有平等的就业机会权和选择职业的自主权。

问：你对市场经济条件下的劳动权是如何理解的？

3. 休息权

休息权是指劳动者休息休养的权利，它是劳动者获得生存权的必要条件。我国宪法第 43 条规定：中华人民共和国劳动者有休息休养的权利。《劳动法》也规定：国家实行劳动者每日工作时间不超过 8 小时、平均每周工作时间不超过 44 小时的工时制度。

4. 物资帮助权

我国宪法第 45 条规定：中华人民共和国公民在年老、疾病或者丧失劳动能力的情况下，有从国家和社会获帮助的权利。物资保障权作为一种权利体系，由生育保障权、疾病保障权、伤残保障权、死亡保障权与退休保障权等具体权利构成。在实现物资帮助权的过程中，发展社会保险制度是一项重要形式。目前，我国的社会保险主要包括养老保险、医疗保险、疾病保险、伤残保险、失业保险、生育保险等。

（七）文化教育权

1. 受教育权

受教育权是指公民接受文化、科学方面教育训练的权利。我国宪法第 46 条规定：中华人民共和国公民有受教育的权利和义务。国家一方面为公民享有受教育权提供各种机会，另一方面有权要求公民履行教育方面应尽的义务。

**材料 8－13** 1990 年 17 岁的齐某参加了中专考试，被山东济宁市商业学校录取为 90 级财会专业委培生。但其录取通知书却被另一名学生陈某领走。陈某以齐某的名义到学校报到就读。多年来，齐某一直失业在家，靠卖早点快餐维持生计，而陈某毕业后被分配到当地的中国银行工作，在陈某的人事档案中也一直使用齐某的姓名。1999 年齐某得知真相后，以自己的姓名权、受教育权受到侵害为由，将陈某、陈父及山东省数家单位告上法庭，要求被告停止侵害、赔礼道歉并赔偿经济损失。

问：齐某状告陈某的宪法依据是什么？

2. 文化权利

我国宪法规定，公民有进行科学研究、文学艺术创作和其他文化活动的自由。国家对于从事教育、科学、技术、文学、艺术和其他文化事业的公民的有益于人民的创造性工作，给以鼓励和帮助。

（八）监督权和获得赔偿权

1. 监督权

监督权是指宪法赋予公民对国家机关及其工作人员的职务行为进行监督的权利。我国宪法第41条规定：中华人民共和国公民对于任何国家机关和国家工作人员，有提出批评和建议的权利；对于任何国家机关和国家工作人员的违法失职行为，有向有关国家机关提出申诉、控告或者检举的权利，但是不得捏造或者歪曲事实进行诬告陷害。

监督权主要包括：①批评、建议权。批评权是指公民对国家机关和国家工作人员在工作中的缺点和错误，有提出批评意见的权利。建议权是指公民对国家机关和国家工作人员的工作提出建议性意见的权利。②控告、检举权。[㊀]控告权是指公民对于任何国家机关和国家工作人员的违法失职行为，有向有关机关进行揭发和指控的权利。检举权是指公民对于违法失职的国家机关和国家工作人员，有向有关机关揭发事实 、请求依法处理的权利。③申诉权。申诉权是指公民的合法权益，因行政机关或司法机关做出的错误违法的决定或裁判，或因国家工作人员的违法失职行为而受到侵害时，有向有关机关申诉理由，要求重新处理的权利。

2. 获得赔偿权

赔偿权是指公民在受到国家机关不正确的处罚而得到昭雪后，或者是在受到国家机关和国家工作人员侵权而得到纠正后，公民要求国家负责赔偿的权利。我国宪法第41条规定：由于国家机关和国家工作人员侵犯公民权利而受到损失的人，有依照法律规定取得赔偿的权利。

（九）保护华侨、归侨和侨眷的正当权益

我国宪法第50条规定：中华人民共和国保护华侨的正当的权利和利益，保护归侨和侨眷的合法的权利和利益。

## 二、我国公民的基本义务

根据我国宪法的规定，公民的基本义务主要包括以下内容。

1）维护国家统一和民族团结。我国宪法第52条规定：中华人民共和国公民有维护国家统一和民族团结的义务。

2）遵守宪法和法律，保守国家秘密，爱护公共财产，遵守劳动纪律，遵守公共秩序，尊重社会公德。我国宪法第53条规定：中华人民共和国公民必须遵守宪法和法律，保守国家秘密，爱护公共财产，遵守劳动纪律，遵守公共秩序，尊重社会公德。

3）维护祖国的安全、荣誉和利益。我国宪法第54条规定：中华人民共和国公民有维护祖国

---

㊀ 两者之间的区别有二：一是控告人通常是受到不法侵害的人，而检举人则不一定与事件有直接联系；二是控告是为了保护自己的权益而要求对违法失职行为进行处理，检举则多出于正义感和维护公共利益的目的。

的安全、荣誉和利益的义务，不得有危害祖国的安全、荣誉和利益的行为。

4）保卫祖国、依法服兵役和参加民兵组织的义务。

5）依法纳税的义务。

6）其他基本义务。

## 第四节　国家机构

国家机构是国家机关的总和，是统治阶级为了实现国家职能而建立的具有强制力的组织。我国的国家机构包括：全国人民代表大会、中华人民共和国主席、国务院、中央军事委员会、地方各级人民代表大会和地方各级人民政府、民族自治地方的自治机关、人民法院和人民检察院。

### 一、中央国家机关

中央国家机关框图如图 8－2 所示。

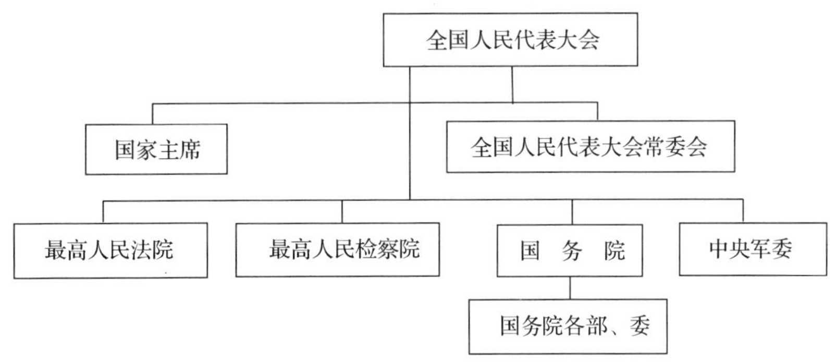


**图 8－2　中央国家机关框图**

（一）全国人民代表大会及其常务委员会

1. 全国人民代表大会

（1）全国人民代表大会的产生和任期　全国人大是最高国家权力机关，是国家立法机关。它由省、自治区、直辖市和军队选出的代表组成。各少数民族都应当有适当名额的代表。全国人大代表名额一般不超过 3000 人。代表的选举由全国人大常委会主持。全国人大每届任期 5 年。

（2）全国人大代表大会的职权　根据宪法的规定，全国人大的职权概括起来主要有以下几个方面：第一，修改宪法和监督宪法实施；第二，制定和修改刑事、民事、国家机构的和其他国家基本法律；第三，对国家机关组成人员的选举、罢免和决定；第四，决定国家生活中的重大事项；第五，应当由全国人大行使的其他权利。

（3）全国人民代表大会会议　全国人民代表大会会议每年举行一次，由全国人大常委会召集。如果全国人民代表大会常务委员会认为必要，或者有 1/5 以上全国人大代表的提议，可以临时召集全国人民代表大会会议。全国人民代表大会举行会议的时候，选举主席团主持会议。会议的法定人数为全体代表的 2/3 以上参加。国务院的组成人员、中央军委的组成人员、最高人民法院院长和最高人民检察院检察长列席全国人大会议。

2. 全国人民代表大会常务委员会

（1）全国人民代表大会常务委员会的产生和任期　全国人民代表大会常务委员会是全国人民

代表大会的常设机关，由全国人民代表大会举行每届第一次会议时，从全国人大代表中选出委员长1人、副委员长若干人、秘书长1人、委员若干人组成。全国人大常委会每届任期同全国人民代表大会每届任期相同。全国人大常委会委员长、副委员长连续任职不得超过两届。

（2）全国人民代表大会常务委员会的职权　根据宪法的规定，全国人大常委会的职权概括起来主要有以下几个方面：第一，解释宪法和监督宪法实施。第二，制定和修改除应当由全国人民代表大会制定和修改的基本法律以外的其他法律；第三，解释法律；第四，监督权；第五，人事任免权；第六，重大事项决定权。

（3）全国人大常委会会议　全国人大常委会会议应有全体成员过半数出席，才能举行。表决议案应由常委会全体组成人员的过半数通过。

国务院、中央军委、最高人民法院、最高人民检察院的负责人，全国人大各专门委员会主任委员、副主任委员以及有关的专门委员会委员、顾问，有关部门负责人，各省、自治区、直辖市的人大常委会主任或者副主任1人可以列席常委会会议。

#### （二）中华人民共和国主席

##### 1. 国家主席的选举和任期

中华人民共和国主席、副主席由全国人大选举产生，有选举权和被选举权的年满45周岁的中华人民共和国公民可以被选为中华人民共和国主席、副主席，主席、副主席每届任期5年，连续任职不得超过两届。

##### 2. 国家主席的职权

国家主席是中央国家机关的重要组成部分，属于最高国家权力机关范畴，而不是某个掌握国家权力的个人。国家主席同全国人民代表大会常务委员会结合形成国家元首的职权，对外代表中国。国家主席的职权主要包括：公布法律、发布命令、提名国务院总理人选、根据最高权力机构的决定任免政府领导人和驻外全权代表、外交权、荣典权等。

#### （三）国务院

国务院即中央人民政府，是最高国家权力机关的执行机关，是最高国家行政机关，对全国人大和全国人大常委会负责并报告工作。

##### 1. 国务院的组成和任期

国务院由下列人员组成：总理、副总理若干人，国务委员若干人，各部部长，各委员会主任，审计长，秘书长。国务院每届任期同全国人民代表大会每届任期相同。总理、副总理、国务委员连续任职不得超过两届。

##### 2. 国务院的主要职权

根据宪法的规定，国务院的职权具体表现在以下几个方面：根据宪法和法律，制定行政法规，发布行政决定和命令；向全国人大及其常务委员会提出议案；领导和管理全国各项行政工作；对行政人员的任免、奖惩权；外交权等。

#### （四）中央军事委员会

中华人民共和国中央军事委员会领导全国武装力量。中央军事委员会由下列人员组成：主席、副主席若干人，委员若干人。中央军事委员会每届任期同全国人民代表大会每届任期相同。中央军事委员会实行主席负责制，主席由全国人大选举产生，对全国人大和全国人大常委会负责。

### 二、地方国家机关

我国地方国家机关构成如图8－3所示。

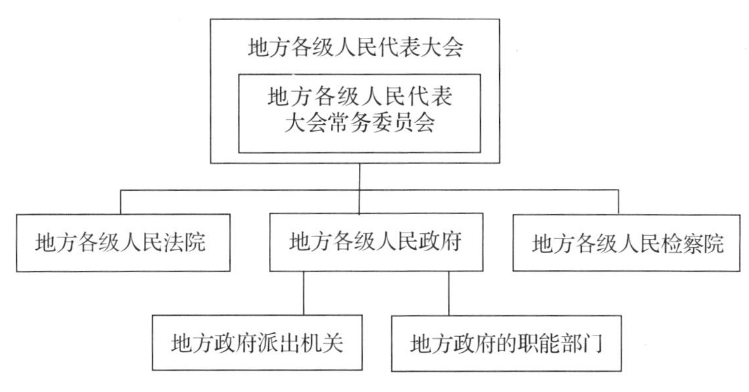


**图8-3　地方国家机关构成图**

（一）地方各级人民代表大会及常务委员会

1．地方各级人民代表大会

（1）地方各级人大的性质和地位　地方各级人民代表大会是地方国家权力机关。本级的地方国家行政机关、审判机关和检察机关都由地方人民代表大会选举产生，在本行政区域内受它监督，对它负责。

（2）地方各级人大的组成和任期　省、自治区、直辖市、自治州、设区的市的人民代表大会代表由下一级的人民代表大会选举；县、自治县、不设区的市、市辖区、乡、民族乡、镇的人民代表大会代表由选民直接选举。地方各级人民代表大会每届任期5年。

（3）地方各级人大的职权　地方各级人大的职权主要包括：保证宪法、法律、行政法规和上级人大及其常委会决议的遵守和执行；决定重大的地方性国家事务；选举和罢免本级国家机关的负责人；行使对本级人大常委会、人民政府、人民法院和人民检察院的监督权；在职权范围内通过和发布决议；省、自治区、直辖市和较大的市人民代表大会可以制定和颁布地方性法规等。

**材料8-14**　李某，男，45岁，某县人民法院院长。1990年12月，在本人并不知情，也没有经过任何组织手续的情况下，该县县委书记方某做出决定，免去李某人民法院院长的职务，同时任命了另一位院长。为此，李某表示不服，向县委提出异议，同时向省人大常委会和高级人民法院报告了此事。在上级有关部门的直接干预下，县委才不得不接受省里的意见，恢复了李某院长的职务。

问：某县县委书记撤换法院院长的行为是否合法？

2．地方各级人民代表大会常务委员会

（1）地方各级人民代表大会常务委员会的组成和任期　县以上地方各级人民代表大会设立常务委员会。省、自治区、直辖市、自治州、设区的市的人大常务委员会由本级人大从代表中选举主任、副主任、秘书长、委员若干人组成；县、自治县、不设区的市、市辖区的人大常委会由本级人大在代表中选举主任、副主任、委员若干人组成。常务委员会的组成人员不得担任国家行政机关、审判机关和检察机关的职务。常务委员会的任期每届5年。

（2）地方各级人民代表大会常务委员会的职权　地方各级人大常委会的主要职权包括：保证宪法、法律、行政法规等的遵守和执行；领导本级人大代表的选举，召集本级人大会议；决定本行政区域内政治、经济、教科文卫等方面的重大事项；对“一府两院”下级人大及其常委会行使监督权；任免其他国家机关的有关工作人员；决定授予荣誉称号等。

（二）地方各级人民政府

地方各级人民政府是地方各级国家权力机关的执行机关，是地方各级国家行政机关，对本级人大及其常委会和上一级国家行政机关负责、报告工作，并受国务院的统一领导。地方各级人民政府实行行政首长负责制。地方各级人民政府每届任期同本级人民代表大会每届任期相同。

地方各级人民政府的主要职权包括：县级以上地方各级人民政府有权改变或撤销所属各工作部门的不适当的命令、指示和下级人民政府的不适当的决定、命令；省、自治区、直辖市的人民政府以及省、自治区人民政府所在地的市和经国务院批准的较大的市的人民政府，可以制定地方政府规章。省、直辖市的人民政府决定乡、民族乡、镇的建置和区域划分。

## 三、人民法院和人民检察院

### （一）人民法院

中华人民共和国人民法院是国家的审判机关。中华人民共和国设立最高人民法院、地方各级人民法院和军事法院等专门人民法院。最高人民法院院长每届任期同全国人民代表大会每届任期相同，连续任职不得超过两届。最高人民法院是最高审判机关，它监督地方各级人民法院的审判工作，上级人民法院监督下级人民法院的审判工作。最高人民法院对全国人民代表大会和全国人民代表大会常务委员会负责，地方各级人民法院对产生它的国家权力机关负责。

### （二）人民检察院

中华人民共和国人民检察院是国家的法律监督机关。中华人民共和国设立最高人民检察院、地方各级人民检察院和军事检察院等专门人民检察院。最高人民检察院检察长每届任期同全国人民代表大会每届任期相同，连续任职不得超过两届。最高人民检察院是最高检察机关，它领导地方各级人民检察院和专门人民检察院的工作，上级人民检察院领导下级人民检察院的工作。最高人民检察院对全国人民代表大会和全国人民代表大会常务委员会负责，地方各级人民检察院对产生它的国家权力机关和上级人民检察院负责。

**学习思考**

1. 如何理解宪法是我国的根本大法？
2. 为什么说我国是单一制的社会主义国家？
3. 我国宪法规定的我国公民应享有的社会经济权利包括哪些内容？
4. 我国全国人大是一个什么性质的国家机关？它有什么重要职权？

09

Chapter

# 第九章 民事法律制度

2003 年 3 月，我国首例法律、法规数据库侵权案，经海南省高级人民法院二审终审。海口网威科技有限公司对《中国大法规数据库》侵权事实成立。法院判决其立即停止侵权，书面向海南经天信息有限公司赔礼道歉，并向其赔偿经济损失 5 万元。

据查，海南经天公司于 1998 投资 180 万元完成开发并出版发行的《中国大法规数据库》，被海口网威科技有限公司于 2000 年解密后，复制到其经营的《司法在线》网站上。经天公司将该侵权的网上法律数据库经过公证将其下载作为证据，向海口市中级人民法院提起诉讼。

法律法规本不具有版权，但这些没有版权的法律、法规经过汇编而成的法律数据库是有版权的。2001 年颁布的新修改的著作权法明确规定："汇编若干作品、作品的片段或者不构成作品的数据或者其他材料，对其内容的选择或者编排体现独创性的作品，为汇编作品，其著作权由汇编人所有……" 这是我国法院第一次判决维护法规数据库编辑者的著作权，它对著作权的保护有着重要的意义。

## 第一节 民法概述

### 一、民法的概念与调整对象

（一）民法的概念

民法源于古罗马的市民法。古罗马把调整罗马市民之间关系的法律称为"市民法"，把调整本国人与外国人及外国人与外国人之间关系的法律称为"万民法"。

民法是调整平等主体的自然人之间、法人之间以及自然人和法人之间的财产关系和人身关系的法律规范的总称。

（二）民法的调整对象

《民法通则》第 2 条规定："中华人民共和国民法调整平等主体的公民之间、法人之间、公民与法人之间的财产关系和人身关系。"

1. 平等主体之间的财产关系

财产关系是指人们在物质资料的生产、分配、交换和消费过程中所发生的具有经济内容的关系。在市场经济条件下，财产关系是复杂多样的，但民法只调整其中的一部分，即平等主体间财产关系，它包括静态的财产所有关系和动态的财产流转关系，前者如所有权关系，后者如债权关系。

2. 平等主体之间的人身关系

人身关系是指与人身相联系、没有直接财产内容的社会关系。人身关系包括人格权关系和身份权关系。人身权不具有直接财产内容并不表示它与财产权毫不相干。对人身权的享有会直接决定或影响一个人对财产权的享有及行使；反之，对人身权的损害会间接带来受害人的财产损失。所以，在确定民法的调整对象时，不能将财产关系和人身关系完全割裂开来。

## 二、民法的基本原则

民法的基本原则，是指贯穿于民法始终，体现民法的基本价值，反映民事立法的目的和方针，对各项民事法律制度和全部民法规范起统率和指导作用的基本准则。

### （一）当事人地位平等原则

《民法通则》第3条规定："当事人在民事活动中的地位平等。"

当事人地位平等原则，要求在民事活动中一切当事人法律地位平等，任何一方只能根据法律规定或当事人之间的约定行使权利，不得把自己的意志非法强加给对方。

### （二）自愿、公平、等价有偿原则

《民法通则》第4条规定："民事活动应当遵循自愿、公平、等价有偿的原则。"

自愿原则是指当事人在法律规定的范围内，根据自己的意愿设立、变更、消灭民事法律关系，不受任何外界因素的影响。

公平原则是指民事主体应依据社会公认的公平理念从事民事活动，以维持当事人之间的利益均衡。

等价有偿原则是价值规律在民法上的集中体现，它要求民事主体在从事民事活动中要按照价值规律的要求进行等价交换，实现各自的经济利益。

### （三）诚实信用原则

《民法通则》第4条规定："民事活动应当遵循诚实信用的原则。"

诚实信用原则是指民事主体在从事民事活动时，必须诚实、守信用，以善意的方式行使权利、履行义务，不规避法律。诚实信用原则要求一切市场参加者符合"诚实商人"或"诚实劳动者"的道德标准，所以常被奉为"帝王条款"。它作为市场活动的基本规则，以其独有的方式调节着当事人之间的利益，是保障市场有规则有秩序运行的重要法律原则。

### （四）民事权利受法律保护原则

《民法通则》第5条规定："公民、法人的合法的民事权益受法律保护，任何组织和个人不得侵犯。"

民事权利受法律保护具体表现在：民事主体可以依法充分行使其合法的民事权利，不受他人干涉；民事主体可在依法行使其权利后获取合法的经济效益；当民事主体的民事权利和经济利益受到不法侵害时，可以依照法律程序寻求合法保护。

## 三、民事法律关系

### （一）民事法律关系的概念与特征

民事法律关系，是指由民事法律规范所调整的，在民事主体之间发生的，具有民事权利和义务内容的社会关系。民事法律关系具有如下的特征。

#### 1. 民事法律关系是民事主体之间的权利和义务关系

民法赋予当事人一定的民事权利和民事义务。以民事权利和民事义务为内容，正是民事法律关系与其他法律关系的重要区别。

2. 民事法律关系是平等主体之间的关系

民法调整平等主体之间的财产关系和人身关系，这就决定了参加民事法律关系的主体地位平等、权利义务对等，一方在享受权利的同时，也要承担相应的义务。

3. 民事法律关系主要为财产关系

民法以财产关系为其主要调整对象，因此，民事法律关系也主要表现为财产关系。人身关系只是民法调整的较小一部分内容。

（二）民事法律关系的构成要素

民事法律关系的构成要素，是指组成民事法律关系的必要因素或必要条件。民事法律关系的构成要素包括主体、客体和内容三个要素。

1. 民事法律关系的主体

民事法律关系的主体是指参加民事法律关系、享受民事权利并承担民事义务的人。民事法律关系的主体包括：自然人、法人、非法人组织和国家。

民事法律关系的主体范围如图 9－1 所示。

民事主体
- 自然人（公民、外国人、无国籍人）
- 法人（企业法人、非企业法人）
- 国家
- 非法人组织
  - 个体工商户
  - 农村承包经营户
  - 合伙组织
  - 法人分支机构

**图 9－1　民事法律关系的主体范围**

**材料 9－1**　为保障国民经济发展的需要，国家需要向公民和组织发行国债。国家发行国债时，由银行代理，但国家是债务人，须对公民和组织认购的国债承担按期清偿的义务。公民也可以立遗嘱将个人财产赠予国家，在遗赠人将财产遗赠给国家时，国家作为受遗赠人也会与继承人或遗嘱继承人发生债的关系等。

问：上述情形中，国家可否称为民事法律关系的主体？

2. 民事法律关系的客体

民事法律关系的客体，是指民事权利和民事义务所共同指向的对象。即能够引起民事主体之间民事权利和民事义务产生的某种标的。民事法律关系因种类不同，可以有不同的客体。在我国理论界，通常认为民事法律关系的客体应该包括物、行为、智力成果和人身利益等。

3. 民事法律关系的内容

民事法律关系的内容，是指民事主体所享有的权利和承担的义务，即民事权利和民事义务。民事权利是指法律赋予民事主体所享有的、为实现某种权益而为一定行为或不为一定行为的可能性。当事人可以行使权利而取得利益，也可以不行使权利而放弃利益，但不得滥用民事权利。民事义务是指义务人为满足权利人的利益而为一定的行为或不为一定的行为的必要性。民事义务体现了一种法律强制，义务人不能够履行义务，就要承担法律责任。所以义务不能放弃。

民事法律关系中的权利和义务是相互对立、相互联系的，并统一地制约着民事主体。在任何一个民事法律关系中，权利和义务都是一致的。没有权利的义务和没有义务的权利几乎是不存在的。

（三）民事法律事实的概念及民事法律关系的产生、变更和终止

1. 民事法律事实的概念

民事法律事实，是指民事法律所规定的、能够引起民事法律关系产生、变更和消灭的客观现象。

根据客观事实是否与主体的意志有关，法律事实可以分为事件和行为两大类。事件，又称为

自然事实，是指与主体的意志无关，能够引起民事法律后果的客观现象。例如人的死亡、地震、台风、物的灭失，都属于事件。行为，是指受主体意志支配、能够引起民事法律后果的活动。如立遗嘱的行为、毁损他人财物的行为等。

2. 民事法律关系的产生、变更与终止

民事法律关系的产生就是民事主体取得权利或承担义务的状态。例如，签订了买卖合同，买方有请求卖方交付出卖物的权利和支付价款的义务，卖方有请求买方支付价款的权利和向买方交付出卖物的义务。

民事法律关系的变更就是已存在的民事法律关系的要素变化的状态，包括民事法律关系的主体变更、内容变更和客体变更。例如，由于法人的合并和分立，导致债的关系中的主体发生变更。

民事法律关系的终止就是主体之间的权利义务不再存在的状态，也称为民事法律关系的绝对终止。例如，所有物被他人毁灭，所有权关系终止，同时原所有权人和侵害人之间产生新法律的关系，即侵权损害之债的法律关系。

民事法律关系的产生、变更和终止的运行关系如图 9－2 所示。

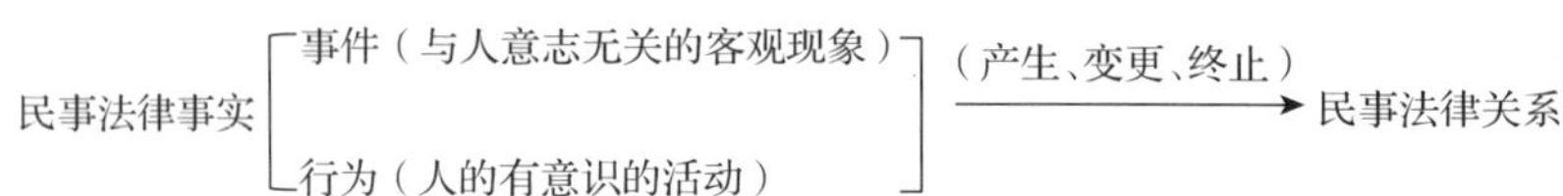


**图 9－2　民事法律关系的发生、变更和终止关系**

## 第二节　民事主体

民事主体，是指参加民事法律关系、享受民事权利并承担民事义务的人。在我国，民事主体通常包括公民（自然人）、法人、其他社会组织、国家等。

### 一、自然人

（一）自然人与公民

自然人是指生于母体、具有自然生命形式的人。公民是指具有一个国家的国籍，根据该国的法律规范享有权利和承担义务的自然人。

《民法通则》第 8 条规定："本法关于公民的规定，适用于在中华人民共和国领域内的外国人、无国籍人，法律另有规定的除外。"《民法通则》所称的"自然人"，则是泛指在我国领域内一切具有自然生命形式的人，包括具有中华人民共和国国籍的中国公民和外国人以及无国籍人。显然，从法律的角度来看，在一个国家中生活的自然人，不等于就是该国的公民；"自然人"的范围，大于"公民"的范围。

（二）自然人的民事权利能力和民事行为能力

1. 自然人的民事权利能力

民事权利能力，是民事法律赋予民事主体从事民事活动，从而享受民事权利和承担民事义务的资格。它是民事主体获取民事权益、承担民事义务的前提。

我国《民法通则》第 9 条规定："公民从出生时起到死亡时止，具有民事权利能力，依法享有民事权利，承担民事义务。"最高人民法院的司法解释也规定，公民的民事权利能力自出生时开始。出生的时间以户籍证明为准；没有户籍证明的，以医院出具的出生证明为准；没有医院证明的，参照其他有关证明认定。

**材料9－2**　王家有个孙子叫小林，小林要过生日了，小林的母亲记得是7月28日生下小林；医院的接生簿上记载的是7月29日；医院出具的出生证明上记载的是7月30日；当地派出所的户口本上记载的是7月31日。

问：小林的法定出生时间到底为那一日？

公民死亡的方式有自然死亡和宣告死亡两种。自然死亡，又称生理死亡，指自然人生命的终结，通常以医院开具的死亡证明上所记载的时间为准。宣告死亡，是法律上的推定死亡，即法院依照法定程序对下落不明的公民做出判决，宣告其死亡。无论何种方式，只要公民死亡的事实发生，其民事权利能力便告终止。

2. 自然人的民事行为能力

民事行为能力是指法律确认公民以自己的行为行使民事权利和承担民事义务，并能对自己的违法行为承担民事责任的资格。自然人的民事行为能力分为三类：完全民事行为能力人、限制民事行为能力人和无民事行为能力人。

我国民事法律关于自然人民事行为能力的规定归纳如表9－1所示。

**表9－1　我国民事法律关于自然人民事行为能力的规定**

| 类型 | 范围 | 行为能力 |
|---|---|---|
| 完全民事行为能力人 | （1）年满18周岁的成年人<br>（2）16周岁以上不满18周岁，以自己的劳动收入为主要生活来源的人 | 可以自主地进行民事活动 |
| 限制民事行为能力人 | （1）10周岁以上的未成年人<br>（2）不能完全辨认自己行为的精神病人 | 可以进行与他的年龄、智力、精神健康状况相适应的民事活动，其他民事活动，由其法定代理人代理或征得其法定代理人的同意 |
| 无民事行为能力人 | （1）不满10周岁的未成年人<br>（2）不能辨认自己行为的精神病人 | 民事活动均由其法定代理人代理 |

对于限制行为能力人和无行为能力人来说，如果他们所进行的是纯粹获得利益的行为，比如接受奖学金、接受别人的赠予、接受报酬等行为，应该界定为有效。他人不得以行为人无民事行为、限制民事行为能力为由，主张以上行为无效。

**材料9－3**　小华今年12岁，是某学校六年级的学生。有一天他在家里看电视，看到电视广告上宣传的一款手提电脑非常漂亮，他想，反正爸爸最近准备买一台手提电脑，不如我帮他订购一台吧，于是随手拨通了专卖店的电话。第二天卖方送货上门，小华的父母才知此事。问：

（1）假设小华今年16周岁，是一家外企的职工，那台手提电脑应如何处理？

（2）假设小华的父母得知此事后不同意付款买下，那又该如何处理？

（三）监护制度

1. 监护的概念

监护是为了监督和保护无民事行为能力人和限制民事行为能力人的合法权益，由特定的公民、组织对其人身、财产及其他合法权益进行监督保护的一项民事法律制度。进行监督和保护的人称为监护人，受到监督和保护的人称为被监护人。

2. 监护人的确定

（1）对未成年人的监护　对未成年人的监护，由下列人员中有监护能力的人按顺序担任监护人：父母；祖父母与外祖父母；成年兄姐；关系密切的其他亲属朋友愿意承担监护责任，经未成年人的父母所在单位或者未成年人住所地的居民委员会或村民委员会同意的。如果上述监护人没有的，由未成年人的父母所在单位或者未成年人住所地的居民委员会、村民委员会或者民政部门担任监护人。

（2）对精神病人的监护　为无民事行为能力或者限制民事行为能力的精神病人设定监护人，应当按下列顺序确定其监护人：配偶；父母；成年子女；其他近亲近属（兄弟姐妹、祖父母、外祖父母、孙子女、外孙子女）；关系密切的其他亲属、朋友有监护能力并且本人愿意承担监护责任，经精神病人所在单位或者住所地的居民委员会、村民委员会同意的。没有上述监护人时，由精神病人的所在单位或者住所地的居民委员会、村民委员会民政部门担任监护人。

**材料9－4**　1986年谢兰患病精神失常，其丈夫夏文海两年前因车祸丧生。女儿夏小云当时只有8岁。谢的父母年纪太大，无力承担起监护重任。于是重庆市残疾人联合会指定谢兰之兄谢明作为谢兰母女的监护人。现谢明年岁已高，履行监护职责渐显困难，且夏小云已经成年并有稳定的工作。2005年夏小云向法院申请，变更其母谢兰的监护权。

问：重庆残联的指定是否正确？夏小云的请求能否得到法院的支持？

3. 监护人的职责

根据《民法通则意见》第10条的规定，监护人应承担下列职责：① 保护被监护人的人身体健康；② 照顾被监护人的生活；③ 对被监护人进行管理和教育；④ 保护和管理被监护人的财产。非为被监护人的利益，不得使用被监护人的财产；⑤ 代理被监护人进行民事活动（包括进行诉讼）。

**材料9－5**　张小非是一位著名的武打小童星，虽只有13岁，但已出演了多部武打片，收入颇丰。因张小非的叔叔买房急需一笔钱，其父张乃非欲从张小非的收入中拿出一笔钱来资助自己的弟弟（张小非的叔叔）买房。

问：张乃非能否用儿子的钱支助自己的弟弟？

（四）宣告失踪与宣告死亡

1. 宣告失踪

（1）宣告失踪的概念　宣告失踪，是指自然人离开自己的住所，下落不明达到法定期限，经利害关系人申请，由人民法院判决，宣告其为失踪人，并对失踪人的财产实行代管的法律制度。

（2）宣告失踪的条件　第一，自然人离开住所或最后居所下落不明达到两年。两年的起算点是从下落不明的次日开始计算的。战争期间下落不明的，下落不明的时间从战争结束之日起计算。第二，有利害关系人申请。所谓利害关系人是指与下落不明人存在一定人身关系或财产关系的人，包括配偶、父母、子女、兄弟姐妹、祖父母、外祖父母、孙子女、外孙子女、对该人负有监护责任的人、该人的债权人和债务人、合伙人等。第三，人民法院的受理与宣告。管辖法院在接到利害关系人的申请并受理案件后，应当发出寻找失踪人的公告，公告期为3个月。公告期满后，应当根据情况做出宣告失踪的判决或驳回申请的判决。

（3）宣告失踪后的法律效力　自然人被宣告为失踪人后，其民事主体资格仍然存在，故不发生继承问题，也不改变与其人身有关的民事法律关系。宣告失踪产生的法律后果主要是为失踪人设立财产代管人。财产代管人的指定应当按照有利于保护失踪人的合法权益的原则。代管人管理失踪人的财产，应尽管理人的注意义务，不得侵害失踪人的合法权益。在涉及失踪人的诉讼中，由财产代管人作为原告或被告。

**材料9-6** 甲为一渔民，一日出海打鱼一去不复返，两年后被申请宣告失踪。在指定财产代管人时，甲妻乙与甲父母丙、丁发生争议，双方争当财产代管人。经查，乙在甲失踪后不久即与他人姘居，并经常从家中拿财物供与姘头共同消费。

问：本案中谁作为甲的财产代管人最合适？

（4）宣告失踪的撤销　被宣告失踪的人重新出现或者确知其下落，经本人或者利害关系人申请，人民法院应当撤销对其失踪宣告。失踪宣告一经撤销，代管人的代管权即行终止。

2. 宣告死亡

（1）宣告死亡的概念　宣告死亡，是指自然人下落不明达到法定期限，经利害关系人申请，由人民法院宣告其死亡的法律制度。

（2）宣告死亡的条件　第一，自然人下落不明满4年；或因意外事故下落不明，从事故发生之日起的满2年；或因意外事故下落不明，经有关机关证明该公民不可能生存的，利害关系人可向人民法院申请宣告他死亡。第二，有利害关系人的申请。申请宣告死亡的利害关系人有一定的顺序，如果前一顺序的利害关系人不申请宣告死亡，则后面顺序的利害关系人不得申请宣告死亡。利害关系人的顺序为：配偶 → 父母、子女 → 兄弟姐妹、祖父母、外祖父母、孙子女、外孙子女 → 其他有民事权利义务关系的人。宣告失踪不是宣告死亡的必经程序，所以被申请宣告死亡的自然人，既可以是被宣告失踪的人，也可以是未经宣告失踪的人。第三，人民法院的受理与宣告。人民法院受理宣告死亡的申请后，应对下落不明的失踪人发出公告，公告期为1年。因意外事故下落不明，经有关机关证明该公民不可能生存的，公告期间为3个月。公告期满后，应当根据情况做出宣告死亡的判决或驳回申请的判决。如果宣告死亡的，判决生效之日为被宣告死亡人的死亡日期。

（3）宣告死亡的法律效力　宣告死亡发生与自然死亡同样的法律后果。即被宣告死亡人的民事权利能力丧失；被宣告死亡人与其配偶之间的婚姻关系消灭；继承开始，继承人开始继承遗产；受遗赠人可以取得遗赠等。宣告死亡只是法律推定的死亡，因此如果被宣告死亡人没有死亡的，有民事行为能力的人在被宣告死亡期间所实施的民事法律行为仍有效。被宣告死亡时间和自然死亡时间不一致的，被宣告死亡所引起的法律后果仍然有效，但自然死亡前实施的民事法律行为与被宣告死亡引起的法律后果相抵触的，以其实施的民事法律行为为准。

**材料9-7** 甲已于一年前在A市被宣告死亡，但甲并未真的死亡，却一直在B市做生意，前不久还与乙签订了一份销售合同。后乙得知甲已经被宣告死亡，乙当时恰好又不想履行合同，就以甲不具备合同资格为由，拒不履行合同义务。

问：乙的行为能否得到法律的支持？

（4）宣告死亡的撤销　被宣告死亡人重新出现或者有人确知其没有死亡时，经本人或利害关系人向人民法院申请，应当撤销其死亡宣告。

## 二、法人

（一）法人的概念与成立条件

法人是具有民事权利能力和民事行为能力，依法独立享有民事权利和承担民事义务的组织。法人的成立需要具备以下条件：

1. 依法成立

《公司法》规定，设立公司应当依法向公司登记机关申请设立登记。法律行政法规规定设立公司必须报经批准的，应当在公司登记前依法办理批准手续。

2. 有必要的财产或经费

“财产”是对企业法人的要求；“经费”是对机关、社会团体、事业单位法人的要求。这是法人享受权利和承担义务的物质基础，更是其独立承担民事责任的财产保障。

**材料9-8** 新修订的《公司法》第26条降低了对有限责任公司和股份有限公司最低注册资本金的要求，主要表现在两个方面：一是有限责任公司最低注册资本金由原来的10万降到最低3万元，股份有限公司最低注册资本金由原来的1000万降低到500万；二是把行业间不同最低资本要求留给专门法规定。

问：你认为公司法修改后的这些规定的用意何在？

3. 有自己的名称、组织机构和场所

法人必须有自己的名称才能成为特定化的组织，并以此区别于从事相同事务的其他组织。有自己的组织机构和场所是法人进行正常的管理和经营的基本条件。

4. 能独立承担民事责任

法人必须以其所拥有的独立财产对外独立地承担有限责任，而不是由法人的投资者或内部成员来承担责任。

（二）法人的分类

《民法通则》根据法人设立的宗旨和所从事的活动的性质不同，将法人分为两类：企业法人、非企业法人，如图9-3所示。

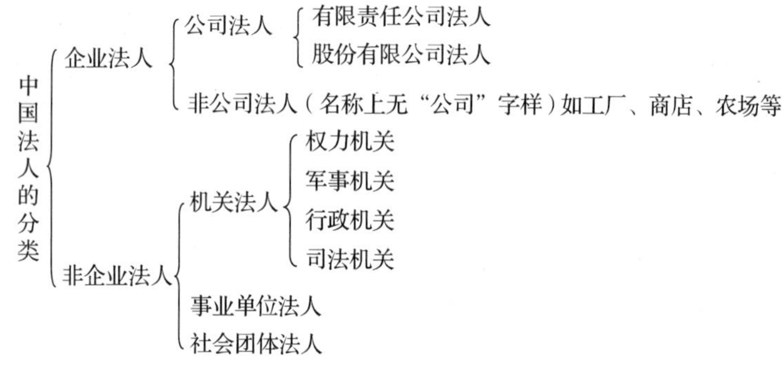


**图9-3 法人的分类**

1. 企业法人

企业法人是指以营利为目的、独立从事商品生产和经营活动的经济组织。在我国企业法人只有有限责任公司法人和股份有限公司法人。非公司法人只是名称上没有“公司”字样，其实在经营上还是以公司的形式存在。

2. 非企业法人

非企业法人主要包括三类：① 机关法人，是指依法享有国家权力，以国家预算作为独立的活动经费，具有独立法人地位的中央和地方各级国家机关，包括立法机关、军事机关、行政机关、司法机关等。② 事业单位法人，是指从事非营利性的、社会公益事业的各类法人，如从事文化、教育、卫生、体育、新闻、出版等公益事业的单位。③ 社会团体法人，是指由自然人或法人自愿组成，从事社会公益、文学艺术、学术研究、宗教等活动的各类法人，如人民群众团体、社会公益团体、学术研究团体、文学艺术团体、宗教团体等。

## 三、其他民事主体

（一）个体工商户

自然人在法律允许的范围内，依法经核准登记，取得营业执照，从事工商业经营的，为个体工商户。个体工商户是自然人作为民事主体的特殊形式，也是个体经济的一种法律形式。

个体工商户可以是城镇居民，也可以是农村村民；可以个人经营，也可以家庭共同经营。个体工商户对债务须承担无限责任。个人经营的，以个人财产对债务承担无限责任；家庭经营的，以家庭全部财产对债务承担无限责任。

**材料 9－9**　甲是一个体工商户，从事茶叶零售业务，开办的茶庄依法登记为“春茗茶庄”。在经营中，由于甲经营不善，欠下乙 5 万元茶叶款。乙多次向甲讨债未果，乙欲向法院起诉。

问：此案的被告应该是谁？

（二）农村承包经营户

《民法通则》第 27 条规定：农村集体经济组织的成员，在法律允许的范围内，按照承包合同的规定从事商品经营的，为农村承包经营户。

农村承包经营户是相对独立的商品生产经营者，通过与集体签订承包合同，对其承包的土地或其他生产资料享有使用权和收益权，农村承包经营户以个人财产或家庭全部财产对债务承担无限责任。

（三）个人独资企业

个人独资企业是指有一个自然人投资，财产为投资人个人所有，雇工达到一定人数的经济组织。

个人独资企业不具备法人资格，但可以有自己的名称或商号。企业的全部财产归业主所有，业主对企业事务有完全支配权。投资人对企业债务承担无限清偿责任，企业未能清偿的债务，投资人要以个人财产予以清偿。

（四）合伙企业

合伙企业是指两个以上的公民订立合伙协议，共同出资、合伙经营、共享收益、共担风险，并对合伙企业债务承担无限连带责任的营利性组织。

合伙财产包括由各合伙人按合伙协议向合伙投入的财产和合伙经营过程中积累起来的财产两部分构成。依据法律规定，合伙人投入的财产，由合伙人统一管理和使用。合伙积累的财产，归合伙人共有。非经全体合伙人一致同意，任何合伙人都不能使用和处分合伙财产。

合伙企业虽然是一个营利性的组织，并且也可拥有自己的名称或字号，但它不具有法人资格，所以合伙人对债务须承担无限连带清偿责任。

**材料 9－10**　甲、乙、丙三人两年前各出资 1 万元合伙开了一家餐馆，开业后的第一年生意还不错，但后来生意越来越糟，欠下 5 万元的债务。甲、乙见势不妙，去外地躲债。债权人张某找到了丙，要丙承担全部债务。丙不同意说：“餐馆当时一共才投入 3 万元，怎么可能赔你 5 万，再说，甲、乙都不在，他们的事我不管，我现在最多还你 1 万元。”

问：你认为丙的说法有道理吗？

## 第三节 民事行为与代理

### 一、民事法律行为

（一）民事法律行为的概念与特征

1. 民事法律行为的概念

民事法律行为，是指民事主体设立、变更或终止民事权利和民事义务，依法产生民事法律效力的合法民事行为。

2. 民事法律行为的特征

（1）民事法律行为是一种合法行为。民事法律行为的实施主体、行为的性质、内容和形式都必须符合法律要求的各种条件，才能受到法律的承认和保护，才能产生行为人所预期的法律效果。

（2）民事法律行为以行为人的意思表示为要素。意思表示是指行为人将其期望发生法律效果的内心意愿以一定方式表达于外部的行为。

（3）民事法律行为将产生行为人所预期的法律后果。民事法律行为是与人们的意志相联系的一种法律事实，凡不产生法律后果，以及虽产生一定的法律后果，但并非行为人所预期的行为，都不是民事法律行为。

**材料 9-11** 张老先生日前立下一份书面遗嘱，遗嘱上写明将自己名下的价值500万元的财产日后全部由女儿继承，不孝顺的儿子分文不得。张老先生的这一行为能否在张老先生故世后产生与他生前预期完全一致的法律后果？

问：张老先生的做法是否为民事法律行为？

（二）民事法律行为的有效条件

1. 行为人具有相应的民事行为能力

就自然人而言，完全民事行为能力人可以独立进行各种民事法律行为。限制民事行为能力人只能从事与其年龄、智力或精神健康相适应的民事法律行为，其他行为由其法定代理人代理，或者征得法定代理人的同意。无民事行为能力人实施的民事法律行为必须由其法定代理人代理。就经济组织而言，其民事行为能力是由核准登记的经营范围所决定的。

2. 行为人的意思表示真实

意思表示真实是指行为人在自觉、自愿的基础上做出符合其内在主观意志的外部表示行为。即行为人在做出民事行为时没有错误、恶意通谋、受欺诈、受胁迫等因素存在。

3. 不违反法律和社会公共利益

行为人的民事行为不得与法律的强制性或禁止性规范相抵触，也不得滥用法律的授权性或任意性规定以规避法律。合法要件包括内容合法、形式合法和目的合法。

### 二、其他民事行为

（一）无效民事行为

1. 主体不合格的民事行为

（1）无民事行为能力人实施的民事行为　无民事行为能力人不能正确认识其行为的法律意义，依法不能独立进行民事活动，只能由其法定代理人代理。当然，无民事行为能力人实施的纯获利益的民事行为是有效的。

（2）限制民事行为能力人依法不能独立实施的民事行为　限制民事行为能力人实施的民事行为不是全部属于无效，而应当区别对待。与其年龄和智力相适应的民事行为应该认定为有效。

2. 意思表示不真实的民事行为

（1）因受欺诈、胁迫损害国家利益的行为　欺诈指当事人一方故意编造虚假情况或者隐瞒真实情况，使对方陷入错误认识而实施了违背自己真实意思表示的行为。胁迫指以给自然人或其亲友的生命健康、荣誉、名誉、财产等造成损害或以给法人的荣誉、名誉、财产等造成损失相要挟，迫使对方做出违背真实意愿的表示行为。合同法规定，受到欺诈或胁迫而为的民事行为必须损害了国家利益才能认定为无效。

**材料9－12** 小贩兜售假名牌，称阿迪达斯运动鞋每双50元。小华明知50元钱不可能买到真的阿迪达斯运动鞋却欣然购买。此例中小贩主观上有欺诈故意，但是小华明知其兜售假名牌而购买。

问：小贩的行为是否属于无效的民事行为？

（2）恶意串通行为　民事行为的当事人之间故意合谋实施的损害国家、集体或第三人利益的行为。这类民事行为的主要特征是当事人之间互相串通，互相配合共同实施的违法行为。

3. 违反法律或社会公共利益的行为

违反法律的行为，是指违反法律的强制性规定或禁止性规定。这里所说的“法律”是指广义的法律。

4. 以合法形式掩盖非法目的的行为

这是一种规避法律的行为，是指当事人通过实施合法行为而掩盖其非法目的；或从事的行为在形式上是合法的，而在内容上是非法的。当事人的真实意思是通过这种表面的形式和行为掩盖和实现非法目的。

根据我国法律规定，民事行为无效裁定的权力归人民法院或仲裁机构行使。无效的民事行为，从行为开始时起就没有法律拘束力。也就是说，民事行为被确认无效后，要溯及行为发生之时，而不是从民事行为被确认无效时起才无效。

### （二）可撤销的民事行为

1. 可撤销民事行为的内涵

可撤销的民事行为，是指当事人依照法律规定，针对欠缺有效条件的民事行为，请求人民法院或者仲裁机关予以变更或者撤销的行为。

（1）自成立之时产生法律效力，只要当事人未提出变更或撤销请求，未依法行使变更权、撤销权的，则其内容和效力均不发生改变，对当事人具有法律约束力。

（2）在当事人依法行使变更权、撤销权后，该民事行为基于人民法院或者仲裁机关的裁判相应地变更其内容而继续有效，或者被撤销而丧失法律效力。被撤销的民事行为与无效民事行为一样，从行为开始时起无效。

（3）可撤销的民事行为撤销权的行使期间是一年，这是一个除斥期间。[㊀]当事人在知道或应当知道该民事行为存在之日起在一年内，可申请人民法院或仲裁机构变更或撤销该民事行为，符合条件，人民法院或仲裁机关应当予以变更或撤销，但当事人请求变更的，人民法院或者仲裁机构

---

㊀ 除斥期间，指法律规定某种权利预定存续的期间，权利人在此期间不行使权利，预定期间届满，便可发生该实体权利消灭的法律后果。这是个不变期间，当事人不能要求延长。

不得撤销。当事人在知道或应当知道该民事行为存在之日起在一年内，未行使变更或撤销权，该民事行为发生效力。

2. 可撤销的民事行为的种类

（1）重大误解的民事行为　重大误解是指行为人对行为的性质、对方当事人、标的物的品种、质量、规格和数量等的错误认识，使行为的后果与自己的意思相悖，造成较大损失的意思表示。

**材料 9－13**　顾某将其父亲的遗物：一幅名家山水画卖给某文物商店。几天后，该商店请专家来鉴定，发现该画并非真迹，而是仿制品。于是该商店找到了顾某，要他退还画款，取回字画。但顾某不同意，认为这幅画是他父亲生前收藏的，看过这幅画的人都说是真迹，不愿意退还画款。双方争执不下。

问：这起买卖行为是否有效？为什么？

（2）显失公平的民事行为　显失公平的民事行为，是指一方当事人利用自身优势或者利用对方没有经验，致使双方的权利义务明显违反公平、等价有偿原则而实施的民事行为。

（3）一方以因欺诈、胁迫而订立的不损害国家利益的合同行为。

（4）乘人之危的合同行为　行为人利用对方当事人的急迫需要或危难境地，为牟取不正当利益，迫使对方做出违背真实意思的民事行为。

**材料 9－14**　甲的女儿生病，无钱医治。迫于无奈，决定将祖传的一把意大利小提琴出售。遂找到乙说："这把小提琴价值20万元，现在我女儿生病了，没办法，10万元卖给你。"乙欣然表示同意。

问：这种情况下，乙的行为是否属于乘人之危？

根据我国法律规定，民事行为被确认为无效或被撤销后，从行为开始就没有法律效力。但是没有法律效力不等于没有法律后果产生。民事行为被确认为无效或被撤销后，可能会产生返还财产、赔偿损失、追缴财产等法律后果。

（三）效力待定的民事行为

效力待定的民事行为，是指民事行为因不完全具备有效要件，其效力发生与否尚不确定，须经有权人来决定的行为。效力待定的民事行为主要有以下几类：

（1）限制民事行为能力人依法不能独立订立的合同　限制民事行为能力人签订的与他的年龄、智力、精神、健康状态不相适应的合同，其效力须经过他的法定代理人追认才生效。相对人可以催告法定代理人在一个月内予以追认。法定代理人未做表示的，视为拒绝追认。合同被追认之前，相对人有撤销的权利。

（2）无权代理行为　行为人没有代理权、超越代理权或代理权终止后，以代理人的名义订立的合同，未经被代理人追认，对被代理人不发生效力，由行为人承担责任。相对人可以催告被代理人在一个月内予以追认。被代理人未作表示的，视为拒绝追认。合同被追认之前，相对人有撤销的权利。

**材料 9－15**　甲公司授权业务员小张到某产粮区采购100吨大米。小张到了某产粮区后，发现大米的质量又好，价格又便宜，小张考虑到这是一个很好的机会，于是在未与公司协商的情况下，擅自与某产粮区签订了采购150吨大米的合同。

问：小张的代理行为完全无效吗？

（3）无权处分行为　无处分权是指行为人对他人的权利没有处分权，而以自己的名义处分他人权利的行为。处分行为能否有效，取决于有处分权的当事人的同意或最终能否取得处分权。无处分权人处分他人财产后，经权利人追认或无处分权人后来取得处分权的，该处分行为有效，否则该处分行为无效。

## 三、代理

### （一）代理的概念与特征

1. 代理的概念

代理是指代理人在代理权范围内以被代理人名义与第三人实施的，法律效果直接归属于被代理人的民事法律行为及相应的法律制度。

代理活动涉及的三方主体间的关系如图 9－4 所示。

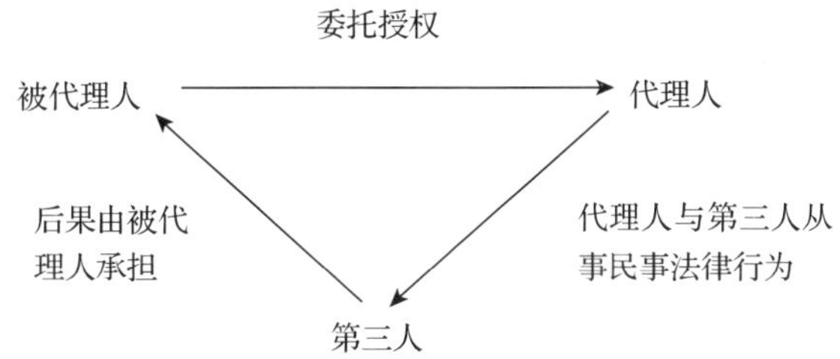


**图 9－4　代理活动涉及的三方主体间的关系**

2. 代理的特征

（1）代理行为必须是代理人以被代理人的名义进行的民事法律行为　代理人与第三人之间设立、变更和终止民事权利和民事义务，其目的是代替被代理人参加民事法律活动，而不是自己设立民事权利和义务，不应存在自己独立的利益。因此，代理人只能以被代理人的名义进行活动。

（2）代理人应在代理权限内实施代理行为　由于代理的实质是由代理人代替被代理人参加法律活动，代理人只能在被代理人规定的代理事项和代理期限内活动，代理人在此范围内的活动其效果视同被代理人本人的行为。

（3）代理人以自己的意志独立向第三人进行意思表示　代理人在实施代理行为时应独立思考、自主做出意思表示，不必事事都去请示被代理人。

（4）代理行为的法律效果直接归属于被代理人　代理人在代理活动中所为的法律行为旨在谋求被代理人的利益和满足被代理人的需要，其法律后果自然要由被代理人承担。

值得注意的是，并非所有的民事法律行为都可以代理，某些具有特定人身性质的民事法律行为（如立遗嘱、结婚等）或双方当事人约定必须由本人亲自实施的民事法律行为（如演出、发表演讲等）不得代理。

### （二）代理的种类

1. 委托代理

委托代理是指基于被代理人的委托授权而产生的代理。相应地，被代理人又称为委托代理人，代理人又称为被委托人。委托代理必须经过被代理人向代理人授予代理权，委托代理关系才能确立。即委托代理权是基于被代理人的授权行为而产生的。

2. 法定代理

法定代理是指根据法律的规定而直接产生的代理。法定代理主要是为保护无民事行为能力人和限制民事行为能力人的合法权益而设定的。如无民事行为能力人、限制民事行为能力人的监护人是他的法定代理人。当无民事行为能力人、限制行为能力人处于一定社会组织的监护之下时，这些组织就是他的法定代理人。

3. 指定代理

指定代理是根据人民法院或者有关单位的指定而产生的代理。指定代理通常发生在法定代理关系存在争议的情况下，人民法院或有关单位依据法律的授权指定公民或法人充当代理人。

**材料9-16** 小鸣今年18岁，喜欢打电子游戏，有一天，在电子游戏室因付款问题与老板发生争吵，游戏室老板把小鸣穿的衣服撕破（价值300元），双方不能达成赔偿协议。小鸣便瞒着父母请在大学读书的表哥（22岁）帮忙提起民事诉讼。

问：小鸣的表哥可否代理小鸣提起民事诉讼？如果可以，属于哪一类代理？

（三）无权代理与滥用代理权

1. 无权代理

无权代理是指在没有代理权的情况下以他人名义实施的民事行为。无权代理主要表现为三种形式：① 未经授权的代理。民事主体未经他人授权，也没有法律的规定或国家主管机关的指定而擅自以他人名义所做的行为。② 代理权消灭后的代理。代理人因被撤销代理权、代理期限届满、代理事务完成，附解除条件的代理因条件成就而消灭等原因而丧失代理权，却仍以被代理人的名义实施民事行为。③ 超越代理权限的代理。代理人超越代理权限而进行的所谓代理。

**材料9-17** 甲委托其在外地好友乙代购药材，并汇去5万元现金。因一时无货，乙便以甲的名义将钱暂存银行。乙的好友丙因生产经营困难急需用钱，去找乙借钱，乙便拿出甲的存折给丙，并申明这钱是甲借给丙的。后丙因生产经营不善，无力还款而引起纠纷。

问：乙的行为是否属于代理？为什么？

无权代理经被代理人追认，即直接对被代理人发生法律效力，产生与有权代理相同的法律后果。如果得不到被代理人的追认，则不发生法律效力。

2. 滥用代理权

代理人在行使代理权的过程中，不按法律规定，滥用代理权的行为。滥用代理权主要表现为四种形式：① 自己代理。即代理人以被代理人的名义与自己进行民事活动的行为。② 双方代理。即同一代理人同时代理双方当事人实施同一民事行为。③ 代理人与第三人恶意串通的行为。④ 代理违法事项的行为。

## 第四节 民事权利

### 一、物权

（一）物权的概念与特征

物权是指权利人依法享有的直接支配特定物并排斥他人干涉的权利。物权与债权相比较具有以下特征。

1. 物权的客体只能是物

物权关系是民事主体之间对物质资料的占有关系，因此，物权的标的是特定化的有体物。如果物没有特定化，权利人对其就无从支配，而且在物权转移时，也无法登记和交付。

2. 物权的权利主体是特定的，而义务主体是不特定的

在物权关系中，物权的权利主体是特定的，而义务主体是不特定的，一切非物权主体都有不得侵害权利人对物的所有权的义务。因此物权又被称为绝对权利。而债权是发生在特定的债权人

和债务人之间的关系。债权的权利主体和义务主体都是特定的。

3．物权的内容是直接支配一定的物，并排斥他人干涉

所谓直接支配（支配权），是指权利人无须借助他人的帮助，就能行使自己的权利。

所谓排斥他人干涉（排他权），包括两方面：一方面指一物上不能有两个以上内容不相容的物权存在；另一方面指权利人行使自己的权利时禁止其他任何人的非法干涉。

4．物权具有追及效力和优先效力

物权的追及效力是指物权的标的物不管辗转流入何人的手中，物权的权利人都可以依法向物的不法占有人索取，请求其返还原物。而债权原则上不具有追及效力。

物权的优先效力包括两方面：一方面当物权与债权并存时，物权优先于债权；另一方面同一物上有数个物权并存时，先设立的物权优先于后设立的物权。

**材料 9－18**　甲有录音机一台，委托乙保管，后乙擅自将录音机借给丙用，在丙使用期间丁偷走录音机，后丁又将之遗失，被戊捡到。而戊又恰是甲的朋友，一日甲在戊处发现自己的录音机，甲要求取回，戊不许，遂起纠纷。

问：甲是否可以从戊处取回录音机？

（二）物权的分类

1．财产所有权（自物权）

财产所有权，是指物的所有人依法对自己的财产享有的占有、使用、收益和处分的权利。所有权是物权体系的核心，与他物权相比，所有权是最为完整、最为充分的物权，他物权来源于所有权的分离或派生。财产所有权包括以下四种权利：

（1）占有权　是指权利主体对财产的实际占领和控制。占有是对物行使权利的前提。

（2）使用权　是指权利主体按照物的性能和用途对物加以利用，以满足生产、生活需要的权能。所有人可以在法律规定的范围内，依自身的意志使用其物，同时可以取得所有物的孳息。

（3）收益权　是权利主体在物之上获取经济利益的权利。收益（孳息）可分为天然孳息和法定孳息两种。

（4）处分权　是指权利主体依法对物进行处置，从而决定物之命运的权能。处分包括事实上的处分和法律上的处分。处分权是所有权四项权能中最基本、最核心的内容。一般情况下，处分权由所有权人行使，但在特殊情况下，也可以由非所有人行使。例如当债务人不能清偿到期债务，则抵押权人可以对抵押物行使处分权，并就所得价款优先受偿。

2．他物权

他物权，是指根据法律规定或当事人约定，由非所有人在所有人的财产上享有的占有、使用、收益权及特殊情况下依法享有一定的处分权。他物权分为用益物权和担保物权。

（1）用益物权　一般包括土地使用权、农村土地承包经营权、宅基地使用权、地役权、典权等。土地使用权是指以开发利用、生产经营、社会公益事业为目的，在国家所有或者集体所有的土地上营造建筑物或者其他附着物并进行占有、使用、收益的权利。农村土地承包经营权是指依据承包合同，以种植、畜牧等农业生产为目的，对集体所有的土地进行占有、使用、收益的权利。宅基地使用权是指城镇或农村居民在国家所有或者集体所有的土地上建筑房屋，供作居住的权利。地役权是指土地使用权人、农村土地承包经营权人、宅基使用权人为使用自己土地的便利而使用他人土地的权利。例如通行、取水、排水、铺设管线、眺望等。典权是指支付典价，占有他人的不动产（仅指建筑物如房屋）并予以使用和收益的权利。

（2）担保物权　一般包括抵押权、质权、留置权等。抵押权是指债权人对债务人或者第三人不移转占有而提供债权担保的特定财产，在债务人不履行债务时，依法享有的就该担保财产变价

并优先受偿的权利。质权是指债务人或者第三人将其财产移交债权人占有，将该财产作为债权的担保，当债务人不履行债务时，债权人有权依法以该财产的变价优先受偿。留置权是指债权人依照保管、运输、加工承揽等合同而占有债务人的动产，在债务人不按合同约定的期限履行债务时，债权人有权依法留置该动产，并以该动产折价或者以拍卖、变卖该动产的价款优先受偿。

**材料9-19** 甲、乙于5月1日签订一份运输木材合同。根据合同约定，由乙将木材从北京运到上海，到上海后甲付运费，甲的付费期限为木材运达上海后一周内。乙于5月4日把木材运到上海并通知了甲，甲以资金不足为由，直到5月14日仍未付费。

问：乙可否对该批木材行使留置权？

## 二、债权

### （一）债的概念与特征

债是按照合同的约定或者法律的规定，在特定当事人之间产生的特定的权利和义务关系。享受权利的人是债权人，负担义务的人是债务人。债权与物权相比具有以下特征。

1）债权反映动态财产关系，即财产流转关系。

2）债权的客体多样化。可以是物，也可以是行为、智力成果等。

3）债权的主体双方特定化。在债权中，权利人和义务人都是确定的。

4）债权的内容主要表现为一种请求权。债权只能通过义务人为一定行为或不为一定行为才能实现。

### （二）债的发生根据

债同其他法律关系一样，它的发生必须以一定的法律事实为根据。能够引起债发生的那些事实，就是债的发生根据，又称“债因”。

#### 1. 合同之债

合同是平等主体的自然人、法人、其他组织之间设立、变更或终止民事权利和义务关系的协议。合同之债是最普遍、最主要的债的形式，当事人可以通过合同来确立、变更和消灭债权、债务关系。

**材料9-20** 在我们的日常生活中，合同几乎是无时不在、无处不有的。你去商场买各类消费品，你与商场之间会产生买卖合同关系；你搭乘公交车上班，你与公交公司产生的是运输合同关系；你让装修公司为你装修新房，你与装修公司之间产生的是承揽合同关系。如此种种。恰恰因为合同关系的存在，合同的当事人之间也产生了债权、债务关系。

问：你能举出发生在你生活中的合同的实例吗？

#### 2. 侵权之债

侵权行为是指行为人侵害他人财产或其他合法权益，依法应承担民事责任的行为。侵权行为是不法行为人单方实施的违反法律禁止性规定，对他人财产和人身权利造成损害的行为，因此，它会在侵害人和受害人之间产生特定的损害赔偿之债，受害人为债权人，侵害人为债务人。受害人有权依法请求侵害人赔偿损失。

侵权行为分为一般侵权与特殊侵权。行为人不法致人损害，适用民法上的一般责任条款，称为一般侵权行为。一般侵权行为一般实行过错责任原则。在我国，一般侵权主要包括：侵犯财产所有权、侵犯知识产权、侵犯公民身体、侵犯人格权。

当事人基于与自己有关的他人行为、事件或其他特别原因致人损害依照民法上的特别责任条款的规定而应负赔偿责任的，称为特殊侵权行为。特殊侵权行为一般实行无过错责任原则。如被监护人致人损害；饲养的动物致人损害等。

**材料 9－21** 某街道拐弯处的一个下水道井盖年久失修已经破碎，在地面上形成一个窟窿，市政工程管理局不闻不问。某日，市民甲下夜班路过此处时坠井摔伤。

问：谁应对甲的伤害承担法律责任？

3. 不当得利之债

不当得利是指没有法律或合同上的根据而取得利益并使他人受到损失的事实。基于该事实，在受损人与得利人之间形成法定的债权债务关系。因不当得利而财产受到损失的一方为债权人，有权请求对方返还利益；因不当得利而获得利益的一方是债务人，负有返还其所得利益的义务。

**材料 9－22** 2004 年 3 月 10 日，吴某在办理汇至某公司 3 万元购货款时，因疏忽将该笔款误存入任某在中国建设银行的龙卡上。吴某发现后，即与任某联系，要求其将 3 万元返还给自己，任某不同意，至今未还。任某的理由是：此钱非偷来、抢来，是你主动送我，为何要还？

问：从法律上说，任某的理由成立吗？

4. 无因管理之债

无因管理是指没有法定的或约定的义务，为避免他人利益受损失，自愿管理他人事务或为他人提供服务的行为。管理他人事务的人为管理人，事务被管理的人为本人。无因管理之债发生后，管理人享有请求本人偿还因管理事务而支出的必要费用的债权，本人负有偿还该项费用的债务。

**材料 9－23** 张某在一风景区旅游，爬到山顶后，见一女子孤身站在山顶悬崖边上，目光异样，张某心生疑惑。该女子见有人来，便欲跳下悬崖，张某见状，一把拉住女子的衣服，将女子救起。张某救人过程中，随身携带的价值 2000 元的照相机被碰坏，手臂擦伤；女子的头被碰伤，衣服被撕破。张某将女子送到山下医院，为其支付各种费用 500 元，并为包扎自己的伤口用去 50 元。

问：案中所产生的这些费用应如何承担？

（三）债的担保

债的担保是指基于法律规定或当事人的约定，为督促债务人履行债务，确保债权得以实现所采取的特别保障措施。主要包括以下几项。

1. 保证

保证是指保证人和债权人约定，当债务人不履行或不能履行债务时，保证人按照约定履行债务或承担责任的行为。保证人履行债务后，有权向债务人追偿。保证是一种信用担保，所以又称为“人保”。

2. 抵押

抵押是指债务人或者第三人不转移对财产的占有，以一定的财产作为主债权的担保，当债务人不履行债务时，债权人有权以该财产折价或者以拍卖、变卖该财产的价款优先受偿。

如果法律规定抵押合同应当办理登记的，抵押合同自登记之日起生效，如果法律没有强制规定登记的，则抵押合同自签订之日起生效，但是当事人未办理抵押物登记的，不得对抗第三人。

3. 质押

质押是指债务人或者第三人将出质的动产或权利移交债权人占有，作为主债权的担保，在债务人不履行债务时，债权人有权以该动产或权利折价或者以拍卖、变卖所得价款优先受偿。质押包括动产质押和权利质押，其标的有：动产；汇票、支票、本票、存款单、仓单、提单；依法可以转让的股票、股份；依法可以转让的商标专用权、专利权、著作权中的财产权等。质押合同自质物移交占有或者自权利凭证交付之日起生效。质押合同因为要转移占有，所以不需登记。

4. 留置

留置是指债权人按照合同约定占有对方（债务人）的财产，当债务人不按照合同约定的期限履行债务时，债权人有权依法留置该财产，并以该财产折价或者以拍卖、变卖所得价款优先受偿。留置权不是由当事人的约定，而是依据法律的直接规定产生的，所以又称为法定担保，其效力要优先于其他担保方式。

5. 定金

定金指为担保债的履行，一方当事人在债务履行前预先向对方交付的一定数额的金钱或实物。债务人履行债务后，定金应当抵作价款或收回。定金的数额由当事人自己约定，但不得超过主合同标的额的20%，超过部分无效。定金合同从实际交付定金之日起生效。定金交付后，给付定金的一方不履行约定的义务的，无权要求返还定金；收受定金的一方不履行约定的债务的，应当双倍返还定金。

**材料9－24** 据2004年4月20日《民主与法制》报报道：上海市某房产经纪公司与余女士签订了某房屋的转让意向书，余女士当即交付了2000元，房产经纪公司出具了“订金”收据。事后余女士并没有得到该房屋，要求房产经纪公司返还4000元。该房产经纪公司只同意返还2000元。

问：余女士的要求合理吗？

## 三、人身权

### （一）人身权的概念与特征

人身权是指民事主体依法所享有的与其人身不可分离而无直接财产内容的民事权利。人身权与其他民事权利相比，具有以下特征。

1. 人身权是民事主体固有的专属性权利

人身权的客体是人的人格或身份利益。这种客体具有无形性、精神性，而且与主体人身不可分离，只能专属于主体而存在。因此，人身权一经法律赋予，就只能随公民的出生或法人的成立而产生，并随公民的死亡或法人的终止而消灭。除名称权依法可以转让外，其他人身权不得转让或继承。

2. 人身权是一种无财产内容的权利

人身权不以满足权利主体的物质利益为目的，不由权利主体的财产利益所决定。但它与财产权利又有着密切的联系，往往是发生财产关系或为民事主体带来财产利益。

3. 人身权应为绝对权、支配权

在人身权的法律关系中，权利主体是确定的，而义务主体不确定。权利主体的人身权利排除其他任何人的干涉和侵犯，即权利人之外的所有人都负有不得侵犯权利人的人身权的义务。

### （二）人身权的种类

依据人身权的性质和产生的条件不同，人身权可以分为人格权和身份权。

1. 人格权

人格权是指以人格利益为客体，由民事主体专属享有的，为维护其独立人格所必备的固有权利。人格权始于出生（或成立），终于死亡（或终止），为公民终生享有或法人在存续期间享有。人格权主要包括：生命权、身体权、健康权、姓名权、名称权、名誉权、肖像权、隐私权、荣誉权等。

2. 身份权

身份权是民事主体在特定的身份状态中针对身份利益而依法享有的专属性权利。身份权并不是每一个民事主体都具有的，它的取得需要具备一定的条件。身份权主要包括：配偶权、亲属权、知识产权中的身份权等。

**材料 9-25** 甲是一小学五年级的学生，是一私生子。一次，甲的母亲与其邻居张某发生了争吵。张某为了报复，便写了一篇文章发表在本市的晚报上，披露了甲为私生子的事实。同时张某又到甲所在的学校大肆宣传甲为私生子，并在细节上做了夸张。

问：张某的行为侵害了甲的何种权利？

## 四、知识产权

(一) 知识产权的概念与特点

知识产权，是指民事主体对于智力创造所产生的知识性成果所享有的专有专用权利。知识产权有广义和狭义之分。广义的知识产权包括人类的一切智力创作成果。狭义的知识产权一般是版权（著作权）和工业产权（主要包括专利权和商标权）。知识产权的特征如下：

1. 知识产权是一种无形财产权，具有专有性

知识产权的客体是人类脑力劳动创造的非物质财富，它虽然具有一定的知识内容，但却没有形体，不占空间，但它可以通过一定的客观形式（载体）表现出来让人感知，即它具有可复制性和可扩散性。

一项知识产品可以大量复制，广泛传播，但对它只能设定一个知识产权，权利主体是唯一的，具有专有性。例如，同一种发明成果只能授予一个专利权；某一商品的注册商标，排斥他人在同种类的商品上使用相同或类似商标等。

2. 知识产权具有人身权和财产权的双重属性

因为知识产权是由人创造的，所以与人身密不可分，同时知识产权又可转化为一定的财产利益。如专利权人享有的署名权、荣誉权；著作权人享有的发表权、署名权、修改权等就具有人身权的性质。而当专利权人和著作权人处置了自己的专利和作品后，一般又可以取得一定的财产利益。

3. 知识产权具有时间性与地域性

各国法律对知识产权都规定了严格的时间限制，有效期届满，除依法续展外，权利人的权利便自行终止，该项权利进入公有领域，任何人均可无偿使用。

知识产权的取得和保护以国内法为基本依据。一国授予的知识产权不一定在其他国家也得到承认，只有在国际公约或双边条约的基础上，依据对等的原则，才能获得他国的国内法认同和保护。

(二) 知识产权的种类

1. 著作权

著作权亦称版权，是指作者及其他著作权人依法对其所创作的文学、艺术、科学作品所享有的专有权利。著作权包括著作人身权和著作财产权。著作人身权包括：发表权、署名权、修改和保护作品完整权、复制权等；著作财产权包括：使用权、获得报酬权等。

著作权法上所说的作品包括：文字作品；口述作品；音乐、戏剧、曲艺、舞蹈作品；美术、摄影作品；电影、电视录像作品；工程设计、产品设计图纸和说明；地图、示意图；计算机软件；法律行政法规规定的其他作品，如民间艺术作品等。而法律、法规，国家机关的决议、决定、命

令和其他具有立法、行政、司法性质的文件的官方正式译文；事实新闻；历法、数表、通用表格和公式等不是《著作权法》规定的作品。

依法对文学、艺术、科学作品享有著作权的人是著作权人。著作权人包括：作者、其他依法享有著作权的公民、法人或非法人单位、国家。

**材料9－26** 画家吴忠经常即兴作画，赠送好友谢某，几年后谢某已收藏吴忠画作30多幅。后来谢某从中选出25幅，以《吴忠画册》为名出版了署名吴忠的画册，吴忠得知后十分气愤，认为谢某及出版社侵犯了自己的权利。

问：依照著作权法的规定，谢某侵犯了吴忠的哪些权利？

2．专利权

专利权是指专利权人在法律规定的期限内对其发明创造所享有的一种独占权或专有权。专利权的客体包括发明专利、实用新型专利和外观设计专利三种。

发明是指对产品、方法或其改进所提出的新的技术方案；实用新型是指对产品的形状、构造或者其结合所提出的适于实用的新的技术方案，又称“小发明”；外观设计是指对产品的形状、图案、色彩或者其结合所做出的富有美感并适用于工业上应用的新设计。

授予发明、实用新型应依法符合新颖性、创造性、实用性；授予外观设计除应依法具有新颖性、实用性外，还应具备美观性的特点。我国《专利法》第5条规定：“对违反国家法律、社会公德或者妨害公共利益的发明创造，不能授予专利权。”专利权人的主要权利有：独占实施权、转让权、许可实施权、署名权、收益权等。

**材料9－27** 朱某是机械厂车工，经过潜心思索和多次实验，终于研制出很容易打开各种锁的一套工具。这套类似“万能钥匙”的工具设计方案独特，结构精巧，便于携带，能快速又没有声响地打开各种明锁及暗锁。于是朱某向专利局申请专利。专利局经审查认为朱某的发明虽然具备新颖性、创造性、实用性，但不能授予专利权。

问：朱某的发明为何不能取得专利权？

3．商标权

商标权是指商标所有人对法律确认并给予保护的商标所享有的权利。根据法律规定，商标应具有显著的特征以便识别。商标的构成不得违反社会公共秩序和道德，不得带有欺骗性。县级以上行政区划的地名或公众知晓的外国地名不得作为商标。我国商标的主要类型有：文字商标、图形商标、组合商标。

根据商标是否注册，将商标分为注册商标和非注册商标。我国法律对商标采用自愿注册和强制注册相结合的原则。自愿注册是指商品生产者、经营者或服务的提供者根据自己的需要，自愿提出商标注册申请，以取得商标专用权。使用注册商标应标明“注册商标”或注册标记®，受法律保护，享有商标专用权。未注册的商标不受法律保护，不享有商标专用权。强制注册是指国家规定并由国家工商局公布的人用药品和烟草制品，以及由国家工商局公布必须使用注册商标的其他商品，必须使用注册商标。注册商标所有权人可以依法转让注册商标或许可他人使用注册商标。

**材料9－28** 香港金利来（远东）有限公司生产的金利来系列服装，是享誉全球的优质产品，早在中国注册。1992年4月，香港金利来（远东）有限公司发现市面上有商标为“金莉莱”的衬衫和领带，均有“注册商标”字样。经查该产品是福建某服装厂生产的产品。

问：该服装厂是否侵犯了香港金利来（远东）有限公司的商标权？

## 五、继承权

### （一）继承的概念

继承即公民死亡后依法或依其生前所立的合法遗嘱，将其遗留的个人合法财产和其他合法权益转移给他人所有的一种法律制度。遗留财产的人叫作被继承人，依法或依遗嘱取得财产的人叫作继承人。

### （二）继承的方式

#### 1. 法定继承

法定继承是指直接按照法律规定的继承人的范围、继承顺序、遗产分配原则将遗产转归继承人的一种继承方式。

法定继承以继承人与被继承人之间以婚姻或血缘关系的存在为前提，且法定继承人的范围、继承顺序和遗产分配都由法律直接规定，除被继承人生前以遗嘱方式改变外，其他人无权变更。法定继承只有在被继承人无遗嘱或遗嘱无效的情况下才能发生法律效力。

法定继承人的范围和顺序如图 9－5 所示。

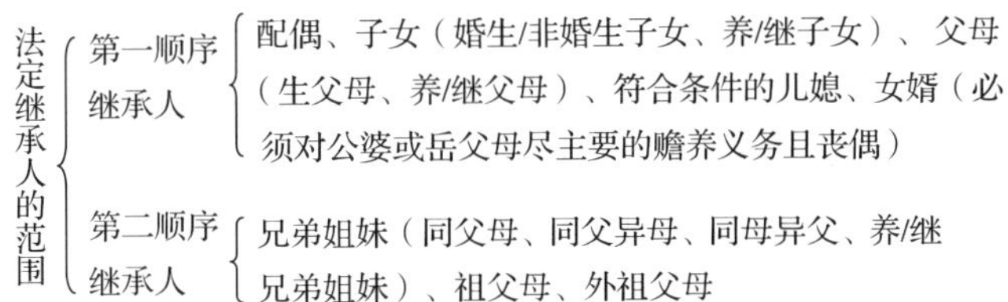


**图 9－5　法定继承人的范围和顺序**

继承开始后，由第一顺序继承人先继承，没有第一顺序继承人的，才由第二顺序继承人继承。同一顺序继承人继承遗产的份额一般应均等。对有特殊困难或缺乏劳动能力的继承人，应予以照顾。

**材料 9－29**　公民甲娶妻乙，育有一子一女，女儿小莉已出嫁，儿子小华娶妻王氏，小华于 5 年前不幸遇车祸死亡。甲乙均已年老，无固定生活来源，女儿出嫁后，拒不赡养老人，并曾数度虐待老人，情节严重。甲乙的生活主要依靠儿媳王氏照料。后甲于 2003 年 3 月死亡，甲乙共留下房屋 6 间。

问：哪些财产可供继承？谁可成为财产继承人？

#### 2. 遗嘱继承

遗嘱继承（指定继承）是指被继承人死亡后，按其生前所立遗嘱内容，将其遗产由继承人中的一人或数人继承的一种继承方式。

遗嘱是公民生前按照法律规定的方式，对个人财产和其他权利预先做出处分，并于其死亡后发生法律效力的法律行为。遗嘱的形式主要有五种：公证遗嘱、自书遗嘱、代书遗嘱、录音遗嘱、口头遗嘱。订立代书遗嘱、录音遗嘱和口头遗嘱时必须有两个以上与继承无利害关系的证明人在场。口头遗嘱只适用于遗嘱处于危急情况下，危急情况消失，遗嘱人应根据情况将口头遗嘱改成其他形式的遗嘱。

遗嘱人立遗嘱后，有权变更或撤销所立的遗嘱，变更或撤销遗嘱只能由遗嘱人亲自进行。如果遗嘱人先后立了数份内容相抵触的遗嘱，有公证遗嘱的，以最后所立的公证遗嘱为准，没有公证遗嘱的，以最后一份遗嘱为准。撤销遗嘱后未立新遗嘱的，其财产按法定继承的方式办理。

**材料9-30** 郭某曾立下书面遗嘱，将其全部遗产包括3间房屋和2万元存款给长子郭甲继承。但在弥留之际，郭某看到郭甲似乎在窃笑，巴不得自己赶快死，便当场宣布把自己的全部遗产留给次子郭乙。当时在场人员有护士小王、郭甲、郭乙三人。

问：郭某留下的两个遗嘱（书面、口头）以哪一份为准？为什么？

（三）遗赠和遗赠扶养协议

1. 遗赠

遗赠是指自然人以遗嘱形式将自己财产的一部分或全部赠予国家、集体组织或法定继承人以外的人，并于遗嘱人死亡时生效的单方法律行为。设立遗赠的人称为遗赠人，接受遗赠的人称为受遗赠人。

2. 遗赠扶养协议

遗赠扶养协议是指遗赠人与扶养人（法定继承人以外的个人或集体组织）之间签订的以遗赠和扶养为内容的协议。即遗赠人与扶养人签订的，由遗赠人立下遗嘱，将自己的财产指定在其死后移转给扶养人所有，扶养人承担遗赠人生养死葬义务的协议。

## 第五节　民事责任

### 一、民事责任的概念与特征

民事责任，是指民事主体在民事活动中，因违反民事法律规范所应承担的民事法律后果。

民事责任具有如下特征。

1）民事责任是民事主体违反民事义务所应承担的法律后果。民事责任以存在民事义务为前提。

2）民事责任主要表现为财产责任。当事人不履行民事义务，往往会造成他人财产上的损失，因此民事责任主要表现为财产责任，以补偿受害人经济上的损失。当然，除财产责任外，民事责任也包括一些非财产责任。如消除影响、恢复名誉、赔礼道歉等。

3）民事责任的范围应与损失的范围相一致。民事责任是以保护民事主体的合法权益，恢复、补偿被侵害的民事权益为目的的法律责任。由于民法的基本原则是平等和等价有偿，所以民事责任也应与民法原则相一致，体现公平和等价有偿的法律理念。

4）民事责任以恢复被侵害的民事权益为目的。

### 二、民事责任的种类

（一）违约责任

违约责任，即违反合同的民事责任，指当事人一方不履行合同义务或履行合同义务不符合法定或约定条件时所应承担的民事法律后果。违约责任的前提是当事人之间存在合同关系。合同依法成立，就具有法律约束力，合同各方当事人均应按照诚实信用的原则严格履约，否则即应承担相应责任。

（二）侵权责任

1. 一般侵权的民事责任

一般侵权的民事责任，是指行为人基于主观过错实施致人损害的行为，应适用侵权责任一般构成要件和一般责任条款的规定承担责任。所以，一般侵权的民事责任属于过错责任。一般侵权行为有四个构成要件：有损害事实的存在、行为具有违法性、行为与损害事实之间有因果关系、行为人主观上有过错。

**材料 9－31** 女青年杨某在治病期间，同意医院将其与医生的谈话场面及病体拍照。后来该医院为宣传优生优育，举办了为期 1 个月的“优生优育展览”。展览中选用杨某两幅照片，一幅是杨某和其他患者一道与医生座谈，其中杨某的形象非常丑陋；另一幅是杨某的眼睛部分用布条遮盖的病体裸照。杨某知道上述事情后，非常气愤，即向法院提起诉讼，认为医院的行为侵犯了自己的人身权，要求其停止侵害，赔偿损失。

问：医院的上述行为是否构成对杨某人身权的侵犯？

2. 特殊侵权的民事责任

特殊侵权行为，是指由法律直接规定，在主体、主观构成、举证责任分配等方面不同于一般侵权行为，应适用特别条款的致损害行为。根据《民法通则》的规定，特殊侵权行为包括以下几类。

（1）国家机关或者国家机关工作人员的职务侵权的民事责任。《民法通则》第 121 条规定：“国家机关或者国家机关工作人员在执行职务中，侵犯公民、法人的合法权益造成损害的，应当承担民事责任。”

（2）产品责任。《民法通则》第 122 条规定：“因产品质量不合格，造成他人财产、人身损害的，产品制造者、销售者应当依法承担民事责任。”因产品不合格而受损的受害人，既可直接请求产品制造者承担责任，也可以直接请求产品销售者承担责任，还可以同时直接请求产品制造者和销售者承担责任。无论是制造者还是销售者，都应当首先向受害者承担责任。

（3）高度危险作业致人损害的民事责任。《民法通则》第 123 条也有规定：“从事高空、高压、易燃、易爆、剧毒、放射性、高速运输工具等对周围环境有高度危险的作业造成他人损害的，应当承担民事责任；如果能够证明损害是由受害人故意引起的，不承担民事责任。”

**材料 9－32** 2002 年 7 月 12 日，《北京青年报》以《大水从“天降”痛失两口人》为题，报道了郎先生一家三口在京西门头沟雁翅段突遇上游水库放水，母女俩溺水身亡的遭遇。据报道，该河滩每年都要淹死人，而死者的家属从未找过相关部门讨说法，郎先生是第一个找到放水的水电站的人。水电站称自己是按照规定放水，并且也不可能沿着河两岸设立警示标志，所以没有责任。

问：水电站是否应该为母女俩的死亡承担法律责任？

（4）环境污染致损的民事责任。《民法通则》第 124 条规定：“违反国家保护环境防止污染的规定，污染环境造成他人损害的，应当依法承担民事责任。”

（5）地面施工致损的民事责任。《民法通则》第 125 条规定：“在公共场所、道旁或通道上挖坑、修缮安装地下设施等，没有设置明显标志和采取安全措施造成他人伤害的，施工人应当承担民事责任。”这种情况应适用过错推定原则，即如果施工人能证明自己已经设置明显标志和采取安全措施；而且这些标志足以使任何人依通常的注意即可避免损害发生，则不必承担民事责任。

**材料 9－33** 甲不久前晚上下班回家骑车不小心跌进一被揭开井盖的下水道里，造成股骨骨折，花去医疗费 8500 多元。伤愈出院后，他找到当地进行下水道施工的建筑队，要求其赔偿医疗费、误工费和营养费，但建筑队的包工头说：“我们揭开井盖是施工需要，何况在井盖附近我们还写了个告示牌，说明‘前面施工，请勿靠近，发生意外，后果自负’，你自己不注意，能找我们吗？”

甲听了包工头的话，不知道该怎么办。

问：甲是否可以要求建筑施工队承担法律责任？

（6）建筑物致人损害的民事责任。《民法通则》第126条规定："建筑物或者其他设施以及建筑物上的搁置物、悬挂物发生倒塌、脱落、坠落造成他人损害的，它的所有人或者管理人应当承担民事责任，但能够证明自己没有过错的除外。㊀"这是一种过错推定责任，物件主人可以通过证明自己没有过错而获免责，免责事由通常有不可抗力、受害人的过错、第三人的过错等。

**材料9－34** 2000年5月11日凌晨1时许，郝某正与他人在公路边上与朋友谈话时，被临路楼上坠落的烟灰缸砸中头部，当即倒地，被送至急救中心抢救。公安机关经过侦查现场，排除了有人故意伤害的可能性。郝某后被鉴定为智能障碍伤残、命名性失语伤残、颅骨缺损伤残等。郝某将临路两幢楼的22户居民告上法庭。重庆某法院认为，因难以确定该烟灰缸的所有人，除事发当晚无人居住的两户外，其余房屋的居住人均不能排除扔烟灰缸的可能性，根据过错推定原则，由当时有人居住的王某等20户住户分担该赔偿责任。最后判决，郝某的医药费、误工费、护理费、伤残补助费、生活补助费、鉴定费、精神抚慰金共计178233元，由王某等20户住户各赔偿8101.5元。判决后，王某等住户不服，提起上诉。二审法院维持原判。

问：法院做出这样判决的依据是什么？

（7）饲养的动物致人损害的民事责任。《民法通则》第127条规定："饲养的动物造成他人损害的，动物饲养人或者管理人应当承担民事责任；由于受害人的过错造成损害的，动物饲养人或者管理人不承担民事责任；由于第三人的过错造成损害的，第三人应当承担民事责任。"

（8）被监护人致人损害的民事责任。《民法通则》第133条规定："无民事行为能力人、限制民事行为能力人造成他人损害的，由监护人承担民事责任。监护人尽了监护职责的，可以适当减轻他的民事责任。"有财产的无民事行为能力人、限制民事行为能力人造成他人损害的，从本人的财产中支付赔偿费用。不足部分，由监护人适当赔偿，但单位担任监护人的除外。

（三）侵权责任与违约责任的区别

民事责任中的侵权责任与违约责任的区别见表9－2。

**表9－2 侵权责任与违约责任的区别**

| 不同点 | 侵权责任 | 违约责任 |
| --- | --- | --- |
| 保护的权利性质不同 | 保护的是绝对权。如物权、知识产权、人身权等 | 保护的是债权（相对权） |
| 责任产生的前提不同 | 以法律或其他的公共规范所承认的权利和保护的利益为根据 | 以当事人之间事先设定的债务的存在为前提 |
| 责任的确定方式不同 | 不可先约定承担责任的范围、方式等 | 可先约定承担责任范围、方式等 |
| 责任的形式不同 | 不可适用违约金的形式 | 可适用违约金的形式 |

㊀ "建筑物或者其他设施"通常是指房屋、桥梁、堤坝、运河、隧道、纪念碑、雕塑、电线杆、电线、缆车、索道、窑洞、脚手架、涵洞等；"建筑物上的搁置物、悬挂物"指阳台上安装的晾衣架、花盆等。

## 三、民事责任的承担方式

按我国民事法律的规定，民事责任的承担方式主要有以下几种。

（一）停止侵害

停止侵害是指当受害人的人身、财产处于他人的不法侵害的持续状态时，受害人有权要求加害人停止实施侵害行为，或请求人民法院制止侵害行为的实施，以消除这种不法状态，防止损失的发生或扩大。

（二）排除妨碍

排除妨碍是指权利人行使其权利受到他人不法阻碍或妨害时，有权请求行为人排除妨害或请求人民法院强制排除妨害。

（三）消除危险

消除危险是指权利人的人身、财产因他人的行为而有受损害的危险时，权利人有权请求行为人消除危险或请求人民法院强制其消除危险，从而使自己的人身、财产恢复到安全状态。

（四）返还财产

返还财产是指在权利人的财产被行为人不法侵占时，权利人有权请求返还该财产，但仅限于财产还存在并可以返还的情况。

（五）恢复原状

恢复原状是指在受害人财产被不法损坏或性状被改变而有复原的可能时，受害人有权请求行为人财产恢复到未受损坏或未改变时的状态。

（六）修理、重作、更换

一般在合同关系中，当一方当事人交付的标的物不符合合同约定而违约时，应根据对方的要求进行缺陷修补、重新制作或更换。这种方式一般适用于买卖合同、加工承揽合同。

（七）赔偿损失

赔偿损失是指当受害人的人身、财产受到他人的不法损害时，受害人有权请求赔偿，以填补他所受到的损害。赔偿损失可以是法律直接规定，也可以由当事人事先约定，包括赔偿金额和损害赔偿的计算方法等。

（八）支付违约金

支付违约金是指依法律规定或当事人约定，违约方向对方支付一定数额的金钱。

（九）消除影响、恢复名誉

消除影响、恢复名誉是指公民或者法人的人格权受到不法侵害时，有权通过人民法院要求行为人公开承认过错，澄清事实、消除所造成的不良影响，以恢复未受损害时社会对其品行、才能或信用的良好评价。这些请求的提出和满足，不妨碍受害人就已经发生的精神或物质的损害请求赔偿。

（十）赔礼道歉

赔礼道歉是指公民或法人的人格权受到不法侵害时，权利人可请求行为人当面承认错误，表示歉意，以保护其人格尊严。

以上承担民事责任的方式可以单独适用，也可以合并适用。

## 第六节 民事诉讼的时效

### 一、民事诉讼时效的概念与特征

民事诉讼时效，是指民事权利受到侵害的权利人在法定的期间内不行使权利，即丧失了请求人民法院依诉讼程序强制义务人履行义务的权利的法律制度。民事诉讼时效的特征如下。

1）诉讼时效属于民事法律事实中的事件，以法定的事实状态（权利人不行使权利）的连续存在作为适用依据，不为当事人的意志所决定。

2）诉讼时效产生的法律后果是消灭了权利人的胜诉权。诉讼时效的经过，不影响权利人提起诉讼，也不妨碍义务人自愿履行其义务，权利人丧失的仅为胜诉权。

3）诉讼时效具有严格的法律强制性。诉讼时效的内容属于强制性法律规范，不允许当事人通过约定加以延长、缩短或排除其适用。

### 二、民事诉讼时效的种类

（一）一般诉讼时效

一般诉讼时效又称普通诉讼时效，是指由民事普通法规定的，适用与法律无特殊规定的各种民事法律关系的诉讼时效。一般诉讼时效的适用范围广泛，凡是没有规定特殊时效的民事法律关系，都应适用一般诉讼时效的规定。根据我国民法的规定，普通诉讼时效的期间为2年，从权利人从知道或应当知道权利被侵害之日起计算。

**材料9-35** 张某借丁某一万元，约定2001年1月1日归还，到期未还。此后张某没有要求丁某还款也未到法院起诉，丁某也未主动归还。其间，也未发生法定的诉讼时效中止和延长的情形。问：根据民事法律规定，从何时开始张某就无法请求法院保护其胜诉权？

（二）特殊诉讼时效

特殊诉讼时效是针对某些特殊的民事法律关系所规定的时效期间。根据民事法律规定，特殊诉讼时效的效力优先于普通诉讼时效，即凡是有特殊诉讼时效规定的民事法律关系，均要适用特殊诉讼时效，在没有特殊诉讼时效规定的情况下，才适用普通诉讼时效。

短期诉讼时效，是指时效期间短于一般诉讼时效的特别诉讼时效。我国民法规定了四种期间为一年的诉讼时效：① 身体受到伤害要求赔偿的；② 出售质量不合格的商品未声明的；③ 延付或拒付租金的；④ 寄存财物被丢失或者损毁的。

长期诉讼时效，是指时效期间长于一般诉讼时效的特别诉讼时效。如《环境保护法》规定的诉讼时效期间为3年；《保险法》规定的诉讼时效期间为5年；《合同法》规定，因国际货物买卖合同和技术进出口合同争议提起诉讼或者申请仲裁的诉讼时效期间为4年等。

### 三、民事诉讼时效的中止、中断和延长

（一）诉讼时效的中止

诉讼时效中止是指在诉讼时效完成以前，因发生法定事由，使权利人不能行使请求权，因而暂停计算诉讼时效期间，待法定事由消除后，继续计算诉讼时效期间。我国《民法通则》第139条规定："在诉讼时效期间的最后6个月内，因不可抗力或者其他障碍不能行使请求权的，诉讼时

效中止，诉讼时效从中止时效的原因消除之日起继续计算。”

诉讼时效中止的条件：① 必须发生了法定中止的事由。这些法定事由包括：不可抗力。如自然灾害、军事行动等；其他阻碍权利人行使请求权的情况。如法定代理人死亡或丧失民事行为能力等。② 法定事由必发生在诉讼时效期间的最后6个月内。③ 诉讼时效中止之前已经经过的期间与中止时效的事由消失之后继续进行的期间合并计算。

（二）诉讼时效的中断

诉讼时效中断是指已开始的诉讼时效因发生法定事由不再进行，并使已经经过的时效期间归于无效。我国《民法通则》第140条确认了诉讼时效中断的情况和事由，诉讼时效因提起诉讼、当事人一方提出要求或者同意履行义务而中断。从中断时起，诉讼时效期间重新计算。

诉讼时效中断的条件：① 引起诉讼时效中断的事实是由法律直接规定的。包括提起诉讼（起诉）、当事人一方提出要求（请求）或者同意履行义务（承诺）。其特点在于均是当事人有意识的行为，又称为主观原因。② 中断诉讼时效的法定事由可以发生在诉讼时效期间的任何阶段，而且诉讼时效中断的次数不受法律限制。即诉讼时效因权利人主张权利或者义务人同意履行义务而中断后，权利人在新的诉讼时效期间，再次主张权利或者义务人再次同意履行义务的，可以认定为诉讼时效再次中断。③ 从诉讼时效中断时起，诉讼时效期间重新起算。

**材料9-36** 李玉向刘文借了2000元钱，约定于1995年1月1日还款。因李玉届期未还，刘文于1996年2月3日向李玉写了一封信催促还款，李玉于1996年2月10日收到这封信。

问：该项债务的诉讼时效自何时中断？

（三）诉讼时效的延长

诉讼时效延长是指人民法院根据具体情况，认为权利人在诉讼时效期间未行使权利确实有正当理由，可依法适当延长其诉讼时效期限。根据《民法通则》规定，诉讼时效的延长仅发生在诉讼时效届满之后，而不是在诉讼时效过程中。能够引起诉讼时效延长的事由、延长的期间，皆由人民法院认定的。

普通诉讼时效和特殊诉讼时效，均适用中止、中断和延长。而最长诉讼时效则仅适用延长的规定，却不适用中止和中断。

**学习思考**

1. 我国民法对自然人的民事权利能力和民事行为能力是怎样规定的？
2. 何为效力待定的民事行为？它包括哪些情形？
3. 何为他物权？常见的他物权有哪些？
4. 债的发生通常有哪些情形？
5. 简述继承法关于法定继承人的范围和顺序的规定。
6. 违约的民事责任与侵权的民事责任有何区别？

# 10 Chapter 第十章 刑事法律制度

原江西人民政府副省长胡长清在其任职期间先后90次收受、索取他人钱物，折合人民币共计544万余元。其中人民币280万余元，美元8万元，港币94万元以及价值97万余元人民币的贵重物品。胡长清还利用职务之便，多次为有关行贿人谋取利益，造成国家巨额财产损失。法庭审理还查明，胡长清还为自己职务提升及工作调动拉关系，从1997年初至1999年6月，先后5次向他人行贿共计人民币8万元。此外，胡长清还对明显超过其合法收入的价值161万余元财产，不能说明合法来源。

法庭认为，被告人胡长清身为国家工作人员、政府高级领导干部，大肆收受、索取巨额贿赂，并利用职务上的便利为他人谋取利益，已构成受贿罪，且数额特别巨大，造成国家财产的重大损失，情节特别严重，应依法严惩。法庭还认为，胡长清为谋取不正当利益，向国家工作人员行贿，对其巨额财产明显超过合法收入的差额部分，不能说明合法来源，分别构成了行贿罪和巨额财产来源不明罪。

江西省南昌市中级人民法院依照《中华人民共和国刑法》有关条款的规定，以受贿罪判处胡长清死刑，剥夺政治权利终身，并处没收全部财产；以行贿罪判处有期徒刑两年；以巨额财产来源不明罪，判处有期徒刑四年，非法所得予以没收。数罪并罚，决定执行死刑，剥夺政治权利终身，并处没收全部财产。

## 第一节 刑法概述

### 一、刑法的概念

刑法是规定犯罪、刑事责任和刑罚的法律。刑法有广义和狭义之分。广义的刑法是指一切规定犯罪、刑事责任和刑罚的法律规范的总称，包括刑法典、单行刑事法律规范以及非刑事法律中的刑事责任条款。狭义的刑法仅指刑罚典。

我国现行刑法典《中华人民共和国刑法》（以下简称《刑法》），于1979年7月1日五届人大二次会议通过，1997年3月14日八届人大会五次会议修订并于同年10月1日起施行。

### 二、我国刑法的基本原则

刑法的基本原则是指贯穿全部刑法规范、体现我国刑事法治的基本性质与基本精神、指导和制约刑事适用活动的具有全局性和根本性意义的准则。

（一）罪刑法定原则

罪刑法定原则是指认定一个行为是否构成犯罪，构成什么样的犯罪，承担什么样的刑事责任并给予什么样的处罚，必须以刑法明文规定为前提。即法律明文规定为犯罪行为的，依照法律规定处罚；法律没有明文规定为犯罪行为的，不得定罪处罚。简言之，“法无明文规定不为罪，法无明文规定不处罚”。我国《刑法》第3条规定：“法律明文规定为犯罪行为的，依照法律定罪处刑；法律没有明文规定为犯罪行为的，不得定罪处刑。”

**材料10-1**　甲男、乙女两青年，星期天在公园里当众公开卿卿我我，并发展到公开发生性关系。他们的行为引起了周围游客的极大愤慨，游客们纷纷打电话给司法机关，要求司法机关对甲乙的行为予以严厉惩罚。

问：甲、乙的行为是否触犯刑事法律？

（二）适用刑法平等原则

我国《刑法》第4条规定：“对任何人犯罪，在适用法律上一律平等。不允许任何人有超越法律的特权。”适用刑法人人平等原则是法律面前人人平等原则在刑法中的具体体现。

适用刑法平等原则的基本要求：① 任何人犯罪，都应当受到法律的追究；同样情节的犯罪人，在定罪处罚时应当平等；② 任何人受到犯罪侵害，都应当依法受到保护，而且被害人同样的权益应当受到刑法同样的保护；③ 任何人不得享有超越法律规定的特权，不得因犯罪人或被害人的特殊身份、地位，或者不同出身、民族、宗教信仰等而对犯罪和犯罪人予以不同的刑法适用。

（三）罪责相适应原则

罪责相适应原则，是指犯多大的罪，就应承担多大的刑事责任，法院应判处其相应轻重的刑罚，做到重罪重罚、轻罪轻罚、罪刑相称、罚当其罪。我国《刑法》第5条规定：“刑罚的轻重，应当与犯罪分子所犯罪行和承担的刑事责任相适应。”

**材料10-2**　罪责刑相适应原则的观念，最早可以追溯到原始社会的同态复仇和奴隶社会的等量报复。“以血还血、以眼还眼、以牙还牙”，是罪责刑相适应思想最原始、最粗俗的表现形式。这一观念成为刑法的基本原则，是17、18世纪的资产阶级启蒙思想家和法学家倡导的结果。意大利著名刑法学家切萨累·贝卡里亚指出：“犯罪对公共利益的危害越大，促使人们犯罪的力量越强，制止人们犯罪的手段就应该越强有力。这就需要刑罚与犯罪相对称。”

## 三、刑法的效力范围

（一）刑法的空间效力

刑法的空间效力，是指刑法对地域和人的效力。也就是说，刑法解决一个国家对刑事案件的管辖权的范围问题。我国《刑法》关于空间效力的规定如下。

1. 凡在中华人民共和国领域内犯罪

除法律有特别规定的以外，都适用我国刑法。我国《刑法》规定，犯罪的行为或者结果有一项发生在中华人民共和国领域内的，就认为是在中华人民共和国领域内犯罪。

所谓“领域”，是指我国国境以内的全部区域，包括了领陆、领水和领空，还包括我国领土的延伸部分，即我国的船舶或航空器以及我国驻外使领馆。所谓“法律有特别规定”主要是指以下情况：一是享有外交特权和豁免权的外国人的刑事责任，通过外交途径解决；二是民族自治地方不能全部适用本法规定的，可以由自治区或省的人民代表大会根据当地民族的政治、经济、文化的特点和本法规定的基本原则，制定变通或者补充的规定，报请全国人大常委会批准；三是现行刑法施行后由国家立法机关制定的特别刑法规定；四是香港、澳门特别行政区基本法做出的例外规定。

**材料 10－3** 阿姆杜拉为外籍人。他于 1995 年来中国，在某大学担任英语教师。在其任教期间，他利用教师身份，搜集我国政治、经济、军事等方面的情报。我公安机关于 1997 年将其逮捕。阿姆杜拉对自己的罪行供认不讳，但他认为中国法院无权对其进行审判。

问：阿姆杜拉的观点对吗？为什么？

2. 我国公民在我国领域外犯本法规定之罪

适用我国刑法，但是按我国刑法规定的最高刑为 3 年以下有期徒刑的，可以不予追究。为体现国家对国家工作人员和军人从严要求的精神，我国《刑法》规定，我国国家工作人员和军人在我国领域外犯我国刑法规定之罪的，一律适用我国刑法。

3. 外国人在我国领域外对我国国家或者公民犯罪

而按我国刑法规定的最低刑为 3 年以上有期徒刑的，可以适用我国刑法，但是按照犯罪地的法律不受处罚的除外。

4. 对于我国缔结或者参加的国际条约所规定的罪行

我国在所承担条约义务的范围内行使刑事管辖权的，适用我国刑法。

（二）刑法的时间效力

刑法的时间效力，也就是指刑法的生效时间、失效时间以及刑法的溯及力问题。

1. 刑法的生效时间

刑法的生效时间通常有两种规定方式：一是自公布之日起生效；二是公布之后经过一段时间再施行。我国现行刑法的生效时间即属于后者。

2. 刑法的失效时间

刑法的失效时间基本包括两种方式：一是由国家立法机关明确宣布某些法律失效；二是自然失效，即新法施行后代替了同内容的旧法，旧法自行消失。

3. 刑法的溯及力

刑法的溯及力是指刑法生效后，对于其生效以前未经审判或者判决尚未确定的行为是否适用的问题。如果适用，就是有溯及力；如果不适用，就是没有溯及力。

我国《刑法》第 12 条规定：“中华人民共和国成立以后本法施行以前的行为，如果当时的法律不认为是犯罪的，适用当时的法律；如果当时的法律认为是犯罪的，依照本法总则第四章第八节的规定应当追诉的，按照当时的法律追究刑事责任，但是如果本法不认为是犯罪或者处刑较轻的，适用本法。”由此可见，我国现行刑法采用的是“从旧兼从轻”原则，即新法原则上没有溯及力，但新法不认为是犯罪或者处刑较轻的，则要按照新法处理。

**材料 10－4** 张某因倒卖外汇于 1994 年 9 月被法院以投机倒把罪判处有期徒刑 5 年。《刑法》于 1997 年修订后，张某向法院提出申诉，理由是修订后的刑法无此罪名，要求法院改判无罪。

问：法院是否应当该判张某无罪？

## 第二节　犯罪及其构成

### 一、犯罪的概念及特征

根据《刑法》的规定，所谓的犯罪，是指严重危害我国的社会关系，已触犯了刑法并且应当受到刑罚处罚的行为。我国《刑法》规定的犯罪具有以下三个方面的特征。

(一) 严重的社会危害性

社会危害性是指行为对《刑法》所保护的社会关系造成一定损害，其实质就是对国家和人民利益的危害。从我国《刑法》的规定看，犯罪的本质就是某一行为对社会产生了危害，且危害程度已达到非常严重的程度。如果一个行为触犯了法律，但它的危害极小，刑法就没必要对它进行处罚。

(二) 刑事违法性

犯罪是触犯刑事法律的行为，即具有刑事违法性。只有当危害社会的行为触犯刑法时才构成犯罪。行为的社会危害性是刑事违法性的基础，而刑事违法性是社会危害性在刑法上的表现。只有当行为不仅具有社会危害性，而且违反了刑法时，才能被认定为犯罪。

(三) 应受刑罚惩罚性

应受刑法惩罚性是指犯罪行为应当受刑法惩罚。犯罪是适用刑法的前提，刑罚是犯罪的法律后果。因此，应受刑法处罚性应是犯罪的一个基本特征。但应当注意的是，应受刑法处罚性并非指一切犯罪都要受到实际的刑罚惩罚。

**材料 10－5** 如一个5岁的孩子玩火，不幸引起严重火灾，由于孩子尚小，对其行为缺少必要的判断力和控制力，所以不会对孩子提起刑事制裁，或者说本案中的孩子的行为尚未构成犯罪。就是说，如果一个行为不应受到刑罚的处罚，那么它就不被认为是犯罪。

问：你是怎样理解“应受刑法惩罚性”的?

## 二、犯罪构成

(一) 犯罪构成的概念与特征

犯罪构成是指依照我国刑法规定，决定某一具体行为的社会危害性及其程度，而为该行为构成犯罪所必须具备的一切主观要件和客观要件的有机统一。

犯罪构成的特征：① 犯罪构成是一系列主客观要件的总和或有机统一；② 任何一个犯罪都可以有许多事实特征来说明，只有对行为的社会危害性及其程度具有决定意义而为该行为成立犯罪所必需的事实特征，才是犯罪构成的要件；③ 行为成立犯罪所必须具备的诸要件都是由刑法加以规定的，事实特征只有经过法律的选择才能成为犯罪构成要件。犯罪构成要件如图 10－1 所示。

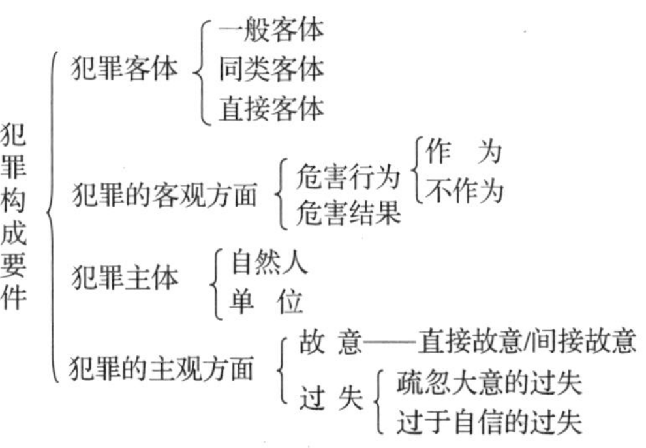


**图 10－1 犯罪构成要件**

(二) 犯罪构成四要件

1. 犯罪客体

犯罪客体是指为我国刑法所保护而为犯罪行为所危害的社会关系。犯罪客体是行为构成犯罪的必备要件之一。某种行为如果没有或者不可能侵害任何一种刑法所保护的社会关系，就不可能构成法罪。认识犯罪客体，有助于确定犯罪的性质，分清此罪与彼罪的界限。

犯罪客体的种类：① 犯罪的一般客体，是指一切犯罪所共同侵害的客体，即我国刑法所保护的社会关系的整体。② 犯罪的同类客体，是指某一类犯罪所共同侵犯的客体，即我国刑法所保护的社会关系的某一部分或某一方面。我国刑法分则根据这一原理，将犯罪分为10类，基本依据即是犯罪的同类客体。③ 犯罪的直接客体，是指某一具体犯罪所直接侵犯的我国刑法所保护的具体的社会关系。如故意杀人罪侵犯的一般客体是我国刑法所保护的社会关系的整体；故意杀人罪侵犯的同类客体是人身权利；故意杀人罪侵犯的直接客体是某人的生命权。

**材料 10-6** 甲秘密进入电缆厂，盗窃价值6000余元的电线，被判盗窃罪。乙非法剪断电信局正在使用中的电话线，窃得价值1000元的电话线，被判破坏公用电信设施罪。丙盗窃供电局正在使用中的输电线，价值1500元，被判破坏电力设施罪。

问：为什么都是盗窃电线，法院定罪却各不相同？

2. 犯罪的客观方面

犯罪的客观方面，是指犯罪活动的客观外在表现。说明犯罪客观方面的事实特征有：危害行为，危害结果，危害行为与危害结果之间的因果关系，以及犯罪的时间、地点和手段等。

（1）危害行为　危害行为是指表现人的意志或意识，并且对社会有害的行为。思想犯罪不是犯罪；人的无意志和无意识的身体活动，即使客观上造成损害，也不是刑法意义上的危害行为。

**材料 10-7** 甲某是一个梦游症患者（被医院确认），某一天晚上凌晨3点，突然起床，将邻居家的一间房子点火烧掉，然后就连衣服和鞋都没脱，倒下就睡着了，第二天问他，他对当晚自己的所作所为一无所知。

问：甲某的行为是否构成犯罪？

（2）危害结果　广义上的危害结果，是指由行为人的危害行为所引起的一切对社会关系的损坏，包括危害行为的直接结果和间接结果，属于犯罪构成要件的结果和不属于犯罪构成要件的结果。狭义的危害结果，是指作为犯罪构成要件的结果，通常就是指对直接客体所造成的损害。狭义的危害结果是定罪的主要根据之一。

**材料 10-8** 甲某是某医院的医生，一天晚上值夜班的时候，送来一个病重的患者，要求必须进行及时抢救，否则危及生命。甲某跟值班护士打了个招呼，让其先照料病人，自己等一会儿再来。原来甲某是一个足球迷，当晚有一场重要的足球赛，甲某一看就是两个多小时，等他想起还有一个急症病人需要抢救时，为时已晚，病人早已死亡。

问：甲某的行为是否构成犯罪？

（3）危害行为与危害结果之间的因果关系　当危害结果已发生，为了使行为人对这一结果承担法律责任，就必须查明危害行为与危害结果之间是否存在刑法上的因果关系。若缺乏此种因果关系，就没有使行为人对该结果负刑事责任的客观基础。

**材料 10-9** 甲把乙打倒在地不省人事。后丙经过，见仇人乙倒在地上，以为他昏过去了，就拔出尖刀扎到乙的心脏处。后经法医鉴定，丙扎乙的伤属死后伤。

问：丙的行为是否构成故意杀人罪？

3. 犯罪主体

（1）犯罪主体的概念　我国刑法中的犯罪主体，是指实施危害社会的行为、依法应当负刑事责任的自然人和单位。自然人主体是指达到刑事责任年龄，具备刑事责任能力，实施危害社会的行为并依法应当承担刑事责任的自然人。单位主体在我国刑法中不具有普遍意义，根据《刑法》第30条的规定，单位成为犯罪主体应以刑法分则有明确规定为限。对单位犯罪，一般采取双罚制，即对单位判处罚金，并对其直接负责的主管人员和其他直接责任人员判处刑罚。

（2）刑事责任年龄　刑事责任年龄，是指法律所规定的自然人主体对自己实施的刑法所禁止的危害社会行为负刑事责任必须达到的年龄。根据《刑法》第17条的规定，可以把刑事责任年龄划分为三个阶段，见表10-1。

表 10-1 刑事责任年龄的三个阶段

| 刑事责任年龄阶段 | 刑事责任年龄 | 刑事责任形式 |
| --- | --- | --- |
| 完全不负刑事责任年龄阶段 | 不满 14 周岁 | 完全不负刑事责任 |
| 相对负刑事责任年龄阶段 | 已满 14 周岁<br>不满 16 周岁 | 犯故意杀人、故意伤害致人重伤或者死亡、强奸、抢劫、贩卖毒品、放火、爆炸、投毒共 8 种罪行时应负刑事责任 |
| 完全负刑事责任年龄阶段 | 已满 16 周岁 | 应当负刑事责任 |

根据我国刑法的规定，精神病人在不能辨认和控制自己行为的时候造成的危害结果，经法定程序鉴定确认的，不负刑事责任，但应当责令其家属或监护人严加看管或医疗，在必要的时候，由政府强制医疗。间歇性精神病人在精神正常的时候犯罪，应负刑事责任。尚未完全丧失辨认或控制能力的精神病人犯罪的，应负刑事责任，但可以从轻或减轻处罚。醉酒的人犯罪，应当负刑事责任。又聋又哑的人或盲人犯罪可以从轻、减轻或免除处罚。

**材料 10-10** 何某 9 岁丧父，与母亲一起生活。后其母与刘某相爱，并商定于春节结婚。何某因怀念其亲生父亲，因而对刘某怀恨在心。一天，在其母留刘某在家吃饭时，何某假装给刘某盛饭，将事先准备好的一包剧毒农药拌入饭中。刘某吃饭后在午睡时毒发身亡。经查，何某在作案时仅差 2 天就满 14 周岁。

问：何某是否要为其行为承担刑事责任？

4. 犯罪的主观方面

（1）犯罪故意　犯罪故意是指行为人明知自己的行为会发生危害社会的结果，并且希望或者放任这种结果发生的主观心理态度。按照犯罪人故意的意志因素的不同，可以把故意犯罪分为直接故意和间接故意。

直接故意，是指行为人明知自己的行为必然或可能发生危害社会的结果，并且希望这种结果发生的心理态度。间接故意，是指行为人明知自己的行为可能会发生危害社会的结果，并且放任这种结果发生的主观心理态度。

**材料 10-11** 丈夫离婚不成，遂起杀妻之意。一天，丈夫买了一包老鼠药，临吃饭时，悄悄将老鼠药放在妻子的碗里。在此之前，丈夫意识到妻子吃饭时还可能喂孩子，那么此时小孩也可能被毒死。但丈夫为了达到杀妻的目的，而放任孩子也可能被毒死的结果。结果母子俩都被毒死。

问：丈夫的犯罪行为是直接故意还是间接故意？

（2）犯罪过失　犯罪过失，是指行为人应当预见自己的行为可能发生危害社会的结果，因为疏忽大意而没有预见，或者已经预见而轻信能够避免，以致发生严重危害结果的心理态度。犯罪过失可以分为疏忽大意的过失和过于自信的过失。

疏忽大意的过失，是指行为人应当预见自己的行为可能发生危害社会的结果，因为疏忽大意而没有预见，以致发生严重危害结果的心理态度。过于自信的过失，是指行为人预见到自己的行为可能发生危害社会的结果，但轻信能够避免，以致发生严重危害结果的心理态度。

**材料 10-12** 某动物园的一位饲养员甲，一天清晨起来给老虎窝打扫卫生，由于马上就要开馆了，时间比较紧，他匆匆扫完后就走了，出门时忘了锁门，结果老虎窜出来，将一名游客咬成重伤。

问：对于该游客的重伤，管理员某甲是否应承担刑事责任？

### 三、不可抗力和意外事件

1. 不可抗力

行为在客观上虽然造成了损害结果，但不是出于故意或者过失，而是由于不能抗拒的客观原因引起的，不认为是犯罪，这就是不可抗力。

所谓不能抗拒，是指行为人虽然认识到自己的行为会发生危害后果，但由于当时主客观条件的限制，行为人无力排除或阻止危害结果的发生。

2. 意外事件

行为在客观上虽然造成了危害结果，但不是出于故意或者过失，而是由于不能抗拒或者不能预见的原因所引起的，不认为是犯罪，这就是意外事件。

**材料 10－13** 谢某为某厂的锅炉工。一次上班时，谢某突然发高烧。由于其所在岗位是看守锅炉，不能擅自离开，不得不坚持值班。但换班人员一直未来。谢某只好坚持，后突然昏倒。锅炉因未及时加水而爆炸，造成几名员工受伤，谢某自己也被炸成重伤。

问：谢某要否承担刑事法律责任？

## 第三节　排除社会危害性的行为

### 一、正当防卫

（一）正当防卫的概念

正当防卫，是指为了使国家、公共利益、本人或者他人的人身、财产和其他权利免受正在进行的不法侵害，对不法侵害人所采取的制止其不法侵害且没有明显超过必要限度造成重大损害的行为。因正当防卫而给不法侵害人造成损害的，不负刑事责任。

（二）正当防卫的成立条件

1. 起因条件

必须有不法侵害的发生。所谓不法侵害行为，是指行为人所实施的对国家、公共利益和公民个人合法权益的违法的侵袭和损害行为。只要是不法侵害行为，不要求它已经达到或将要达到犯罪程度，防卫人都可以依法对不法侵害行为人实行正当防卫。不法侵害行为通常限于具有暴力性、破坏性、紧迫性的不法侵害行为。

不法侵害是一种客观存在的事实，而不是想象的、推测的。如果行为人误以为存在不法侵害而对臆想中的侵害行为进行防卫，属于假想防卫。对于假想防卫，应视行为人主观上有无过失。

2. 时间条件

不法侵害必须正在进行。所谓不法侵害正在进行，是指不法侵害已经开始，尚未结束。包括两种情况：一是不法侵害本身正在进行中。如，纵火犯正在向房屋泼汽油。二是行为已经结束而其导致的危险状态尚在继续中。如，抢劫犯已打昏物主抢得钱财，但未离开犯罪现场。

行为人明知不法侵害尚未开始或者已经结束，进行的所谓防卫（事先防卫和事后防卫）而给他人造成危害的，称为防卫不适当。防卫不适当，要根据各案情况追究法律责任。

3. 对象条件

必须针对不法侵害本人实施。正当防卫的意图是通过对不法侵害本人采取一定的措施，达到使不法侵害人失去侵害能力的目的。所以，正当防卫只能对不法侵害人本人实施。

4. 主观条件

为避免本人或他人利益免受侵害。正当防卫的目的必须是为了使国家、公共利益、本人或者他人的人身、财产和其他权利免受正在进行的不法侵害而实施的行为。

5. 限度条件

防卫不能明显超过必要限度。根据我国《刑法》的规定，防卫行为只要为制止不法侵害行为所必需，并且根据不法侵害发生的环境、防卫人与不法侵害人的力量对比等客观因素判断，防卫行为的性质、手段、强度及造成的损害没有明显超过不法侵害的性质、手段、强度及可能造成的损害，或者虽然防卫行为的性质、手段、强度及造成的损害明显超过不法侵害，但实际造成的损失并不算重大的，均属于正当防卫的范围。

**材料 10－14** 一天晚上，田华从同学家归来，路过一条偏僻的胡同时，从胡同口处跳出一个持刀青年黄某。黄某把刀逼向田华并让他交出钱和手表。田华扭头就跑，结果跑进了死胡同，而黄某持刀紧随其后，慌乱害怕中，田华拿起墙角的一根木棒。向黄某挥去，黄某应声倒下。田华立即向派出所投案，后经查验，黄某已死亡。

问：田华的行为是否构成正当防卫？为什么？

（三）特别防卫权

特别防卫，是指公民在某些特定情况下所实施的正当防卫行为，没有必要限度的限制，对其防卫行为的任何后果均不负刑事责任。我国《刑法》规定，对正在进行行凶杀人、抢劫、强奸、绑架以及其他严重危及人身安全的暴力犯罪，采取防卫行为，造成不法侵害人伤亡的，不属于防卫过当，不负刑事责任。

（四）防卫过当及其刑事责任

防卫过当是指防卫行为明显超过必要限度造成重大的损害应当负刑事责任的犯罪行为。对防卫过当应根据防卫人主观上的罪过形式和客观上造成的危害结果来确定罪名。《刑法》第 20 条规定："对防卫过当，应当减轻或者免除处罚。"

## 二、紧急避险

（一）紧急避险的概念

紧急避险，是指为了使国家、公共利益、本人或者他人的人身、财产和其他权利免受正在发生的危险，不得已采取的损害另一较小合法利益，以保护较大的合法权益的行为。因紧急避险行为造成损害的，行为人不负刑事责任。

（二）紧急避险的成立条件

1. 起因条件

必须有威胁合法利益的危险发生。威胁合法利益的危险，是指足以给合法利益造成损害的某种紧迫事实状态。如人的危害行为、自然灾害、动物的侵袭、人的生理或病理原因等。如果危险事实并不存在，而行为人误认为存在，进而实行所谓紧急避险的，刑法理论上称为假想避险。对于假想避险，应根据行为人主观上有无过失而分情况予以处理。

2. 时间条件

必须有危险正在发生。所谓危险正在发生，是指危险已经出现而又尚未结束。危险尚未发生或者已经结束，行为人实行避险的，属于避险不适时。不适时的避险行为，若造成重大损害的，应负刑事责任。

3. 对象条件

必须损害的是第三者的合法权益。只有通过损害无辜者的合法权益保全公共利益、本人或者他人的合法权益，才是紧急避险。如果通过对不法侵害者的反击保护合法权益，则是正当防卫，而非紧急避险。

4. 限制条件

必须在迫不得已的情况下实施。所谓迫不得已，是指在当时的情况下，除了损害另一合法权益外别无其他办法来避免更大的合法权益所面临的危险。

5. 主观条件

必须是使合法权益免受正在发生的危害。为了使国家、公共利益、本人或者他人的人身、财产和其他权利免受正在发生的危险是紧急避险的主观条件。如果是为了保全非法利益，则不允许实行紧急避险。

6. 限度条件

避险行为不能超过必要的限度。所谓避险的必要限度，是指避险行为造成的损害必须小于所避免的损害。在司法实践中衡量“必要限度”的标准，一般讲人身权利大于财产权利；人身权利中的生命权利大于其他人身权利；财产权益的大小可以用财产的价值进行比较。此外，《刑法》规定，关于避免本人危险的规定，不适用于职务上、业务上负有特定责任的人。

（三）避险过当及其刑事责任

避险过当，是指避险行为超过必要限度造成不应有损害的行为。依据我国《刑法》第21条第2款的规定，对避险过当的，应当减轻或者免除处罚。

**材料10－15** 侯某系某地长途客车司机。一日侯某驾驶客车由甲城驶往B县，车上有50多名乘客，当行至一狭窄变道处，发现前面一老农赶着头耕牛迎面走来，赶忙刹车，突然发现刹车失灵，当时道路狭窄且一旁是山壁一旁是5米多的深堑，侯某只好大呼老农躲开，但最后还是刮伤了老农，并撞死了耕牛。

问：侯某对自己的行为是否要承担刑事责任？为什么？

## 三、正当防卫与紧急避险的异同比较

正当防卫与紧急避险的异同比较见表10－2。

**表10－2 正当防卫与紧急避险的异同比较**

| | | | |
|---|---|---|---|
| 相同点 | 目的相同 | 都是为了保护国家、公共利益、本人或者他人的人身、财产和其他权利 | |
| | 前提相同 | 都必须是合法权益正在受到侵害时才能实施 | |
| | 责任相同 | 超过法定的限度造成相应损害后果的，都应负刑事责任，但应减轻或免除处罚 | |
| 不同点 | | 正当防卫 | 紧急避险 |
| | 危险来源不同 | 只能是人的违法犯罪行为 | 可能来源于人、自然灾害、动物、人的生理疾病 |
| | 行为对象不同 | 只能是不法侵害者本人 | 必须是第三者的合法权益 |
| | 行为限制不同 | 出于必要，即使能用其他方法避免不法侵害，也可进行正当防卫 | 出于迫不得已，除了避险以外别无其他选择 |
| | 行为限度不同 | 造成的损害即可小于也可大于不法侵害可能造成的损害 | 只能小于危险可能造成的损害 |
| | 主体限定不同 | 每个公民的法定义务 | 不适用于职务上、业务上负有特定责任的人 |

## 第四节　故意犯罪的停止状态

故意犯罪的停止状态，是指故意犯罪在其发生、发展和完成犯罪的过程中，因主客观原因而停止下来的各种犯罪状态。故意犯罪的停止状态，按其停止时是否完成犯罪为标准，可以区分为两种基本类型：一是犯罪的完成状态，即犯罪既遂；二是犯罪的未完成状态，包括犯罪预备、犯罪未遂、犯罪中止。

### 一、犯罪既遂

犯罪既遂是故意犯罪的完成形态，是指行为人所实施的行为已经具备了某种犯罪构成的全部要件。对既遂犯，我国刑法要求根据其所犯的罪，在考虑刑法总则一般量刑原则的指导与约束的基础上，直接按照刑法分则具体犯罪条文规定的法定刑幅度处罚。

### 二、犯罪预备

（一）犯罪预备的概念与特征

犯罪预备是指行为人为实施犯罪而开始创造条件，由于行为人意志以外的原因而未能着手犯罪实行行为的犯罪停止状态。《刑法》第 22 条第 1 款规定：“为了犯罪，准备工具、制造条件的，是犯罪预备。”犯罪预备的特征如下：

1. 客观特征

犯罪预备的客观性主要表现在，行为人已经开始实施犯罪的预备行为，但行为人尚未着手犯罪的实行行为。

2. 主观特征

犯罪预备的主观性主要表现在，行为人进行犯罪预备活动的意图和目的，是为了顺利地着手实施和完成犯罪。犯罪在实行行为尚未着手时停止下来，是由于行为人意志以外的原因所致。

（二）对预备犯的处罚

我国《刑法》第 22 条第 2 款规定：“对于预备犯，可以比照既遂犯从轻、减轻处罚或者免除处罚。”

**材料 10－16**　林某因孙某曾经向有关部门举报其非法行医一事，产生不满心理。2007 年 9 月 4 日晚，林某酒后携带火柴和汽油来到孙某居住地，欲对孙某居住的房屋实施纵火行为。当林某站在该房屋东侧的简易仓房上，准备向房屋的顶部攀爬时，因踩破仓房的瓦片从简易仓房的顶部跌落下来，遂离开现场。

问：林某的行为是否构成犯罪预备？为什么？

### 三、犯罪未遂

（一）犯罪未遂的概念与特征

犯罪未遂，是指行为人已经着手实行具体犯罪构成的实行行为，由于其意志以外的原因而未能完成犯罪的一种犯罪停止状态。《刑法》第 23 条第 1 款规定："已经着手实行犯罪，由于犯罪分子意志以外的原因而未得逞的，是犯罪未遂。"犯罪未遂的特征如下：

1. 行为人已经着手实行犯罪

行为人已经着手实行犯罪是指行为人已开始实施刑法分则规范里具体犯罪构成要件中的犯罪行为。

2. 犯罪未完成而停止下来

犯罪未完成有三种情况：一是法定的犯罪结果没有发生；二是法定的犯罪行为未能完成；三是法定的危险状态未能具备。

3. 犯罪停止在未完成状态是犯罪分子意志以外的原因所致

如果是犯罪分子主动停止犯罪行为，则构成犯罪中止，而不是犯罪未遂。

**材料 10－17** 某甲欲行强奸，深夜伏于一乡村路旁。终于有一女子出现，正要窜出上前，突然后面来了一辆汽车，被车灯照耀，十分明显，某甲惊恐而没有动手，结果等该女走后再等良久，却未能再遇其他女子出现，甲无奈而归。

问：甲的行为是否属于犯罪未遂？为什么？

（二）对未遂犯的处罚

我国《刑法》第 23 条第 2 款规定："对于未遂犯，可以比照既遂犯从轻或者减轻处罚。"

## 四、犯罪中止

（一）犯罪中止的概念与特征

犯罪中止，是指在犯罪过程中，行为人自动放弃犯罪或者自动有效地防止犯罪结果发生，而未完成犯罪的一种犯罪停止状态。《刑法》第 24 条第 1 款规定："在犯罪过程中，自动放弃犯罪或者自动有效地防止犯罪结果发生的，是犯罪中止。"犯罪中止的特征如下：

1. 时空性

时空性是指自动放弃犯罪必须是在犯罪已着手而尚未结束之前。如果犯罪已经达到既遂状态，犯罪人不可能再中止犯罪。如盗窃犯把盗得的财产送回原处，不构成犯罪中止。

2. 自动性

自动性是指行为人必须是出于自己的意志放弃自认为当时本可继续实施和完成的犯罪。

3. 彻底性

彻底性是指行为人在主观上彻底取消了原来的犯罪意图，客观上彻底放弃了自认为本可继续实施的犯罪行为，而且从主客观的统一上行为人也不打算以后再继续实施该项犯罪。

4. 有效性

有效性是指行为人必须有效地防止自己已实施犯罪的法定犯罪结果的发生，使犯罪未达既遂状态而停止下来。

（二）对中止犯的处罚

我国《刑法》第 24 条第 2 款规定："对于中止犯，没有造成损害的，应当免除处罚；造成损害的，应当减轻处罚。"

**材料 10－18** 芦某因住房及其父亲的工资问题对新野县某镇镇长程某有意见，遂于 2003 年 1 月 17 日晚 9 时左右，趁程某办公室无人之机，用脚踹开房门，用一蓝色打火机点燃室内的沙发垫、被子、单子、沙发椅和茶几等物，后因火势大，被告人芦某心里害怕，就主动将火扑灭，造成经济损失3380元。

问：芦某的行为是否构成犯罪中止？为什么？

## 第五节　共同犯罪

### 一、共同犯罪的概念

我国《刑法》规定，共同犯罪是指二人以上共同故意犯罪。二人以上共同过失犯罪，不以共同犯罪论处。应负刑事责任是指按照共同犯罪人所犯之罪分别进行处罚。

### 二、共同犯罪的构成要件

（一）主体要件

共同犯罪的主体必须是二人以上，而且犯罪的主体必须是两个以上达到刑事责任年龄、具备刑事责任能力的人。如果其中一个有刑事责任能力，另一个没有刑事责任能力，则不能成立共同犯罪。

（二）客观要件

1）共同犯罪人必须具有共同犯罪行为。各犯罪人的行为都指向同一犯罪，彼此联系，互相配合，成为一个有机的犯罪活动整体。每个行为人的行为，都是犯罪行为有机体的一部分。

2）在共同犯罪中，每个行为人都可能实施实行行为，也可能存在着分工，如有的实施实行行为，有的实施帮助行为，有的实施教唆行为。

3）共同犯罪既可以表现为共同的作为，也可以表现为共同的不作为，还可以表现为作为与不作为的结合。

（三）主观要件

共同犯罪的主观要件，是指各共同犯罪人必须有共同的犯罪故意。所谓共同的犯罪故意，是指各行为人通过意思联络，明知共同犯罪行为会发生危害社会的结果，并决意参加共同犯罪，希望或放任这种结果发生的心理状态。

下列情况不能成立共同犯罪：① 二人以上同时实施犯罪，而故意的内容不同（同时犯）不是共同犯罪；② 二人以上同时或先后针对同一目标实施同种犯罪，但主观上缺乏联系的，不构成故意犯罪；③ 超出共同故意范围以外的犯罪，不构成共同犯罪；④ 二人以上共同实施危害行为，但有的是出于故意，有的是出于过失，不构成共同犯罪；⑤ 二人以上共同的过失行为造成一个危害结果的，不构成共同犯罪。

**材料10－19**　张某与李某系高中同学，二人辍学后均不务正业。2007年10月12日，两人偶遇，均计划搞点钱用用，于是二人决定共同实施抢劫。随后几天，二人一同制订了抢劫计划并购置相应的工具，约好10月20日晚在肯德基外集合，然后共同去实施抢劫。后来，李某越想越怕，决定不去了，就以身体不适为由电话回绝了张某，张某未置可否。10月20日晚，张某按照两人事先制订的计划，独自一人去实施抢劫，在抢劫过程中由于遭到被害人反抗，将被害人打成重伤。

问：张某与李某是否构成共同犯罪？在何种犯罪上构成共同犯罪？

### 三、共同犯罪人的种类及其刑事责任

（一）主犯及其刑事责任

《刑法》第 26 条规定：“组织、领导犯罪集团进行犯罪活动的或者在共同犯罪中起主要作用的是主犯。”一般情况下，主犯分为三种：一是在犯罪集团中起组织、领导作用的犯罪分子；二是在聚众集团中起组织、领导作用的犯罪分子；三是在一般共同犯罪中起主要作用的犯罪分子。我国《刑法》规定，对组织、领导犯罪集团的首要分子，按照集团所犯的全部罪行处罚；对其他主犯，应当按照其所参与的或者组织、指挥的全部犯罪处罚。

（二）从犯及其刑事责任

《刑法》第 27 条规定：“在共同犯罪中起次要或者辅助作用的是从犯。”从犯分为两种：一是在共同犯罪中起次要作用的犯罪分子；二是指在共同犯罪中起辅助作用的犯罪分子（帮助犯），这些人未直接实行犯罪，而在犯罪前后或犯罪过程中给其他犯罪人以帮助。

我国《刑法》第 27 条规定：“对于从犯，应当从轻、减轻处罚或者免除处罚。”

（三）胁从犯及其刑事责任

被胁迫参加犯罪的是胁从犯。被胁迫是指犯罪分子参与犯罪不是自愿的，而是在他人的威逼和胁迫的状态下，因为软弱而参加了犯罪活动。我国《刑法》第 28 条规定：“对于被胁迫参加犯罪的，应当按照其犯罪情节减轻处罚或者免除处罚。”

（四）教唆犯及其刑事责任

教唆犯，是指故意唆使他人犯罪的犯罪分子。成立教唆犯必须具备下列条件：① 客观上具有教唆他人犯罪的行为。即以劝说、利诱、授意、怂恿、收买、威胁以及其他方法唆使他人去实行某一具体犯罪。② 主观上具有教唆他人犯罪的故意，即明知自己的教唆行为会引起被教唆者产生犯罪决意，进而实施犯罪，并且希望或放任教唆行为所产生的结果。③ 教唆的对象必须是达到刑事责任年龄并具有刑事责任能力的人。

《刑法》第 29 条规定：“教唆他人犯罪的，应当按照他在共同犯罪中所起的作用处罚；教唆不满十八周岁的人犯罪的，应当从重处罚；如果被教唆的人没有犯被教唆的罪，对于教唆犯，可以从轻或者减轻处罚。”教唆不满 14 周岁的人或精神病患者犯罪的，因被教唆人不具备相应的刑事责任能力，所以不以共同犯罪论处，而是对教唆犯以单独犯论处。

**材料 10 - 20** 王某纠集张某、李某等 6 人，组成黑社会性质组织“神龙会”，王某自封为“龙老大”。该组织成立后，王某要求张某、李某等人“发挥主观能动性为神龙会创收”。于是张某带领几人 2 月内共抢劫 6 次、重伤 2 人；李某带领几人两月内盗窃 5 次，盗得财务若干。上述犯罪行为有些王某知道，有些王某不知道，王某并没有参加任何一次犯罪活动。

问：在上述犯罪中，王某、张某、李某应对何种犯罪承担法律责任？

## 第六节　刑罚的种类

刑罚是刑法规定的，由国家司法机关依法对犯罪分子所适用的限制或剥夺其某种权益的最严厉的强制性法律制裁方法。根据我国刑法规定，刑法分为主刑和附加刑两类。主刑有管制、拘役、有期徒刑、无期徒刑、死刑五种；附加刑主要有罚金、剥夺政治权利、没收财产三种，对犯罪的外国人可以驱逐出境。

## 一、主刑

### （一）管制

管制是指对犯罪分子不予关押，但限制其一定人身自由，依法实行社区矫正，由公安机关予以执行的刑罚方法。管制是我国主刑中最轻的一种刑罚，属于限制自由刑。

关于管制的相关规定：① 对犯罪分子不予关押，但通过限制犯罪分子一定的自由来达到惩罚犯罪的目的。被判处管制的犯罪分子应当遵守下列规定：遵守法律、行政法规，服从监督；未经执行机关批准，不得行使言论、出版、集会、结社、游行、示威自由的权利；按照执行机关规定报告自己的活动情况；遵守执行机关关于会客的规定；离开所居住的市、县或者迁居，应当报经执行机关批准。② 管制的期限为 3 个月以上 2 年以下，数罪并罚最长不能超过 3 年。管制的刑期从判决执行之日起计算，判决执行以前先行羁押的，羁押 1 日折抵刑期 2 日。③ 被判处管制的犯罪分子在劳动中应当同工同酬。④ 被判处管制的犯罪分子管制期满，执行机关应立即向本人和其所在单位或居住地的群众宣布解除管制。如果原来附加剥夺政治权利的，还应当同时宣布恢复政治权利。

### （二）拘役

拘役是短期剥夺犯罪分子的人身自由，就近关押并实行劳动改造的刑罚方法。拘役是主刑中介于管制和有期徒刑之间的一种轻刑。

关于拘役的相关规定：① 被判处拘役的犯罪分子由公安机关就近执行。② 拘役的期限为 1 个月以上 6 个月以下，数罪并罚最长不能超过 1 年。拘役的刑期，从判决执行之日起计算；判决执行以前先行羁押的，羁押一日折抵刑期一日。③ 被判处拘役的犯罪分子在执行期间每月可以回家一至两天，参加劳动的，可以酌量发给报酬。

### （三）有期徒刑

有期徒刑是指剥夺犯罪分子一定期限的人身自由，予以关押并强制其进行劳动并接受教育改造的刑罚方法。它是我国刑法中适用范围最为广泛的一种刑罚。

关于有期徒刑的相关规定：① 将犯罪分子羁押于特定的场所，包括监狱、未成年人管教所、看守所等。② 有期徒刑的期限一般为 6 个月以上 15 年以下。但有两种例外情况：一是数罪并罚时，有期徒刑总和刑期不满 35 年的，最长不能超过 20 年；总和刑期在 35 年以上的，最高不能超过 25 年。二是判处死刑缓期执行的，在死缓期间确有重大立功表现，2 年期满后可减为 25 年有期徒刑。有期徒刑的刑期，从判决执行之日起计算，判决执行以前先行羁押的，羁押 1 日折抵刑期 1 日。③ 根据犯罪分子的表现，有期徒刑可以减刑，减刑以后实际执行的刑期，不能少于原判刑期的二分之一。④ 被判处有期徒刑的犯罪分子，在监狱或者其他执行场所执行，凡有劳动能力的，都应当参加劳动，接受教育和改造。

### （四）无期徒刑

无期徒刑是指剥夺犯罪分子终身的人身自由，强制其进行劳动并接受教育改造的刑罚方法。它是仅次于死刑的一种严厉的刑罚。

关于无期徒刑的相关规定：① 将犯罪分子终身羁押在监狱或其他执行场所执行，凡有劳动能力的，都应当参加劳动，接受教育和改造。② 被判处无期徒刑的罪犯在判决执行以前的羁押时间不存在折抵刑期的问题。③ 对于符合减刑条件的，可以予以减刑，减刑以后实际执行的刑期，不能少于 10 年。④ 对于被判处无期徒刑的犯罪分子，应当剥夺政治权利终身。

（五）死刑

死刑也称生命刑，是剥夺犯罪分子生命的刑罚方式，分为死刑立即执行和死刑缓期执行。

关于死刑的限制性规定：① 适用范围的限制。死刑只适用于罪行极其严重的犯罪分子。② 适用对象的限制。犯罪时不满 18 周岁的人和审判时怀孕的妇女，不适用死刑。③ 核准程序的限制。死刑除依法由最高人民法院判决的以外，都应当报请最高人民法院核准。死刑缓期执行的，可以由高级人民法院判决或者核准。④ 执行制度的限制。对于应当判处死刑的犯罪分子，如果不是必须立即执行的，可以判处死刑同时宣告缓期 2 年执行。死刑缓期执行的期间，从判决确定之日起计算。死刑缓期执行减为有期徒刑的刑期，从死刑缓期执行期满之日起计算。

## 二、附加刑

（一）罚金

罚金是指人民法院判处犯罪分子或实施犯罪行为的单位向国家缴纳一定数额金钱的刑罚方法。属于财产刑。

关于罚金的相关规定：① 罚金的适用对象：主要适用经济类犯罪和贪利性犯罪。对于实行双罚制的单位犯罪，对单位一律适用罚金刑。② 罚金的适用方式。一是单处罚金，即罚金只能单独判处，这种情况只适用于犯罪单位。二是并处罚金，即罚金只能附加适用，不能单独适用。三是并处或单处罚金，即罚金即可以附加适用，也可以独立适用。

（二）剥夺政治权利

剥夺政治权利是剥夺犯罪分子参加国家管理与政治活动权利的刑罚方法，属于资格刑。

关于剥夺政治权利的相关规定：① 剥夺政治权利的内容。主要剥夺下列权利：一是选举权和被选举权；二是言论、出版、集会、结社、游行、示威自由的权利；三是担任国家机关职务的权利；四是担任国有公司、企业、事业单位和人民团体领导职务的权利。② 剥夺政治权利的期限。单独适用剥夺政治权利或者主刑是有期徒刑、拘役附加剥夺政治权利的，期限为 1 年以上 5 年以下；判处管制附加剥夺政治权利的，剥夺政治权利的期限与管制的期限相同；被判处死刑、无期徒刑的犯罪分子，应当剥夺政治权利终身；死刑缓期执行减为有期徒刑或者无期徒刑减为有期徒刑时，应当把附加剥夺政治权利的期限改为 3 年以上 10 年以下。③ 剥夺政治权利期限的计算。判处管制附加剥夺政治权利的，剥夺政治权利的期限与管制的期限相同，同时起算；判处有期徒刑、拘役附加剥夺政治权利的期限，从有期徒刑、拘役执行完毕之日或者从假释之日起计算，剥夺政治权利的效力当然施用于主刑执行期间；死刑缓期执行减为有期徒刑或者无期徒刑减为有期徒刑时，附加剥夺政治权利的期限从减刑以后的有期徒刑执行完毕之日或者从假释之日起计算，在主刑执行期间，当然不享有政治权利。

**材料 10－21** 某甲 1990 年因故意伤害罪被判处有期徒刑 10 年，附加剥夺政治权利 3 年。问：某甲如果没有获得减刑、假释，其实际被剥夺的政治权利长达多少年？如果某甲因改造表现突出，于 1996 年执行 6 年后就被依法假释。问：某甲实际被剥夺政治权利长达多少年？

（三）没收财产

没收财产，是指将犯罪分子个人所有财产的一部或全部强制无偿地收归国有的刑罚方式。

根据我国《刑法》规定，没收财产主要适用于危害国家安全罪、经济犯罪和其他贪利性犯罪。没收财产是没收犯罪分子个人所有财产的一部分或者全部。没收全部财产的，应当对犯罪分子个人及其扶养的家属保留必需的生活费用。没收财产以前，犯罪分子所负的正当债务，需要以没收的财产偿还的，经债权人请求，在没收财产的数额范围内予以偿还。

## 第七节　刑罚的裁量

### 一、量刑与量刑情节

刑罚裁量（量刑）是指人民法院依据刑事法律，在认定行为人构成犯罪的基础上，确定对犯罪是否判处刑罚，判处何种刑罚以及是否适用某种刑罚制度的审判活动。

量刑情节是指法院对犯罪分子裁量刑罚时应当考虑的，据以决定刑罚轻重或者是否免除刑罚的各种情形。量刑情节可作如下分类：① 法定情节与酌定情节。法定情节是指刑法明文规定在量刑时应当予以考虑的情节。酌定情节是指刑法未作明文规定，但根据刑事立法精神和有关刑事政策，由法院从审判经验中总结出来的，在量刑时应当灵活掌握、酌情适用的情节。② 从宽情节与从严情节。从宽情节是指具有减轻犯罪人的刑事责任，适当减低应判刑罚的情节。从严情节是指具有加重犯罪人的刑事责任，适当增加应判刑罚的情节。③ 应当情节与可以情节。应当情节是指量刑时必须考虑的从宽或从严情节。在刑法中通常以“应当……”的形式出现。可以情节是指量刑时可以考虑也可以不考虑的从宽或者从严情节。这在《刑法》中通常以“可以……”的形式出现。

### 二、自首

自首，是指犯罪分子犯罪以后自动投案，如实供述自己的罪行的行为，或者被采取强制措施的犯罪嫌疑人、被告人和正在服刑的罪犯，如实供述司法机关还未掌握的本人其他罪行的行为。自首分为一般自首和特别自首。

#### （一）一般自首

一般自首是指犯罪以后自动投案，如实供述自己的罪行的行为。一般自首的成立条件：① 自动投案。指犯罪分子在犯罪以后，归案之前，基于本人的意志，主动向有关机关或者个人投案的行为。② 如实供述自己的犯罪事实。指犯罪分子自动投案后，主动如实地供述自己的犯罪事实的行为。

#### （二）特别自首

特别自首是指被采取强制措施的犯罪嫌疑人、被告人和正在服刑的罪犯，如实供述司法机关还未掌握的本人其他罪行的行为。特别自首的成立条件：① 特别自首的主体必须是被采取强制措施的犯罪嫌疑人、被告人和正在服刑的罪犯；② 必须如实供述司法机关尚未掌握的本人其他罪行。

#### （三）自首犯的刑事责任

我国《刑法》规定，对于自首的犯罪分子，可以从轻或者减轻处罚。其中，犯罪较轻的，可以免除处罚。犯罪后自首又有重大立功表现的，应当减轻或者免除处罚。

### 三、立功

所谓立功是指犯罪分子揭发他人犯罪行为，查证属实，或者提供重要线索，从而得以侦破其他案件等行为。立功分为一般立功和重大立功。

（一）一般立功

一般立功的主要表现为：犯罪分子检举、揭发他人犯罪行为，查证属实；提供侦破其他案件的重要线索，查证属实；协助司法机关抓捕其他犯罪嫌疑人；在押期间制止他人犯罪活动；具有其他有利于国家和社会的突出表现等。

（二）重大立功

重大立功的主要表现为：犯罪分子检举、揭发他人重大犯罪行为，经查证属实；提供侦破其他重大案件的重要线索，经查证属实；在押期间制止他人重大犯罪活动，协助司法机关抓捕其他重大犯罪嫌疑人；对国家和社会有其他重大贡献等。

（三）立功犯的刑事责任

我国《刑法》规定，犯罪分子有立功表现的，可以从轻或者减轻处罚；有重大立功表现的，可以减轻或者免除处罚；犯罪后自首又有重大立功表现的，应当减轻或者免除处罚。

**材料 10－22** 甲因故意伤害罪被捕，在侦察人员对其审讯期间，他又交代了自己与王某合伙盗窃5万元的犯罪事实，并提供了王某可能隐匿的地点，根据甲提供的线索，侦查机关顺利将王某缉捕归案。

问：甲的行为是否是立功？对甲的犯罪行为在量刑上应做何考虑？

## 四、累犯

累犯是指因犯罪而受过一定的刑罚处罚，在刑罚执行完毕或者赦免以后，于法定期限内又犯一定之罪的罪犯。累犯分一般累犯和特殊累犯两种。

（一）一般累犯

一般累犯是指被判处有期徒刑以上刑罚并在刑罚执行完毕或者赦免以后，在5年以内再犯应当判处有期徒刑以上刑罚之罪的犯罪分子。

一般累犯的构成条件：① 前罪与后罪都是故意犯罪；② 前罪被判处有期徒刑以上的刑罚，后罪应当被判处有期徒刑以上的刑罚；③ 后罪发生在前罪的刑罚执行完毕或者赦免以后5年之内。

（二）特殊累犯

特殊累犯是指危害国家安全的犯罪分子在刑罚执行完毕或者赦免以后，在任何时候再犯危害国家安全罪的犯罪分子。

特殊累犯的构成条件：① 前罪与后罪必须均为危害国家安全罪；② 前罪被判处的刑罚和后罪应被判处的刑罚的种类及其轻重不受限制；③ 前罪的刑罚执行完毕或赦免以后，任何时候再犯危害国家安全罪，都构成特别累犯。

（三）累犯的刑事责任

对累犯确定其刑事责任时，应注意以下几点：① 对于累犯必须从重处罚；② 对累犯从重处罚，必须根据其所实施犯罪的性质、情节和社会危害程度，确定具体应判处的刑罚；③ 对于累犯，不得适用缓刑和假释。

**材料 10－23** 江某是某机械厂的工人。一天，江某在操作机器时心不在焉，致使在旁边一起工作的同事受伤，江某因此被判有期徒刑。刑满释放后，江某看到别人都发财了，而自己却依旧过着穷日子，于是他开始了偷盗，而且一发不可收拾，终于在一次盗窃过程中被抓获。经查，江某前后两次犯罪的时间间隔还不到3年。

问：江某的行为是否构成累犯？应当如何处罚？

## 五、缓刑

缓刑是对所判刑罚附条件不予执行的一种刑罚制度。我国《刑法》规定的缓刑制度包括一般缓刑和战时缓刑两种。

（一）一般缓刑

一般缓刑是指人民法院对于被判处拘役或3年以下有期徒刑的犯罪分子，根据犯罪分子的犯罪情节和悔罪表现，认为暂缓执行原判刑罚，确实不致再危害社会的，规定一定的考验期，暂缓其刑罚的执行，若犯罪分子在考验期内没有发生法定撤销缓刑的情形，原判刑罚就不再执行的制度。一般缓刑适用的条件：① 犯罪分子被判处拘役或3年以下有期徒刑的刑罚；② 根据犯罪分子的犯罪情节和悔罪表现，认为适用缓刑确实不致再危害社会；③ 犯罪分子不是累犯。

（二）战时缓刑

战时缓刑是指在战时对于被判处3年以下有期徒刑没有现实危险的犯罪军人，暂缓其刑罚执行，允许其戴罪立功，确有立功表现时，可以撤销原判刑罚，不以犯罪论处的制度。战时缓刑适用的条件：① 适用的时间必须在战时；② 适用的对象只能是被判处3年以下有期徒刑的犯罪军人；③ 适用的基本条件是在战时宣告缓刑没有现实危险。

（三）对缓刑犯的考验

对缓刑犯的考验包括两个方面：① 考验内容。被宣告缓刑的犯罪分子，在缓刑考验期内，依法实行社区矫正，由公安机关考察，其所在单位或者基层组织予以配合。被宣告缓刑的犯罪分子应遵守下列规定：遵守法律、行政法规，服从监督；按照考察机关的规定报告自己的活动情况；遵守考察机关关于会客的规定；离开所居住的市、县或者迁居，应当报经考察机关批准。② 考验期限。我国《刑法》规定，拘役的缓刑考验期限为原判刑期以上1年以下，但是不能少于2个月。有期徒刑的缓刑考验期限为原判刑期以上5年以下，但是不能少于1年。缓刑考验期限，从判决确定之日起计算。

（四）适用缓刑的法律后果

① 被宣告缓刑的犯罪分子，在缓刑考验期内没有发生法定应当撤销缓刑的情形，缓刑考验期满，原判的刑罚就不再执行。② 被宣告缓刑的犯罪分子，在缓刑考验期限内犯新罪或者发现判决宣告以前还有其他罪没有判决的，应当撤销缓刑，对新犯的罪或者新发现的罪做出判决，把前罪和后罪所判处的刑罚，依照《刑法》第69条的规定进行并罚。③ 被宣告缓刑的犯罪分子，在缓刑考验期限内违反法律、行政法规或者国务院公安部门有关缓刑的监督管理规定，情节严重的，应当撤销缓刑，执行原判刑罚。根据刑法第72条的规定，被宣告缓刑的犯罪分子，如果被判处附加刑，附加刑仍须执行。

**材料10－24**　某甲1995年因盗窃罪被判处3年有期徒刑，缓刑5年。1998年时被发现1993年某甲还有一桩抢劫罪没有判决，该抢劫罪应被判处有期徒刑11年。

问：此时应如何确定对甲的刑罚？

## 六、数罪并罚

数罪并罚是法院对同一行为人在法定时间界限内所犯数罪分别定罪量刑后，按照法定的并罚原则决定应执行刑罚的制度。

（一）数罪并罚的基本原则

根据各国的法律规定和司法实践，数罪并罚的原则有以下四种。

1. 并科原则，又称相加原则

并科原则是将一人所犯之罪所有的宣告刑相加一并执行的制度。

2. 吸收原则

吸收原则是指一人所犯数罪中较重的宣告刑吸收较轻的宣告刑，只执行较重的刑，较轻的刑不再执行的制度。

3. 限制加重原则

限制加重原则是指以一人所犯数罪中最重的宣告刑为基础，再在这一基础上予以加重作为最终执行刑期的制度。

4. 折中原则

折中原则是指不单纯地适用以上原则，而是根据行为人所犯数罪各自的宣告刑的特点，选择适用并罚原则、吸收原则和限制加重原则的制度。

我国法院在处理数罪并罚案时遵循：“限制加重原则为主，吸收原则和并罚原则为辅。”

一般情况下，限制加重原则只适用于有期徒刑、拘役和管制，吸收原则仅适用于死刑和无期徒刑，并罚原则只适用于附加刑。

（二）适用数罪并罚的情形

1. 判决宣告前一人犯数罪的并罚

我国《刑法》第69条规定：“判决宣告以前一人犯数罪的，除判处死刑和无期徒刑的以外，应当在数刑总和刑期以下、数刑最高刑期以上，酌情决定执行的刑期，但是管制最高不能超过三年，拘役最高不能超过一年，有期徒刑总和刑期不满三十五年的，最高不能超过二十年，总和刑期在三十五年以上的最高刑不得超过二十五年”。

2. 刑罚执行期间发现漏罪的并罚

我国《刑法》第70条规定：“判决宣告以后，刑罚执行完毕以前，发现被判刑的犯罪分子在判决宣告以前还有其他罪没有判决的，应当对新发现的罪做出判决，把前后两个判决所判处的刑罚，依照本法第六十九条的规定，决定执行的刑罚。已经执行的刑期，应当计算在新判决决定的刑期以内。”这种方法称为“先并后减”。

3. 刑罚执行期间又犯新罪的并罚

我国《刑法》第71条的规定：“判决宣告以后，刑罚执行完毕以前，被判刑的犯罪分子又犯罪的，应当对新犯的罪做出判决，把前罪没有执行的刑罚和后罪所判处的刑罚，依照本法第六十九条的规定，决定执行的刑罚。”这种方法称为“先减后并”。

4. 判决宣告的数个主刑中最重刑为死刑或无期徒刑

只执行一个死刑或无期徒刑，死刑与无期徒刑并列的，只执行一个死刑。

5. 数罪中有附加刑的，附加刑仍需执行

其中附加刑种类相同，合并执行，种类不同，分别执行。

**材料10－25** 甲26岁，1995年因故意伤害罪被判有期徒刑3年，1998年刑满释放。甲服刑前曾借给乙2000元钱。刑满出狱后，甲多次找乙索要，但乙以种种借口不予归还。2005年某日，甲再次到乙家索要欠款，乙拒绝还款，并对甲进行辱骂。甲恼怒之下冲上去与乙撕扯在一起，撕打中，乙被甲绊倒，头部撞在桌角上，当即休克。甲见此情景后慌忙离开乙家，但想到自己2000元钱未讨回，于是又返回乙家，从乙家床头柜中翻出18000元现金后携款离去。乙妻回家后，见乙已死亡且家中凌乱，即以抢劫罪报案。后甲被抓获。

问：甲的行为是否构成数罪？如果是，应按何原则并罚？

## 第八节　刑罚的执行

### 一、减刑

减刑是指对被判处管制、拘役、有期徒刑、无期徒刑的犯罪分子，由于其在刑罚执行期间，确有悔改或者立功表现，而适当减轻其原判刑罚的制度。

（一）减刑的适用条件

1. 对象条件

减刑只适用于被判处管制、拘役、有期徒刑、无期徒刑，在刑罚执行过程中确有悔改或立功表现的犯罪分子。

2. 实质条件

一是可以减刑的实质条件：犯罪分子在刑罚执行期间，认真遵守监规，接受教育改造，确有悔改或立功表现；二是应当减刑的实质条件：阻止他人重大犯罪活动的；检举监狱内外重大犯罪活动，经查证属实的；有发明创造或者重大技术革新的；在日常生产、生活中舍己救人的；在抗御自然灾害或者排除重大事故中，有突出表现的；对国家和社会有其他重大贡献的。

3. 限度条件

犯罪分子经过减刑以后实际执行的刑期为：判处管制、拘役、有期徒刑的，不能少于原判刑期的1/2；判处无期徒刑的，不能少于13年；对于被判死刑缓期两年执行的累犯以及因故意杀人、强奸、抢劫、绑架、放火、爆炸、投放危险物质或有组织的暴力性犯罪被判处死刑缓期两年的犯罪分子，人民法院根据犯罪情节等情况可以同时决定对其限制减刑。对这类犯罪分子，缓期执行期满后依法减为无期徒刑的，不能少于25年，缓期执行期满后依法减为25年有期徒刑，不能少于20年。无期徒刑减为有期徒刑的刑期，从裁定减刑之日起计算。

（二）减刑的决定程序

我国《刑法》第79条规定："对于犯罪分子的减刑，由执行机关向中级以上人民法院提出减刑建议书。人民法院应当组成合议庭进行审理，对确有悔改或者立功事实的，裁定予以减刑。非经法定程序不得减刑。"

**材料10-26**　杨某涉嫌盗窃罪于2000年6月10日被依法羁押，2000年12月10日以盗窃罪被判处8年有期徒刑，2003年11月因有重大立功表现被依法减为6年有期徒刑。

问：杨某的徒刑此时还需执行几年的刑期？

### 二、假释

假释是指对被判处有期徒刑、无期徒刑的犯罪分子，在执行一定刑期以后，因其确有悔改表现，不致再危害社会，因而附条件地将其提前释放的一项刑罚制度。

（一）假释的条件

1. 对象条件

假释只适用于被判处有期徒刑、无期徒刑的一般罪犯。对累犯及因杀人、爆炸、抢劫、强奸、绑架、放火等暴力性犯罪被判处10年以上有期徒刑、无期徒刑的犯罪分子，不得假释。

2. 行刑条件

假释的执行条件，是指假释只适用于已经执行一定刑罚的犯罪分子。根据我国《刑法》规定，被判处有期徒刑的犯罪分子，实际执行原判刑罚的1/2以上，被判处无期徒刑的犯罪分子，实际执行13年以上，才可适用假释。如有特殊情况，经最高人民法院核准，可以不受上述行刑期限的限制。

3. 实质条件

被适用假释的犯罪分子在刑罚执行期间，必须认真遵守监规，接受教育改造，确有悔改表现，不致再危害社会。

（二）假释的考验

1. 考验内容

被宣告假释的犯罪分子，应当遵守下列规定：遵守法律、行政法规，服从监督；按照监督机关的规定报告自己的活动情况；遵守监督机关关于会客的规定；离开所居住的市、县或者迁居，应当报经监督机关批准。

2. 考验期限

《刑法》第83条规定："有期徒刑的假释考验期限，为没有执行完毕的刑期；无期徒刑的假释考验期限为十年。假释考验期限，从假释之日起计算。"被假释的罪犯，除有特殊情况，一般不得减刑，其假释的考验期也不能缩短。

（三）假释的法律后果

（1）被假释的犯罪分子，在假释考验期限内，如果没有发生法定应当撤销假释的情形，假释考验期满，就认为原判刑罚已经执行完毕，并公开予以宣告。

（2）被假释的犯罪分子，在假释考验期限内犯新罪，应当撤销假释，依照《刑法》第71条的规定实行数罪并罚；发现被假释的犯罪分子在判决宣告以前还有其他罪行没有判决的，应当撤销假释，依照《刑法》第70条的规定实行数罪并罚。

（3）被假释的犯罪分子，在假释考验期限内，有违反法律、行政法规或者国务院公安部门有关假释的监督管理规定的行为，尚未构成新的犯罪的，应当依照法定程序撤销假释，收监执行未执行完毕的刑罚。

犯罪分子被假释后，原判有附加刑未予执行的，附加刑仍须继续执行。原判有附加剥夺政治权利的，附加剥夺政治权利的刑期从假释之日起计算。

（四）假释的决定程序

对犯罪分子适用假释，由执行机关向中级以上人民法院提出假释建议书。人民法院应当组成合议庭进行审理，对符合假释条件的，裁定予以假释。非经法定程序不得假释。

**材料10－27** 代某1995年因故意伤害罪被判10年有期徒刑，因在监狱服刑改造表现突出，于2002年被依法假释，2003年代某又实施一起盗窃行为，该盗窃罪应判有期徒刑5年。

问：对代某新的犯罪行为应如何处罚？

## 第九节 刑罚的消灭

### 一、时效

（一）时效的概念

刑法上的时效是指经过一定的期限，对刑事犯罪不得再追诉或者对所判刑罚不得再执行的一项法律制度。时效，分为追诉时效和行刑时效。追诉时效是指依法对犯罪分子追究刑事责任的有效期限。在法定期限内，司法机关有权追究犯罪分子的刑事责任。行刑时效是指法律规定对被判处刑罚的犯罪分子执行刑罚的有效期限，判处刑罚而未执行，超过法定执行期限，刑罚就不在执行。我国刑法只规定了追诉时效。

（二）追诉时效期限

根据《刑法》的规定，犯罪经过下列期限不再追诉：① 法定最高刑为不满 5 年有期徒刑的，经过 5 年；② 法定最高刑为 5 年以上不满 10 年有期徒刑的，经过 10 年；③ 法定最高刑为 10 年以上有期徒刑的，经过 15 年；④ 法定最高刑为无期徒刑、死刑的，经过 20 年。如果 20 年以后认为必须追诉的，须报请最高人民检察院核准。

（三）追诉时效的计算

根据《刑法》的规定，追诉时效起算包括几种情况：① 追诉期限从犯罪之日起计算；② 犯罪行为有连续或者继续状态的，从犯罪行为终了之日起计算；③ 在追诉期限以内又犯罪的，前罪追诉的期限从犯后罪之日起计算（时效中断）；④ 在人民检察院、公安机关、国家安全机关立案侦查或者在人民法院受理案件以后，逃避侦查或者审判的，不受追诉期限的限制。被害人在追诉期限内提出控告，人民法院、人民检察院、公安机关应当立案而不予立案的，不受追诉期限的限制（时效延长）。

**材料 10－28**　张某 1995 年犯甲罪，该罪的法定最高刑为 7 年有期徒刑，张某的这一犯罪行为一时没有被发现；2000 年张某又实施了乙罪，该罪的法定最高刑为 7 年有期徒刑。

问：如果张某没有实施其他犯罪，到何时为止还可以对张某的甲罪进行追诉？

## 二、赦免

（一）赦免的概念

赦免是指国家对于犯罪分子宣告免予追诉或者免除执行其刑罚的全部或者部分的法律制度。赦免分为大赦和特赦两种。大赦，是指国家对某一时期犯有一定罪行的不特定多数的犯罪分子免予追究或者免除执行其刑罚的全部或部分的制度。特赦，是指国家对特定的犯罪分子免除执行其刑罚的全部或者部分的制度。

（二）我国的特赦

我国现行宪法只规定特赦，没有规定大赦。因此，刑法中所说的赦免，都是指特赦减免。根据宪法的规定，特赦由全国人民代表大会常务委员会决定，由国家主席发布特赦令。

**学习思考**

1. 我国《刑法》对刑事责任年龄是如何规定的？
2. 正当防卫与紧急避险在适用条件上有何异同？
3. 简述《刑法》对共同犯罪中各犯罪人的责任认定。
4. 简述适用数罪并罚的具体情形及罚则。
5. 我国《刑法》规定的刑罚种类有哪些？

11
Chapter

# 第十一章 经济法律制度

2002年11月2日，本是一个平常的日子，但对于美国司法部、微软及其竞争对手来说，却是一个有苦有甜的日子。这一天，司法部和微软达成的结案协议书送达联邦法院后，联邦法官科林-科特利迅速批准了该解决方案，微软和司法部握手言和，长达几年的微软反垄断案总算尘埃落定。多数分析家认为，11月2日的结案协议书代表着微软的一大胜利，微软终于逃过被分割的一劫。

根据司法部的指控，杰克逊法官曾于1997年年底裁定，禁止微软将其网络浏览器与“视窗”捆绑在一起销售，但第二年5月上诉法院驳回了杰克逊的裁决。于是，司法部和18个州1市于1998年5月再次将微软拖上被告席，这一次微软险些被分拆为两家公司。2001年6月28日，美国哥伦比亚特区联邦上诉法院做出裁决，驳回地方法院法官杰克逊2000年6月做出的将微软一分为二的判决，但维持有关微软从事了违反反垄断法的反竞争商业行为的裁决。上诉法院要求地方法院指定一位新法官重新审理这一历史性的反垄断案。

有关专家指出，与美国历史上一些重大反垄断案相比，微软案具有显著的特点。首先，微软基本上是靠自我发展起来的垄断公司；而在1911年和1984年分别被分拆的美孚石油公司和美国电话电报公司则都是靠并吞竞争对手成为各自行业的“巨无霸”的。其次，微软的发展是以知识产权和知识创新为基础的。如果“视窗”软件多年一贯制，可能早就被市场淘汰了。再次，微软虽然对个人电脑操作系统市场拥有绝对垄断权，但并没有利用这一垄断优势无理地抬高价格，其网络浏览器开始时还是免费赠送的。这是美国进入新经济时代以来最具代表性的反垄断案件，其结局很可能成为今后高技术领域反垄断案件的一个判例。可见在市场经济中，规范政府适度干预经济的行为是维持公平竞争秩序的需要。

## 第一节　经济法概述

### 一、经济法的概念与特征

经济法是调整国家协调和干预本国经济运行过程中发生的经济关系的法律规范的总称。

经济法具有下列特征：① 经济性。经济法要求解决经济的发展所带来的问题，从而保障经济快速、健康、协调发展。② 综合性。经济法在调整范围上，既包括宏观经济领域的管理和调控关系，又包括微观经济领域的管理和协作关系。③ 指导性。经济法的指导性主要通过经济法所具有的促进和限制两种功能、奖励和惩处两种后果表现出来。

### 二、经济法的调整对象

#### （一）宏观经济调控关系

宏观经济调控关系指国家对国民经济总体活动和有关国计民生的重大因素，实行全局性协调、干预所产生的经济关系。

（二）市场运行协调关系

市场运行协调关系指国家在建设和完善市场体系、规范市场行为、维护市场秩序中产生的经济关系。

（三）市场主体调控关系

市场主体调控关系指国家对各类市场主体，特别是企业的设立、变更、终止及内部管理所进行的协调、干预而产生的经济关系。

（四）社会经济保障关系

社会经济保障关系指在对作为劳动力资源的劳动者实行社会保障过程中发生的经济关系。

**材料11－1** 假定甲、乙、丙是三家生产面包的公司，甲公司的实力较强，乙、丙两公司的实力较弱。以前这三家公司生产的面包价格均为每个一元。后甲公司为垄断市场，突然把自己生产的面包降为每个6角，低于成本销售，乙、丙两公司也不得不降价销售。半年后乙、丙两公司因资不抵债而破产，甲公司取得了面包市场的垄断地位，这时甲公司把面包的价格提升为每个2元，消费者因没有选择而只能接受。市场竞争秩序遭到破坏，消费者的利益严重受损，国家只能通过立法对这种垄断行为予以禁止。

问：经济法的调整对象与民法有何不同？

## 三、经济法的基本原则

（一）适当干预原则

适当干预原则指国家或经济自治团体应当在充分尊重经济自主的前提下，对社会经济生活进行一种有效但又合理谨慎的干预。

（二）合理竞争原则

合理竞争原则指经济法所维护的竞争是建立在合理竞争原则基础之上的，以实现竞争的有序、有效为目的。

（三）社会本位原则

社会本位原则指以维护社会公共利益为出发点的经济法本位思想，体现的是社会整体利益，即国家利益、社会利益和个人利益的统一。

# 第二节　公司法

## 一、公司与公司法

（一）公司的概念与特征

公司是企业的一种组织形式，是依法设立的、以营利为目的的法人。公司具有以下特征。

1. 依法设立

依法设立指公司的成立必须严格按照法律规定的条件和程序，并且采取法律规定的形式。

2. 以营利为目的

公司在国家宏观调控下，按照市场需求自主组织生产经营，以提高经济效益、劳动生产率和实现资产的保值增值为目的。

3. 具有法人资格

我国《公司法》规定："公司是企业法人，有独立的法人财产，享有法人财产权。公司以其全部财产对公司的债务承担责任。"

（二）公司的分类

1）按股东对公司债务所负责任为基础，可以将公司分为有限责任公司、无限责任公司、两合公司、股份有限公司和股份两合公司。

有限责任公司一般指两个以上的股东共同出资，股东以其出资额为限对公司债务承担责任，公司以其全部资产为限对公司债务承担有限责任的公司。

无限责任公司是指由两个以上的股东所组织，不论股东出资额多寡，股东对公司债务承担无限连带责任的公司。

两合公司是指一部分股东对公司债务承担无限责任，一部分股东对公司债务承担有限责任的公司。

股份有限公司是指公司的全部资本被划分为等额股份，股东以各自持有的股份额为限对公司债务承担责任，公司以其全部资产为限对公司承担责任的公司。

股份两合公司是指由一个以上的无限责任股东和一个以上的有限责任股东组成的、资本等分为等额股份的公司。我国《公司法》规定，我国的公司分为有限责任公司和股份有限公司两类。

2）按照公司之间的组织和支配关系可分为母公司、子公司。

母公司是指拥有其他公司一定数量的股份或根据协议能够控制、支配其他公司的人事、财务等事项的公司。母公司有时也被称为控股公司。

子公司是指一定数额以上的股份被另一个公司控制或依照协议被另一个公司实际控制、支配的公司。母公司、子公司都是独立的法人。

3）按照公司内部的管辖系统为基础可以分为总公司、分公司。

总公司又称为本公司，是指掌握公司全部组织机构的总机构。分公司是指被总公司所管辖的公司分支机构，是总公司为开拓业务而设立的机构。总公司具有法人资格，分公司是总公司的分支机构，不是独立的法人。

**材料 11－2** 一家集团公司的子公司因经营不善破产倒闭，那么集团公司对子公司的债务应承担什么样的法律责任？为什么？

（三）公司法的概念

公司法是指确认公司的法律地位和主体资格，以及调整公司的组织和经济运行行为的法律规范的总称。我国公司法有广义和狭义之分。广义的公司法是调整公司的设立、组织、变更、解散及其他公司对内对外关系的法律规范的总称。它不仅包括《中华人民共和国公司法》，还包括其他涉及公司关系的所有法律规范。狭义的公司法专指《中华人民共和国公司法》（以下简称《公司法》）。

该法是由 1993 年 12 月 29 日第八届全国人民代表大会常务委员会第五次会议通过。根据 1999 年 12 月 25 日第九届全国人民代表大会常务委员会第十三次会议《关于修改〈中华人民共和国公司法〉的决定》第一次修正，根据 2004 年 8 月 28 日第十届全国人民代表大会常务委员会第十一次会议《关于修改〈中华人民共和国公司法〉的决定》第二次修正，2005 年 10 月 27 日第十届全国人民代表大会常务委员会第十八次会议修订，2013 年 12 月 28 日第十二届全国人民代表大会常务委员会第六次会议《关于修改〈中华人民共和国海洋环境保护法〉等七部法律的决定》修正。

## 二、公司的一般规定

### （一）公司的设立

#### 1. 设立的概念

公司的设立又称为公司的开办，是指促成公司成立并取得法人资格的一系列法律行为的总和。公司设立不同于公司成立。公司成立是指公司经过设立程序，具备了法律规定的条件，经主管机关核准登记，发给营业执照，取得法人资格的一种状态或事实。设立是成立的前提，成立时设立的后果。

#### 2. 设立方式

公司的设立方式主要有发起设立和募集设立两种形式：发起设立又称共同设立，是指由发起人认购全部资本额而设立公司的设立方式。在我国有限责任公司和股份有限公司均可以采取这种方式设立。募集设立又称募股设立，是指发起人只认购公司的一部分资本，其余部分向社会公开募集而设立公司的设立方式。在我国股份有限公司均可以采取这种方式设立。

#### 3. 设立登记

公司设立应当向公司登记机关提出申请，办理登记。依法设立的公司由公司登记机关发给公司营业执照，公司营业执照签发日期为公司的成立日期。公司成立后依法取得法人资格。

### （二）公司章程

公司章程是指公司必备的规范公司组织及活动的基本规则的书面文件，是全体股东共同一致的意思表示。股东应在公司章程上签名、盖章。公司章程对公司、股东、董事、监事、经理具有约束力。

有限责任公司章程应载明下列事项：① 公司名称和住所；② 公司的经营范围；③ 公司的注册资本；④ 股东的姓名或名称；⑤ 股东的出资方式、出资额和出资时间；⑥ 公司的机构及产生办法、职权、议事规则；⑦ 公司的法定代表人；⑧ 股东会议认为需要规定的其他事项。股份有限公司章程应载明下列事项：① 公司名称和住所；② 公司的经营范围；③ 公司的设立方式；④ 公司股份总数、每股金额和注册资本；⑤ 发起人的姓名或名称、认购的股份数、出资方式和出资时间；⑥ 董事会的组成、职权和议事规则；⑦ 公司的法定代表人；⑧ 监事会的组成、职权和议事规则；⑨ 公司利润分配办法；⑩ 公司的解散事由与清算办法；⑪ 公司的通知和公告办法；⑫ 股东大会认为需要规定的其他事项。

### （三）公司的权利能力与行为能力

#### 1. 公司的权利能力

公司的权利能力是指公司作为法律主体依法享有权利和承担义务的资格。公司的权利能力始于成立，即营业执照签发之日，终于终止，即注销登记之日。

与自然人的权利能力相比，公司法对公司的权利能力作了一些限制性规定：① 凡与自然人自身性质相关的权利义务，法人不得享有，如生命权、健康权、婚姻权、继承权等；② 公司不得经营核准登记范围之外的业务；③ 除法律另有规定外，公司不得成为对所投资企业的债务承担连带责任的出资人；④ 公司向其他企业投资或为他人提供担保，应由董事会或股东会、股东大会决议。

#### 2. 公司的行为能力

公司的行为能力是指公司基于自己的意思表示，以自己的行为独立取得权利和承担义务的能力。它与公司的权利能力同时产生，同时终止，范围和内容也与权利能力相一致。公司的行为能力借助于公司的法定代表人来实现，法定代表人所实施的法律行为就是公司的法律行为。

## 三、有限责任公司

（一）概念与特征

有限责任公司（有限公司）是指由两个以上股东共同出资，股东以其出资额为限对公司承担责任，公司以其全部财产对公司债务承担责任的企业法人。有限责任公司具有下列特征。

1. 募股资金的封闭性

有限责任公司由投资者通过协商，确定投资比例和出资方式，形成公司股本总额，它不得向社会公开募集资金，不得发行股票。

2. 公司资本的不等额性

有限责任公司的全部资本不必划分为等额股份，股东按协议确定出资比例，按出资比例享有权利、承担义务和风险，股东的股权表现形式不是股票，而是由公司签发的出资证明或者股权证书。

3. 股东数额的限制性

有限责任公司对股东的数额一般有上限的限制。我国《公司法》规定，有限责任公司由50个以下股东出资设立。

4. 股东对外转让出资受到严格的限制

《公司法》规定，有限责任公司的股东之间可以相互转让其全部或者部分股权。股东向股东以外的人转让股权，应当经其他股东过半数同意。股东应就其股权转让事项书面通知其他股东征求同意，其他股东自接到书面通知之日起满30日未答复的，视为同意转让。其他股东半数以上不同意转让的，不同意的股东应当购买该转让的股权，不购买的，视为同意转让。

**材料11－3** 股东的出资一旦投入公司既成为公司财产，由公司享有法人财产权。我国《公司法》第4条第2款规定：“公司享有股东投资形成的全部法人财产权，依法享有民事权利，承担民事义务。”可见公司作为典型的企业法人与合伙企业存在明显的区别，因为合伙企业不是法人。

问：公司财产与合伙企业财产有何区别？

（二）公司设立

1. 设立条件

公司的设立条件包括：① 股东符合法定人数。有限责任公司由50个以下股东出资设立。② 股东出资达到法定资本最低限额。公司全体股东的首次出资额不得低于注册资本的20%，也不得低于法定的注册资本最低限额，其余部分由股东自公司成立之日起2年内缴足；其中，投资公司可以在5年内缴足。有限责任公司注册资本的最低限额为人民币3万元。法律、行政法规有较高规定的，从其规定。③ 股东共同制定公司章程。④ 有公司名称和符合有限责任公司要求的组织机构；⑤ 有公司住所。

**材料11－4** 为保证公司资本的真实可靠，防止公司设立中的欺诈和投机，保护债权人的合法权益和社会交易安全，传统公司法理论对资本的法律规定体现为三个基本原则：资本确定原则（出资符合法律规定）、资本维护原则（公司财产与注册资本额相当）和资本不变原则（资本总额不得任意改变，增资减资符合法定程序）。

问：怎样理解“资本三原则”在保障资本真实可靠方面的作用？

2. 股东出资

股东可以用货币、实物、知识产权、土地使用权等出资；对作为出资的非货币财产应当评估作价，核实财产，不得高估或者低估作价。全体股东的货币出资金额不得低于有限责任公司注册资本的30%。

**材料11－5** 2005年9月，甲、乙、丙三家公司达成协议，决定共同出资设立一家家具有限责任公司，在确定新公司成立后，公司章程中规定公司的注册资本为200万元，其中，甲公司出资50万，乙公司出资100万为知识产权，丙公司出资50万，为土地使用权。

问：上述出资类型符合公司法的成立条件吗？

（三）组织机构

1. 股东会

有限责任公司股东会由全体股东组成，股东会是公司的权力机构，对公司经营管理中的各项重要事项拥有最高决策权。

股东会行使下列职权：决定公司的经营方针和投资计划；选举和更换非由职工代表担任的董事、监事，决定有关董事、监事的报酬事项；审议批准董事会、监事会或者监事的报告；审议批准公司的年度财务预算方案、决算方案及公司的利润分配和弥补亏损方案；对公司增资减资，发行公司债券及公司合并、分立、解散、清算或者变更公司形式作出决议；修改公司章程；公司章程规定的其他职权。

2. 董事会

有限责任公司的董事会是依照《公司法》和公司章程的规定设立的，由董事会组成的公司经营决策和业务执行机构。股东人数较少或规模较小的有限责任公司，可设一名执行董事，不设董事会。

董事会行使下列职权：执行股东会的决议，召集股东会会议，并向股东会报告工作；制订公司的年度财务预算决算方案、利润分配方案、弥补亏损方案、增资减资方案、发行公司债券方案及公司合并、分立、解散或变更公司形式的方案；制定公司的基本管理制度；决定公司的经营计划和投资方案；决定公司内部管理机构的设置；决定聘任或者解聘公司经理及其报酬事项，并根据经理的提名决定聘任或者解聘公司副经理、财务负责人及其报酬事项；公司章程规定的其他职权。

3. 经理

有限责任公司可以设经理，由董事会决定聘任或者解聘。经理是由公司董事会聘请的公司日常经营管理事务的高级管理人员。

经理行使下列职权：主持公司的生产经营管理工作，组织实施董事会决议、公司年度经营计划和投资方案；拟订公司的基本管理制度和公司内部管理机构设置方案；制定公司的具体规章；提请聘任或者解聘公司副经理、财务负责人，决定聘任或者解聘除应由董事会决定聘任或者解聘以外的负责管理人员；董事会授予的其他职权。

4. 监事会

监事会是对公司生产经营业务活动进行监督检查的常设机构。监事应当包括股东代表和适当比例的公司职工代表，其中职工代表的比例不得低于1/3，具体比例由公司章程规定。董事、高级管理人员不得兼任监事。

监事会行使下列职权：检查公司财务；对董事、高级管理人员执行公司职务的行为进行监督，当董事、高级管理人员的行为损害公司的利益时，要求董事、高级管理人员予以纠正，对违反法律、行政法规、公司章程或者股东会决议的董事、高级管理人员提出罢免的建议，必要时对董事、高级管理人员提起诉讼；提议召开临时股东会会议，在董事会不履行本法规定的召集和主持股东会会议职责时召集和主持股东会会议；向股东会会议提出提案；公司章程规定的其他职权。

**材料 11－6** 甲、乙、丙三人共同投资设立一家有限责任公司，该公司以商品批发为主，兼营零售。经协商，拟定了公司章程，在公司章程中有如下规定：公司注册资本为 60 万人民币，甲以现金 30 万出资，乙以实物作价出资 16 万元，丙以商标权作价出资 14 万元；因股东人数少，公司只设 1 名执行董事，该执行董事兼任公司监事；3 位股东平均分配公司利润，平均承担公司责任。

问；该公司章程的内容是否合法？

（四）一人有限公司

一人有限责任公司（一人有限公司），是指只有一个自然人股东或者一个法人股东的有限责任公司。一人有限公司的设立有利于社会的经济发展，但存在一定的交易风险。为此法律对一人有限公司进行了特别限制。

1. 注册资本限制

一人有限责任公司的注册资本最低限额为人民币 10 万元。股东应当一次足额缴纳公司章程规定的出资额。

2. 设立公司的限制

一个自然人只能投资设立一个一人有限责任公司。该一人有限责任公司不能投资设立新的一人有限责任公司。一人有限责任公司应当在公司登记中注明自然人独资或者法人独资，并在公司营业执照中载明。

3. 章程与组织机构设立限制

一人有限责任公司章程由股东制定，公司不设股东会，股东对公司重要事项做出决定时，应当采用书面形式，并由股东签名后置备于公司。

4. 财务监督限制

一人有限责任公司应当在每一会计年度终了时编制财务会计报告，并经会计师事务所审计。

5. 法人人格否认规制

一人有限责任公司的股东不能证明公司财产独立于股东自己的财产的，应当对公司债务承担连带责任。

**材料 11－7** 为适应市场经济的需要，我国《公司法》对有限责任公司需二人以上投资进行了修改，允许一人设立有限责任公司。为了确保一人有限公司债权人的利益，《公司法》对一人有限公司规定了相应的特别制度，特别是对投资人的有限责任作了限制性的规定，即一人有限责任公司的股东不能证明公司财产独立于股东自己的财产的，应当对公司债务承担连带责任。

问：一人有限公司对外承担何种责任？

（五）国有独资公司

国有独资公司是指国家单独出资、由国务院或者地方人民政府授权本级人民政府国有资产监督管理机构履行出资人职责的有限责任公司。国有独资公司主要适用于国家垄断经营的领域和行业。

1. 公司章程

国有独资公司章程由国有资产监督管理机构制定，或者由董事会制订报国有资产监督管理机构批准。

2. 公司组织机构

（1）股东会　国有独资公司不设股东会，由国有资产监督管理机构行使股东会职权。国有资产监督管理机构可以授权公司董事会行使股东会的部分职权，决定公司的重大事项，但公司的合并、分立、解散、增加或者减少注册资本和发行公司债券，必须由国有资产监督管理机构决定报本级人民政府批准。

（2）董事会　国有独资公司设董事会，董事会成员由国有资产监督管理机构委派，但董事会成员中的职工代表由公司职工代表大会选举产生。董事会设董事长 1 人，可以设副董事长。董事每届任期不得超过 3 年。

（3）经理　国有独资公司设经理，由董事会聘任或者解聘。经国有资产监督管理机构同意，董事会成员可以兼任经理。

（4）监事会　国有独资公司设监事会，监事会成员不得少于 5 人，其中职工代表的比例不得低于 1/3。监事会成员由国有资产监督管理机构委派；但监事会成员中的职工代表由公司职工代表大会选举产生。

## 四、股份有限公司

### （一）概念与特征

股份有限公司是指全部资本被等分为等额股份，股东以其所持股份为限对公司承担有限责任，公司以其全部资产对公司债务承担有限责任的企业法人。

股份有限公司的主要特征：① 股东人数的广泛性。发起人为 2 ~ 200 人，其中必须有半数以上在中国境内有住所；② 公司全部资本被等分为等额股份；③ 公司的开放性与社会性。股份有限公司可以向社会公开发行股票，自由转让股票，经营期间向社会披露其财务及经营状况，并要接受股东和社会公众的监督；④ 股份转让的灵活性。股份有限公司的股票可以在证券市场上自由流通，以交付的方式就可以达到转让的目的。

### （二）公司的设立

#### 1. 设立条件

股份有限公司的设立条件：① 发起人符合法定人数；② 发起人认购和募集的股本达到法定资本最低限额；③ 股份发行、筹办事项符合法律规定；④ 发起人制订公司章程，采用募集方式设立的经创立大会通过；⑤ 有公司名称，有公司住所，建立符合股份有限公司要求的组织机构。

#### 2. 设立方式

（1）发起设立　发起设立是指由发起人认购公司应发行的全部股份而设立公司。股份有限公司采取发起设立方式设立的，注册资本为在公司登记机关登记的全体发起人认购的股本总额。公司全体发起人的首次出资额不得低于注册资本的 20%，其余部分由发起人自公司成立之日起两年内缴足；其中，投资公司可以在 5 年内缴足，在缴足前，不得向他人募集股份。

（2）募集设立　募集设立是指由发起人认购公司应发行股份的一部分，其余股份向社会公开募集或者向特定对象募集而设立公司。股份有限公司注册资本的最低限额为人民币 500 万元。法律、行政法规对股份有限公司注册资本的最低限额有较高规定的，从其规定。以募集设立方式设立股份有限公司的，发起人认购的股份不得少于公司股份总数的 35%，但法律、行政法规另有规定的，从其规定。发起人向社会公开募集股份，必须公告招股说明书，并制作认股书。

#### 3. 发起人的责任

股份有限公司的发起人应当承担下列责任：公司不能成立时，对设立行为所产生的债务和费用负连带责任；公司不能成立时，对认股人已缴纳的股款，负返还股款并加算银行同期存款利息的连带责任；在公司设立过程中，由于发起人的过失致使公司利益受到损害的，应当对公司承担赔偿责任。

（三）创立大会

发起人应当自股款缴足之日起30日内主持召开公司创立大会。创立大会由发起人、认股人组成。发起人应当在创立大会召开15日前将会议日期通知各认股人或者予以公告。创立大会应有代表股份总数过半数的发起人、认股人出席，方可举行。

创立大会行使下列职权：审议发起人关于公司筹办情况的报告；通过公司章程；选举董事会、选举监事会成员；对公司的设立费用进行审核；对发起人用于抵作股款的财产的作价进行审核；发生不可抗力或者经营条件发生重大变化直接影响公司设立的，可以做出不设立公司的决议。创立大会对前款所列事项作出决议，必须经出席会议的认股人所持表决权过半数通过。

（四）组织机构

1. 股东大会

股东大会是公司的最高权力机构，股东大会由全体股东组成，依照公司法行使职权。

（1）股东大会召开　股东大会每年召开1次，特殊情况可临时召开股东大会。股东大会会议由董事会召集，董事长主持，董事长不能履行职务或不履行职务的，由副董事长主持。召开股东大会会议，应当将会议召开的时间、地点和审议的事项于会议召开20日前通知各股东，临时股东大会应当于会议召开15日前通知各股东。发行无记名股票的，应当于会议召开30日前公告会议召开的时间、地点和审议事项。

（2）股东大会决议　股东大会做出决议，必须经出席会议的股东所持表决权过半数通过，但股东大会做出修改公司章程、增加或者减少注册资本的决议，以及公司合并、分立、解散或者变更公司形式的决议，必须经出席会议的股东所持表决权的2/3以上通过。公司法和公司章程规定公司转让、受让重大资产或者对外提供担保等事项必须经股东大会做出决议的，董事会应当及时召集股东大会会议，由股东大会就上述事项进行表决。股东大会选举董事、监事，可以依照公司章程的规定或者股东大会的决议，实行累积投票制。股东可以委托代理人出席股东大会会议，代理人应当向公司提交股东授权委托书，并在授权范围内行使表决权。

**材料11－8**　某房地产股份有限公司由于亏损严重，某股东请求临时召开股东大会。公司决定于次年4月10日召开临时股东大会，并于3月20日在报纸上刊登了会议通知。通知的会议议程包括：① 选举更换部分董事，选举更换董事长；② 选举更换全部监事；③ 更换公司总经理；④ 就发行公司债券做出决议；⑤ 就本公司与另一房地产公司合并事项做出决议。在股东大会上，上述各项均由出席大会的股东所持表决权的过半数通过。

问：本案例中，关于该公司召开临时股东会的所有事宜是否合法?

2. 董事会

股份有限公司设董事会，其成员为5～19人，董事会成员中可以有公司职工代表。董事会设董事长1人，可以设副董事长，董事长和副董事长由董事会以全体董事的过半数选举产生。董事长召集和主持董事会会议，检查董事会决议的实施情况。董事会每年度至少召开2次会议，每次会议应当于会议召开10日前通知全体董事和监事。代表1/10以上表决权的股东、1/3以上董事或者监事会，可以提议召开董事会临时会议。董事会会议应有过半数的董事出席方可举行。董事会做出决议，必须经全体董事的过半数通过。董事会决议的表决，实行一人一票。董事应当对董事会的决议承担责任。

3. 经理

股份有限公司设经理，由董事会决定聘任或者解聘。有限责任公司经理职权的规定，适用于股份有限公司经理。公司董事会可以决定由董事会成员兼任经理。

4. 监事会

股份有限公司设监事会，其成员不得少于3人。监事会应当包括股东代表和适当比例的职工代表，其中职工代表的比例不得低于1/3，具体比例由公司章程规定。监事会每6个月至少召开一次会议，监事可以提议召开临时监事会会议。监事会的议事方式和表决程序，除公司法有规定的外，由公司章程规定。监事会决议应当经半数以上监事通过。

（五）股份的发行和转让

1. 股份的发行

股份的发行实行公平、公正的原则，同种类的每一股份应当具有同等权利。同次发行的同种类股票，每股的发行条件和价格应当相同。任何单位或者个人所认购的股份，每股应当支付相同价额。股票发行价格可以按票面金额，也可以超过票面金额，但不得低于票面金额。

2. 股份的转让

股东转让股份应当在依法设立的证券交易场所进行或者按照国务院规定的其他方式进行。记名股票由股东以背书方式或者法律、行政法规规定的其他方式转让，转让后由公司将受让人的姓名或者名称及住所记载于股东名册。无记名股票由股东将该股票交付给受让人后即发生转让的效力。发起人持有的本公司股份，自公司成立之日起1年内不得转让。公司董事、监事、高级管理人员应当向公司申报所持有的本公司的股份及其变动情况，在任职期间每年转让的股份不得超过其所持有本公司股份总数的25%，所持本公司股份自公司股票上市交易之日起1年内不得转让。上述人员离职后半年内，不得转让其所持有的本公司股份。

（六）上市公司

1. 概念与特征

上市公司，是指其股票经国务院或国务院授权的证券管理部门批准在证券交易所上市交易的股份有限公司。

上市公司有如下特征：① 上市公司是一种股份有限公司；② 上市公司的股票已经公开发行并在证券交易所上市交易；③ 上市公司作为公众公司必须遵守信息披露方面的特别要求。

2. 公司上市的条件

公司上市的条件包括：① 股票经国务院证券监督管理机构核准已公开发行；② 公司股本总额不少于人民币3000万元；③ 公开发行的股份达到公司股份总数的25%以上；④ 公司最近3年无重大违法行为，财物会计报告无虚假记载。

3. 上市公司的特别规定

① 上市公司的特别决议事项。上市公司在1年内购买、出售重大资产或者担保金额超过公司资产总额30%的，应当由股东大会做出决议，并经出席会议的股东所持表决权的2/3以上通过。② 明确独立董事制度。独立董事（外部董事），是指独立于公司管理层、不存在与公司有任何可能严重影响其独立做出独立判断的交易和关系的非全日制工作董事。③ 董事会秘书。董事会秘书是公司高级管理人员，负责公司股东大会和董事会会议的筹备、文件保管以及公司股东资料的管理，办理信息披露事务等事宜。董事会秘书由董事长提名，经董事会聘任或解聘。④ 关联董事表决回避。董事与董事会会议决议事项所涉及的企业有关联关系的，不得对该项决议行使表决权，也不得代理其他董事行使表决权。该董事会会议由过半数的无关联关系董事出席即可举行，董事会会议所作决议须经无关联关系董事过半数通过。出席董事会的无关联关系董事人数不足3人的，应将该事项提交上市公司股东大会审议。⑤ 上市公司信息披露。上市公司必须依照法律、行政法规的规定，公开其财务状况、经营情况及重大诉讼，在每会计年度内每半年公布一次财务会计报告。

## 第三节 反不正当竞争法

### 一、不正当竞争行为

反不正当竞争法是调整在制止不正当竞争过程中发生的社会关系的法律规范的总称。

不正当竞争是指经营者违反《反不正当竞争法》规定，损害其他经营者的合法权益，扰乱社会经济秩序的行为。根据《反不正当竞争法》的规定，不正当竞争行为具体包括以下几种类型。

#### （一）假冒、仿冒行为

指经营者采用假冒、仿冒的方式，或者其他虚假标志的行为，误导消费者购买某种商品，并从中牟取利益和取得竞争优势的不正当竞争行为。

假冒、仿冒行为包括：① 假冒他人的注册商标。② 擅自使用知名商品特有的名称、包装、装潢，或者使用与知名商品近似的名称、包装、装潢，造成和他人的知名商品相混淆，使购买者误认为是该知名商品。③ 擅自使用他人的企业名称或者姓名，引人误认为是他人的商品。④ 在商品上伪造或者冒用认证标志、名优标志等质量标志，伪造产地，对商品质量作引人误解的虚假表示。

**材料 11－9** 1995 年，北京卢沟桥酒厂生产的“古德牌”北京醇酒与北京市牛栏山酒厂生产的“华灯牌”北京醇酒名称相同，包装、装潢相似，足以造成消费者的误认。后来，北京市工商局根据牛栏山酒厂的投诉，依法对“古德牌”北京醇酒的名称、包装、装潢进行了调查，认定北京卢沟桥酒厂的上述行为违反了《反不正当竞争法》。

问：北京卢沟桥酒厂的上述行为在哪些方面违反了《反不正当竞争法》?

#### （二）限制竞争行为

限制竞争行为包括企业垄断和行政垄断两种类型。根据《反不正当竞争法》的规定，企业垄断是指公用企业或者其他依法具有独占地位的经营者，滥用其垄断地位采用限定他人购买其指定经营者的商品，以排挤其他经营者的公平竞争的行为。行政垄断是指政府及其所属部门滥用行政权力，限定他人购买其指定经营者的商品，限制其他经营者正当的经营活动。政府及其所属部门滥用行政权力，限制外地商品进入本地市场，或者本地商品流向外地市场的行为。

#### （三）商业贿赂行为

商业贿赂行为是指经营者通过贿赂取得交易机会的不正当竞争行为。《反不正当竞争法》明确规定，经营者不得采用财物或者其他手段进行贿赂以销售或者购买商品。在账外暗中给予对方单位或者个人回扣的，以行贿论处；对方单位或者个人在账外暗中收受回扣的，以受贿论处。以明示方式给对方折扣，给中间人佣金，并如实入账，不是商业贿赂行为。

**材料 11－10** 某医院从 1999 年 12 月至 2000 年 8 月先后 17 次分别从某医药采购站刘某、某制药厂李某处购进药品，均采用一明一暗发票的手法，收取回扣 6 万元。

问：该医院的行为是否属于商业贿赂行为?

#### （四）侵犯商业秘密行为

商业秘密是指不为公众所知悉、能为权利人带来经济利益、具有实用性并经权利人采取保密措施的技术信息和经营信息。如投资计划、财务计划、销售渠道、生产工艺、配方或技术秘密等。

在市场竞争中商业秘密有着重要的意义。因此侵犯商业秘密是严重的不正当竞争行为。

根据《反不正当竞争法》的规定，侵犯商业秘密的行为包括：① 以盗窃、利诱、胁迫或者其他不正当手段获取权利人的商业秘密；② 披露、使用或者允许他人使用以前项手段获取的权利人的商业秘密；③ 违反约定或者违反权利人有关保守商业秘密的要求，披露、使用或者允许他人使用其所掌握的商业秘密。④ 第三人在明知或者应知以上所列违法行为存在的情况下，获取、使用或者披露他人的商业秘密。

**材料 11－11**　甲乙两公司从事相同业务，王某是甲公司的副总，负责公司的客户管理，掌握了甲公司大量的核心客户名单。乙公司为与甲公司竞争，高薪将王某从甲公司挖过来，王某到了乙公司后，将自己掌握的甲公司的客户名单带到乙公司并联系这些客户，让这些客户与乙公司发生业务往来。

问：王某是否侵犯了甲公司的商业秘密？

（五）低价倾销行为

《反不正当竞争法》规定，经营者不得以排挤竞争对手为目的，以低于成本的价格销售商品。价格是市场竞争中经常采用的方式，并不是所有的低于成本价格销售的行为都是排挤竞争对手行为，关键是看经营者是否以排挤竞争对手为目的，以低于成本的价格销售商品。

《反不正当竞争法》明确规定，有下列情形之一的不属于不正当竞争行为：① 销售鲜活商品；② 处理有效期限即将到期的商品或者其他积压的商品；③ 季节性降价；④ 因清偿债务、转产、歇业降价销售商品。

（六）搭售行为

《反不正当竞争法》规定，经营者销售商品，违背购买者的意愿搭售商品或者附加其他不合理的条件。搭售行为限制了消费者的自主选择权，违反了商业交易应遵循的自愿平等原则。

（七）不正当有奖销售行为

不正当有奖销售行为是指经营者销售商品或提供服务时，附带向购买者提供物品、金钱或其他经济利益作为奖励，以刺激消费者购买商品或接受服务。《反不正当竞争法》明确规定：经营者不得从事下列行为：① 采用谎称有奖或者故意让内定人员中奖的欺骗方式进行有奖销售；② 利用有奖销售的手段推销质次价高的商品；③ 抽奖式的有奖销售最高奖的金额超过5000 元。但《反不正当竞争法》并不禁止经营者进行的正常有奖销售行为。

（八）诋毁商业信誉行为

诋毁商业信誉是指经营者以捏造、散布虚伪事实等方式，损害竞争对手的商业信誉、商品声誉。《反不正当竞争法》对损毁商业信誉行为的主体、行为方式、结果都有明确的规定，一个行为是否是损毁商业信誉行为要综合判断。

**材料 11－12**　甲饭店经理张某为了增加自己饭店的客源，私下散布虚假消息，声称同在一条马路上的乙饭店采用的食物原料有卫生问题，很多顾客在乙饭店用餐后发生恶心、呕吐现象，结果导致乙饭店生意冷清，收入明显下降。

问：张某的行为是否是诋毁商业信誉的行为？

（九）虚假宣传行为

虚假宣传行为是指商品的经营者利用广告或者其他方法，对商品的质量、制作成分、性能、用途、生产者、有效期限、产地等做引人误解的虚假宣传。广告的经营者在明知或者应知的情况下代理、设计、制作、发布虚假广告。

（十）招投标中的不正当竞争行为

我国《反不正当竞争法》规定，投标者不得串通投标、抬高标价或压低标价、投标者和招标者不得相互勾结以排挤竞争对手的公平竞争。

## 二、不正当竞争行为的法律责任

根据《反不正当竞争法》规定，经营者采用不正当竞争行为，给被侵害的经营者造成损害的，应当承担损害赔偿责任。被侵害的经营者的损失难以计算的，赔偿额为侵权人在侵权期间因侵权所获得的利润，并应当承担被侵害的经营者因调查该经营者侵害其合法权益的不正当竞争行为所支付的合理费用。被侵害的经营者的合法权益受到不正当竞争行为损害的，可以向人民法院提起诉讼。

（一）经营者的法律责任

1）假冒、仿冒行为的法律责任。监督检查部门应当责令停止违法行为，没收违法所得，根据情节处以违法所得1~3倍的罚款，情节严重的可以吊销营业执照，销售伪劣商品，构成犯罪的，依法追究刑事责任。

2）虚假宣传行为的法律责任。监督检查部门应当责令停止违法行为，消除影响，可以根据情节处以1~20万元以下的罚款。广告的经营者，在明知或者应知的情况下，代理、设计、制作、发布虚假广告的，监督检查部门应当责令停止违法行为，没收违法所得，并依法处以罚款。

3）商业贿赂行为的法律责任。构成犯罪的，依法追究刑事责任；不构成犯罪的，监督检查部门可以根据情节处以1~20万元以下的罚款，有违法所得的，予以没收。

4）侵犯商业秘密行为的法律责任。监督检查部门应当责令停止违法行为，可以根据情节处1~20万元以下的罚款。

5）违法有奖销售行为的法律责任。监督检查部门应当责令停止违法行为，可以根据情节处以1~10万元以下的罚款。

6）招投标行为违法的法律责任。抬高标价或者压低标价；投标者和招标者相互勾结，以排挤竞争对手的公平竞争的，其中标无效。监督检查部门可以根据情节处以1~20万元以下的罚款。

7）经营者有违反被责令暂停销售，不得转移、隐匿、销毁与不正当竞争行为有关的财物的行为的，监督检查部门可以根据情节处以被销售、转移、隐匿、销毁财物的价款的1~3倍的罚款。

（二）政府及其所属部门的法律责任

根据《反不正当竞争法》的规定，政府及其所属部门违反《反不正当竞争法》规定，限制竞争，由上级机关责令其改正；情节严重的，由同级或者上级机关对直接责任人员给予行政处分。被指定的经营者借此销售质次价高商品或者滥收费用的，监督检查部门应当没收违法所得，可以根据情节处以违法所得1~3倍的罚款。

监督检查不正当竞争行为的国家机关工作人员滥用职权、玩忽职守，构成犯罪的，依法追究其刑事责任；不构成犯罪的，给予行政处分。监督检查不正当竞争行为的国家机关工作人员徇私舞弊，对明知有违反不正当竞争法规定构成犯罪的经营者故意包庇不使他受追诉的，依法追究其刑事责任。

# 第四节　产品质量法

## 一、产品与产品质量法

广义的产品指凡与自然物相对的一切劳动生产物。我国《产品质量法》规定，产品是指经过加工、制作，并用于销售的产品。建设工程不属于产品规范的范围，但建设工程使用的建筑材料、建筑构配件和设备，属于前款规定的产品范围。这一规定表明，我国《产品质量法》不调整初级农产品和不动产。这是因为初级农产品属于天然产品，它不是人的意志和要求所能完全决定的，人们不能按照标准的质量要求它的成长。建筑工程属于不动产，有其特殊的质量要求，受其他法律调整。

产品质量法是调整产品质量管理关系和产品责任关系的法律规范的总称。

## 二、产品质量的监督管理

（一）监督管理机构

国务院产品质量监督部门主管全国产品质量监督工作。国务院有关部门在各自的职责范围内负责产品质量监督工作。县级以上地方产品质量监督部门主管本行政区域内的产品质量监督工作。县级以上地方人民政府有关部门在各自的职责范围内负责产品质量监督工作。法律对产品质量的监督部门另有规定的，依照有关法律的规定执行。

（二）监督管理制度

1. 产品质量标准化制度

根据《产品质量法》的规定，产品质量应当检验合格，不得以不合格产品冒充合格产品。可能危及人体健康和人身、财产安全的工业产品，必须符合保障人体健康和人身、财产安全的国家标准、行业标准。未制定国家标准、行业标准的，必须符合保障人体健康和人身、财产安全的要求。禁止生产、销售不符合保障人体健康和人身、财产安全的标准和要求的工业产品。

**材料 11－13**　CCC 认证即是“中国强制认证”，其英文名称为“China Compulsory Certification”，缩写为 CCC。CCC 认证的标志是国家认证认可监督管理委员会根据《强制性产品认证管理规定》制定的。目前的“CCC”认证标志分为四类，分别为：CCC＋S 安全认证标志；CCC＋EMC 电磁兼容类认证标志；CCC＋S&E 安全与电磁兼容认证标志；CCC＋F 消防认证标志。

2. 企业质量体系认证制度

国家根据国际通用的质量管理标准，推行企业质量体系认证制度。企业根据自愿原则可以向国务院产品质量监督部门认可的或者国务院产品质量监督部门授权的部门认可的认证机构申请企业质量体系认证。经认证合格的，由认证机构颁发企业质量体系认证证书。

**材料 11－14**　国际通用的“质量管理和质量保证”企业管理体系系列标准，是指国际标准化组织（ISO）1987 年 3 月发布的 ISO900 系列国际标准，该标准已被世界公认为通向国际市场的“通行证”。1992 年 5 月，我国产品质量监督管理部门决定，将 ISO900 等同采用我国国家标准 GB/T 1900-ISO900。

3. 产品质量监督检查制度

国家对产品质量实行以抽查为主要方式的监督检查制度，对可能危及人体健康和人身、财产安全的产品，影响国计民生的重要工业产品以及消费者、有关组织反映有质量问题的产品进行抽查。监督抽查的产品质量不合格的，由实施监督抽查的产品质量监督部门责令其生产者、销售者限期改正。逾期不改正的，由省级以上人民政府产品质量监督部门予以公告。公告后经复查仍不合格的，责令停业，限期整顿。整顿期满后经复查产品质量仍不合格的，吊销营业执照。生产者、销售者对抽查检验的结果有异议的，可以自收到检验结果之日起15日内向实施监督抽查的产品质量监督部门或者其上级产品质量监督部门申请复检，由受理复检的产品质量监督部门做出复检结论。

4. 消费者的申诉制度

消费者有权就产品质量问题，向产品的生产者、销售者查询，向产品质量监督部门、工商行政管理部门及有关部门申诉，接受申诉的部门应当负责处理。保护消费者权益的社会组织可以就消费者反映的产品质量问题建议有关部门负责处理。

## 三、产品质量义务

（一）生产者的产品质量义务

1. 保证产品质量的要求

根据《产品质量法》的规定，产品本身质量应当符合下列要求：① 不存在危及人身、财产安全的不合理的危险，有保障人体健康和人身、财产安全的国家标准、行业标准的，应当符合该标准；② 具备产品应当具备的使用性能，但对产品存在使用性能的瑕疵做出说明的除外；③ 符合在产品或者其包装上注明采用的产品标准，符合以产品说明、实物样品等方式表明的质量状况。

2. 符合产品标识的要求

根据《产品质量法》的规定，产品或其包装上的标识符合下列要求：① 有产品质量检验合格证明；② 有中文标明的产品名称、生产厂厂名和厂址；③ 根据产品的特点和使用要求，需要标明产品规格、等级、所含主要成分的名称和含量的，用中文相应予以标明，需要事先让消费者知晓的，应当在外包装上标明，或者预先向消费者提供有关资料；④ 限期使用的产品，应当在显著位置清晰地标明生产日期和安全使用期或者失效日期；⑤ 使用不当，容易造成产品本身损坏或者可能危及人身、财产安全的产品，应当有警示标志或者中文警示说明；⑥ 易碎、易燃、易爆、有毒、有腐蚀性、有放射性等危险物品以及储运中不能倒置和其他有特殊要求的产品，其包装质量必须符合相应要求，依照国家有关规定做出警示标志或者中文警示说明，标明储运注意事项。裸装的食品和其他根据产品的特点难以附加标识的裸装产品，可以不附加产品标识。

3. 禁止性规定

根据《产品质量法》的规定，生产者不得生产国家明令淘汰的产品；不得伪造产地，伪造或者冒用他人的厂名、厂址；不得伪造或者冒用认证标志等质量标志；不得掺杂、掺假，以假充真、以次充好；不得以不合格产品冒充合格产品。

**材料11－15** 2005年1月，新疆伊宁县质量技术监督局行政执法人员对伊宁县某食醋厂监督检查时，发现该厂卫生条件极差，制作设备非常简陋。执法人员在现场发现用于勾兑食醋用的冰酸醋80千克，焦糖色素60千克。经调查，该厂使用“凉开水 + 冰醋酸 + 焦糖色素 + 防腐剂 + 香精”制作食醋。经过对该批产品抽样检验，该产品为不合格产品，调查确认该厂共生产不合格食醋3500千克，已售2500千克。

问：作为产品的生产者，该食醋厂违反了何种法律义务？

（二）销售者的产品质量义务

根据《产品质量法》的规定，销售者的产品质量义务主要有：① 销售者应当建立并执行进货检查验收制度，验明产品合格证明和其他标识，并采取措施，保持销售产品的质量；② 销售者销售的产品的标识应当符合产品质量法的规定；③ 销售者不得销售国家明令淘汰并停止销售的产品和失效、变质的产品；不得伪造产地，伪造或者冒用他人的厂名、厂址；不得伪造或者冒用认证标志等质量标志；不得掺杂、掺假，以假充真、以次充好，以不合格产品冒充合格产品。

**材料 11－16**　一大型超市销售保质期过期的食品，经媒体曝光后，超市负责人解释是厂家欺骗了超市，自己也是受害者，顾客的损失应该由厂家承担责任，而不是由超市来承担。

问：你认为超市负责人的解释正确吗?

## 四、产品质量责任的承担方式

（一）产品质量民事责任

1. 产品瑕疵责任

产品瑕疵责任是指产品的销售者不履行或不适当履行产品质量义务而应承担的责任。主要包括：① 不具备产品应当具备的使用性能而事先未作说明的；② 不符合在产品或者其包装上注明采用的产品标准的；③ 不符合以产品说明、实物样品等方式表明的质量状况的。有前款所列情形之一的，销售者负责修理、更换、退货、赔偿损失，属于生产者的责任或者属于向销售者提供产品的其他销售者（供货者）的责任的，销售者有权向生产者、供货者追偿。

**材料 11－17**　某甲在某商场买了一台某电器厂生产的电暖器，在使用的过程中，电暖气短路，电暖气烧坏。

问：若电暖气损坏，某甲应该向谁索赔?

2. 产品缺陷责任

产品缺陷是指产品存在危及人身、他人财产安全的不合理的危险。因产品缺陷造成人身、缺陷产品以外的其他财产损害的，生产者应当承担赔偿责任。但生产者能够证明有下列情形之一的，不承担赔偿责任：① 未将产品投入流通的；② 产品投入流通时，引起损害的缺陷尚不存在的；③ 将产品投入流通时的科学技术水平尚不能发现缺陷的存在的。

因产品存在缺陷造成他人的人身、财产损害的，受害人可以向产品的生产者要求赔偿，也可以向产品的销售者要求赔偿。属于产品的生产者的责任，产品的销售者赔偿的，产品的销售者有权向产品的生产者追偿。属于产品的销售者的责任，产品的生产者赔偿的，产品的生产者有权向产品的销售者追偿。

（二）产品质量行政责任与刑事责任

1. 生产者和销售者的责任

（1）生产、销售不符合保障人体健康和人身、财产安全的国家标准、行业标准的产品的，责令停止生产、销售，没收违法生产、销售的产品，并处违法生产、销售产品货值金额等值以上 3 倍以下的罚款。有违法所得的，并处没收违法所得；情节严重的，吊销营业执照；构成犯罪的，依法追究刑事责任。

（2）在产品中掺杂、掺假，以假充真，以次充好，或者以不合格产品冒充合格产品的，责令停止生产、销售，没收产品的原辅材料、包装物、生产工具，违法生产、销售的产品，并处违法生产、销售产品货值金额 50% 以上 3 倍以下的罚款；有违法所得的，并处没收违法所得；情节严重的，吊销营业执照；构成犯罪的，依法追究刑事责任。为以假充真的产品提供制假生产技术的，没收全部提供制假生产技术的收入，并处违法收入 50% 以上 3 倍以下的罚款；构成犯罪的，依法追究刑事责任。

（3）生产、销售国家明令淘汰产品的，责令停止生产、销售，没收违法生产、销售的产品，并处违法生产、销售产品货值金额等值以下的罚款；有违法所得的，并处没收违法所得；情节严重的，吊销营业执照。

（4）销售失效、变质的产品的，责令停止销售，没收违法销售的产品，并处违法销售产品货值金额2倍以下的罚款；有违法所得的，并处没收违法所得；情节严重的，吊销营业执照；构成犯罪的，依法追究刑事责任。

（5）伪造产品产地，伪造或者冒用他人厂名、厂址的，伪造或者冒用认证标志等质量标志的，责令改正，没收违法生产、销售的产品，并处违法生产、销售产品货值金额等值以下的罚款；有违法所得的，并处没收违法所得；情节严重的，吊销营业执照。

（6）知道或者应当知道属于以上规定禁止生产、销售的产品而为其提供运输、保管、仓储等便利条件的，没收全部运输、保管、仓储的收入，并处违法收入50%以上3倍以下的罚款；构成犯罪的，依法追究刑事责任。

（7）产品标识不符合规定的，责令改正；有包装的产品标识，对有限期使用的产品，没有在显著位置清晰地标明生产日期和安全使用期或者失效日期，情节严重的，责令停止生产、销售，并处违法生产、销售产品货值金额30%以下的罚款；有违法所得的，并处没收违法所得。

（8）拒绝接受依法进行的产品质量监督检查的，给予警告，责令改正，拒不改正的，责令停业整顿；情节特别严重的，吊销营业执照。以暴力、威胁方法阻碍产品质量监督部门或者工商行政管理部门的工作人员依法执行职务的，依法追究刑事责任；拒绝、阻碍但未使用暴力、威胁方法的，由公安机关依照治安管理处罚条例的规定处罚。隐匿、转移、变卖、损毁被产品质量监督部门或者工商行政管理部门查封、扣押的物品的，处被隐匿、转移、变卖、损毁物品货值金额等值以上3倍以下的罚款；有违法所得的，并处没收违法所得。

2. 产品质量检验机构、认证机构、社会团体的责任

（1）社会团体、社会中介机构对产品质量做出承诺、保证，而该产品又不符合其承诺、保证的质量要求，给消费者造成损失的，与产品的生产者、销售者承担连带责任。在广告中对产品质量做虚假宣传，欺骗和误导消费者的，依照《中华人民共和国广告法》的规定追究法律责任。

（2）产品质量检验机构、认证机构伪造检验结果或者出具虚假证明的，责令改正，并对单位处5万~10万元以下的罚款，对直接负责的主管人员和其他直接责任人员处1万~5万元以下的罚款；有违法所得的，处没收违法所得；情节严重的，取消其检验资格、认证资格，构成犯罪的，依法追究刑事责任。产品质量检验机构、认证机构出具的检验结果或者证明不实，造成损失的，应当承担相应的赔偿责任；造成重大损失的，撤销其检验资格、认证资格。产品质量认证机构违反规定，对不符合认证标准而使用认证标志的产品，未依法要求其改正或者取消其使用认证标志资格的，对因产品不符合认证标准给消费者造成的损失，与产品的生产者、销售者承担连带责任；情节严重的，撤销其认证资格。

3. 国家机关工作人员的责任

（1）各级人民政府工作人员和其他国家机关工作人员有下列情形之一的，依法给予行政处分；构成犯罪的，依法追究刑事责任。包庇、放纵产品生产、销售中违反本法规定行为的；向从事违反本法规定的生产、销售活动的当事人通风报信，帮助其逃避查处的；阻挠、干预产品质量监督部门或者工商行政管理部门依法对产品生产、销售中违反本法规定的行为进行查处，造成严重后果的。

（2）产品质量监督部门在产品质量监督抽查中超过规定的数量索取样品或者向被检查人收取检验费用的，由上级产品质量监督部门或者监察机关责令退还；情节严重的，对直接负责的主管人员和其他直接责任人员依法给予行政处分。产品质量监督部门或者其他国家机关违反规定，向

社会推荐生产者的产品或者以监制、监销等方式参与产品经营活动的，由其上级机关或者监察机关责令改正，消除影响，有违法收入的予以没收；情节严重的，对直接负责的主管人员和其他直接责任人员依法给予行政处分。

（3）产品质量检验机构有前款所列违法行为的，由产品质量监督部门责令改正，消除影响，有违法收入的予以没收，可以并处违法收入一倍以下的罚款；情节严重的，撤销其质量检验资格。

（4）产品质量监督部门或者工商行政管理部门的工作人员滥用职权、玩忽职守、徇私舞弊，构成犯罪的，依法追究刑事责任；尚不构成犯罪的，依法给予行政处分。

## 第五节　消费者权益保护法

### 一、消费者与消费者权益保护法

根据《消费者权益保护法》（简称《消法》）的规定，消费者是指为生活消费需要而购买、使用、接受经营者所提供商品或服务的市场主体。根据《消法》的规定，对“消费者”应做如下理解：一是消费者是自然人，不包括法人；二是消费者的消费应属生活消费。生产消费中的争议可通过合同法的规定处理，但农民购买、使用直接用于农业生产的生产资料，参照《消法》执行；三是消费的客体是商品和服务；四是消费方式包括有偿消费和无偿消费两种。

消费者权益保护法，是指调整国家机关、经营者、消费者之间因保护消费者利益而产生的法律关系的法律规范的总称。我国《消费者权益保护法》是在1993年10月31日第八届人民代表大会第四次会议通过，根据2009年8月27日第十一届全国人民代表大会常务委员会第十次会议《关于修改部分法律的决定》第一次修正，根据2013年10月25日第十二届全国人民代表大会常务委员会第五次会议《关于修改〈中华人民共和国消费者权益保护法〉的决定》第二次修正。

**材料11-18** 山东青年王海来北京出差。他偶然买到一本介绍消费者权益保护法的书，为《消法》第49条所吸引。为了验证这一规定的可行性，他来到隆福大厦，见到一款标明“日本制造”单价85元的“索尼”耳机，他怀疑这是假货，便买了一副，然后找到索尼公司驻京办事处，经证实耳机为假货后，他返回隆福大厦，又买了10副相同的耳机，然后要求商场依照《消法》第49条的规定予以赔偿。

问：王海的行为是否符合《消法》的规定成为“消费者”？

### 二、消费者的权利

#### （一）安全保障权

消费者在购买、使用商品和接受服务时享有人身、财产安全不受损害的权利。消费者有权要求经营者提供的商品和服务，符合保障人身、财产安全的要求。

#### （二）知悉真情权

消费者享有知悉其购买、使用的商品或者接受的服务的真实情况的权利。消费者有权根据商品或者服务的不同情况，要求经营者提供商品的价格、产地、生产者、用途、性能、规格、等级、主要成分、生产日期、有效期限、检验合格证明、使用方法说明书、售后服务，或者服务的内容、规格、费用等有关情况。

#### （三）自主选择权

消费者享有自主选择商品或者服务的权利。消费者有权自主选择提供商品或者服务的经营者，自主选择商品品种或者服务方式，自主决定购买或者不购买任何一种商品、接受或者不接受任何一项服务。消费者在自主选择商品或者服务时，有权进行比较、鉴别和挑选。

（四）公平交易权

消费者在购买商品或者接受服务时，有权获得质量保障、价格合理、计量正确等公平交易条件，有权拒绝经营者的强制交易行为。

**材料 11－19** 罗先生和亲戚在一家餐厅就餐时，自带了一瓶几十元的奶酒，没想到结账时被告知要支付136元“开瓶费”。不管餐厅是否已在店内明示消费者，但交易的前提是公平与合理性，这一点不能违背。我国《消法》也明确规定，经营者不得以格式条款、通知、声明、店堂告示等方式，做出排除或者限制消费者权利等不公平、不合理的规定。

问：你是如何看待商家收的“开瓶费”的？

（五）获取赔偿权

消费者因购买、使用商品或者接受服务时受到人身、财产损害的，享有依法获得赔偿的权利。《消法》第55条还规定：“经营者提供商品或者服务有欺诈行为的，应当按照消费者的要求增加赔偿其受到的损失，增加赔偿的金额为消费者购买商品价款或接受服务费用的三倍；增加赔偿的金额不足五百元的，为五百元。法律另有规定的，依照其规定。”

（六）依法结社权

消费者享有依法成立维护自身合法权益的社会团体的权利。消费者协会和其他消费者组织是依法成立的对商品和服务进行社会监督的保护消费者合法权益的社会团体。消费者协会应履行下列职能：① 向消费者提供消费信息和咨询服务；② 参与有关行政部门对商品和服务的监督、检查；③ 就有关消费者合法权益的问题，向有关行政部门反映、查询，提出建议；④ 受理消费者的投诉，并对投诉事项进行调查、调解；⑤ 投诉事项涉及商品和服务质量问题的，可以提请鉴定部门鉴定，鉴定部门应当告知鉴定结论；⑥ 就损害消费者合法权益的行为，支持受损害的消费者提起诉讼；⑦ 对损害消费者合法权益的行为，通过大众传播媒介予以揭露、批评。

（七）获取知识权

消费者享有获得有关消费和消费者权益保护方面的知识的权利。消费者应当努力掌握所需商品或者服务的知识和使用技能，正确使用商品，提高自我保护意识。

（八）人格尊重权

消费者在购买、使用商品和接受服务时，享有其人格尊严、民族风俗习惯得到尊重的权利。

（九）监督批评权

消费者享有对商品和服务以及保护消费者权益工作进行监督的权利。消费者有权检举、控告侵害消费者权益的行为和国家机关及其工作人员在保护消费者权益工作中的违法失职行为，有权对保护消费者权益工作提出批评、建议。

## 三、经营者的义务

（一）遵约守法的义务

经营者应依照《产品质量法》和其他有关法律、法规的规定履行义务。经营者和消费者有约定的，应当按照约定履行义务，但双方的约定不得违背法律、法规的规定。经营者提供商品或者服务，按照国家规定或者与消费者的约定，承担包修、包换、包退或者其他责任的，应当按照国家规定或者约定履行，不得故意拖延或者无理拒绝。

（二）接受监督的义务

《消法》规定，经营者应当听取消费者对其提供的商品或者服务的意见，接受消费者的监督。

（三）保障消费者安全的义务

经营者应当保证其提供的商品或者服务符合保障人身、财产安全的要求。对可能危及人身、财产安全的商品和服务，应当向消费者做出真实的说明和明确的警示，并说明和标明正确使用商品或者接受服务的方法以及防止危害发生的方法。经营者发现其提供的商品或者服务存在严重缺陷，即使正确使用商品或者接受服务仍然可能对人身、财产安全造成危害的，应当立即向有关行政部门报告和告知消费者，并采取防止危害发生的措施。

**材料 11－20** 2004 年 5 月 11 日，广州白云区发生散装酒中毒事件，先后有 50 多人中毒住院，其中 9 人死亡，引发震惊全国的“5.11”甲醇中毒案件。23 名犯罪嫌疑人中，有 19 人被刑事拘留，其中制造和销售毒酒的 6 名主犯全部被判刑。

问：经营者违反了《消法》规定的何种义务？

（四）提供真实信息的义务

经营者应当向消费者提供有关商品或者服务的真实信息，不得做引人误解的虚假宣传。经营者应当标明其真实名称和标记。租赁他人柜台或者场地的经营者，应当标明其真实名称和标记。经营者以广告、产品说明、实物样品或者其他方式表明商品或者服务的质量状况的，应当保证其提供的商品或者服务的实际质量与表明的质量状况相符。经营者对消费者就其提供的商品或者服务的质量和使用方法等问题提出的询问，应当做出真实、明确的答复。商店提供商品应当明码标价。

（五）出具凭证的义务

经营者提供商品或者服务，应当按照国家有关规定或者商业惯例向消费者出具购货凭证或者服务单据；消费者索要购货凭证或者服务单据的，经营者必须出具。

（六）公平交易的义务

经营者不得以格式合同、通知、声明、店堂告示等方式做出对消费者不公平、不合理的规定，或者减轻、免除其损害消费者合法权益应当承担的民事责任。格式合同、通知、声明、店堂告示等含有前款所列内容的，其内容无效。

（七）保证产品或服务质量的义务

经营者应当保证在正常使用商品或者接受服务的情况下，其提供的商品或者服务应当具有的质量、性能、用途和有效期限；对一些重要的消费品承担“三包（包修、包换、包退）”责任和其他责任。

**材料 11－21** 小张购买一新手机，第二天就出现了问题，经商家多次维修仍不能使用，小张要求退货，商家坚决不同意，并称是小张使用不当所致，小张要求鉴定，商家不予理睬，并称小张无理取闹，是为了赔几个钱，责任需小张自己承担。

问：商家违反了《消法》规定的何种义务？

（八）不得侵犯消费者人格权的义务

经营者不得对消费者进行侮辱、诽谤，不得搜查消费者的身体及其携带的物品，不得侵犯消

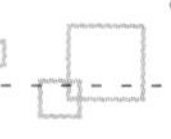



费者的人身自由。

## 四、消费争议的解决

### （一）争议的解决方式

根据《消法》的规定，消费者和经营者发生消费者权益争议的，消费者可以通过下列途径解决：与经营者协商和解；请求消费者协会调解；向有关行政部门申诉；根据与经营者达成的仲裁协议提请仲裁机构仲裁；向人民法院提起诉讼。

### （二）责任承担的主体

根据《消法》的规定，消费者的合法权益受到损害时，针对具体情况，可以向特定的主体要求赔偿。

1．由生产者或经营者赔偿

消费者在购买、使用商品时，其合法权益受到损害或因商品缺陷造成人身、财产损害的，可以向销售者要求赔偿，也可以向生产者要求赔偿。属于生产者责任的，销售者赔偿后，有权向生产者追偿；属于销售者责任的，生产者赔偿后，有权向销售者追偿。

2．由服务提供者赔偿

消费者在接受服务时，其合法权益受到损害的，可以向服务提供者要求赔偿。

3．由变更后的企业赔偿

消费者在购买、使用商品或者接受服务时，其合法权益受到损害，因原企业分立、合并的，可以向变更后承受其权利义务的企业要求赔偿。

4．由营业执照的使用人赔偿

使用他人营业执照违法经营提供商品或者服务，损害消费者合法权益的，消费者可以向营业执照的使用人要求赔偿，也可以向营业执照的持有人要求赔偿。

5．由租赁柜台的出租者、展销会的举办者赔偿

消费者在展销会、租赁柜台购买商品或者接受服务，其合法权益受到损害的，可以向销售者或者服务者要求赔偿。展销会结束或者柜台租赁期满后，也可以向展销会的举办者、柜台的出租者要求赔偿。展销会的举办者、柜台的出租者赔偿后，有权向销售者或者服务者追偿。

**材料 11－22** 在展销会期间，小李购买到一公司新开发的健身器材，在使用过程中，由于质量问题，导致自己的身体受到伤害，但是展销会已经结束，出售健身器材的公司已经无法联系。

问：小李可以通过何种途径维护自己的合法权益？

6．由虚假广告的经营者赔偿

消费者因经营者利用虚假广告提供商品或者服务，其合法权益受到损害的，可以向经营者要求赔偿。广告的经营者发布虚假广告的，消费者可请求行政主管部门予以惩处。广告的经营者不能提供经营者的真实名称、地址的，应当承担赔偿责任。

## 五、法律责任

根据《消法》的规定，因侵犯消费者合法权益的行为的性质、情节以及程度的不同，所应承担的法律责任包括民事责任、行政责任、刑事责任。

（一）民事责任

1. 侵犯人身权的民事责任

（1）经营者提供商品或者服务，造成消费者或者其他受害人人身伤害的，应当支付医疗费、治疗期间的护理费、因误工减少的收入等费用；造成残疾的，还应当支付残疾者生活自助费、生活补助费、残疾赔偿金以及由其扶养的人所必需的生活费等费用；造成消费者或者其他受害人死亡的，应当支付丧葬费、死亡赔偿金以及由死者生前扶养的人所必需的生活费等费用；

（2）经营者侵害消费者的人格尊严或者侵犯消费者人身自由的，应当停止侵害、恢复名誉、消除影响、赔礼道歉，并赔偿损失。

2. 侵犯财产权的民事责任

（1）违法责任。① 商品存在缺陷的；② 不具备商品应当具备的使用性能而出售时未作说明的；③ 不符合在商品或者其包装上注明采用的商品标准的；④ 不符合商品说明、实物样品等方式表明的质量状况的；⑤ 生产国家明令淘汰的商品或者销售失效、变质的商品的；⑥ 销售的商品数量不足的；⑦ 服务的内容和费用违反约定的；⑧ 对消费者提出的修理、重做、更换、退货、补足商品数量、退还货款和服务费用或者赔偿损失的要求，故意拖延或者无理拒绝的；⑨ 法律、法规规定的其他损害消费者权益的情形。经营者提供商品或者服务，不符合上述规定，造成消费者财产损害的，应当按照消费者的要求，以修理、重做、更换、退货、补足商品数量、退还货款和服务费用或者赔偿损失等方式承担民事责任。

（2）违约责任。① 违反“三包”约定。国家规定或者经营者与消费者约定包修、包换、包退的商品，经营者应当负责修理、更换或者退货。在保修期内 2 次修理仍不能正常使用的，经营者应当负责更换或者退货。对包修、包换、包退的大件商品，消费者要求经营者修理、更换、退货的，经营者应当承担运输等合理费用；② 违反邮购约定。经营者以邮购方式提供商品的，未按照约定提供的，应当按照消费者的要求履行约定或者退回货款并应当承担消费者必须支付的合理费用；③ 违反预收款约定。经营者以预收款方式提供商品或者服务的，应当按照约定提供。未按照约定提供的，应当按照消费者的要求履行约定或者退回预付款并应当承担预付款的利息及消费者支付的合理费用。

（3）欺诈责任。经营者提供商品或者服务有欺诈行为的，应当按照消费者的要求增加赔偿其受到的损失，增加赔偿的金额为消费者购买商品的价款或者接受服务的费用的 1 倍。

（二）行政责任

根据《消法》的规定，经营者有下列情形之一，《产品质量法》和其他有关法律、法规对处罚机关和处罚方式有规定的，依照法律、法规的规定执行。法律、法规未做规定的，由工商行政管理部门责令改正，可以根据情节单处或者并处警告、没收违法所得（没有违法所得的，处以 1 万元以下的罚款）、处以违法所得 1 ~5 倍罚款；情节严重的，责令停业整顿、吊销营业执照。

① 生产、销售的商品不符合保障人身、财产安全要求的；② 在商品中掺杂、掺假，以假充真，以次充好，或者以不合格商品冒充合格商品的；③ 生产国家明令淘汰的商品或者销售失效、变质的商品的；④ 伪造商品的产地，伪造或者冒用他人的厂名、厂址，伪造或者冒用认证标志、名优标志等质量标志的；⑤ 销售的商品应当检验、检疫而未检验、检疫或者伪造检验、检疫结果的；⑥ 对商品或者服务做引人误解的虚假宣传的；⑦ 对消费者提出的修理、重做、更换、退货、补足商品数量、退还货款和服务费用或者赔偿损失的要求，故意拖延或者无理拒绝的；⑧ 侵害消费者人格尊严或者侵犯消费者人身自由的；⑨ 国家机关工作人员玩忽职守或者包庇经营者侵害消费者合法权益的行为的，由其所在单位或者上级机关给予行政处分；⑩ 法律、法规规定的对损害消费者权益应当予以处罚的其他情形。

经营者对行政处罚决定不服的，可以自收到处罚决定之日起15日内向上一级机关申请复议，对复议决定不服的，可以自收到复议决定书之日起15日内向人民法院提起诉讼；也可以直接向人民法院提起诉讼。

**材料11－23** 甲于2004年4月向某蜂窝煤厂购进蜂窝煤160千克。一天，甲在使用该蜂窝煤做饭时煤炉突然爆炸，甲被炸成重伤，厨房内放置的冰箱等物被炸坏。事后经查，此次爆炸是因为煤中混有雷管所致。甲的家人向蜂窝煤厂索赔时，该厂以其生产的蜂窝煤完全符合国家标准为由拒绝承担民事责任。

问：甲可以向蜂窝煤厂要求民事赔偿吗？为什么？

（三）刑事责任

根据《消法》的规定，承担刑事责任主要以下几种情形：① 经营者提供商品或者服务，造成消费者或者其他受害人人身伤害或死亡，构成犯罪的，依法追究刑事责任。② 以暴力、威胁等方法阻碍有关行政部门工作人员依法执行职务的，依法追究刑事责任；拒绝、阻碍有关行政部门工作人员依法执行职务，未使用暴力、威胁方法的，由公安机关依照《中华人民共和国治安管理处罚条例》的规定处罚。③ 国家机关工作人员玩忽职守或者包庇经营者侵害消费者合法权益的行为的，情节严重，构成犯罪的，依法追究刑事责任。

## 第六节 劳动法

### 一、劳动法概述

（一）劳动法的概念

劳动法是调整劳动关系以及与劳动关系密切联系的其他社会关系的法律规范的总称。劳动法有广义和狭义之分。狭义的劳动法是指由八届人大八次会议于1994年7月5日通过，自1995年1月1日起施行的《中华人民共和国劳动法》（以下简称《劳动法》）。广义的劳动法还应包括全国人大及其常委会制定的劳动法律，国务院制定的劳动行政法规，国务院各部委制定的劳动规章地方性劳动法规和劳动规章，我国批准的国际劳动公约等。

（二）劳动法的调整对象

劳动法的调整对象包括两方面：一方面是劳动关系。劳动法调整的劳动关系是指劳动者与用人单位之间为实现劳动过程而发生的劳动力与生产资料相结合的社会关系。其特点包括：① 劳动关系的当事人是特定的，一方是劳动者，另一方是用人单位；② 劳动关系的内容是在实现劳动的过程中发生的社会关系；③ 劳动关系具有人身关系和财产关系的属性；④ 劳动关系具有平等关系、隶属关系的属性。另一方面是与劳动关系密切联系的其他社会关系。包括因管理劳动力，执行社会保险，组织工会和工会活动，处理劳动争议，监督劳动法规的执行而发生的各方面的关系。

（三）劳动法的适用范围

我国劳动法的适用对象包括：① 中华人民共和国境内的企业、个体经济组织（以下统称用人单位）和与之形成劳动关系的劳动者；② 国家机关、事业组织、社会团体的工勤人员；③ 实行企业化管理的事业组织的非工勤人员；④ 其他通过劳动合同（包括聘用合同）与国家机关、事业组织、社会团体建立劳动关系的劳动者。劳动法不适用公务员和比照实行公务员制度的事业组织和社会团体的工作人员，以及非农场的农业劳动者、现役军人和家庭保姆等。

**材料11－24** 甲和另外3名雇工在赵某经营的个体餐馆打工，赵某经常无故拖欠甲等人的工资。甲等人认为赵某违反了劳动法，要向有关行政部门举报，但赵某称自己是个体户，不受劳动法约束，赵某称他们之间只是劳务合同关系，劳动行政部门也无权管理。

问：个体工商户与雇工之间的关系适用劳动法吗?

## 二、劳动合同

### （一）劳动合同的种类和形式

劳动合同，是指劳动者与用人单位之间为确立劳动关系，明确双方权利和义务的书面协议。根据《劳动合同法》的规定，劳动合同分类如下。

1. 固定期限的劳动合同

指用人单位与劳动者约定合同终止时间的劳动合同。

2. 无固定期限的劳动合同

指用人单位与劳动者订立的无确定终止时间的劳动合同。有下列情形之一，除劳动者提出或同意订立固定期限的劳动合同外，应订立无固定期限的劳动合同。① 劳动者在该用人单位连续工作满 10 年；② 用人单位初次实行劳动合同制度，或国有企业改制重新订立劳动合同同时，劳动者在该用人单位连续工作满 10 年且距法定退休年龄不足 10 年；③ 连续订立两次固定期限劳动合同，依法续订劳动合同的；④ 用人单位自用工之日起满 1 年不与劳动者订立书面劳动合同的，视为用人单位与劳动者已订立无固定期限的劳动合同。

3. 以完成一定的工作任务为期限的劳动合同

指用人单位与劳动者约定以某项工作的完成为合同期限的劳动合同。

劳动合同应当以书面的形式订立。已建立劳动关系，未同时订立书面劳动合同的，应自用工之日起 1 个月内订立书面劳动合同。劳动关系自用工之日起建立。

### （二）劳动合同的内容

1. 法定条款与约定条款

法定条款又称必备条款，是劳动法规定的生效劳动合同必须具备的条款。我国《劳动合同法》规定，劳动合同应具备以下条款：① 用人单位的名称、住所和法定代表人或主要负责人；② 劳动者的姓名、住址和居民身份证或其他有效身份证件号码；③ 劳动合同期限；④ 工作内容和工作地点；⑤ 工作时间和休息休假；⑥ 劳动报酬；⑦ 社会保险；⑧ 劳动保护和劳动条件和职业危害防护；⑨ 法律、法规规定应纳入劳动该合同的其他事项。约定条款，是指劳动合同除法定条款外，用人单位与劳动者可以约定包括试用期、培训、保守秘密、补充保险、禁业禁止等补充性条款。

2. 劳动合同的试用期

《劳动合同法》对劳动合同的试用期做出了较为详细的规定。劳动合同的试用期见表11－1。

**表 11－1　劳动合同的试用期**

| 劳动合同期限 | 试用期 |
|---|---|
| 不满 3 个月 | 不得约定试用期 |
| 3 个月以上不满 1 年 | 不得超过 1 个月 |
| 1 年以上不满 3 年 | 不得超过 2 个月 |
| 3 年以上和无固定期限 | 不得超过 6 个月 |

用人单位在试用期内解除劳动合同的，应向劳动者说明理由；用人单位与劳动者只能约定一次试用期，试用期应包含在劳动合同期内；劳动者在试用期内的工资不得低于本单位相同岗位最低档工资或劳动合同约定工资的80%，并不得低于用人单位所在地的最低工资标准。

（三）无效的劳动合同

无效的劳动合同是指劳动合同虽然是双方当事人协商订立的，但不具有法律效力。下列劳动合同无效：① 采取欺诈、胁迫的手段或乘人之危，使对方在违背真实意思的情况下订立或变更劳动合同的；② 用人单位免除自己的法定责任、排除劳动者权利的；③ 违反法律、行政法规的强制性规定的。

无效的劳动合同从订立的时候起就没有约束力。确认劳动合同部分无效的，如果不影响其余部分的效力，其余部分仍然有效。劳动合同的无效，由劳动争议仲裁委员会或者人民法院确认。

（四）劳动合同的履行与变更

1. 劳动合同的履行

用人单位与劳动者应当按照劳动合同的约定，全面履行各自的义务。用人单位应按劳动合同的约定和法律规定，向劳动者及时足额支付劳动报酬；用人单位应严格执行劳动定额标准，不得强迫或变相强迫劳动者加班，用人单位安排加班的，应按国家的有关规定向劳动者支付加班费。劳动者可拒绝用人单位管理人员违章指挥、强令冒险作业；劳动者对危害生命安全和身体健康的劳动条件，有权对用人单位提出批评、检举和控告。

2. 劳动合同的变更

劳动合同的变更，是指劳动者与用人单位对依法成立、尚未履行的劳动合同条款所做的修改或增删。用人单位与劳动者协商一致，可以变更劳动合同约定的内容。变更劳动合同应当采用书面合同。

（五）劳动合同的解除与终止

1. 劳动合同的解除

劳动合同的解除是指在劳动合同期限届满之前终止劳动合同关系的法律行为。劳动合同的解除可分为协商解除和法定解除两类。协商解除是指用人单位与劳动者协商一致解除劳动合同。法定解除通常包括下列情形。

（1）劳动者单方解除劳动合同。第一，劳动者需提前30日书面通知用人单位，试用期内需提前3日通知用人单位解除劳动合同的情形：用人单位未按劳动合同约定提供劳动保护或劳动条件的；用人单位未及时足额支付劳动报酬的或未依法为劳动者缴纳社会保险费的；用人单位的规章制度违反法律、法规的规定，损害劳动者权益的；法律、法规规定劳动者可以解除劳动合同的其他情形。第二，劳动者不需通知用人单位，随时解除劳动合同的情形：用人单位以暴力、威胁或者非法限制人身自由的手段强迫劳动的；用人单位违章指挥、强迫冒险作业危及劳动者人身安全的。

（2）用人单位单方解除劳动合同。第一，劳动者有下列情形之一的，用人单位可随时解除劳动合同的情形：在试用期间被证明不符合录用条件的；严重违反用人单位规章制度的；严重失职、营私舞弊，对用人单位利益造成重大损害的；被依法追究刑事责任的；劳动者同时与其他用人单位建立劳动关系，对本单位的工作任务造成严重影响，或经用人单位提出，拒不改正的。第二，用人单位应提前30日书面通知劳动者本人解除劳动合同的情形：劳动者患病或者非因工负伤，医疗期满后，不能从事原工作也不能从事由用人单位另行安排的工作的；劳动者不能胜任工作，经过培训或者调整工作岗位，仍不能胜任工作的；劳动合同订立时所依据的客观情况发生重大变化，致使原劳动合同无法履行，经当事人协商不能就变更劳动合同达成协议的。第三，用人单位裁减人员的情形：有下列情况之一，需要裁减人员20人以上或裁减不足20人但占企业职工总数10%以上的，用人单位应提前30日向工会或全体职工说明情况，听取工会或职工意见后，裁减人员方案经向劳动行政管理部门报告，可以裁减人员。具体包括：依照企业破产法规定进行重整的；生产经营发生严重困难的；企业转产、重大技术革新或经营方式调整，经变更劳动合同后，仍需裁减人员的；因劳动合同订立时所依据的客观情况发生重大变化，致使劳动合同无法履行的。第四，用人单位不得解除劳动合同的情形：从事接触职业病危害作业的劳动者未进行离岗前职业健康检查，或疑似职业病病人在诊断或医学观察期间的；患职业病或者因工负伤并被确认丧失或者部分丧失劳动能力的；患病或者负伤，在规定的医疗期内的；女职工在孕期、产期、哺乳期内的；在本单位连续工作满15年，且距法定退休年龄不足5年的；法律、法规规定的其他情形。

**材料11－25**　王某在1996年8月与某塑料制品厂签订了一份劳动合同，期限为5年，试用期为6个月。合同履行到第5个月时，王某向塑料制品厂提出解除劳动合同，并向塑料制品厂索要解除合同的经济补偿金。塑料制品厂则坚决不同意王某解除合同的请求，相反还向王某提出，如果王某坚决要解除合同，则要赔偿塑料制品厂的损失，即在试用期内培训王某的费用。

问：王某是否可以立即与用人单位解除合同？为什么？

2. 劳动合同的终止

劳动合同的终止是指符合法律规定或当事人约定的情形时，劳动合同的效力即行终止。有下列情形之一，劳动合同终止：劳动合同的期限届满；劳动者开始依法享有基本养老保险待遇的；用人单位依法破产或依法被吊销执照、关闭、撤销；劳动者死亡，或被法院宣告死亡或宣告失踪的；法律、行政法规规定的其他情形。

## 三、劳务派遣与非全日制用工

### （一）劳务派遣

劳务派遣是指依法设立的劳务派遣单位与具备劳动条件的被派遣者订立劳动合同，劳务派遣单位根据依法设立的用工单位的要求，与用工单位签订劳务派遣协议，征得被派遣劳动者同意后，将被派遣的劳动者派往用工单位，被派遣的劳动者在用工单位的指挥和管理下提供阶段性劳动，其工资、福利、社会保险费等由用工单位提供给劳务派遣单位，再由劳务派遣单位支付给被派遣的劳动者，劳务派遣单位为被派遣的劳动者办理社会保险登记和缴费等事项事务，用工单位向劳务派遣单位就其提供的服务支付劳务费的劳动关系。

### （二）非全日制用工

非全日制用工是指以小时计酬为主，劳动者在同一用工单位一般平均每日工作时间不超过4小时，每周工作时间累计不超过24小时的用工形式。

非全日制用工的特点：双方当事人可订立口头协议；劳动者可以与一个或一个以上的用人单位订立劳动合同；双方不得约定试用期；双方当事人都可以随时通知对方终止用工；以小时计酬，标准不得低于当地的最低工资；劳动报酬结算周期不得超过15天。

## 四、劳动者的工作时间和休息、休假

### （一）工作时间的概念和种类

工作时间又称劳动时间，指法律规定劳动者在一昼夜和一周内从事劳动的时间。

1．标准工作时间

标准工作时间是指法律规定在一般情况下普遍适用的，按照正常的作息办法安排的工作日和工作周的工时制度。我国标准工时为劳动者每日工作 8 小时，每周工作 40 小时，一周内工作 5 天。

2．缩短工作时间

缩短工作时间是指法律规定在特殊情况下劳动者的工作时间的长度少于标准工作时间的工时制度。我国法律规定，缩短工作日适用于：从事矿井下、高山、有毒有害、特别繁重或过度紧张等作业的劳动者；从事夜班工作的劳动者；哺乳期内的女职工。

3．延长工作时间

延长工作时间是指超过标准工作日的工作时间，即工作时间超过 8 小时，每周工作超过 40 小时。延长工作时间必须符合法律、法规的规定。

4．不定时工作时间

不定时工作时间，是指无固定工作时数限制的工作制度。如企业中的推销人员、外勤人员、从事交通运输的工作人员等。

（二）休息、休假时间

休息休假是指劳动者在国家规定的法定工作时间以外，不从事生产或工作而自行支配的时间。

1．劳动者休息时间

劳动者休息时间包括：① 工作日内间歇时间。劳动者在工作日内休息和用膳的时间一般为 1 ~2 小时，最少不得少于半小时。② 工作日间的休息时间。两个邻近工作日之间的休息时间，一般不少于 16 小时。③ 公休假日，又称周休日。劳动者在一周内有不少于 24 小时的连续休息时间。星期六和星期天为周休日（企业和不能实行国家统一工作时间的事业组织，可根据实际情况灵活安排周休日）。

2．劳动者休假时间

劳动者休假时间包括：① 法定假日。即法律规定用以开展纪念、庆祝活动的休息时间。法定假日包括：清明节（1 天）、国际劳动节（1 天）、端午节（1 天）、中秋节（1 天）、国庆节（3 天）、元旦（1 天）、春节（3 天）。② 探亲假。劳动者享有保留工作和工资而同分居两地的父母或配偶团聚的假期。③ 年休假。指职工工作满一定年限，每年可享有的带薪连续休息的时间。

（三）加班加点的限制

加班是指劳动者在法定节日或公休假日从事生产或工作。加点是指劳动者在正常工作日以外继续从事生产或工作。

1．可安排职工加班加点

① 在法定节日或公休日内工作不能间断，必须继续生产、运输或营业的；② 必须利用法定节日或公休假日的停产期间进行设备检修、保养的；③ 由于生产设备、交通运输线路、公共设施等临时发生故障，必须进行抢修的；④ 由于发生严重自然灾害或其他灾害，使人民的安全健康和国家资财遭到严重威胁，需要进行抢救的；⑤ 为了完成国防紧急生产任务，或者完成上级在国家计划外安排的其他紧急生产任务以及商业、供销企业在旺季完成收购、运输、加工农副产品紧急任务的。

2．对加班加点的限制

① 用人单位与工会和劳动者协商。用人单位由于生产经营需要，经与工会和劳动者协商后延

长时间，一般每日不得超过 1 小时；因特殊原因需要延长工作时间的，在保障劳动者身体健康的条件下延长工作时间每日不得超过 3 小时，但是每月不得超过 36 小时；② 确定较高的加班加点工资报酬。有下列情形之一，用人单位应在按照下列标准支付高于劳动者正常工作时间工资的工资报酬：安排劳动者延长工作时间的，支付不低于工资的 150% 的工资报酬；休息日安排劳动者工作又不能安排补休的，支付不低于工资的 200% 的工资报酬；法定假日安排劳动者工作的，支付不低于工资的 300% 的工资报酬。

**材料 11－26** 胡某、孙某二人均来自贫困山区，到城市寻找工作。经人介绍被一家公司录用，岗位是门卫。公司规定每天 24 小时有门卫看守，一个值白班，一个值夜班，没有星期六，也没有星期天，更没有节假日。每人每天工作 12 小时，每人每月工资 400 元，加班工资 50 元。

问：该公司对胡某、孙某的工作安排违反了劳动法的哪些规定？

## 五、工资

### （一）工资的概念和形式

工资是指基于劳动关系，用人单位根据劳动者提供的劳动数量和质量，按照法律规定和劳动合同的约定，以法定货币形式支付给劳动者的各种劳动报酬。我国的工资形式主要有以下几种形式。

1. 计时工资

计时工资是指按照劳动者技术熟练程度、劳动繁重程度和工作时间长短支付工资的一种形式。

2. 计件工资

计件工资是指按照合格产品的数量和预先规定的计件单位来计算工资的形式。

3. 奖金

奖金是有效超额劳动报酬，是对在工作和生产建设中取得卓越成效的职工的一种奖励。

4. 津贴

津贴是对在特殊情况下的职工所付出的额外劳动消耗和生活费用进行合理补偿的附加劳动报酬和物质鼓励，是劳动报酬的一种补充形式。

5. 特殊情况下支付的工资

特殊情况下支付的工资是指依法或按照协议在非正常工作的情况下支付给劳动者的工资。主要有加班加点工资、事假工资、探亲假工资、履行国家和社会义务期间的工资以及病、伤、产假工资等。

### （二）工资支付保障

工资支付保障，是指保障劳动者依法获得工资，防止用人单位滥用工资分配权而制定的有关工资支付的一系列规则。

1. 最低工资保障

最低工资是指劳动者在法定工作时间内提供了正常劳动的前提下，其所在用人单位应支付的最低劳动报酬。最低标准由省、自治区、直辖市人民政府确定和调整，报国务院备案。

2. 工资支付保障

工资支付保障是指对劳动者获得的全部应得工资及其所得工资支配权的保障。具体表现在以下几方面：① 严格执行工资支付办法。用人单位应当以法定货币形式按月支付给劳动者本人。② 严禁非法扣除工资。除下列法定或约定允许扣除工资的情况外，任何单位和个人不得扣除工资：劳动者违纪赔偿金，每月扣除金额一般不超过本人月标准工资的 20%；劳动者违纪罚款，一般不超过本人月标准的 20%；依公安机关决定，停发工资，改发生活费；依审判机关判决，从应负法律责任的劳动者工资中扣除其应负担的抚养费、赡养费、抚育费和损害赔偿等款项；代扣代缴的税款和费用，包括代扣代缴的个人所得税、应由劳动者个人负担的社会保险费用和其他费用。

**材料 11－27** 李某等 24 人是某旅游宾馆的服务员，他们的基本工资分别在劳动合同中约定。在旅游旺季，游客接待量较大，宾馆经济效益很好，宾馆就给服务员们多发些奖金。但进入冬季后，客流量骤减，宾馆无生意可做，连续亏损 3 个月。为此，宾馆以经济效益不好为理由，停发李某等 24 人两个月工资。李某等 24 人不服，向劳动争议仲裁委员会申请仲裁，请求补发停发的工资并支付经济补偿金。

问：宾馆停发工资违反了工资法的哪些规定？

## 六、对女职工与未成年工的特殊保护

### （一）对女职工的保护

对女职工的特殊保护，是指根据女职工生理特点和抚育子女的需要，对其在劳动过程中的安全健康所采取的有别于男子的特殊保护。对女职工的特殊保护包括禁止或限制女职工从事某些作业、女职工“四期”保护等特殊保护。

#### 1. 女职工禁忌从事的劳动范围

禁忌女职工从事下列作业：矿山井下作业；森林伐木、归楞及流放作业；《劳动强度分级》标准中第四级体力劳动强度的作业；建筑业脚手架的组装和拆除作业，以及电力、电信行业的高架线作业；连续负重（每小时负重次数在 6 次以上）每次负重超过 20 千克，间断负重每次超过 25 千克的作业；已婚待孕的女职工禁忌从事铅、汞、镉等作业所属于《有毒作业分级》标准中第三级、第四级的作业。

#### 2. 女职工“四期”保护

① 月经期保护。不得安排女职工在经期从事高处、低温、冷水作业和国家规定的第三级体力劳动强度的劳动。② 怀孕期保护。不得安排女职工在怀孕期间从事国家规定的第三级体力劳动强度的劳动和孕期禁忌从事的劳动。对怀孕 7 个月以上的女职工，不得安排延长工作时间和夜班劳动。③ 生育期保护。女职工生育享受不少于 90 天的产假。④ 哺乳期保护。对哺乳未满一周岁婴儿的女职工，应依照法律规定，在每班工作时间内安排其哺乳时间，不得安排女职工在哺乳未满 1 周岁婴儿的期间从事国家规定的第三级体力劳动强度的劳动和哺乳期禁忌从事的其他劳动，不得安排延长工作时间和夜班劳动。

**材料 11－28** 李某等 15 人原系某煤矿服务中心的女服务员。1999 年 10 月，该煤矿进行机构调整时，撤销了服务中心，组建了由李某等 15 人组成的女子采煤队，负责完成机械化操作的 2 号矿井的井下作业，每人每天工作 4 小时。工作两个多月后，李某等 3 名女职工在井下劳动时感到胸闷，身体酸痛，便向矿领导提出另行安排合适工作岗位的要求。矿领导以井下作业工时短且机械化操作，工作量不大，井上无合适工作岗位为由，坚持让李某等人继续井下作业。李某等人不服，向当地劳动争议仲裁委员会提出仲裁申请，要求调整工作岗位，安排井上作业。

问：李某等人的要求合理吗？为什么？

### （二）对未成年工的特殊保护

对未成年工的特殊保护，是指根据未成年工生长发育的特点和对其义务教育的需要，对其在劳动过程中的健康所采取的特殊保护。未成年工是指年满 16 周岁未满 18 周岁的劳动者。

对未成年工的特殊保护主要包括：① 上岗前培训。未成年工上岗前，用人单位对其进行有关的职业安全卫生教育、培训。② 限制工作时间。国家规定未成年工实行缩短工作时间。③ 禁止安排有害健康的工作。用人单位不得安排未成年工从事矿山井下、有毒有害、国家规定的第四级体力劳动强度的劳动和其他禁忌从事的劳动。④ 生产工具适合未成年工身体发育。⑤ 定期进行健康检查。用人单位应按要求对未成年工定期进行健康检查。具体检查时间为：进入工作岗位之前；工作满 1 年；年满 18 周岁，距前一次的体检时间已超过半年。

## 七、社会保险

社会保险是指劳动者因生育、年老、患病、伤残、死亡等原因造成劳动能力暂时或永久丧失以及失业时，从国家和社会获得物质帮助和补偿的一种社会保障制度。社会保险与社会保障不同，社会保障一般包括社会保险、社会救济和社会福利等几大体系。我国的社会保障体系除包括社会保险、社会救济、社会福利外，还包括社会优抚。

我国保险制度实行国家基本保险、单位补充保险、个人储蓄保险等多层次社会保险制度。

我国社会保险项目有：① 养老保险，劳动者退休后享受养老保险待遇；② 医疗保险，劳动者患病或负伤享受医疗保险待遇；③ 工伤保险，劳动者因工伤残或职业病享受工伤保险待遇；④ 失业保险，劳动者失业可享受事业保险待遇；⑤ 生育保险，女职工生育享受生育保险待遇。

## 八、劳动争议

劳动争议又称劳动纠纷，是指劳动关系双方当事人因执行劳动法律、法规或履行劳动合同、集体合同发生的争执。

### （一）劳动争议处理机构

#### 1. 劳动争议调解委员会

劳动争议调解委员会是用人单位依法成立的调解本单位发生的劳动争议的群众性组织。调解委员会的办事机构设在工会委员会内。

#### 2. 劳动争议仲裁委员会

劳动争议仲裁委员会是指依法成立的行使劳动争议仲裁权的劳动争议处理机构。仲裁委员会有劳动行政部门代表、同级工会代表、用人单位代表组成。仲裁委员会主任由劳动行政部门代表担任。劳动行政部门的劳动争议处理机构为仲裁委员会的办事机构。仲裁委员会处理劳动争议，实行仲裁员、仲裁庭制度。

#### 3. 人民法院

劳动争议案件由人民法院的民事审判庭受理。

### （二）劳动争议处理程序

劳动法规定，用人单位与劳动者发生劳动争议，当事人可以依法申请调解、仲裁、提起诉讼，也可以协商解决。

#### 1. 协商

协商是指劳动者与用人单位之间协调处理劳动争议的一种形式。协商解决不是处理劳动争议的必经程序。

#### 2. 调解

劳动争议发生以后，当事人不愿意协商或者协商不成的，可以向本单位调解委员会申请调解，但调解也不是处理劳动争议的必经程序。调解委员会调解劳动争议，应当自当事人申请调解之日起 30 日内结束。到期未达成一致的，视为调解不成。经调解达成协议的，双方当事人应当履行。

3. 仲裁

当事人可以向劳动争议仲裁委员会申请仲裁。当事人也可以不经调解而直接向劳动争议仲裁委员会申请仲裁。仲裁是处理劳动争议的必经程序。提出仲裁要求的一方应当自劳动争议发生之日起 60 日内向劳动争议仲裁委员会提出书面申请。仲裁裁决一般应在收到仲裁申请的 60 日内做出。对仲裁裁决无异议的，当事人必须履行。

4. 诉讼

劳动争议案件应当先到劳动争议仲裁委员会申请仲裁，对仲裁结果不服，才可向法院提起民事诉讼。劳动者一方可自收到仲裁裁决书之日起 15 日内向人民法院提起诉讼。一方当事人在法定期限内不起诉又不履行仲裁裁决的，另一方当事人可以申请人民法院强制执行。

**材料 11－29** 甲系某市汽运公司司机，自 1994 年 8 月起经常以请病假为由不上班，在社会上开出租车。1995 年 2 月 12 日，公司要求甲提供医院开具的病假证明，甲交不出来，且无故旷工 26 天，1995 年 3 月 15 日公司以甲无正当理由连续旷工 15 天为由将甲除名，除名通知于 3 月 17 日正式送达甲本人。甲接到通知后，多次找公司和主管部门领导，提出自己能够出示医院证明，并承认错误，要求公司撤销除名决定，遭到公司拒绝。甲于 1995 年 6 月 26 日向当地劳动争议仲裁委员会提出申诉。

问：劳动争议仲裁委员会是否应该受理此案？

**学习思考**

1. 有限责任公司和股份有限公司在设立条件上有何差异？
2. 简述公司法对一人有限公司的限制性规定。
3. 《反不正当竞争法》列举了哪些不正当竞争行为？
4. 《消费者权利保护法》中规定的消费者的权利有哪些？
5. 简述《中华人民共和国劳动合同法》中规定的用人单位解除劳动合同的具体情形。

# 12 Chapter 第十二章 行政法律制度

2001年，4月3日，原湖南省株洲市第二中学教师尹健庭提出读书是为了挣大钱娶美女的观点，被媒体披露后，舆论哗然。同年8月28日，株洲市第二中学按照株洲市教育局的要求，报湖南省教育厅同意，按照《教师法》第37条的规定，对尹健庭实行解聘，株洲市（含所辖五县及市区）内的所有学校不得聘用尹健庭为教师。

尹健庭认为株洲市教育局对他的处理不合法，于2002年1月向株洲市中级人民法院提起行政诉讼，状告株洲市教育局，要求撤销“限聘”的处理意见。2002年5月15日，法院正式受理此案。株洲市中级人民法院一审做出判决：撤销株洲市教育局文件中“株洲市（含所辖五县及市区）内的所有学校不得聘用尹健庭为教师”的处理意见。认定株洲市教育局对尹健庭的受聘权进行限制的具体行政行为违法。

## 第一节　行政法概述

### 一、行政法的含义

行政法是调整行政权被行使过程中所产生的社会关系以及对行政权进行规范和控制的法律规范的总称。行政法所调整的法律关系可分为三类。

（一）行政管理关系

行政管理关系，是指行政主体在行使行政权力过程中与相对应的一方当事人所发生的管理与被管理的关系，包括两方面：一是内部行政关系，即行政主体相互之间的关系和行政主体与其内部工作人员之间的关系；二是外部行政关系，即行政主体与公民、法人及其他组织之间的关系。

（二）监督行政关系

监督行政关系，是指行使监督行政权的监督主体在运用监督权对行政管理权的行使进行监督和制约过程中与行政主体之间所形成的各种社会关系，如立法监督、行政监督、司法监督等。

（三）行政救济关系

行政救济关系，是指行政相对方认为其合法权益受到行政主体做出的行政行为的侵犯，向行政救济主体申请救济，行政救济主体对其申请予以审查，做出向相对方提供或不予提供救济的决定而发生的各种关系。行政救济主体主要包括受理申诉、控告、检举的信访机关，受理行政复议的行政复议机关，及受理行政诉讼的人民法院。

**材料12-1** 资本主义社会发展到一定阶段后，由于生产力的迅猛发展，大量的社会矛盾也随之出现。为了解决这些社会矛盾，资本主义国家增设了大量的行政机构和行政人员，以便对国家的经济生活和社会生活进行干预，这样也导致了行政权力大为膨胀，从行政领域侵入立法和司法领域。对行政权力的这种大扩张、大膨胀趋势，西方国家的学者们称之为“行政国”现象。为了加强对行政权的控制和制约，就产生了行政法。

问：你觉得“行政国”与“法治国”有何不同？

## 二、行政法律关系的构成要素

行政法律关系是指为行政法所调整和规定的，具有行政法上权利与义务内容的各种社会关系。简言之，行政法律关系就是受行政法调整的行政关系。行政法律关系由行政法律关系主体、客体和内容三大要素构成。

（一）行政法律关系的主体

行政法律关系的主体是指在具体的行政法律关系中享受权利承担义务的当事人。在我国，行政法律关系主体间的关系如图 12－1 所示。

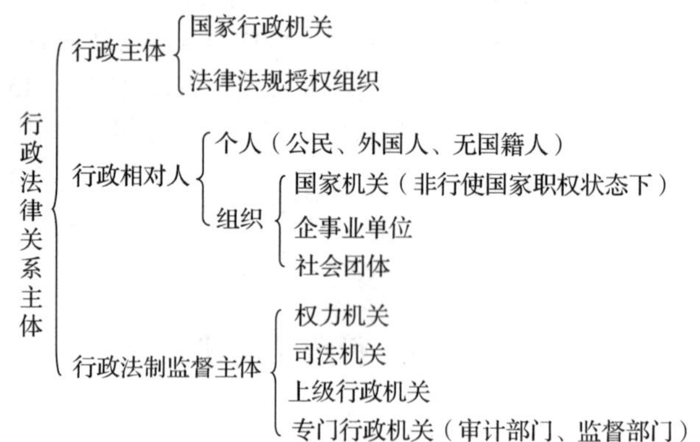


**图 12－1　行政法律关系主体间的构成关系**

（二）行政法律关系的客体

行政法律关系的客体是指行政法律关系中当事人权利、义务所指的对象，包括物、行为和精神财富。物可以是物质形式，也可以是货币形式；行为包括作为和不作为。精神财富是指行政法律关系主体从事智力活动所取得的成果，如学术著作、专利、发明等。

（三）行政法律关系的内容

行政法律关系的内容是指行政法律关系主体间的权利和义务。在行政法律关系中，不同的当事人在具体的行政法律关系中所享有的权利和所承担的义务是不同的。行政法律关系的内容主要包括行政主体的权利和义务；行政相对方的权利和义务和行政法制监督主体的权利和义务。

## 三、我国行政法的基本原则

（一）行政合法性原则

行政合法性原则是指行政权力的设立、行使必须依据法律，符合法律要求，不得与法律相抵触，任何行政法律关系的主体都必须严格遵守行政法律规范的规定。

行政合法性原则具体要求如下：① 行政权力的设定合法。一切行政权都应来源法律，基于法律的授权而存在，凡法律没有授权的领域，行政主体无权实施管理。② 行政权力的行使合法。一是运用行政权的主体必须是法定的主体；二是行政权力必须在法律规定的范围内行使，非依法律为依据，不得科以相对人义务或损害其合法权益；三是行政主体行使行政职权要遵循法定的程序，不按法定程序进行的行政行为同样是违法行为。③ 行政主体须对违法的行政行为承担法律责任。

**材料 12-2** 某县工商行政管理局决定将原有的办公楼修葺一新，并购置一批办公家具，便于1995 年 1 月与该县兴隆家具公司签订了一份关于购买办公家具的合同。合同签订后，兴隆家具公司按照合同规定送货上门。县工商局认为该批家具质量不够好，便以此为由要求其降低价格。兴隆家具公司不肯降价，认为家具质量完全符合合同约定，县工商局应该遵守合同。双方争执不下，县工商局即以兴隆家具公司从事非法经营活动为由，吊销其营业执照，并处以罚款 5000 元。

问：工商局对兴隆家具公司的处罚行为合法吗?

（二）行政合理性原则

行政合理性原则是指行政机关行使自由裁量权不仅要合法，而且应当合理、客观、公正。由于行政管理范围的日益扩大，致使行政法律规范无法就全部行政活动作出规定。因此，国家赋予了行政机关一定程度的自由裁量权。[㊀]但自由裁量权的行使不仅应当合法，而且应当合理、客观、公正。

行政合理性原则一般应包括以下内容：① 自由裁量权的行使必须符合法律目的。任何法律的制定都是基于一定的社会需要，满足一定的社会目的。凡与法律目的相悖的行为都是非法行为。② 自由裁量权的行使必须具有合理的动机。行政机关做出某种具体行政行为，在其最初的出发点和动机诱因上，不得违背社会公平观念或法律精神，更不得脱离实际、假公济私，必须客观、实事求是。③ 行政行为的内容应该合乎情理。行政主体做出行政行为，应合乎事情的常规或规律，最大限度地尊重行政相对方的权利和自由，不得要求行政相对方承担无法履行或违背情理的义务。

**材料 12-3** 甲与乙为同厂职工，二人关系长期以来处于紧张状态。某日，两人均在饲料公司购买猪饲料，当甲从乙面前走过时，乙以甲的大衣碰到其身体为由，辱骂甲。双方就此发生争吵，争吵中，甲打了乙一耳光，并将乙推倒，后被在场人拉开。乙经医院诊断为：面部、腰部软组织外伤。市公安分局根据《治安管理处罚条例》之规定，做出对甲拘留 15 日的处罚。甲不服向法院提起行政诉讼，法院做出判决：变更市公安分局对甲拘留 15 天的处罚，改为罚款 200 元。

问：法院为什么要变更公安机关对甲的处罚?

## 第二节　行政法律关系的主体

### 一、行政主体概述

（一）行政主体的概念与特征

行政主体是指具有一定行政权力能力和行政行为能力，并能以自己的名义行使行政权力、履行行政义务的组织。行政主体具有以下特征。

1）行政主体是依法享有行政职权，实施行政行为的行政机关或法律法规授权组织。这一点使之区别于一般的企事业组织和社团体。企事业组织和社会团体没有法律、法规的特别授权，不能行使国家行政权和实施行政行为。

2）行政主体是能以自己的名义行使国家行政职权，实施行政行为的机关。这一点使之区别

---

㊀ 自由裁量权是指行政机关在法律规范明示或默示的范围内，基于行政的目的，在合理判断的基础上决定作为或不作为，以及如何作为的权力。

于行政机关委托行使一定职权，实施一定行政行为的组织。被委托的组织虽然在委托范围内可以行使国家行政职权，实施行政行为，但他们不能以自己的名义，而只能以委托行政机关的名义行使行政职权，实施行政行为。

3）行政主体是能因其本身就其职权行为对外承担行政法律责任的机关、组织。这一点使之区别于国家公务员。公务员虽然行使国家行政权，但对自己行使职权的行为不承担法律责任，而是由其所在的行政机关对外承担行政法律责任。

**材料 12-4** 北京某大学女生严某由于考试作弊被学校勒令退学。严某认为，该大学对其做出的勒令退学的处分既没有法律依据，也没有履行规定的处分程序，侵害了她的知情权、陈述权和申辩权。因此向法院提起行政诉讼，请求法院判决撤销该大学对她的处分决定。北京朝阳法院经审查后认为，严某与北京某大学所产生的纠纷不属于人民法院直接受理行政案件的范围，因此决定不予受理。

问：为什么法院对此案不予受理？

（二）行政机关

1. 中央国家行政机关

1）国务院。国务院，即中央人民政府，是最高国家权力机关的执行机关，是最高国家行政机关。它依法享有管理全国性行政事务的职权，可以制定行政法规，发布行政决定和命令，是当然的行政主体。

2）国务院各部委。国务院各部委是国务院所属的职能部门，在行政上具有双重性：一方面它是国务院的组成部分，受国务院的统一领导和指挥；另一方面它们又享有相对独立的行政职权，负责管理某一方面的行政事务，具有独立的行政主体资格。

3）国务院直属机构。国务院的直属机关是国务院的组成部分，有自身主管的行政事务，有自己独立行使的行政职权，可以在其职权范围内发布行政决定、行政命令等，具有行政法上的主体资格。

2. 地方各级行政机关

1）地方各级人民政府。根据宪法和法律的规定，我国地方各级人民政府共分为四级：一是省级人民政府，包括省、自治区、直辖市人民政府；二是设区的市人民政府；三是县级人民政府，包括不设区的市、县人民政府；四是乡级人民政府，包括县、市下属的乡、镇人民政府。

2）地方各级人民政府的职能部门。地方各级人民政府可以根据工作需要，设立若干工作部门，承担某一方面的行政管理职能，在性质上属于地方各级人民政府的组成部分，但又有相对独立的管理权限，可以以自己的名义实施行政管理，并对自己的行为独立承担法律后果，是当然的行政主体。

3）地方各级人民政府的派出机关。省、自治区、直辖市人民政府在必要的时候，经国务院批准可以设立行政公署作为它的派出机关；县、自治县的人民政府在必要的时候，经省、自治区、直辖市人民政府批准，可以设立区公所作为它的派出机关；市辖区、不设区的市人民政府经上一级人民政府批准，可以设立若干街道办事处作为它的派出机关。派出机关虽非一级政府，但实际上履行一级政府的职能，是独立存在的行政主体。

4）地方政府职能部门的派出机构。地方政府的职能部门根据工作需要在一定行政区域设置的管理某一方面行政事务的机构。派出机构是否具有行政主体资格，应视法律、法规的具体规定。

**材料 12-5** 《治安管理处罚法》第91条规定："治安管理处罚由县级以上人民政府公安机关决定；其中警告、500元以下的罚款，可以由公安派出所决定。"那么，公安派出所在警告和500元以下的罚款的行政处罚权限范围内即获得了行政主体资格。

问：公安派出所是否具有完全的行政主体资格？

（三）法律、法规授权组织（被授权组织）与被委托组织

1. 被授权组织

法律、法规将行政职权及行政职责的全部或一部分授给非行政机关的社会组织行使的法律行为。

被授权具有下列特征：① 行政授权是依照法律、法规的有关规定做出的；② 行政授权引起行政职权和行政职责的同时转移，被授权组织在接受职权的同时，也必须接受行政职责。③ 被授权组织在被授权范围内以自己的名义自主地行使行政职权。

**材料 12－6** 我国曾接连发生“田某诉北京科技大学案”“刘某诉北京大学案”。这两起案件的起因都是因为学校拒绝发给这两位同学毕业证书和学位证书。从性质上讲，学校是事业单位，而非行政机关，一般不可成为行政主体。

问：学校为什么能成为行政诉讼案件的被告？

2. 被委托组织（非行政主体）

行政委托是指国家行政机关在自己的职权范围内，将某项行政职能委托给某一机关、机构企事业单位、其他社会组织办理的行为。行政委托具有以下特征：① 行政委托的委托人必须是国家行政机关；② 行政委托中的委托事项必须在行政机关的职权范围内；③ 在行政委托中，被委托的对象可以为行政机关，也可以为企事业单位及其他社会组织。

## 二、行政相对人

（一）行政相对人的概念与特征

行政相对人是指在行政法律关系中与行政主体相对应的一方当事人，是其权益受行政主体的行政行为影响的个人或组织。行政相对人具有以下特征：① 任何个人或组织只有在行政管理法律关系中，才具有行政相对人的地位，如果不处于行政法律关系中就不可能成为行政相对人；② 行政相对人具有广泛性和法定性。可以说，任何个人或组织在一定条件下都可成为行政相对人。

**材料 12－7** 工商行政管理机关从国外进口某种检测设备，在接受海关的检查监督时，成为海关的行政相对人；人民法院扩建法庭，向土地管理机关申请划拨土地和报请城市规划部门核准时，即成为土地和规划部门的行政相对人；公务员以公民身份进行活动时，更可以成为各种行政机关的行政相对人等。

问：行政机关在什么情况下可成为行政相对人？

（二）行政相对人的范围

行政相对人包括两类：一是个人相对人，包括中华人民共和国公民、外国人和无国籍人；二是组织相对人，包括国家组织、外国组织、社会组织、企事业单位、社会团体等。

## 三、行政法制监督主体

（一）行政法制监督概述

行政法制监督，是指国家权力机关、国家司法机关、上级行政机关、专门行政监督机关及公

---

㊀ 行政法制监督与行政监督是不同的，行政监督是行政主体对行政相对方遵守法律和履行行政法义务的监督。

民、组织依法对行政主体及其工作人员是否依法行使行政职权和是否遵纪守法所进行的监督。㊀

行政法制监督包括三部分内容：一是行政法制监督的主体，包括国家权力机关、国家司法机关、上级行政机关、专门行政监督机关及国家机关体系以外的公民组织。二是行政法制监督的对象，包括行政主体及其工作人员。行政主体中的工作人员是指行政机关中的公务员和被授权组织中依法行使行政职权的工作人员。三是行政法制监督的内容，指监督行政主体是否依法行使行政职权以及国家公务员和被授权组织中的工作人员是否遵纪守法。

（二）行政法制监督主体的监督方式

1. 国家权力机关的监督

各级国家权力机关，特别是全国人大和全国人大常委会，是行政法制监督的最重要的主体，具有最高权威性。权力机关的监督主要通过以下三种方式进行。

（1）法律监督　法律监督主要是指对行政机关遵守和执行宪法、法律、法规或决议的情况进行检查，撤销行政机关制定的与宪法、法律、法规相冲突的规范性文件。

（2）工作监督　工作监督主要是审查政府工作报告；审查和批准政府提出的国民经济和社会发展计划及计划执行情况的报告；审查和批准政府预算和预算执行情况的报告；组织人大代表对政府工作进行检查和视察，并对政府提出质询和询问；有权组织特定问题的调查委员会对政府工作进行监督等。

（3）人事监督　人事监督主要是对各级人民政府组成人员的监督，一旦发现政府组成人员有渎职、失职行为，可以通过法定程序将其罢免。

2. 国家司法机关的监督

国家司法机关的监督包括人民法院的监督和人民检察院的监督。

（1）人民法院的监督　人民法院主要是通过行政诉讼的方式进行监督，即对行政主体的具体行政行为的合法性进行审查，撤销违法的具体行政行为，变更显失公平的行政处罚行为或责令行政主体依法履行职责等。此外，人民法院还可以以司法建议的方式，建议行政机关纠正不属人民法院撤销范围的违法行政行为，和建议处分在违法行政行为中有过错的国家公务员。

（2）人民检察院的监督　人民检察院主要是通过查处行政机关的职务犯罪来进行监督。检察院对那些犯有渎职、贪污、贿赂等罪的国家机关工作人员进行侦查并提起公诉，实现其行政监督职能。此外，人民检察院还可以对公安机关、国家安全机关和司法行政机关的有关行为及人民法院的行政诉讼活动进行监督等。

3. 国家行政机关的监督

国家行政机关的监督主要包括行政监察机关、审计机关和上级行政机关的监督。

（1）行政监察机关的监督　行政监察机关作为行政法制监督主体，主要是对行政机关及公务员的遵纪守法情况进行监督。根据《行政监察法》的规定直接处分或建议有权机关处分违法、违纪的公务员，以保障行政系统的廉洁、高效。

（2）国家审计机关的监督　国家审计机关作为行政法制监督主体，主要是对各级人民政府及其工作部门的财政、财务行为进行监督。根据《审计法》的规定直接给予处罚、处理或提请有权机关依法给予处罚、处理，从而保障财政领域内的依法办事。

（3）上级行政机关的监督　根据我国的法律规定，上级行政机关对下级行政机关的活动负有领导和监督职责。行政相对方对行政主体做出的具体行政行为不服，可以依法向上级行政机关申请行政复议。

**材料 12－8**　1998 年，甘肃省某市审计局对该市人防办 1996～1998 年的财务收支情况进行了审计，查出违纪资金 61 万多元。据此，审计局给予人防办罚款 5000 元，计纳奖金税 32 303 元的处罚。本市监察局得知此事后，基于审计局查出的事实，监察局又对人防办进行了通报批评，对涉案人员给予不同程度的行政处分。

问：审计监督与监察监督有何不同之处？

4. 国家机关外的个人与组织的监督

国家机关系统外部的个人、组织主要通过对行政主体及其工作人员在行使职权过程中的违纪、违法行为进行批评、建议、检举、揭发、申诉、起诉或通过媒体等舆论工具对其违纪、违法行政行为予以揭露、曝光等方式对行政主体的行政行为进行监督，从而引起或启动国家机关的行政法制监督。

## 第三节　行政行为概述

### 一、行政行为的概念与特征

行政行为是指行政主体代表国家行使行政职权所作出的能够直接或间接产生行政法上法律效果的行为。

行政行为具有以下特征：① 行政行为是行政主体所作出的行为。实施行政行为的主体只能是行政机关或法律、法规授权组织。② 行政行为是行政主体行使行政职权，实施行政管理的行为。行政主体做出的行为并非都是行政行为。如行政机关购买办公家具的行为就是民事行为。只有行政主体运用行政职权的行为，才可能成为行政行为。③ 行政行为是行政主体实施的能够产生行政法律效果的行为，即行政行为能直接对行政相对方的权利和义务产生法律上的影响。如对违法行为人实施罚款，违法行为人必须履行。

**材料 12－9**　1997 年 4 月，某区街道办事处将其闲置的一间临街房租给李某开办服装店，租金为一年 9600 元。一年后，李某以亏本无钱、原定的租金过高为由，只缴纳租金 3000 元。街道办事处在多次与李某交涉未果的情况下，于 1998 年 7 月令所属的城市监察分队的四名队员，佩带执法标志，将李某的服装店查封。李某不服，向区政府申请行政复议，区政府认为该案不是行政案件，未予受理。李某又向该区法院提起行政诉讼。

问：区政府对本案不予受理的行为是否正确？

### 二、行政行为的分类

（一）抽象行政行为与具体行政行为

抽象行政行为，是指行政机关以不特定的人或事为对象制定和发布具有普遍行为规范的行为。它一般以规范性文件的形式表现出来。它表现为两种形式：一是行政机关制定与发布行政法规、行政规章的行为；二是行政机关制定与发布具有普遍约束力的行政决定、行政命令的行为。

具体行政行为，是指国家行政机关及其行政机关工作人员、法律法规授权组织及其工作人员在行政管理活动中行使行政职权，针对特定的公民、法人或其他组织，就特定的具体事项，做出的有关该公民、法人或其他组织权利义务的单方行为。

**材料 12－10**　大华纺织厂系国有企业红旗机械厂为安置待业人员创办的集体企业。1993 年，两厂因隶属关系发生纠纷。市国有资产管理局以国资字第 6 号文的形式对两厂产权做出界定。

问：市国有资产管理局的行为属于何种行政行为？

### （二）内部行政行为与外部行政行为

内部行政行为，是指行政主体对其系统内部的行政组织和公务员所实施的行政行为。如上级行政机关对下级行政机关工作的检查与监督，行政机关对公务员的奖励和惩处等。

外部行政行为，是指行政主体在对社会实施行政管理的过程中针对公民、法人或其他组织所做出的行政行为。如行政强制、行政许可等。

### （三）依职权行政行为与依申请行政行为

依职权行政行为，是指由行政主体依据法定职权，无须行政相对方的申请而主动实施的行政行为。此种行为又称主动的行政行为或积极的行政行为。如税收征收、行政处罚等。

依申请行政行为，是指行政主体必须根据行政相对方的申请才能实施的行政行为。此种行为又称被动的行政行为或消极的行政行为。如工商机关颁发营业执照、环境部门颁发排污许可证等行为。

### （四）要式行政行为与非要式行政行为

要式行政行为，是指法律、法规规定必须履行某种方式或形式才能产生法律效力的行政行为。如行政处罚必须制作处罚决定书等。

非要式行政行为，是指法律、法规未规定行为的具体方式或形式，行政机关可根据实际需要做出适当的行政行为。如行政机关紧急封锁、戒严、交通管制等。

# 第四节　行政处罚

## 一、行政处罚的概念与特征

行政处罚是指行政主体依照法定的权限和程序对违反行政法规范但尚未构成犯罪的相对方给予行政制裁的具体行政行为。

行政处罚具有以下特征：① 行政处罚的主体是行政主体，实施行政处罚必须依据法定权限；② 行政处罚是针对有违反行政法律规范但尚未构成犯罪的行政相对方的制裁；③ 行政处罚的性质是一种以惩戒违法为目的具有制裁性的具体行政行为。

## 二、行政处罚的原则

### （一）行政处罚法定原则

行政处罚法定原则包含下列含义：一是主体合法。实施行政处罚的主体必须是法定的行政主体。二是内容合法。实施行政处罚必须要有明确的法律、法规或者规章作为依据。三是程序合法。实施行政处罚的程序必须符合《行政处罚法》所规定的程序。

### （二）一事不再罚原则

《行政处罚法》第24条规定："对当事人的同一个违法行为，不得给两次以上罚款的行政处罚。"正确理解这一含义，应当注意两种情况：一是行为人的一个行为，同时违反了两个以上法律、法规的规定，可以给予两次以上的处罚，但如果是罚款，则只能处罚一次。二是行为人的一个行为，同时违反了一个法律、法规的规定，该法律、法规同时规定处罚机关可以并处两种或两种以上的处罚，如罚款并处吊销营业执照等，这并不违反一事不再罚原则。

**材料12－11** 1995年10月某市工商局接到新加坡（中国）杨氏粮油私人有限公司的投诉，称甲公司在25种食用油上使用了与其公司的注册商标“金龙鱼”相类似商标文字及图案。工商局根据投诉在甲公司内查出了490箱这种食用油并当即给予查封，责令停止侵权，同时处以罚款2万元。1996年5月工商局再次到甲公司检查时又发现了此类食用油555箱，工商局当即没收了这批食用油并处罚款3万元。

问：本案中，工商局的行为是否违反了“一事不再罚”原则？

（三）处罚救济原则

根据《行政处罚法》第6条规定，行政主体对行政相对方实施行政处罚时，必须保证行政相对方取得救济的途径，否则不能实施行政处罚。行政相对方除了可以申请行政复议与提起行政诉讼外，还可以有陈述和申辩、要求听证、取得赔偿、请求行政机关改正错误等项权利。

## 三、行政处罚的种类

（一）人身罚

人身罚是指在短期内剥夺违法相对人人身自由的行政处罚。限制人身自由的行政处罚，只能由法律规定，人身罚的行使权仅限于公安机关。

人身罚的主要形式是行政拘留（治安拘留）。行政拘留是指公安机关依法对违反行政法律规范（特别是治安管理法律规范）的相对人，在短期内限制其人身自由的一种处罚。行政拘留的期限为1日以上15日以下。除县级以上公安机关外，其他任何行政机关都没有决定行政拘留的权力。行政拘留一般适用于严重违反行政管理规范的行为，且只能在使用警告、罚款等处罚不足以惩戒违法者时才使用。

（二）财产罚

财产罚是指使违法相对人的财产权益受到损害的行政处罚方式。

1. 罚款

罚款是指有行政处罚权的行政主体依法强制违反行政法律规范的行为人，在一定期限内向国家交纳一定数额的金钱的处罚方式。行政处罚机关只能在法定幅度内决定罚款数额。做出罚款决定的行政机关应与收缴罚款的机关分离，依法必须当场收缴罚款的，必须出具统一收据，否则当事人有权拒绝交纳罚款。罚款必须全部上缴国库。

2. 没收违法所得和非法财物

没收是指有行政处罚权的行政主体依法将违法行为人的违法所得和非法财物收归国有的处罚形式。没收的非法财物，必须按照国家的规定进行公开拍卖或者按照有关规定处理，处罚机关不得私分、截留、随意毁损，通过非法途径低价处理，或随意使用。拍卖的款项，必须全部上缴国库。

（三）行为罚

行为罚（能力罚）是限制或剥夺行政违法者某些特定行为能力或资格的处罚。

1. 责令停产停业

责令停产停业是对违反行政法律规范的企业和个体工商户责令其停止生产、停止营业的一种处罚形式。违法者在一定期限内如及时纠正了违法行为，按期履行了法定义务，仍可继续从事曾被停止的生产经营活动，无须重新申请领取有关许可证和执照。

2. 暂扣或吊销许可证、执照

暂扣或吊销许可证、执照是限制或剥夺违法者从事某项活动的权利或资格的处罚形式。暂扣许可证、执照是指暂时中止持证人从事某种活动的资格，待其改正违法行为后或经过一定期限，再发还证件，允许其重新享有该权利和资格。

（四）申戒罚

申戒罚（精神罚、声誉罚）是指行政机关向违法者发出警戒，申明其有违法行为，通过对其名誉、荣誉、信誉等施加影响，引起其精神上的警惕，使其不再违法的处罚形式。

1. 警告

警告是行政主体对较轻的违法行为人予以警示和告诫的处罚形式。警告裁决书必须向本人宣布并送交本人，裁决书副本还要同时交给受处罚人所在单位和常住地派出所。

2. 通报批评

通报批评是行政机关将对违法者的批评以书面形式公布于众，指出其违法行为，予以公开谴责和告诫，以免其再犯的处罚形式。

## 四、行政处罚的管辖和适用

（一）行政处罚的管辖

行政处罚由违法行为发生地的县级以上地方人民政府具有行政处罚权的行政机关管辖，法律、行政法规另有规定的除外。两个或两个以上行政主体对同一违法行为均享有行政处罚权，一般由相关行政机关达成协议或按照惯例解决，或者依“谁先查处谁处罚”的原则进行。有关机关对管辖权有争议的，报请他们共同的上一级行政机关指定管辖。

（二）行政处罚的适用

1. 依法免除行政处罚

依法免除行政处罚有下列情形：① 不满 14 周岁的人有违法行为的，不予以行政处罚，责令其监护人加以管教；② 精神病人在不能辨认或者不能控制自己行为时有违法行为的，不予以行政处罚，但应当责令其监护人严加看管和治疗；③ 违法行为轻微并及时纠正，没有造成危害后果的，不予行政处罚；④ 违法行为在 2 年内未被发现的，不再给予行政处罚，法律另有规定的除外。

2. 依法从轻或减轻行政处罚

依法从轻或减轻行政处罚有下列情形：① 主动消除或者减轻违法行为后果的；② 受他人胁迫有违法行为的；③ 配合行政机关查处违法行为有立功表现的；④ 已满 14 周岁不满 18 周岁的人有违法行为的；⑤ 其他依法从轻或减轻行政处罚的。

## 五、行政处罚的程序

（一）简易程序

简易程序也称当场处理程序，是指行政主体对符合法定条件的行政处罚事项，当场作出行政处罚决定的处罚程序。

1. 适用条件

根据《行政处罚法》第 33 条的规定，适用简易程序必须符合三个条件：一是违法事实确凿；二是有法定依据；三是对公民处以 50 元以下，对法人或其他组织处以 1000 元以下罚款或警告的行政处罚。

2. 程序要求

执法人员表明身份（出示执法身份证件）→ 确认违法事实，向当事人说明处罚理由和依据

→制作行政处罚决定书（有预定格式、编号并要求执法人员签名或者盖章）→ 行政处罚决定书的交付（当场交付当事人）→ 备案（报所属行政机关）。

（二）一般程序

1. 适用条件

一般程序是指除法律特别规定应当适用简易程序以外，行政处罚通常所应适用的程序。

2. 程序要求

立案（符合管辖和时效的规定）→ 调查取证 → 告知当事人（处罚的事实、理由、依据和享有的权利）→ 听取当事人的陈述、申辩或举行听政 → 作出行政处罚决定 → 制作行政处罚决定书 → 送达行政处罚决定书（当场交付或在 7 日内依照民事诉讼的送达程序交付）。

**材料 12－12** 市工商局张某在巡查市场秩序时发现一经营户许某在摊外设点经营，遂责令改正，但等他转一圈回来，发现许某照样乱堆乱放，张某遂叫协管员王某拿来一本简易程序处罚决定书和现场笔录，对许某处以 100 元罚款，张、王、许分别在上面签了名。半小时后，张某回来发现许某仍摊外设点经营，妨碍交通，再次上前劝阻，许某竟污言秽语，张某遂将其营业执照予以收缴，双方发生了厮打。张、王伙同其他协管员将许某拉到办公室，直到深夜才放他出去。

问：张某等人的行为有何违法之处？

（三）听证程序

听证程序是指行政主体在做出影响相对人权益的行政决定前，应行政相对方的申请以听证会的形式听取当事人的陈述、申辩，并应给予当事人质证的机会的程序。

1. 适用条件

根据《行政处罚法》的规定，行政机关在做出责令停产停业、吊销许可证或者执照、较大数额罚款等行政处罚决定之前，应当告知当事人有要求举行听证的权利，当事人要求听证的，行政机关应当组织听证。

2. 程序要求

（1）听证的申请与决定　当事人应在行政机关告知后的 3 日内提出听证要求。行政机关接到申请后，应决定听证的时间、地点及是否公开举行。

（2）听证通知　行政机关做出决定后，应当在举行听证会的 7 日前，通知当事人举行听证的时间、地点和其他有关事项。

（3）听证形式　除涉及国家秘密、商业秘密、个人隐私外，听证一律公开进行。

（4）听证的主持人与参与人　听证由行政机关指定的非本案的调查人员主持，当事人认为主持人与本案有直接利害关系的，有权申请回避；当事人可以亲自参加听证，也可委托 1 ~ 2 人代理；举行听证时，调查人员提出当事人违法的事实、证据和行政处罚建议，当事人进行申辩和质证，辩论结束后，当事人有最后陈述的权利。

（5）听证笔录　对在听证会中出示的材料、当事人的陈述以及辩论等过程，应当制作笔录，交当事人审查无误后，由主持人、书记员和当事人及其他参加人签字或盖章。

## 六、行政处罚的执行

当事人逾期不履行行政处罚决定的，做出决定的行政机关可以采取下列措施：一是到期不缴纳罚款的，每日按罚款数额的 3% 加处罚款；二是根据法律规定，将查封、扣押的财物拍卖或将冻结的存款划拨抵缴罚款；三是申请人民法院执行。

## 第五节 行政复议

### 一、行政复议的概念与特征

行政复议是指行政相对方认为行政主体的具体行政行为侵犯其合法权益，依法向行政复议机关提出复查该具体行政行为的申请，行政复议机关依照法定程序对被申请的具体行政行为进行合法性、适当性审查，并作出行政复议决定的法律制度。行政复议有如下特征。

（1）行政复议以行政相对人的申请为前提。行政复议是一种以行政相对方的申请而产生的具体行政行为，它不是行政机关以职权的主动行为，而是行政机关的一种“不告不理”的行为。

（2）行政复议所处理的争议是行政争议。这种争议主要是指行政主体在行政管理过程中因实施具体行政行为而与相对人发生的争议。

（3）行政复议以具体行政行为为审查对象，附带一并审查部分抽象行政行为。我国的行政复议主要以具体行政行为为审查对象，附带一并审查抽象行政行为中的“其他规范性文件”的合法性，对行政法规和规章的合理性不作审查。

**材料 12－13** 某区人民政府为了举办市药材交流会，在1995年5月10日，向全区发出一个书面通知，要求每个企业必须交5000元赞助费，并在1995年7月1日前向工商行政管理局交纳。当区工商局到星远大酒店收取赞助费时，星远大酒店拒绝交纳。区工商局的人说：“这是区政府的决定，有意见到区政府反映，但钱必须交。”星远大酒店不服决定，向市政府申请行政复议。

问：星远大酒店向市政府申请复议时可要求复议哪些内容？

### 二、行政复议的范围

（一）具体行政行为的复议范围

《行政复议法》第6条规定，有下列行为之一的，公民、法人或其他组织可以依照本法申请行政复议。

（1）对行政机关做出的警告、罚款、没收违法所得、没收违法财物、责令停产停业、暂扣或者吊销许可证、暂扣或者吊销执照、行政拘留等行政处罚决定不服的。

（2）对行政机关做出的限制人身自由或者查封、扣押、冻结财产等行政强制措施不服的。

（3）对行政机关做出的有关许可证、执照、资质证、资格证等证书变更、中止、撤销的决定不服的。

（4）对行政机关做出的关于确认土地、矿藏、水流、森林、山岭、草原、荒地、滩涂、海域等自然资源的所有权或者使用权的决定不服的。

（5）认为行政机关侵犯合法的经营自主权的。

（6）认为行政机关变更或者废止农业承包合同，侵犯其合法权益的。

（7）认为行政机关违法集资、征收财物、摊派费用或者违法要求履行其他义务的。

（8）认为符合法定条件，申请行政机关颁发许可证、执照、资质证、资格证等证书，或者申请行政机关审批、登记有关事项，行政机关没有依法办理。

（9）申请行政机关履行保护人身权利、财产权、受教育权利的法定职责，行政机关没有依法办理的。

（10）申请行政机关依法发放抚恤金、社会保障金或者最低生活保障费，行政机关没有依法发放的。

（11）认为行政机关的其他具体行政行为侵犯其合法权益的。

（二）抽象行政行为的行政复议范围

《行政复议法》第7条规定：公民、法人或其他组织认为行政机关的具体行政行为所依据的下列规定不合法，在对具体行政行为申请行政复议时，可以一并向行政复议机关提出对该规定的审查申请。这些规定具体包括：①国务院部门的规定；②县级以上地方各级人民政府及其工作部门的规定；③乡镇人民政府的规定。

（三）行政复议排除的范围

（1）不服行政机关做出的行政处分或者其他人事处理决定。我国现行有关法律、行政法规已规定了对行政处分和人事处理决定的救济途径，如果再允许复议，就会造成复议机关与行政监察部门的职权交叉和重叠，不利于纠纷的真正解决。

（2）不服行政机关对民事纠纷做出的调解和其他处理决定。这类纠纷本由仲裁机关或人民法院处理，先由行政机关处理可起到过滤和提高效率的作用。但如果当事人不愿调解或对行政处理不服，仍由仲裁机关或人民法院来解决，不必经过复议。

## 三、行政复议的管辖

（一）一般管辖

（1）不服县级以上各级人民政府的工作部门具体行政行为。由申请人选择，既可以向该部门的本级人民政府申请行政复议，也可以向该部门的上一级主管部门申请行政复议，但对海关、金融、国税、外汇管理等实行垂直领导的行政机关和国家安全机关的具体行政行为不服的，只能向上一级主管部门申请行政复议。如对国务院部门的具体行政行为不服的，向做出该具体行政行为的国务院部门申请行政复议。对行政复议决定不服的，可以向人民法院提起行政诉讼，或申请国务院做出最终裁决。

**材料12-14** 1996年3月8日凌晨，某县某电管所职工霍某的宿舍发生火灾。火势扑灭后，该县公安局消防科对火灾事故进行了调查，认定该火灾是由霍某使用电炉不当造成的。1996年3月15日消防科以县公安局的名义做出《消防管理处罚裁决书》，决定给予霍某1500元罚款的行政处罚。霍某不服，向县公安局申请行政复议。县公安局经过调查撤销了消防科的处罚决定。

问：县公安局在本案中可以作为复议机关吗？

（2）不服地方各级人民政府的具体行政行为。对地方各级人民政府做出的具体行政行为不服的，可向上一级人民政府申请行政复议。对省、自治区、直辖市人民政府做出的具体行政行为不服的，向做出该具体行政行为的省级人民政府申请行政复议，对复议决定不服的可以向人民法院提起行政诉讼，或申请国务院做出最终裁决。

（二）特殊管辖

（1）对省、自治区人民政府依法设立的派出机关所属的县级人民政府具体行政行为申请复议，可向该派出机关申请；对县级以上地方人民政府依法设立的派出机关的具体行政行为不服的，向设立该派出机关的人民政府申请行政复议。

（2）对政府工作部门依法设立的派出机构以自己的名义做出的具体行政行为不服的，向设立该派出机构的部门申请行政复议。

（3）对法律、法规授权的组织的具体行政行为不服的，分别向直接管理该组织的地方人民政府、地方人民政府工作部门或国务院部门申请行政复议。

（4）对两个或两个以上行政机关以共同的名义做出的具体行政行为不服的，向其共同上一级行政机关申请行政复议。

**材料 12－15** 李东在某市东城区开了一家红楼娱乐城，2000 年 12 月市文化局和公安局以该娱乐城在经营活动中有色情服务为由，以共同名义对红楼娱乐城给予 2000 元的罚款。红楼娱乐城不服，欲申请行政复议。

问：红楼娱乐城应向何机关申请行政复议？

## 四、行政复议的程序

（一）申请

公民、法人或者其他组织认为具体行政行为侵犯其合法权益的，可以自知道该具体行政行为之日起 60 日内提出行政复议申请；但是法律规定的申请期限超过 60 日的除外。因不可抗力或者其他正当理由耽误法定申请期限的，申请期限自障碍消除自日起继续计算。

（二）受理

行政复议机关收到行政复议申请后，应当在 5 日内进行审查，决定是否受理。对行政机关裁决不予受理，申请人不服，可有两种选择。一是向复议机关的上一级行政机关反映情况。上级行政机关认为复议机关无正当理由不予受理的，应当责令其受理，必要时上级行政机关也可以直接受理。二是向人民法院起诉。对行政复议机关决定不予受理或者受理后超过行政复议期限不作答复的，公民、法人或者其他组织可以自收到不予受理决定书之日起或者行政复议期满之日起 15 日内，依法向人民法院提起行政诉讼。

**材料 12－16** 1994 年 8 月某县公安局桥东派出所根据《治安管理处罚条例》第 23 条的规定，以刘某偷窃公物为由，做出对刘某罚款 200 元的治安处罚，刘某不服向公安局提出复议申请，但复议机关迟迟未作答复。1994 年 12 月，刘某又向复议机关的上一级公安机关反映，但上级机关说："我们也没有办法。"

问：本案的复议机关不予答复是否正确？

（三）审理

（1）行政复议原则上采取书面审查的办法。应申请人的请求或者行政复议机关认可有必要时，可以向有关组织和人员调查情况，听取申请人、被申请人和第三人的意见。

（2）审理的期限。《行政复议法》第 31 条规定："行政复议机关应当自受理申请之日起 60 日内做出行政复议决定；但是法律规定的行政复议期限少于 60 日的除外。情况复杂，不能在规定期限内做出行政复议决定的，经行政复议机关的负责人批准，可以适当延长，并告知申请人和被申请人；但是延长期限最多不超过 30 日。"

（3）行政复议期间，具体行政行为不停止执行，但有下列情形之一的，可以停止执行。① 被申请人认为需要停止执行的；② 行政复议机关认为需要停止执行的；③ 申请人申请停止执行，行政复议机关认为其要求合理，决定停止执行的；④ 法律规定停止执行的。

（4）举证责任。行政复议实行被申请人对具体行政行为负举证责任的原则。即被申请人要在行政复议机关要求的时限内提交当初做出具体行政行为的证据、依据和其他有关材料，否则视为该具体行政行为没有证据、依据、撤销该具体行政行为。在行政复议过程中，被申请人不得自行向申请人和其他有关组织或者个人收集证据。

（四）决定

（1）维持决定　原具体行政行为认定事实清楚，证据确凿，适用依据正确，程序合法，内容适当的，维持原具体行政行为。

（2）限期履行决定　被申请人不履行法定职责的，复议机关应责令其在一定期限内履行。

（3）撤销、变更或确认违法决定　具体行政行为有下列情形之一的，决定撤销、变更或确认违法。① 主要事实不清、证据不足；② 适用依据错误；③ 违反法定程序；④ 超越或者滥用职权；⑤ 具体行政行为明显不当。决定撤销或者确认原具体行政行为违法，可以责令被申请人在一定期限内重新做出具体行政行为。

（4）确认违法决定　主要适用于既无法维持又无法撤销、变更的一些行政行为，具体包括被申请人不履行法定职责，但责令其履行已经没有实际意义；被申请复议的具体行政行为违法，但没有可撤销或变更的内容；被申请复议的具体行政行为依法不成立或无效。

（5）责令赔偿决定　复议机关对符合国家赔偿法的有关规定应当予赔偿的，在决定撤销、变更具体行政行为或者确认具体行政行为违法时，可应申请人的要求，同时决定被申请人依法给予赔偿。

**材料 12－17**　某村瓜农赵某拉一车瓜到县城出售，期间遇到一伙人的哄抢，其子急忙到城关派出所报案。时值中午，值班民警以不能离开为由，未采取任何措施，致使赵某一车瓜全部被抢。

问：如赵某就派出所的行为申请复议，复议机关可能做出何种复议决定？

（五）执行

（1）被申请人不履行或无正当理由拖延履行行政复议决定的，行政复议机关或者有关上级行政机关应当责令其限期履行。

（2）申请人逾期不起诉又不履行行政复议决定的，或者不履行最终裁决的行政复议决定的，按照下列规定分别处理：① 维持具体行政行为的行政复议决定，由做出具体行政行为的行政机关依法强制执行，或者申请人民法院强制执行。② 变更具体行政行为的行政复议决定，由行政复议机关依法强制执行，或者申请人民法院强制执行。

## 第六节　行政诉讼法律制度

### 一、行政诉讼的概念与特征

行政诉讼是指行政相对方认为行政主体的行政行为侵犯其合法权益而向人民法院提起诉讼，人民法院对该行政行为的合法性进行审查并作出裁判的活动。

行政诉讼具有如下特征：① 行政诉讼的原告为行政相对人，被告只能是做出行政行为的行政主体；② 行政诉讼解决因行政主体的行政行为的合法性所发生的争议，而行政行为的合理性及因抽象行政行为发生的争议，不能通过行政诉讼的方式解决；③ 行政诉讼的产生原因是行政相对人认为行政主体所做的行政行为侵犯了其合法权益。

**材料 12－18**　某市平畴村农民吴某未经审批扩建其房屋，侵犯了一部分村土地的使用权。村民委员会遂向市政府土地管理局控告。要求拆除吴某扩建的房屋。市土地管理局只决定给予吴某2000 元的罚款，村民委员会不服土地管理局的决定。经查市土地管理局做出决定后半年，既未制止，也未送达行政决定书。

问：村民委员会可否就此事向法院提起行政诉讼？

### 二、行政诉讼的基本原则

（一）选择复议原则

选择复议原则是指在法律、法规没有明确规定必须先经过复议的情况下，行政相对人对行政处理决定不服时，既可以先向法律规定的行政复议机关申请复议，对复议不服，再向人民法院起诉，也可以不经复议直接向人民法院起诉。

（二）审查行政行为合法性原则

人民法院审判行政案件只对行政行为的合法性进行审查，而对行政行为的合理性和抽象行政行为不在人民法院的审查之列，但显失公平的行政处罚，人民法院可予以审查并可予以变更。

**材料 12－19** 某县食品卫生检验所为加强对本县餐饮行业的管理，要求管辖区内的所有饭馆保持卫生，不允许出现苍蝇、老鼠等有害物，否则将根据《食品卫生法》的相关规定进行处理。卫生检验所在对王某经营的餐厅进行检查时发现该餐厅的工作人员均未戴帽子，且餐厅内有苍蝇，遂对王某做出罚款2000元的行政处罚。王某不服，认为处罚过重，于是向法院提起了行政诉讼。

问：卫生检验所可否成为适合的被告？

（三）具体行政行为不因诉讼而停止原则

具体行政行为是行政机关代表国家依据有关法律、法规的规定做出的，一旦做出即应推定其为合法，不得任意停止执行。但有下列情况之一的，裁定停止执行：① 被告认为需要停止执行的；② 原告申请停止执行，人民法院认为该具体行政行为的执行将会造成难以弥补的损失，并且停止执行不会损害国家利益、社会公共利益的；③ 人民法院认为该行政行为的执行会给国家利益、社会公共利益造成重大损害的；④ 法律、法规规定停止执行的。当事人对停止执行或者不停止执行的裁定不服的，可以申请复议一次。

（四）不适用调解原则

行政机关做出的行政行为，是其行使法定职权的表现，而对于行使这种法定职权，行政机关不得放弃或让步，否则即构成失职。但行政赔偿诉讼可以适用调解。

## 三、行政诉讼的受案范围

（一）应予受理的案件

《行政诉讼法》第 11 条对人民法院受理的行政案件做了列举性的规定，具体包括：① 对行政拘留、暂扣或者吊销许可证和执照、责令停产停业、没收违法所得、没收非法财物、罚款、警告等行政处罚不服的；② 对限制人身自由或者对财产的查封、扣押、冻结等行政强制措施和行政强制执行不服的；③ 申请行政许可，行政机关拒绝或者在法定期限内不予答复，或者对行政机关做出的有关行政许可的其他决定不服的；④ 对行政机关做出的关于确认土地、矿藏、水流、森林、山岭、草原、荒地、滩涂、海域等自然资源的所有权或者使用权的决定不服的；⑤ 对征收、征用决定及其补偿决定不服的；⑥ 申请行政机关履行保护人身权、财产权等合法权益的法定职责，行政机关拒绝履行或者不予答复的；⑦ 认为行政机关侵犯其经营自主权或者农村土地承包经营权、农村土地经营权的；⑧ 认为行政机关滥用行政权力排除或者限制竞争的；⑨ 认为行政机关违法集资、摊派费用或者违法要求履行其他义务的；⑩ 认为行政机关没有依法支付抚恤金、最低生活保障待遇或者社会保险待遇的；⑪ 认为行政机关不依法履行、未按照约定履行或者违法变更、解除政府特许经营协议、土地房屋征收补偿协议等协议的；⑫ 认为行政机关侵犯其他人身权、财产权等合法权益的。

（二）不予受理的案件

《行政诉讼法》第 12 条规定，不属于人民法院受案范围的事项包括：① 国防、外交等国家行为；② 行政法规、规章或者行政机关制定、发布的具有普遍约束力的决定、命令；③ 行政机关对行政机关工作人员的奖惩、任免决定；④ 法律规定由行政机关最终裁决的具体行政行为。

**材料 12－20** 吴某之子在部队演习中死亡，部队将《烈士证书》发给吴某。此后，吴某一直凭《烈士证书》领取抚恤金。1999 年，民政局换发《烈士证书》时，未将《烈士证书》换发给吴某。吴某遂向法院提起诉讼。

问：人民法院是否应该受理此案？为什么？

## 四、行政诉讼管辖

（一）级别管辖

1. 基层人民法院管辖的第一审行政案件

除法律规定应由中级人民法院、高级人民法院和最高人民法院管辖的第一审行政案件外，其他行政案件均由基层人民法院管辖。

2. 中级人民法院管辖的第一审行政案件

① 对国务院部门或者县级以上地方人民政府所做的行政行为提起诉讼的案件；② 海关处理的案件；③ 本辖区内重大、复杂的案件；④ 其他法律规定由中级人民法院管辖的案件。

3. 高级人民法院管辖的第一审行政案件

高级人民法院管辖本辖区内重大、复杂的第一审行政案件。

4. 最高人民法院管辖的第一审行政案件

最高人民法院管辖全国范围内重大、复杂的第一审行政案件。

**材料 12－21** 陈某是美国一公司驻北京的职员，常住北京市海淀区。某日，陈某从美国经深圳口岸回国，被深圳罗湖海关以走私嫌疑扣留。

问：如果陈某决定提起行政诉讼，何法院有管辖权？

（二）地域管辖

1. 一般的地域管辖

行政案件由最初作出行政行为的行政机关所在地人民法院管辖；原告未经复议直接起诉的，由被告所在地法院管辖；经过复议的案件，复议机关维持原行政行为的，由最初做出行政行为的行政机关所在地的人民法院管辖。

2. 特殊的地域管辖

（1）经复议的案件，复议机关改变原行政行为的，可以由最初做出行政行为的行政机关所在地法院管辖，也可由复议机关所在地法院管辖；经最高人民法院批准，高级人民法院可以根据审判工作的实际情况，确定若干人民法院跨行政区域管辖行政案件。

（2）对限制人身自由的行政强制措施不服提起的诉讼，由被告所在地或者原告所在地（原告的户籍所在地、经常居住地、被限制人身自由地）法院管辖；

（3）因不动产提起的行政诉讼，由不动产所在地人民法院管辖。

**材料 12－22** 孙某系某省 B 县农民。一日听人说到省城收废品赚钱很容易，便去了省会 A 区，以收废品为名，有时实施盗窃行为。后适逢 A 区公安分局整顿该区治安环境，孙某被抓，被公安分局关押在 A 区拘留所里。

问：如孙某对 A 区公安分局的行为不服而起诉，哪个（些）法院拥有管辖权？

（三）裁定管辖

1. 移送管辖。

《行政诉讼法》规定：人民法院发现受理的案件不属于自己管辖时，应当移送到有管辖权的人民法院，受移送的人民法院不得自行移送。受移送的人民法院认为受移送的案件按照规定不属于本院管辖的，应当报请上级人民法院指定管辖，不得再自行移送。因此，移送管辖实际上是无管辖权的人民法院将案件移送到有管辖权的人民法院。

2. 指定管辖

《行政诉讼法》规定：有管辖权的人民法院由于特殊原因不能行使管辖权的，由上一级人民法院指定管辖，人民法院对管辖权发生争议，由争议双方协商解决，协商不成的，报它们的共同上级人民法院指定管辖。

3. 管辖权的转移

《行政诉讼法》规定：上级人民法院有权审判下级人民法院管辖的第一审行政案件，下级人民法院对其管辖的第一审行政案件，认为需要由上级人民法院审判或者指定管辖的，可以报请上级人民法院决定。

## 五、行政诉讼起诉与受理

（一）起诉

1. 起诉的概念

起诉是指公民、法人或其他组织认为自己的合法权益受到行政机关行政行为的侵害，而向人民法院提出诉讼请求，要求人民法院通过行使审判权，依法保护自己合法权益的诉讼行为。

2. 起诉的条件

根据《行政诉讼法》的规定，行政诉讼的起诉必须符合下列条件：① 原告是认为行政行为侵犯其合法权益的公民、法人或其他组织；② 有明确的被告；③ 有具体的诉讼请求和事实根据；④ 属于人民法院的受案范围和受诉人民法院的管辖。

3. 诉讼时效

（1）公民、法人或其他组织直接向法院提起诉讼的，应当从知道该行政行为之日起 3 个月内提出。法律另有规定的除外。行政机关作出行政行为时，未告知当事人的诉权或起诉期限，致使当事人逾期向法院起诉的，其起诉期限从当事人实际知道诉权或起诉期限时计算，但从知道或应当知道行政行为内容之日起最长不得超过 2 年。

（2）公民、法人或其他组织先向行政机关申请行政复议的，申请人不服从复议决定，可以在收到复议决定书之日起 15 日内向法院提起诉讼；复议机关逾期不做决定，申请人可以在复议期满之日起 15 日内向法院提起诉讼，法律另有规定的除外。

（3）公民、法人或其他组织因不可抗力或其他特殊情况耽误法定期限的，在障碍消除后的 10 日内，可以申请延长期限。是否延长，由人民法院决定。

（二）受理

1. 受理

人民法院经过审查，认为原告的起诉符合受理条件，应当从收到起诉状的次日起 7 日内立案，及时通知原告，并将起诉状副本送达被告。

2. 告知起诉人补正

起诉如果基本上符合立案条件，只是某些条件还有欠缺，应当限期令起诉人补正或补充，人民法院应在补正或补充后次日起 7 日内立案。

3. 裁定不予立案

人民法院经过审查，认为起诉人的起诉不符合起诉条件的，不应当受理，对于不予受理的案件，人民法院应做出不予受理的裁定。原告对裁定不服，可在受到裁定书之日起 10 日内向上一级法院提起上诉。

## 六、行政诉讼的第一审程序

（一）审理前的准备

1. 审判组织的建立

审判前应首先建立合议庭。合议庭有 3 人以上的审判员或审判员和陪审员组成，合议庭由一名审判员担任审判长，审判长由院长或庭长指定，院长、庭长参加合议庭时由院长或庭长担任审判长。合议庭对案件的审理和裁判采取少数服从多数的原则。

2. 发送诉讼文书，通知被告应诉

法院应在立案之日起 5 日内，将起诉状副本发送被告，通知被告应诉；被告应在收到起诉状副本之日起 10 日内向法院提交作出行政行为的有关材料，并提出答辩状；法院在受到被告提交的答辩状之日起 5 日内，将答辩状副本发还原告。被告不提交答辩状不影响案件的审理。

（二）开庭审理

1. 开庭前准备

法院应在开庭 3 日前用传票传唤当事人出庭参加庭审，并以书面通知书通知诉讼代理人、证人、鉴定人、翻译人等参加诉讼活动。同时人民法院应在开庭 3 日前发布有关公开审理行政案件的公告。

2. 庭审过程

（1）庭审前书记员应查明当事人和其他诉讼参与人是否到庭并将结果报告法庭，然后宣布法庭纪律。审判长宣布开庭并宣布原告、被告和第三人的身份；宣布审判人员、书记员名单，告知当事人有关的诉讼权利和义务；宣布案由；询问当事人是否提出回避申请；审查诉讼代理人的资格和代理权限。

（2）庭审活动四阶段

法庭调查阶段：原告宣读起诉状 →被告宣读答辩状 →双方当事人陈述 →传证人到庭作证或宣读证人证言 →法庭出示书证、物证和视听资料，宣读鉴定结论、勘验笔录和现场笔录。

法庭辩论阶段：诉讼当事人在这一阶段发言的顺序是：原告及其诉讼代理人发言 →被告及其诉讼代理人答辩 →第三人及其诉讼代理人发言。第一轮辩论结束后，依以上顺序进入第二轮辩论，各自针对上一轮辩论中对方的观点和主张进行反驳，进一步阐明自己的观点和主张。法庭辩论结束后，由审判长依照原告、被告、第三人的顺序依次征询各方最后意见。

休庭合议阶段：法庭辩论结束后，审判长宣布休庭，由合议庭组成人员进行合议，最终形成法院对案件的判决。

公开宣判阶段：宣告判决一律公开进行，宣判除当庭宣判外，还可以定期宣判。判决宣告时，须告知当事人的上诉权。《行政诉讼法》规定，当事人不服人民法院第一审判决的，有权在判决书送达之日起 15 日内向上一级人民法院提起上诉。当事人不服人民法院第一审裁定的，有权在裁定书送达之日起 10 日内向上一级人民法院提起上诉。逾期不提起上诉的，人民法院的第一审判决或裁定发生法律效力。

## 七、行政诉讼的第二审程序

（一）上诉的提起与受理

1. 提起上诉

一审的原告、被告和第三人均有权在法定的期限内提起上诉。一方当事人提起上诉的，该当事人为上诉人，未提起上诉的对方当事人为被上诉人。上诉应采取书面的方式，并依当事人的人数向法院提交上诉状的副本。

2. 上诉的受理

二审法院受到上诉状后，经审查认为符合上诉条件，应当予以受理并在5日内将上诉状副本送达被上诉人，被上诉人收到上诉状副本后应当在10日内提出答辩状。

（二）二审审理

二审法院审理上诉案件亦应首先组成合议庭，对一审法院的裁判进行全面审查，审查不受上诉范围和上诉内容的限制。

1. 审理形式

二审审理分为书面审理和开庭审理两种。二审的书面审理适用于一审裁判认定事实清楚的上诉案件。二审法院对一审法院报送的案卷材料、上诉状、答辩状、证据材料等，经审查认为事实清楚的，可以直接做出裁判，不必传唤当事人、证人等到庭核实材料。二审的开庭审理主要适用于当事人对一审法院认定的事实有争议，或认为一审法院认定的事实不清、证据不足等。二审开庭审理的程序与一审相同。

2. 上诉的撤回

上诉的撤回指二审法院受理上诉后至宣告二审裁判前，由于上诉人撤回上诉，经法院审查准许其撤回上诉，从而终结二审审理的诉讼制度。

（三）二审的裁判

1. 依法改判、撤销或变更

原判决、裁定认定事实错误或者适用法律、法规错误的，依法改判、撤销或者变更。

2. 发回重审或改判

原判决认定基本事实不清、证据不足的，发回原审人民法院重审，或者查清事实后改判。

3. 撤销原判，发回重审

原判决遗漏当事人或者违法缺席判决等严重违反法定程序的，裁定撤销原判决，发回原审人民法院重审。

原审人民法院对发回重审的案件做出判决后，当事人提起上诉的，第二审人民法院不得再次发回重审。人民法院审理上诉案件，需要改变原审判决的，应当同时对被诉行政行为做出判决。

## 八、行政诉讼的执行程序

（一）执行的概念

行政诉讼的执行是指当事人逾期不履行人民法院已生效的法律文书，人民法院或有关行政主体依法采取强制措施，从而使生效法律文书得以实现的活动。

（二）执行的种类

1. 对公民、法人或其他组织的执行

根据《行政诉讼法》的规定，公民、法人或其他组织拒绝履行判决、裁定的，行政机关或第三人可以向第一审人民法院申请强制执行，或者行政机关自己依法强制执行。

2. 对行政机关的强制执行

根据《行政诉讼法》的规定，行政机关拒绝履行判决、裁定的，第一审人民法院可以采取以下措施：① 对应当归还的罚款或者应当给付的款额，通知银行从该行政机关的账户内划拨；② 在规定期限内不履行的，从期满之日起，对该行政机关负责人按日处50元至100元的罚款；③ 将行政机关拒绝履行的情况予以公告；④ 向监察机关或者该行政机关的上一级行政机关提出司法建议。接受司法建议的机关，根据有关规定进行处理，并将处理情况告知人民法院；⑤ 拒不履行判决、裁定、调解书，社会影响恶劣的，可以对该行政机关直接负责的主管人员和其他直接责任人员予以拘留；情节严重，构成犯罪的，依法追究刑事责任。

（三）执行中止与终结

1. 执行中止

在行政案件执行开始后，由于发生了某种法定原因而使执行程序暂时停止，待法定原因消除后，再行恢复执行程序的程序制度。

有下列情形之一的，人民法院应当裁定中止执行：① 申请人表示可以延期执行的；② 案外对执行标的提出确有理由的异议的；③ 作为一方当事人的公民死亡，需要等待继承人继承权利或者承担义务的；④ 作为一方当事人的法人或其他组织终止，尚未确定权利义务承受人的；⑤ 人民法院认为应当中止执行的其他情形。当事人对中止执行的裁定不得上诉，也不得申请复议。裁定书送达当事人后立即生效。

2. 执行终结

在行政案件执行开始后，由于发生了某种法定原因使执行工作没有必要或不可能进行下去，并且将来也不可能再执行，从而结束执行程序的程序制度。

有下列情形之一的，人民法院应当裁定终结执行：① 申请人撤销申请的；② 据以执行的法律文书被撤销的；③ 作为被执行的公民死亡，无遗产可供执行，有无义务承担人的；④ 追索抚恤金案件的权利人死亡的；⑤ 人民法院认为应当终结执行的其他情形。

**学习思考**

1. 请比较被授权组织（法律、法规授权组织）与被委托组织（行政机关委托组织）在法律地位上有何不同？
2. 简述行政行为的概念与特征。
3. 行政处罚的简易程序与一般程序有何不同？
4. 行政复议与行政诉讼在受案范围上有何不同？

13 Chapter

# 第十三章 诉讼与仲裁法律制度

1995 年 10 月 2 日，在美国洛杉矶的法庭里，辛普森和他的辩护律师站立着聆听判决，全美国的人民都聚集在电视机前面，克林顿也停止了手头的工作，关注着案件的宣判。

事情发生在 1994 年 6 月 12 日午夜，在著名橄榄球明星辛普森前妻妮可的公寓门前，妮可和男友古德曼倒在血泊中，经过警方的周密调查和分析，宣布辛普森是杀死两人的唯一嫌疑人，并发出逮捕令。

在辛普森案中，控方掌握了大量对辛普森不利的证据。在审理中，辩护律师就控方提出的证据提出了疑问。其中一个证据是“带血的袜子”，而袜子两边的血迹竟然一模一样，穿在脚上的袜子不可能两边出现一模一样的血的印记，很有可能是袜子是有人事先染上的。另外一个证据“带血的手套”，可无论如何手套也带不上辛普森的双手。正因如此，警方无法洗脱伪造证据的怀疑，也因证据的瑕疵，法官在经过陪审团的评议后，宣布辛普森无罪获释，结束了他 473 天的监禁。辛普森被控谋杀前妻及其男友一案画上了句号。该案由于吸引了全世界几亿人的目光，所以称之为“世纪审判”。

## 第一节　民事诉讼法律制度

### 一、民事诉讼法的概念

民事诉讼法是指国家制定的规范人民法院和诉讼参与人的各种民事诉讼活动及各种民事诉讼关系的法律规范总和。

民事诉讼法有狭义和广义之分。狭义的民事诉讼法是指 1991 年 4 月 9 日七届人大四次全体会议通过修改的《中华人民共和国民事诉讼法》（以下简称《民事诉讼法》）；广义的民事诉讼法是指除《民事诉讼法》法典外，还包括其他法律法规中有关民事诉讼程序的规定、最高人民法院有关民事诉讼的规定、最高人民法院关于民事案件审理中遇到的相关问题的司法解释等。

### 二、民事诉讼的基本原则

（一）当事人诉讼权利平等原则

我国《民事诉讼法》规定，民事诉讼当事人有平等的诉讼权利。人民法院审理民事案件，应当保障和便利当事人行使诉讼权利，对当事人在适用法律上一律平等。

（二）调解自愿原则

我国《民事诉讼法》规定，人民法院审理民事案件，应当根据自愿和合法的原则进行调解，调解不成的，应当及时判决。

**材料13－1**　法院调解在国内素有“优良传统”的美誉。在国外，则被誉为“东方经验”，它对解决民事纠纷曾经起到了很大的作用。调解有利于化解矛盾，息诉止争，维护社会稳定；有利于实现公正、效率和案件执行；有利于节约诉讼资源。

调解在我国具有悠久的历史，早在西周的铜器铭文中，已有调处的记载；秦汉以来，司法官多奉行调处息讼的原则；至两宋，随着民事纠纷的增多，调处呈现制度化的趋势；明清时期，调处已臻于完善阶段。明朝还在各州县及乡设立申明亭，张榜贴文，申明教化，同时由乡官受理当地民事案件与轻微刑事案件，加以调处解决。

问：民事案件调解结案有违公正原则吗?

（三）辩论原则

我国《民事诉讼法》规定，民事诉讼当事人有权对争议的问题进行辩论。也就是说，民事诉讼的当事人有权就案件事实和双方争议的事项，相互进行辩驳，从而维护自己的合法权益。

（四）处分原则

我国《民事诉讼法》规定，当事人有权在法律规定的范围内处分自己的民事权利和诉讼权利。即可主张也可抛弃自己的民事权利和诉讼权利。

（五）支持起诉原则

我国《民事诉讼法》规定，机关、社会团体、企业事业单位对损害国家、集体或者个人民事权益的行为，可以支持受损害的单位或者个人向人民法院起诉。

## 三、管辖

民事诉讼的管辖是指人民法院对民事案件第一审审判权限的分工。根据民事诉讼法的规定，人民法院的管辖分为级别管辖、地域管辖、移送管辖和指定管辖。

（一）级别管辖

级别管辖是指民事案件第一审审判权在各级人民法院之间的分工。我国民事诉讼法规定，第一审民事案件主要由基层人民法院受理；中级人民法院管辖重大涉外案件、在本辖区有重大影响的案件、最高人民法院确定由中级人民法院管辖的案件，包括海事案件、海商案件，以及除专利行政案件外的其他专利纠纷案件；高级人民法院管辖在本辖区有重大影响的民事案件；最高人民法院管辖在全国有重大影响的案件和认为应当由本院审理的案件。

（二）地域管辖

地域管辖是指民事案件的第一审审判权在同级人民法院辖区内受理权限之间的分工。

1. 一般的地域管辖

我国《民事诉讼法》规定，确定地域管辖时，遵循的一般原则是“原告就被告”。具体说，对公民提起的民事诉讼，由被告住所地人民法院管辖；被告住所地与经常居住地不一致的，由经常居住地人民法院管辖。对法人或者其他组织提起的民事诉讼，由被告住所地人民法院管辖。

就公民而言，住所地是指其户籍所在地。经常居住地是指公民离开住所地至起诉时已连续居住一年以上的地方，但住院就医的地方除外。就法人而言，住所地是指其主要营业地或主要办事机构所在地。

**材料13－2**　对不在中华人民共和国领域内居住的人提起的有关身份关系的诉讼；对下落不明或

者宣告失踪的人提起的有关身份关系的诉讼；对被监禁的人提起的诉讼，这些案件由原告住所地人民法院管辖，原告住所地与经常居住地不一致的，由原告经常居住地人民法院管辖。追索赡养费案件的几个被告住所地不在同一辖区的，可以由原告住所地人民法院管辖。

问：以上情况为何要由原告所在地法院管辖？

2. 特殊的地域管辖

特殊地域管辖是指以诉讼标的所在地或引起法律关系发生、变更、消失的法律事实所在地与特定关系作为确定的管辖。包括：因不动产纠纷提起的诉讼，由不动产所在地人民法院管辖；因港口作业中发生纠纷提起的诉讼，由港口所在地人民法院管辖；因继承遗产纠纷提起的诉讼，由被继承人死亡时住所地或者主要遗产所在地人民法院管辖等。

（三）协议管辖

协议管辖是指合同当事人在纠纷发生前或纠纷发生后，以书面协议方式约定管辖法院。合同的双方当事人可以在书面合同中协议选择被告住所地、合同履行地、合同签订地、原告住所地、标的物所在地人民法院管辖，但不得违反本法对级别管辖和专属管辖的规定。

（四）移送管辖

移送管辖是指人民法院对已经受理的案件，发现本院对该案件没有管辖权，按照法律的规定移送有管辖权的人民法院管辖。根据民事诉讼法的规定，人民法院发现受理的案件不属于本院管辖的，应当移送有管辖权的人民法院，受移送的人民法院应当受理。

（五）指定管辖

指定管辖是指上级人民法院裁定某一案件由某下级人民法院受理。根据民事诉讼法的规定，指定管辖包括：一是有管辖权的人民法院由于特殊原因，不能行使管辖权的，由上级人民法院指定管辖。二是人民法院之间因管辖权发生争议，协商解决不了的，报请它们的共同上级人民法院指定管辖。三是受移送的人民法院认为受移送的案件依照规定不属于本院管辖的，应当报请上级人民法院指定管辖，不得再自行移送。

## 四、民事诉讼参加人

（一）当事人

民事诉讼的当事人是指在民事诉讼中，能以自己的名义进行诉讼，行使诉讼权利的利害关系人。民事诉讼当事人有狭义和广义之分，狭义的当事人是指原告和被告；广义的当事人不仅包括原告和被告，还包括共同诉讼人、诉讼代表人和第三人。

（1）原告　为维护自己的民事合法权益，以自己的名义向法院是提起诉讼的人。

（2）被告　被原告诉称侵害民事权益而人民法院通知应诉的人。

（3）共同诉讼人　共同诉讼是当事人一方或双方为两人以上的诉讼，其诉讼标的是共同的，或者诉讼标的是同一种类，人民法院认为可以合并审理并经当事人同意的，为共同诉讼。共同诉讼人是指在共同诉讼中相同诉讼地位的当事人，包括共同原告和共同被告。

**材料13-3** “公地悲剧”是经济学界熟知的现象，也是一个广泛存在的现实。在外国，有人做过一个有趣的实验，取一块草地，草地被划分成几块分给牧羊人，但在中间留下了一块作为公共用地，每一个牧羊人都可以自由使用。结果一年下来，被划分给个人的草地被有计划和节制地使用，而作为公共用地的草地却因为过度放牧而寸草不生。

诉讼法理论认为，利益受到了损害，受害者就有权向法院起诉，请求司法救济，正如如果另一个牧羊人的羊群吃了你的草地，你可以要求他赔偿一样，但是公共的草地从理论上而言属于所有的牧羊人，如果它的利益受到了损害，由谁来提起诉讼呢？随着社会公共领域延伸及公共事务数量的增长，我们国家的法律正面临着如是问题。所谓公益诉讼，是指任何公民、社会团体、国家机关为了社会公共利益，可以以自己的名义，向国家司法机关提起诉讼。简单地讲，公益诉讼就是消费者试图以个人的抗争，去捍卫全体消费者的权益。公益诉讼是解决“公地悲剧”的一种诉讼手段，它在中国的出现和发展反映了公共利益保护的紧迫需要。

问：公益诉讼是共同诉讼吗？它的原告和被告分别是谁？

（4）诉讼代表人　诉讼代表人是在人数众多的诉讼中，为了便于诉讼，由当事人推选出的代表他们进行诉讼的人。代表人的诉讼行为对其所代表的当事人发生效力，但代表人变更、放弃诉讼请求或者承认对方当事人的诉讼请求，进行和解，必须经被代表的当事人同意。

（5）第三人　第三人是指因与案件处理结果有法律上的利害关系，而参加到他人已经开始的诉讼中去的人，分为有独立请求权的第三人和无独立请求权的第三人。

（二）诉讼代理人

诉讼代理人是指根据法律规定和当事人的委托，以被代理人的名义，维护被代理人的合法权益而实施诉讼行为参加诉讼活动的人。诉讼代理人分为法定代理人、委托代理人和指定代理人。

（1）法定代理人　法定代理人是指按照法律规定，代理无诉讼行为能力人进行民事诉讼诉讼活动的人。无诉讼行为能力人，即民法意义上的无民事行为能力人和限制民事行为能力人。根据民事诉讼法规定，无诉讼行为能力人由他的监护人作为法定代理人代为诉讼。

（2）委托代理人　委托代理人是指受当事人或法定代理人的委托而代其进行诉讼活动的人。民事诉讼法规定，当事人、法定代理人可以委托1至2人作为诉讼代理人。律师、当事人的近亲属、有关的社会团体或者所在单位推荐的人、经人民法院许可的其他公民，都可以被委托为诉讼代理人。委托他人代为诉讼，必须向人民法院提交由委托人签名或者盖章的授权委托书。授权委托书必须记明委托事项和权限。

（3）指定代理人　指定代理人是指由人民法院指定的，代理当事人一方进行诉讼活动的人。

**材料13-4**　英国、德国等国均规定了律师强制代理制度，法国虽没有规定律师强制代理制度，但却有区别于他国的独特的法官制度。英国：诉讼没有法律代理是非常困难的，除3000英镑的小额案件外，均实行法律代理制度。德国：超过10000德国马克的案件必须实行律师代理制度。法国：其诉讼代理人可以是律师也可以是商人。因为法国的商事法官都是从商人中选拔后进行法律培训并任职的，法国人认为法官和当事人之间足够的商事经历可以便利诉讼和有助于诉讼中的和解，作为商人的当事人无须进行特殊的律师保护。

问：在我国，可以代理诉讼的一定是律师吗？

## 五、证据

（一）民事诉讼的证据

民事诉讼的证据是指能够证明民事案件真实情况的一切事实。根据我国民事诉讼法规定，民事证据的形式有：书证、物证、视听资料、证人证言、当事人的陈述、鉴定结论、勘验笔录。民事诉讼证据同刑事诉讼证据一样，也具有客观性、关联性和合法性三个特征。

（二）民事诉讼的举证责任

民事诉讼中的举证责任，是指在民事诉讼中对提出的事实加以证明的责任。民事举证的一般原则是“谁主张，谁举证”。我国民事诉讼法明确规定，当事人对自己提出的主张，有责任提供证据。但同时规定，当事人及其诉讼代理人因客观原因不能自行收集的证据，或者人民法院认为审理案件需要的证据，人民法院应当调查收集。

（三）举证责任的倒置

对于某些特殊性质的案件，由原告方举证显然不公平或难以举证，法律规定由被告承担举证责任，这就是举证责任倒置。由被告负责举证的包括以下情况：① 因产品制造方法、发明专利引起的专利侵权诉讼；② 因高度危险作业致人损害的侵权诉讼；③ 因环境污染引起的损害赔偿诉讼；④ 建筑物或者其他设施以及建筑物上的搁置物、悬挂物发生倒塌、脱落、坠落致人损害的侵权诉讼；⑤ 饲养动物致人损害的侵权诉讼；⑥ 因缺陷产品致人损害的侵权诉讼；⑦ 因共同危险行为致人损害的侵权诉讼；⑧ 因医疗行为引起的侵权诉讼。

**材料 13-5** 甲路过一居民小区，六楼阳台王家的咸菜坛子坠落，正好砸在甲的头上，共花去医疗费近千元。事后甲向法院起诉王家赔偿损失，而王家否认甲的伤害是自己家的咸菜坛子砸伤的。

问：谁有责任对上述事实进行举证？

## 六、民事诉讼的程序

（一）一审程序

一审程序也称为普通程序，是指人民法院按照管辖的范围，对受理的民事案件，进行审判的程序。根据民事诉讼法的规定，人民法院审理民事案件，除涉及国家秘密、个人隐私或者法律另有规定的以外，应当公开进行。离婚案件，涉及商业秘密的案件，当事人申请不公开审理的，可以不公开审理。人民法院审理民事案件，应当在开庭 3 日前通知当事人和其他诉讼参与人。公开审理的，应当公告当事人姓名、案由和开庭的时间、地点。

1. 起诉和受理

起诉是指当事人为了维护自己的民事权益，向法院提起诉讼主张的行为。起诉必须符合下列四个条件：① 原告是与本案有直接利害关系的公民、法人和其他组织；② 有明确的被告；③ 有具体的诉讼请求和事实、理由；④ 属于人民法院受理民事诉讼的范围和受诉人民法院管辖。

起诉应当向人民法院递交起诉状，并按照被告人数提出副本。人民法院收到起诉状或者口头起诉，经审查认为符合起诉条件的，应当在 7 日内立案，并通知当事人；认为不符合起诉条件的，应当在 7 日内裁定不予受理。原告对裁定不服的，可以提起上诉。

2. 开庭审理

① 开庭前准备。书记员应当查明当事人和其他诉讼参与人是否到庭，宣布法庭纪律。开庭审理时，由审判长核对当事人，宣布案由，宣布审判人员、书记员名单，告知当事人有关的诉讼权利义务，询问当事人是否提出回避申请。② 法庭调查。首先由当事人陈述，并出示证据（包括：书证、物证、视听资料、鉴定结论、勘验笔录）；其次告知证人的权利义务由证人作证，然后宣读未到庭的证人证言。当事人在法庭上可以提出新的证据。当事人经法庭许可，可以向证人、鉴定人、勘验人发问。有权要求重新进行调查、鉴定或者勘验，是否准许，由人民法院决定。③ 法庭辩论。原告及其诉讼代理人发言；被告及其诉讼代理人答辩；第三人及其诉讼代理人发言或者答辩；互相辩论。法庭辩论终结，由审判长按照原告、被告、第三人的先后顺序征询各方最后意见。

3. 依法宣判

判决前能够调解的，还可以进行调解，调解不成的，应当及时判决。依照民事诉讼法的规定，人民法院应当在立案后 6 个月内审结。有特殊情况需要延长的，报请院长批准，批准延长的期限，最长不超过6个月；在上述期限内还未审结的，需要延长的，则由受诉法院报请上级法院批准，延长期限有上级法院决定。

**材料13-6** 缺席判决是指在审判中出现原告或者被告缺席的情况，人民法院开庭审理案件时，只有一方当事人到庭，法庭只对到庭的当事人进行审理，并依法做出判决。缺席判决有以下几种情形：① 原告经传票传唤，无正当理由拒不到庭的，或者未经法庭许可中途退庭的，可以按撤诉处理；被告反诉的，可以缺席判决。② 被告经传票传唤，无正当理由拒不到庭的，或者未经法庭许可中途退庭的，可以缺席判决。③ 宣判前，原告申请撤诉的，是否准许，由人民法院裁定。人民法院裁定不准许撤诉的，原告经传票传唤，无正当理由拒不到庭的，可以缺席判决。

问：你所理解的"正当理由"是指什么？

（二）简易程序

简易程序是相对普通程序而言的，是在法定情况下，对普通程序的简化。根据民事诉讼法的规定，简易程序的适用条件是：基层人民法院和它派出的法庭审理事实清楚、权利义务关系明确、争议不大的简单的民事案件，可采用简易程序。

适用简易程序的特点是：原告可以口头起诉；基层人民法院或者它派出的法庭可以当即审理，也可以另定日期审理；由审判员一人独任审理；可以用简便方式随时传唤当事人、证人；应当在立案之日起3个月内审结。

（三）二审程序

二审程序又被称为上诉程序，指民事诉讼一方当事人不服法院的一审判决或裁定，依法提起上诉，由二审人民法院重新审理案件适用的程序。

1. 上诉期限

依据《民事诉讼法》的规定，当事人不服地方人民法院第一审判决的，有权在判决书送达之日起15日内向上一级人民法院提起上诉。不服地方人民法院第一审裁定的，有权在裁定书送达之日起10日内向上一级人民法院提起上诉。

2. 二审审理

第二审人民法院应当对上诉请求的有关事实和适用法律进行审查。二审可组成合议庭，开庭审理。合议庭认为不需要开庭审理的，也可以径行判决、裁定。

第二审人民法院审理上诉案件，可以在本院进行，也可以到案件发生地或者原审人民法院所在地进行。经过审理，按照下列情形分别处理：① 原判决认定事实清楚，适用法律正确的，判决驳回上诉，维持原判决；② 原判决适用法律错误的，依法改判；③ 原判决认定事实错误，或者原判决认定事实不清，证据不足，裁定撤销原判决，发回原审人民法院重审，或者查清事实后改判；④ 原判决违反法定程序，可能影响案件正确判决的，裁定撤销原判决，发回原审人民法院重审。

**材料13-7** 根据《民事诉讼法》的规定，一个民事案件经过两级法院审判后，法院的判决、裁定为生效判决和裁定，当事人不得再上诉，此为两审终审制度。但最高人民法院所做出的一审判决、裁定，为终审判决和裁定。此外，还有特别程序、督促程序、公示催告程序和企业法人破产还债程序也实行一审终审制。

问：所有的民事案件都要经过二次审理、判决或裁定才能生效吗？

（四）特别程序

特别程序是人民法院审理特殊类型民事案件的一种审判程序，包括选民资格案件、宣告失踪或者宣告死亡案件、认定公民无民事行为能力或者限制民事行为能力案件和认定财产无主案件。适用特别程序审理的案件，实行一审终审制。选民资格案件或者重大、疑难的案件，由审判员组成合议庭审理；其他案件由审判员一人独任审理。

（五）审判监督程序

审判监督程序也称为再审程序，是指人民法院对已经发生法律效力民事判决、裁定，由法定机关提出或当事人申请，而对案件进行重新审判的程序。根据民事诉讼法的规定，能够提起再审程序的有三类主体：一是当事人申请的再审；二是检察机关对案件抗诉的再审；三是人民法院行使监督权引起的再审。

人民法院审理再审案件，应当另行组成合议庭。人民检察院提出抗诉的案件，人民法院再审时，应当通知人民检察院派员出席法庭。人民法院按照审判监督程序再审的案件，发生法律效力的判决、裁定是由第一审法院做出的，按照第一审程序审理，所做的判决、裁定，当事人可以上诉；发生法律效力的判决、裁定是由第二审法院做出的，按照第二审程序审理。

（六）督促程序

督促程序是指人民法院接受债权人的申请，要求债务人给付一定金钱或有价证券的请求，督促债务人履行债务的非诉讼程序。

债权人请求债务人给付金钱、有价证券，在债权人与债务人没有其他债务纠纷，并且支付令又能够送达债务人的情况下，可以向有管辖权的基层人民法院申请支付令。

债权人提出申请后，人民法院应当在5日内通知债权人是否受理。人民法院受理申请后，经审查债权人提供的事实、证据，对债权债务关系明确、合法的，应当在受理之日起15日内向债务人发出支付令；申请不成立的，裁定予以驳回。债务人应当自收到支付令之日起15日内清偿债务，或者向人民法院提出书面异议。人民法院收到债务人提出的书面异议后，应当裁定终结督促程序，支付令自行失效。债权人不服可以依法起诉。

（七）公示催告程序

公示催告程序是指人民法院接受票据丧失人的申请，以公示的方式催促利害关系人在规定期间内申报和主张权利，没人申报权利，超过期限依法宣布票据无效的非诉讼程序。

申请人（原票据持有人）应当向人民法院递交申请书，写明票面金额、发票人、持票人、背书人等票据主要内容和申请的理由、事实。人民法院决定受理申请，应当同时通知支付人停止支付，并在3日内发出公告，催促利害关系人申报权利。公示催告的期间，由人民法院根据情况决定，但不得少于60日。

支付人收到人民法院停止支付的通知，应当停止支付，至公示催告程序终结。公示催告期间，转让票据权利的行为无效。没有人申报的，人民法院应当根据申请人的申请，做出判决，宣告票据无效。判决应当公告，并通知支付人。自判决公告之日起，申请人有权向支付人请求支付。利害关系人因正当理由不能在判决前向人民法院申报的，自知道或者应当知道判决公告之日起一年内，可以向做出判决的人民法院起诉。

**材料13-8** 公司出纳员小王把一张票面价值200万元人民币的支票遗失了！发现支票遗失后，她在单位里找了个通宵都没找到，这张支票上既没有日期也没有收款单位名称。小王在支票遗失后，在电视、报纸等媒体上刊登“遗失声明”，她认为这样做就会使发票失去效力，使公司免受损失。

问：小王的这种做法合适吗？如果不合适，应该怎样做？

（八）企业法人破产还债程序

企业法人破产还债程序，是指人民法院根据权利人的申请，依照法定条件宣告企业破产还债的非诉讼程序。

根据《民事诉讼法》的规定，可申请该程序的前提是企业法人因严重亏损，无力清偿到期债务。申请破产的人既可以是债权人也可以是债务人。债权人可以向企业法人住所地的人民法院申请宣告债务人破产还债，债务人也可以向企业法人住所地的人民法院申请宣告破产还债。人民法院裁定宣告进入破产还债程序后，应当在10日内通知债务人和已知的债权人，并发出公告。债权人应当在收到通知后30日内，未收到通知的债权人应当自公告之日起3个月内，向人民法院申报债权，逾期未申报债权的，视为放弃债权。

企业依法宣告破产后，人民法院可以组织有关机关和有关人员成立清算组织，清算组织负责破产财产的保管、清理、估价、处理和分配。破产财产优先拨付破产费用后，按照破产企业所欠职工工资和劳动保险费用、破产企业所欠税款、破产债权的顺序清偿。

（九）执行程序

执行程序是指人民法院对已经生效的民事判决、裁定、调解书和法律文书的规定，强制义务人履行其义务，维护当事人的合法权益的程序。

根据民事诉讼法规定，发生法律效力的民事判决、裁定，以及刑事判决、裁定中的财产部分，由第一审人民法院执行。法律规定由人民法院执行的其他法律文书，由被执行人住所地或者被执行的财产所在地人民法院执行。

执行工作由执行员进行。执行员接到申请执行书或者移交执行书，应当向被执行人发出执行通知，责令其在指定的期间履行，逾期不履行的，强制执行。采取强制执行措施时，执行员应当出示证件。在执行中，双方当事人自行和解达成协议的，执行员应当将协议内容记入笔录，由双方当事人签名或者盖章。一方当事人不履行和解协议的，人民法院可以根据对方当事人的申请，恢复对原生效法律文书的执行。

双方或一方当事人是公民的申请执行的期限为1年，双方是法人或者其他组织的申请执行的期限为6个月，从法律文书规定履行期间的最后1日起计算。法律文书规定分期履行的，从规定的每次履行期间的最后1日起计算。

**材料13-9** 执行难是基层法院面临的一个难题，破解执行难，闽北法院发布限制债务人高消费令。在闽北，恶意逃债的债务人将不被允许进入高档消费场所。福建省南平市中级人民法院日前发布《限制债务人高消费令》，对涉及金钱给付执行案件的债务人的高消费行为进行约束。院方称，此举意在借助社会力量杜绝有履行能力而不履行义务的债务人恶意逃债的行为，同时给债务人施加社会压力，促使他们主动自觉地履行义务，保证生效法律文书的执行，促进诚信社会制度的构建。

问：怎样看待闽北法院在解决基层法院执行难中的做法？

## 第二节　刑事诉讼法律制度

### 一、刑事诉讼法概述

（一）刑事诉讼与刑事诉讼法

刑事诉讼是指人民法院、人民检察院和公安机关、国家安全机关在当事人及其他诉讼参与人的参加下，依照法律规定的程序，解决被追诉者刑事责任问题的活动。

刑事诉讼法，是指国家制定或认可的调整刑事诉讼活动的法律规范的总称。刑事诉讼有广义和狭义之分。狭义上的刑事诉讼法是指国家立法机关制定的成文的刑事诉讼法，我国在1979年7月1日五届人大二次会议通过制定的《中华人民共和国刑事诉讼法》（以下简称《刑事诉讼法》），

1996 年 3 月 17 日八届人大四次会议通过第一次修改《刑事诉讼法》的决定，2012 年 3 月 14 日十一届人大五次会议通过第二次修改《刑事诉讼法》的决定。

广义上的刑事诉讼法除了《刑事诉讼法》之外，还包括一切与刑事诉讼有关的法律规范。

（二）刑事诉讼的基本原则

1. 侦查权、检察权、审判权由专门机关依法行使原则

《刑事诉讼法》规定："对刑事案件的侦查、拘留、执行逮捕、预审，由公安机关负责；检察、批准逮捕、检察机关直接受理的案件的侦查、提起公诉，由人民检察院负责；审判由人民法院负责。除特别规定外，其他任何机关、团体和个人都无权行使这些权力。"

2. 严格遵守法律程序原则

《刑事诉讼法》规定："人民法院、人民检察院和公安机关进行刑事诉讼，必须严格遵守本法和其他相关法律的有关规定。"

3. 人民法院、人民检察院依法独立行使职权原则

《刑事诉讼法》规定："人民法院依照法律规定独立行使审判权，人民检察院依照法律规定独立行使检察权，不受行政机关、社会团体和个人的干涉。"

4. 公、检、法机关分工负责、互相配合、互相制约原则

《刑事诉讼法》规定："人民法院、人民检察院和公安机关进行刑事诉讼，应当分工负责，互相配合，互相制约，以保证准确有效地执行法律。"

5. 人民检察院依法对刑事诉讼实行法律监督原则

《刑事诉讼法》规定："人民检察院依法对刑事诉讼实行法律监督。"

6. 未经人民法院判决，对任何人都不得确定有罪的原则

《刑事诉讼法》规定："未经人民法院判决，对任何人都不得确定有罪。"

7. 审判公开原则

《刑事诉讼法》规定："人民法院审判案件，除本法另有规定的以外，一律公开进行。但有关国家机密或者个人隐私的案件，不公开审理。14 周岁以上不满 16 周岁未成年人犯罪的案件，一律不公开审理。16 周岁以上不满 18 岁未成年人犯罪的案件，一般也不公开审理。对于不公开审理的案件，应当当庭宣布不公开审理的理由。"

8. 保障诉讼参与人的诉讼权利原则

《刑事诉讼法》规定："人民法院、人民检察院和公安机关应当保障诉讼参与人依法享有的诉讼权利。诉讼参与人对于审判人员、检察人员和侦查人员侵犯公民诉讼权利和人身侮辱的行为，有权提出控告。"

9. 被告有权获得辩护的原则

《刑事诉讼法》规定："被告人有权获得辩护，人民法院有义务保证被告人获得辩护。"

## 二、管辖

管辖是指司法机关在直接受理和审理案件上的权限划分。一般将管辖分为：立案管辖和审判管辖。其中审判管辖又可以分为普通管辖和专门管辖。

（一）立案管辖

立案管辖又称职能管辖或部门管辖，是指公、检、法机关，按照各自在国家机构中的性质、

职能，依法分别受理刑事案件。

1. 人民法院直接受理的案件

根据《刑事诉讼法》规定：自诉案件，由人民法院直接受理。自诉案件就是由被害方直接向法院提起诉讼的案件。自诉案件包括：告诉才处理的案件；被害人有证据证明的轻微刑事案件；被害人有证据证明对被告人侵犯自己人身、财产权利的行为应当依法追究刑事责任，而公安机关或者人民检察院不予追究被告人刑事责任的案件。

2. 人民检察院直接受理的案件

人民检察院直接受理贪污贿赂犯罪；国家工作人员的渎职犯罪；国家机关工作人员利用职权实施的非法拘禁、刑讯逼供、报复陷害、非法搜查的侵犯公民人身权利犯罪以及侵犯公民民主权利的犯罪。对于国家机关工作人员利用职权实施的其他重大的犯罪案件，需要由人民检察院直接受理的，经省级以上人民检察院决定，可以由人民检察院立案侦查。

3. 公安机关直接受理的案件

根据法律规定，除应当由人民法院、人民检察院、国家安全机关及军队保卫部门和监狱直接受理的刑事案件外，其他案件由公安机关立案侦查。

（二）审判管辖

1. 普通管辖

普通管辖包括级别管辖和地域管辖。级别管辖是指刑事案件的第一审审判权在各级人民法院之间的分工。基层人民法院管辖第一审普通刑事案件，但是依照本法由上级人民法院管辖的除外。中级人民法院管辖下列第一审刑事案件：危害国家安全案件；可能判处无期徒刑、死刑的普通刑事案件。高级人民法院管辖的第一审刑事案件，是全省（直辖市、自治区）性的重大刑事案件。最高人民法院管辖的第一审刑事案件，是全国性的重大刑事案件。地域管辖是同级人民法院之间对第一审刑事案件审判的权限分工。一般是由犯罪地的人民法院管辖。如果由被告人居住地的人民法院审判更为适宜的，可以由被告人居住地的人民法院管辖。

2. 专门管辖

专门管辖是指各种专门人民法院审判刑事案件的职权范围，根据人民法院组织法的规定，我国受理案件的专门法院包括：军事法院、海事法院、铁路运输法院。

## 三、刑事辩护与代理

（一）刑事辩护

1. 刑事辩护的概念

刑事辩护制度是法律准许犯罪嫌疑人、被告人为证明自己无罪、罪轻、应予从轻、减轻等情况进行辩解。可由律师或其他公民作为犯罪嫌疑人、被告人的辩护人参加诉讼，进行辩护的一种司法制度。

2. 刑事辩护的种类

刑事辩护有三种类型：一是自行辩护，就是犯罪嫌疑人、被告人针对自己的指控进行的申辩、反驳，是自我辩护。自行辩护是被告和犯罪嫌疑人享有的一项重要权利，法律应当依法保护犯罪嫌疑人和被告的自我辩护权。二是委托辩护，是指犯罪嫌疑人和被告委托律师或其他公民进行的辩护。根据刑事诉讼法的规定，犯罪嫌疑人自被侦查机关第一次询问或采取强制措施之日起，有权委托辩护人。在侦查期间，只能委托律师作为辩护人。三是指定辩护，是指刑事案件进入审判阶段，在遇有法定情形时，法律援助机构可指定承担法律援助义务的律师为被告人进行辩护。

**材料 13－10** 我国刑事诉讼法规定：犯罪嫌疑人、被告人因经济困难或者其他原因没有委托辩护人的，本人及其近亲属可以向法律援助机构提出申请。对符合法律援助条件的，法律援助机构应当指派律师为其提供辩护；犯罪嫌疑人、被告人是盲、聋、哑人，或者是尚未完全丧失辨认或者控制自己行为能力的精神病人，没有委托辩护人的，人民法院、人民检察院和公安机关应当通知法律援助机构指派律师为其提供辩护；犯罪嫌疑人、被告人可能被判处无期徒刑、死刑，没有委托辩护人的，人民法院、人民检察院和公安机关应当通知法律援助机构指派律师为其提供辩护。

问：所有犯罪嫌疑人都可申请法律援助吗？

（二）刑事代理

刑事代理是指诉讼代理人接受公诉案件的被害人或者近亲属、附带民事诉讼的当事人自诉案件的自诉人及他们的法定代理人的委托，在委托授权的范围内，以被代理人的名义，进行的诉讼活动。根据我国刑事诉讼法的规定，公诉案件的被害人、自诉案件的自诉人、刑事附带民事诉讼的原告人和被告人，以及刑事申诉案件中的申诉人，依法都可以委托代理人参加诉讼。

## 四、刑事诉讼证据及责任分配

（一）证据的概念和特征

我国刑事诉讼法规定：可以用于证明案件事实的材料都是证据。刑事诉讼的证据有三个特征：① 客观性。客观性是指证据是一种客观存在的事实，而非人的主观猜测和臆想。② 关联性。关联性是指证据必须同证明的案件事实之间有密切联系，这种联系可以体现为一种因果关系或条件关系。我国法律明确规定办案人员对收集到的证据，必须经过查证属实才能作为定案的依据。③ 合法性。合法性是指证据的种类、收集方式和收集的程序都要有合法性，通过非法途径取得的证据都是无效的。

**材料 13－11** 刑事诉讼法规定：审判人员、检察人员、侦查人员必须依照法定程序，收集能够证实被告人有罪或者无罪、犯罪情节轻重的各种证据。严禁刑讯逼供和以威胁、引诱、欺骗以及其他非法的方法收集证据，不得强迫任何人证实自己有罪。必须保证一切与案件有关或者了解案情的公民，有客观地充分地提供证据的条件，除特殊情况外，并且可以吸收他们协助调查。

问：你对刑讯逼供是怎么理解的？

（二）证据的种类

根据我国《刑事诉讼法》第 42 条第 2 款的规定，刑事诉讼证据法定形式有以下 8 种。

1. 物证

物证是指能够证明案件真实情况的物品或者物质痕迹。

2. 书证

书证是以其记载的内容和反映的思想来证明案件真实情况的书面材料或者其他物质材料。

3. 证人证言

证人证言是指证人就其了解和知道的有关案件事实情况向司法机关所做的陈述。作证是每一个公民的义务，凡是知道案件情况的人，都有作证的义务。但生理上、精神上有缺陷或者年幼，不能辨别是非、不能正确表达的人，不能作为证人。

4. 被害人陈述

被害人陈述是指刑事被害人就其所遭受的伤害和其他与案件有关的情况向司法机关所做的

陈述。

5. 犯罪嫌疑人、被告人的供述和辩解

犯罪嫌疑人、被告人的供述和辩解是指犯罪嫌疑人、被告人就案件的有关情况向司法机关所做的陈述和辩解。

6. 鉴定意见

鉴定意见是指司法机关指派或聘请具有专门知识的鉴定人，对案件中专门性问题进行鉴定后所做的书面意见。

7. 勘验、检查、辨认、侦查实验等笔录

勘验、检查、辨认、侦查实验等笔录是指侦查人员对犯罪有关的场所、物品、人身、尸体等进行勘验、检查、侦查等所做的记载。

8. 视听资料、电子数据

视听资料、电子数据是采用现代化科学技术手段和高科技设备记录的能够证明案件真实情况的录音、录像或其他电子信息资料。

（三）证明责任的分配

我国刑事诉讼法规定，审判人员、检察人员、侦查人员必须依照法定程序，收集能够证实犯罪嫌疑人、被告人有罪或者无罪、犯罪情节轻重的各种证据。人民法院、人民检察院和公安机关有权向有关单位和个人收集、调取证据。因此，刑事诉讼证明责任是司法机关的法定职责和义务。

## 五、强制措施

刑事诉讼中的强制措施，是指司法机关为了保证刑事诉讼的顺利进行，依法对犯罪嫌疑人、被告人采取的临时限制或剥夺其人身自由的各种强制性方法。根据刑事诉讼法规定，强制措施包括以下几种。

（一）拘传

拘传是指公安机关、人民检察院和人民法院对未被逮捕、拘留且经传唤无正当理由不到指定地点接受讯问的犯罪嫌疑人、被告人依法强制其到案受讯的一种强制措施。

（二）取保候审

取保候审是指司法机关责令未被逮捕的犯罪嫌疑人、被告人提出保证人或者交纳保证金，保证在取保期间随传随到案，不妨碍侦查、起诉、审判的一种强制措施。

根据《刑事诉讼法》的规定，有下列情形之一的犯罪嫌疑人、被告人，可以取保候审：① 可能判处管制、拘役或者独立适用附加刑的；② 可能判处有期徒刑以上刑罚，采取取保候审不致发生社会危险性的；③ 患有严重疾病、生活不能自理，怀孕或者正在哺乳自己婴儿的妇女，采取取保候审不致发生社会危险性的；④ 羁押期限届满，案件尚未办结，需要采取取保候审的。

取保候审应由县以上司法机关负责人批准，签发《取保候审决定书》，交公安机关执行。取保候审的期限最长不得超过 12 个月。在取保候审期间不得中断对案件的侦查、起诉和审理。

（三）监视居住

监视居住是指司法机关责令未被逮捕的犯罪嫌疑人、被告人未经批准不得离开住处或居所，依法对其行动加以监视和控制的一种强制措施。

根据《刑事诉讼法》的规定，有下列情形之一的犯罪嫌疑人、被告人，可以监视居住：

① 患有严重疾病、生活不能自理的；② 怀孕或者正在哺乳自己婴儿的妇女；③ 系生活不能自理的人的唯一扶养人；④ 因为案件的特殊情况或者办理案件的需要，采取监视居住措施更为适宜的；⑤ 羁押期限届满，案件尚未办结，需要采取监视居住措施的。对符合取保候审条件，但犯罪嫌疑人、被告人不能提出保证人，也不交纳保证金的，可以监视居住。

监视居住由公安机关执行。使用监视居住，司法机关应签发《监视居住决定书》，交公安机关执行。期限最长不得超过6个月。在监视居住期间不得中断对案件的侦查、起诉和审理。

（四）刑事拘留

刑事拘留是指人民检察院、公安机关在法定情况下，对现行犯或者重大嫌疑分子，采取剥夺限制其人身，并加以羁押和审查的一种强制措施。

1. 刑事拘留的条件

有下列情形之一的，可以先行拘留：① 正在预备犯罪、实行犯罪或者在犯罪后及时被发觉的；② 被害人或者在场亲眼看见的人指认他犯罪的；③ 在身边或者住处发现有犯罪证据的；④ 犯罪后企图自杀、逃跑或者在逃的；⑤ 有毁灭、伪造证据或者串供可能的；⑥ 不讲真实姓名、住址、身份不明的；⑦ 有流窜作案、多次作案、结伙作案重大嫌疑的。

2. 刑事拘留的执行

公安机关行使刑事拘留权时，必须出示拘留证。拘留后应当立即将被拘留人送看守所羁押，最迟不得超过24小时。除无法通知或者涉嫌危害国家安全犯罪、恐怖活动犯罪通知可能有碍侦查的情形以外，应当在拘留后24小时以内，通知被拘留人的家属。有碍侦查的情形消失以后，应当立即通知被拘留人的家属。公安机关对被拘留的人，应当在拘留后的24小时以内进行讯问。在发现不应当拘留的时候，必须立即释放，发给释放证明。

（五）逮捕

逮捕是指司法机关依法对犯罪嫌疑人、被告人实行羁押，暂时剥夺其人身自由的一种最严厉的强制措施。

1. 逮捕的条件

实施逮捕的具体条件：① 对有证据证明有犯罪事实，可能判处徒刑以上刑罚的犯罪嫌疑人；② 采取取保候审、监视居住等方法，尚不足以防止发生社会危险性，而有逮捕必要的。

2. 逮捕的提请和批准

公安机关要求逮捕犯罪嫌疑人的时候，应当写出提请批准逮捕书，连同案卷材料、证据，一并移送同级人民检察院审查批准。公安机关对被拘留的人，认为需要逮捕的，应当在拘留后的3日以内，提请人民检察院审查批准。在特殊情况下，提请审查批准的时间可以延长1～4日。对流窜作案、多次作案、结伙作案的重大嫌疑分子，提请审查批准的时间可延长至30天。

人民检察院应当自接到公安机关提请批准逮捕书后的7日以内，做出批准逮捕或者不批准逮捕的决定。人民检察院不批准逮捕的，公安机关应当在接到通知后立即释放，并将执行情况及时通知人民检察院。

3. 逮捕的执行

逮捕由公安机关执行，公安机关在实施逮捕的时候，必须出示逮捕证。除有碍侦查或者无法通知的情形以外，逮捕后，应把逮捕的原因和羁押的处所，在24小时以内通知被逮捕人的家属或者他的在单位。人民法院、人民检察院对于各自决定逮捕的人，公安机关对于经人民检察院批准逮捕的人，都必须在逮捕后的24小时以内进行讯问。在发现不应当逮捕的时候，必须立即释放，发给释放证明。

**材料 13-12** “你有权保持沉默，否则你说的每一句话都可能成为呈堂证供，你可以聘请律师。”这是美国警察对犯罪嫌疑人要说的第一句话，起源于“米兰达忠告”又称《米兰达规则》。如果警察在对拘押嫌疑人讯问前没有提出“米兰达忠告”，那由此而收集到证据将不被法院接受。这个规则之所以对美国全国的警察都有约束力是因为这是联邦最高法院 1966 年在 Mirandav 诉 Arizona 一案中所做的规定。

问：我国法律没有规定沉默权制度，这与刑讯逼供之间有何关联？

## 六、刑事诉讼程序

### （一）立案

立案是指司法机关按照管辖范围，对刑事案件接受报案、控告或者自己发现的材料进行审查，认为有犯罪事实发生，并应追究刑事责任，决定作为刑事案件进行侦查的诉讼活动。

立案的材料来源主要有四种途径：司法机关直接发现；单位和个人的报案和举报；被害人的控告；犯罪嫌疑人的自首。人民法院、人民检察院或者公安机关对于报案、控告、举报和自首的材料，应当按照管辖范围，迅速进行审查，认为有犯罪事实需要追究刑事责任的时候，应当立案；认为没有犯罪事实，或者犯罪事实显著轻微，不需要追究刑事责任的时候，不予立案，并且将不立案的原因通知控告人。

### （二）侦查

侦查是指对已经立案的刑事案件，除法院直接受理的外，公安机关、人民检察院在办理案件过程中，为了收集证据，查明案件事实，捕获犯罪嫌疑人，而依法进行的专门调查工作和有关的强制性措施。有权行使侦查权的机关是公安机关和人民检察院、国家安全机关、军队保卫部门和监狱。

根据《刑事诉讼法》的规定，侦查行为具体包括：讯问犯罪嫌疑人；询问证人；勘验、检查；搜查；扣押物证、书证；鉴定；通缉等活动。

### （三）刑事起诉

刑事起诉是指享有控诉权的国家机关和公民，依法向法院提起诉讼，请求法院对指控内容进行审判，以确定被告人刑事责任并依法予以刑事制裁的诉讼活动。刑事起诉包括刑事自诉和公诉两种。

#### 1. 自诉案件

自诉案件是指由被害人或者他的法定代理人，依法向人民法院直接提出起诉的刑事案件。主要包括：① 告诉才处理的案件；② 被害人有证据证明的轻微刑事案件；③ 被害人有证据证明对被告人侵犯自己人身、财产权利的行为应当依法追究刑事责任，而公安机关或者人民检察院不予追究被告人刑事责任的案件。

#### 2. 公诉案件

公诉案件是指人民检察院向人民法院提起控告，要求人民法院对犯罪嫌疑人进行刑事审判的诉讼行为。人民检察院提起公诉首先要对公安机关侦查终结移送起诉的案件以及自行侦查终结的案件，进行全面核实查对，决定是否对犯罪嫌疑人提起公诉，对不需要判处刑罚或者免除刑罚的，人民检察院可以做出不起诉决定。

### （四）第一审程序

#### 1. 公诉案件的第一审程序

（1）法院审查　人民法院收到人民检察院提起公诉的案件后，应进行认真审查，对于审查后符合条件的，应当决定开庭审理。

（2）开庭前的准备　人民法院在开庭审理之前应做好如下工作：按要求组成合议庭（按简易程序审理的除外）；送达起诉书副本；开庭前3日告知有关人员开庭的时间和地点；公开审理的案件应在开庭前3日公布案由等。

**材料 13-13** 根据《刑事诉讼法》的规定，人民法院审判第一审案件应当公开进行。但是有关国家机密或者个人隐私的案件，不公开审理。14周岁以上不满16周岁未成年人犯罪的案件，一律不公开审理。16周岁以上不满18周岁未成年人犯罪的案件，一般也不公开审理。对于不公开审理的案件，应当当庭宣布不公开审理的理由。

问：法律为何规定对未成年人犯罪不公开或一般不公开审理？

（3）开庭审理　法庭调查阶段：公诉人在审判庭上宣读起诉书后，审判人员开始审问被告人。公诉人经审判长许可，可以讯问被告人。被害人、附带民事诉讼的原告人和辩护人，经审判长许可，可以向被告人发问。审判人员、公诉人询问证人，当事人和辩护人可以经审判长许可对证人、鉴定人发问。审判人员应当向被告人出示物证，让他辨认；对未到庭的证人的证言笔录、鉴定人的鉴定结论、勘验笔录和其他作为证据的文书，应当当庭宣读，并且听取当事人和辩护人的意见。法庭辩论阶段：公诉人发言 → 被害人发言 → 被告人陈述和辩护 → 辩护人进行辩护 → 互相辩论。审判长在宣布辩论终结后，被告人有最后陈述的权利。

休庭合议阶段：在被告人最后陈述后，审判长宣布休庭，合议庭进行评议，根据已经查明的事实、证据和有关的法律规定，做出被告人有罪或者无罪、犯的什么罪、适用什么刑罚或者免除刑罚的判决。

评议和宣判阶段：合议庭应当根据已经查明的事实、证据和有关法律规定，并在充分考虑控辩双方意见的基础上，进行评议，确定被告是否有罪，应否追究刑事责任。合议庭经过评议做出裁判后，应当宣判。宣判一律公开进行。宣判有当庭宣判和定期宣判两种形式。当庭宣告判决的，应当在5日以内将判决书送达当事人和提起公诉的人民检察院；定期宣告判决的，应当在宣告后立即将判决书送达当事人和提起公诉的人民检察院。判决书应当由合议庭的组成人员和书记员署名，并且写明上诉的期限和上诉的法院。除最高人民法院的第一审判决、裁定是终审判决、裁定外，地方各级人民法院的一审判决、裁定的当事人，都可以提出上诉，人民检察院可以抗诉。

**材料 13-14** 诉讼模式有三种类型：当事人主义的诉讼模式、职权主义的诉讼模式和混合模式。当事人主义诉讼模式，注重发挥受裁判者的主观能动性，尊重当事人的自身处分权，当事人积极参与庭审，并积极搜集提供证据以说服法官做出利于己方的裁判，裁判者只是处于消极的中立地位。职权主义的诉讼模式，往往忽略当事人诉讼中的主体地位，裁判的结果在于裁判者对事实真相的查明。受裁判者在诉讼中处于消极的被动地位，没有任何主动权，不能得到起码的尊重，对裁判的结果当事人没有任何发言权。混合模式，是认识到当事人主义和职权主义两种诉讼模式的利弊，两种诉讼模式互相取长补短，而形成了一种兼采两者之长的混合模式。

问：我国刑事诉讼采用的是何种诉讼模式？

2. 自诉案件的第一审程序

人民法院对自诉案件经过审查后，应分不同情况进行处理：① 犯罪事实清楚，有足够证据的案件，开庭审理。② 缺乏罪证的案件，如自诉人不能提出补充证据，应说服自诉人撤诉或裁定驳回。人民法院对自诉案件可以进行调解。自诉人在人民法院宣告判决前，也可同被告人进行和解。

3. 简易程序

根据《刑事诉讼法》的规定，人民法院对于下列案件，可以适用简易程序，由审判员一人独任审判：① 对依法可能判处 3 年以下有期徒刑、拘役、管制、单处罚金的公诉案件，事实清楚、证据充分，人民检察院建议或者同意适用简易程序的；② 告诉才处理的案件；③ 被害人起诉的有证据证明的轻微刑事案件。适用简易程序审理案件，人民法院应当在受理后 20 日以内审结。

### （五）第二审程序

#### 1. 上诉

根据刑事诉讼法的规定，被告人、自诉人和他们的法定代理人，不服地方各级人民法院第一审的判决、裁定，有权用书状或者口头向上一级人民法院上诉。被告人的辩护人和近亲属，经被告人同意，也可以提出上诉。地方各级人民检察院认为同级人民法院第一审的判决、裁定确有错误的时候，应当向上一级人民法院提出抗诉。

#### 2. 二审裁判

第二审人民法院应当就第一审判决认定的事实和适用法律进行全面审查，不受上诉或者抗诉范围的限制。经过审理后，应按下列情形分别处理：① 原判决认定事实和适用法律正确、量刑适当的，应当裁定驳回上诉或者抗诉，维持原判；② 原判决认定事实没有错误，但适用法律有错误，或者量刑不当的，应当改判；③ 原判决事实不清楚或者证据不足的，可以在查清事实后改判；也可以裁定撤销原判，发回原审人民法院重新审判。

上诉案件的判决和裁定需遵守“上诉不加刑”原则。即对被告人或者他的法定代理人、辩护人、近亲属上诉的案件，不得加重被告人的刑罚。第二审的判决、裁定和最高人民法院的判决、裁定，都是终审的判决、裁定。

### （六）审判监督程序

审判监督程序也称为再审程序，是对已经发生法律效力的判决或裁定，在认定事实和适用法律上存在错误的情况下，进行重新审判的一种特殊诉讼程序。

《刑事诉讼法》规定，当事人及其法定代理人、近亲属对已经发生法律效力的判决、裁定，可以向人民法院或者人民检察院提出申诉，但不能停止判决、裁定的执行。最高人民检察院对各级人民法院已经发生法律效力的判决和裁定，上级人民检察院对下级人民法院已经发生法律效力的判决和裁定，如果发现确有错误，有权按照审判监督程序提出抗诉。

人民法院按照审判监督程序重新审判的案件，应当另行组成合议庭进行审理。如果原来是第一审案件，应当依照第一审程序进行审判，所做的判决、裁定，可以上诉、抗诉；如果原来是第二审案件，或者是上级人民法院提审的案件，应当依照第二审程序进行审判，所做的判决、裁定，是终审的判决、裁定。

### （七）执行程序

执行是指司法机关把人民法院做出的，已经生效的判决、裁定，付诸实施的活动。根据《刑事诉讼法》的规定，中级人民法院执行死刑时，同级人民检察院应派员现场监督。执行死刑应当公布，不应示众。对于被判处死刑缓期二年执行、无期徒刑、有期徒刑或者拘役的罪犯，应当由交付执行的人民法院将执行通知书、判决书送达监狱或者其他劳动改造场所执行。对于被判处徒刑缓刑的罪犯，由公安机关交所在单位或者基层组织予以考察。对于被假释的罪犯，在假释考验期限内，由公安机关予以监督。对于被判处管制、剥夺政治权利的罪犯，由公安机关执行。判处罚金、没收财产，由人民法院执行；在必要的时候，可以会同公安机关执行。

对于被判处有期徒刑或者拘役的罪犯，有下列情形之一的，可以暂予监外执行：① 有严重疾病需要保外就医的；② 怀孕或者正在哺乳自己婴儿的妇女；③ 生活不能自理，监外执行不致危害社会的。对于暂予监外执行的罪犯，由罪犯原居住地的公安机关执行，对其严格管理监督。基层组织或者原所在单位协助进行监督。

## 第三节 仲裁法律制度

### 一、仲裁和仲裁法

仲裁是指双方当事人经事先约定或事后达成协议，自愿将争议交由仲裁机构进行裁决，以解决民事纠纷的制度。同民事诉讼相比，仲裁具有自愿性、专业性、灵活性、保密性、快捷性、经济性、独立性等特点。

仲裁法是调整和规范仲裁活动中所形成的法律关系的法律规范总称。仲裁法有狭义和广义两个层次。狭义上的仲裁法是指在1994年8月31日八届人大九次会议通过的《中华人民共和国仲裁法》（以下简称《仲裁法》）。而广义上的仲裁法，除《仲裁法》外，还包括其他法律法规中涉及仲裁的有关法律规定。

### 二、仲裁的原则与制度

（一）仲裁的主要原则

1. 自愿原则

当事人的自愿是仲裁的最大特点。自愿原则是仲裁的基本原则，双方当事人达成的仲裁意向是仲裁发生的前提。

2. 独立仲裁原则

仲裁机构依法享有独立的地位，不受行政机关、社会团体和其他个人的干涉。

（二）仲裁的基本制度

1. 协议仲裁制度

仲裁以仲裁协议为前提，没有仲裁协议就没有仲裁。

2. 或裁或审制度

当事人只能在法院诉讼和仲裁之间选择一种解决争议的方式，有效的仲裁协议排除法院的管辖。

3. 一审终审制度

仲裁实行的一裁终局制，仲裁裁决做出后，就同一事项向法院起诉和申请仲裁，法院和仲裁结构不予受理。

### 三、仲裁机构

（一）仲裁委员会

我国《仲裁法》规定的仲裁机构是仲裁委员会。仲裁委员会可以在直辖市和省、自治区人民政府所在地的市，由人民政府组织有关部门和商会统一组建，也可以根据需要在其他设区的市设立，不按行政区划层层设立。设立仲裁委员会，应当经省、自治区、直辖市的司法行政部门登记。仲裁委员会独立于行政机关，与行政机关没有隶属关系。仲裁委员会之间也没有隶属关系。

仲裁员应符合下列条件之一：从事仲裁工作满8年的；从事律师工作满8年的；曾任审判员满8年的；从事法律研究、教学工作并具有高级职称的；具有法律知识、从事经济贸易等专业工作并具有高级职称或者具有同等专业水平的。

（二）仲裁协会

仲裁协会是仲裁委员会的行业自治管理机构。根据《仲裁法》第15条规定，中国仲裁协会是社会团体法人。仲裁委员会是仲裁协会的会员。仲裁协会的章程由全国会员大会制定。仲裁协会是仲裁委员会的自律性组织，根据章程对仲裁委员会及其组成人员、仲裁员的违纪行为进行监督。

## 四、仲裁程序

（一）申请

1. 有请求仲裁的协议

仲裁协议是指双方当事人事前或事后达成的，自愿把他们之间已经发生或可能发生的财产性权益争议提交仲裁结构解决的协议。仲裁协议的形式包括，合同中订立的仲裁条款和以其他书面方式，在纠纷发生前或者纠纷发生后达成的请求仲裁的协议。当事人对仲裁协议的效力有异议的，可以请求仲裁委员会做出决定或者请求人民法院做出裁定。一方请求仲裁委员会做出决定，另一方请求人民法院做出裁定的，由人民法院裁定。

2. 有具体的仲裁请求和事项

当事人提交仲裁的具体争议要具有可仲裁性，请求仲裁的事项必须具有明确性。我国仲裁法也明确规定，仲裁事项应当约定明确，约定不明确的，当事人应当补充协议，否则该仲裁协议无效。

3. 属于仲裁委员会的受理范围

根据《仲裁法》的规定，平等主体的公民、法人和其他组织之间发生的合同纠纷和其他财产权益纠纷，可以仲裁。但婚姻、收养、监护、扶养、继承纠纷和依法应当由行政机关处理的行政争议不能仲裁。根据《仲裁法》的规定，劳动争议和农业集体经济组织内部的农业承包合同纠纷，另行规定。

（二）审查与受理

审查是对仲裁申请的审查，包括两方面的内容：一是形式审查。主要审查仲裁申请书的内容是否完整，形式手续是否完备。二是实质审查。审查当事人申请仲裁是否符合仲裁法规定的当事人申请条件；是否有仲裁协议、仲裁事项；是否属于仲裁受理的范围。

受理是审查的结果之一，根据《仲裁法》的规定，仲裁委员会收到仲裁申请书之日起5日内，认为符合受理条件的，应当受理，并通知当事人；认为不符合受理条件的，应当书面通知当事人不予受理，并说明理由。

（三）审理

1. 开庭

根据《仲裁法》的规定，仲裁应当开庭进行，当事人协议不开庭的，仲裁庭可以根据仲裁申请书、答辩书以及其他材料做出裁决。仲裁以不公开进行为原则，当事人协议公开的，可以公开进行，但涉及国家秘密的除外。

仲裁委员会应当在仲裁规则规定的期限内将开庭日期通知双方当事人。当事人有正当理由的，可以在仲裁规则规定的期限内请求延期开庭。是否延期，由仲裁庭决定。申请人经书面通知，无正当理由不到庭或者未经仲裁庭许可中途退庭的，可以视为撤回仲裁申请。被申请人经书面通知，无正当理由不到庭或者未经仲裁庭许可中途退庭的，可以缺席裁决。

当事人应当对自己的主张提供证据。仲裁庭认为有必要收集的证据，可以自行收集。证据应当在开庭时出示，当事人可以质证。在证据可能灭失或者以后难以取得的情况下，当事人可以申请证据保全。

当事人在仲裁过程中有权进行辩论，辩论终结时，首席仲裁员或者独任仲裁员应当征询当事人的最后意见。

2. 和解和调解

根据《仲裁法》规定，当事人申请仲裁后，可以自行和解。达成和解协议的，可以请求仲裁庭根据和解协议做出裁决书，也可以撤回仲裁申请。仲裁庭在做出裁决前，可以先行调解。当事人自愿调解的，仲裁庭应当调解。调解达成协议的，仲裁庭应当制作调解书或者根据协议的结果制作裁决书。调解不成的，应当及时做出裁决。

**材料 13-15** 某债务纠纷中，甲方根据仲裁协议申请仲裁，仲裁过程中仲裁庭调解，乙方请求宽限还款期限3个月，甲方放弃仲裁。

问：本案如何结案？

3. 裁决

根据《仲裁法》规定，裁决应当按照多数仲裁员的意见做出，少数仲裁员的不同意见可以记入笔录。仲裁庭不能形成多数意见时，裁决应当按照首席仲裁员的意见做出。仲裁庭仲裁纠纷时，其中一部分事实已经清楚，可以就该部分先行裁决。裁决书由仲裁员签名，加盖仲裁委员会印章。

（四）申请撤销裁决

申请撤销裁决就是通过当事人的申请，对仲裁行为实行监督的程序。根据仲裁法的规定，当事人提出证据证明裁决有下列情形之一的，可以自收到裁决书之日起6个月内，向仲裁委员会所在地的中级人民法院申请撤销裁决：① 没有仲裁协议的；② 裁决的事项不属于仲裁协议的范围或者仲裁委员会无权仲裁的；③ 仲裁庭的组成或者仲裁的程序违反法定程序的；④ 裁决所根据的证据是伪造的；⑤ 对方当事人隐瞒了足以影响公正裁决的证据的；⑥ 仲裁员在仲裁该案时有索贿受贿、徇私舞弊、枉法裁决行为的。

人民法院应当在受理撤销裁决申请之日起2个月内做出撤销裁决或者驳回申请的裁定。

（五）仲裁裁决的执行

执行是指人民法院经当事人申请，采取强制措施将裁决书付诸实施的程序。根据仲裁法的规定，当事人应当履行裁决。一方当事人不履行的，另一方当事人可以依照民事诉讼法的有关规定向人民法院申请执行。受申请的人民法院应当执行。

**学习思考**

1. 简述刑事诉讼法中关于立案管辖的规定。
2. 简述民事诉讼中程序中的特别程序、督促程序、公示催告程序、企业法人破产还债程序的基本含义。
3. 申请仲裁应满足何种条件？

# 参考文献


［1］陈金华. 大学生思想道德修养案例解读［M］. 上海：复旦大学出版社，2005.
［2］黄蓉生. 思想道德修养［M］. 北京：中国人民大学出版社，2003.
［3］王艺荣. 求职与创业［M］. 北京：机械工业出版社，2005.
［4］赵小青. 你为职业生涯做什么准备［M］. 上海：上海书店出版社，2002.
［5］王宏，熊丙奇，沈炜. 步入大学［M］. 上海：上海交通大学出版社，2003.
［6］汪应明，张怡. 思想道德修养与法律基础［M］. 北京：机械工业出版社，2007.
［7］罗国杰，等. 思想道德修养与法律基础［M］. 北京：高等教育出版社，2009.
［8］刘瑞复，李毅红. 思想道德修养与法律基础［M］. 北京：高等教育出版社，2008.
［9］沈宗灵. 法理学［M］. 北京：北京大学出版社，2000.
［10］周永坤. 法理学［M］. 北京：法律出版社，2004.
［11］杨海坤. 宪法学基本论［M］. 北京：中国人事出版社，2002.
［12］张千帆. 宪法学导论［M］. 北京：法律出版社，2004.
［13］皮纯协. 行政法与行政诉讼法教程［M］. 北京：中央广播电视大学出版社，2005.
［14］杨海坤. 中国行政法基本理论［M］. 北京：中国人事出版社，2000.
［15］罗豪才. 行政法学［M］. 北京：北京大学出版社，2001.
［16］陈小君. 合同法学［M］. 北京：中国政法大学出版社，2002.
［17］崔建远. 合同法［M］. 5版. 北京：法律出版社，2010.
［18］赵旭东. 合同法学［M］. 北京：中央广播电视大学出版社，2000.
［19］彭万林. 民法学［M］. 北京：中国政法大学出版社，1994.
［20］王利明. 民法学［M］. 北京：中央广播电视大学出版社，1995.
［21］李开国. 民法基本问题研究［M］. 北京：法律出版社，1997.
［22］范军. 法律基础与实务［M］. 上海：上海三联书店，2003.
［23］李建伟. 国家司法考试专题讲座——民法60讲［M］. 北京：人民法院出版社，2005.
［24］赵秉志. 刑法学［M］. 北京：中央广播电视大学出版社，1999.
［25］齐文远，刘艺兵. 刑法学［M］. 北京：人民法院出版社，2003.
［26］袁登明. 国家司法考试专题讲座——刑法46讲［M］. 北京：人民法院出版社，2005.
［27］张忠军. 经济法简明教程［M］. 北京：九州出版社，2001.
［28］隋彭生. 公司法［M］. 北京：中国人民大学出版社，2003.
［29］李清伟，汪应明，等. 法律基础［M］. 北京：清华大学出版社，2004.
［30］贾俊玲. 劳动法学［M］. 北京：中央广播电视大学出版社，2003.
［31］切萨累·贝卡里亚. 论犯罪与刑罚［M］. 北京：中国大百科全书出版社，1993.
［32］高铭暄. 刑法学［M］. 北京：中央广播电视大学出版社，1993.
［33］阿尔伯特·哈伯德. 自动自发地工作［M］. 肖文健，译. 北京：线装书局，2003.
［34］高志明. 法律与权利［M］. 北京：中国社会出版社，2004.